中世フランドルの都市と社会
―― 慈善の社会史 ――

河 原　温 著

中央大学出版部

は し が き

　かつて主流であった英独仏に代表されるヨーロッパの大国を中心とした我が国のヨーロッパ中世史研究の流れは，1980年代以降今日に至る20年間の間に少なからず変わってきたように思われる．スイスやベルギー，オランダ，アイルランドなどヨーロッパの小国や，周縁地域の中世史研究にもアプローチする若手の研究者が少しずつ増え，また研究のテーマや方向も多様化してきている．1970年代以来の社会史研究の隆盛の刺激を受けた研究者たちの成果も近年次々に刊行されている感がある．本書もまた，そうした流れの中で，ベルギーのみならずヨーロッパ各国における中世都市社会史の研究状況をできるだけフォローしながら，中世フランドル都市の社会史的アプローチをめざしたささやかな試みとして読んでいただければと思う．私にとって，「社会史」とはそれほど明確な定義づけがなされているわけではないが，阿部謹也氏がかつて述べられたような「人と人の関係を探る」ものであるとともに，都市という社会のシステムを異文化の中で読み解いていくための1つの方法であると考えている．本書においても，中世都市における貧困と社会的救済の問題を経済史の問題としてではなく，都市社会に生きた人々の生活と意識の文脈の中で捉えようと試みたつもりである．もとよりその試みの成否については，読者の方々の判断にゆだねたい．

凡　例

1) 本書では，末尾に史料・文献目録(欧語・邦語)を掲げ，本文中で未刊行史料を引用する際には，文書館略号・史料名を，また刊行史料および文献を引用・参照する際には，編著者名・刊行年・頁数のみを原則として脚注において示した．
2) 同じ著者の同年の出版物がある場合は，[1995a] [1995b] のようにアルファベットを振って区別している．
3) 同一著者の文献を2つ以上列挙する場合は，Maréchal [1978]; [1979] のように著者名は最初のものにのみ付した．
4) 脚注の番号は，各章ごとに独立して示した．

目　次

　はしがき
　序章　本書の対象と視角 …………………………………………………… 1

第Ⅰ部　中世ヘントにおける慈善・救済施設の成立
　第1章　中世フランドル都市史研究の展開
　　　　　──ヘントの事例を中心に── ……………………………… 9
　　はじめに──中世後期フランドル都市史研究から── ………………… 9
　　1．新たな都市史研究の展開 ……………………………………………… 10
　　2．ブルゴーニュ時代フランドル都市のアイデンティティ …………… 15
　　3．中世ヘントの政治社会史概観 ………………………………………… 23
　第2章　施療院とその発展 …………………………………………………… 29
　　1．中世都市成立期の貧民概念と慈善施設の出現 ……………………… 29
　　2．中世ヘントの施療院の活動 …………………………………………… 36
　　3．施療院と慈善のメカニズム …………………………………………… 61
　　4．施療院の財政と受禄者の給養 ………………………………………… 66
　　5．施療院と都市 …………………………………………………………… 73
　第3章　癩施療院の展開 ……………………………………………………… 81
　　1．癩病（レプラ）・癩者と癩施療院の成立 …………………………… 81
　　2．癩者と都市社会 ………………………………………………………… 92
　第4章　「貧者の食卓」あるいは「聖霊の食卓」の活動 ………………… 99
　　はじめに …………………………………………………………………… 99
　　1．「貧者の食卓」の起源と成立 ………………………………………… 101
　　2．「貧者の食卓」の構造 ………………………………………………… 105
　　3．「貧者の食卓」の活動 ………………………………………………… 119
　第5章　兄弟団と貧民救済 …………………………………………………… 145
　　1．兄弟団研究をめぐって ………………………………………………… 145
　　2．中世ヘントの兄弟団 …………………………………………………… 147

3. 聖ヤコブ兄弟団と施療院 ……………………………………………… 152
　　4. 都市，兄弟団，貧民救済 ……………………………………………… 164

第Ⅱ部　中世後期のフランドル都市と社会政策
第6章　孤児と孤児後見 …………………………………………………… 175
　　はじめに ……………………………………………………………………… 175
　　1. 史　　　料 ………………………………………………………………… 177
　　2. 中世都市と孤児後見 ……………………………………………………… 180
　　3. 孤児と婚姻 ………………………………………………………………… 192
　　4. 孤児院（weeshuis）の設立と活動 …………………………………… 194

第7章　中世末期の貧困と都市の社会政策
　　　　　　――イープル改革を中心として―― …………………………… 199
　　はじめに ……………………………………………………………………… 199
　　1. 1520年代の「救貧組織改革条例」をめぐる論争史 ………………… 200
　　2. 中世末期の貧困と南ネーデルラント都市社会 ……………………… 204
　　3. イープル改革の成立 …………………………………………………… 212

第8章　フアン・ルイス・ビーベスの救貧論と
　　　　　　フランドル都市社会 …………………………………………… 223
　　はじめに ……………………………………………………………………… 223
　　1. ビーベスの生涯 ………………………………………………………… 224
　　2. 時　代　背　景 ………………………………………………………… 227
　　3. ビーベスの救貧論 ……………………………………………………… 232
　　4. ビーベスの救貧論と16世紀前半のヨーロッパ社会 ………………… 237

む　す　び ………………………………………………………………………… 241

補　論　Confraternal Charity in Florence and Ghent during
　　　　　　the Late Middle Ages: A Comparative Sketch …………… 245

史料・文献目録 ………………………………………………………………… 261
あとがき ………………………………………………………………………… 298
索　　　引 ……………………………………………………………………… 303

図 表 一 覧

図 1–1　フランドル主要都市図
図 1–2　中世後期のヘントの市政構造
図 2–1　中世ヘントの主要施療院の位置
図 3–1　ヘントの癩施療院（Het Rijke Gasthuis）（1641年の都市プランから）
図 3–2　アールスト（Aalst）の癩施療院の定期金帳簿に描かれた癩者のイメージ（1483年）
図 4–1　「貧者の食卓」の基本構造
図 4–2 (a)　ヘントの Sint Jacobs 教区の「貧者の食卓」によるパンの分配を描いたミニアチュール（1436年）
図 4–2 (b)　Assenede 教区の「貧者の食卓」の管理者たちを描いたミニアチュール（1475年）
図 4–3　中世後期ヘントの主要教区図
図 4–4　「貧者の食卓」（シント・ニクラース教区）の収入構成
図 4–5　「貧者の食卓」（シント・ニクラース教区）の会計簿（1311年）の冒頭部分［支出項目］
図 4–6　「貧者の食卓」（シント・ニクラース教区）の支出構成
図 5–1　聖ヤコブ兄弟団の会員登録数（1260–1470年）
図 5–2　聖ヤコブ施療院の「監督者」の選出手続き
図 8–1　ビーベスの肖像

表 1–1　フランドル3大都市の推計人口
表 1–2　14世紀ヘントの職業別人口構成（1356/58年）
表 2–1　中世ヘントの施療院・救済施設一覧
表 2–2　ヘベレヒツ施療院の設定禄数（1401/97年）
表 2–3　ヘベレヒツ施療院の男女別受禄者（1393–1497年）
表 2–4　ヘベレヒツ施療院の禄購入者（1399–1428年）

表 2–5　ヘベレヒツ施療院の受禄者の入所期間
表 2–6　Pieter ute Gheroudze の遺言書に見える遺贈先(1355 年)
表 2–7　ヘベレヒツ施療院の収入構成
表 2–8　ヘベレヒツ施療院の支出概略
表 2–9　5 つの施療院の会計簿と規約に見える受禄者への給養内容
　2–9 (a)　*Het Rijke Gasthuis*（14 世紀）
　2–9 (b)　*Wenemaers hospitaal*（1339 年）
　2–9 (c)　*Sint Annas hospitaal*（1361 年）
　2–9 (d)　*Hebberechts hospitaal*（15 世紀）
　2–9 (e)　*Weversgodshuis*（1481–82 年）
表 2–10　ヘントの都市会計簿に見える施療院への直接的給付
　2–10 (a)　1357–58 年度
　2–10 (b)　1364–65 年度
　2–10 (c)　1366–67 年度
　2–10 (d)　1372–73 年度
　2–10 (e)　1376–77 年度
表 3–1　南ネーデルラントの諸都市における癩施療院の設立年代
表 3–2　ブルッヘのマグダレーナ癩施療院における癩者数
表 3–3　ブルッヘの都市会計簿に記載された癩者用手袋の分配項目による癩者数(1305–1500 年)
表 4–1　ヘントの教区における「貧者の食卓」の初出年
表 4–2　シント・ニクラース教区の「貧者の食卓」の管理者一覧
　4–2 (a)　「監督者」(*Provisor*)
　4–2 (b)　「収入役」(*Ontvanger*)
表 4–3　ヘントの主要な 4 家系によって担われた教区における役職(1380–1455 年)
表 4–4　「貧者の食卓」（シント・ニクラース教区）の資産(市内)
表 4–5　「貧者の食卓」（シント・ニクラース教区）の収支一覧(1311–1499 年)

表 4–6	1492年の徴税簿から知られるシント・ヤコブ教区の「貧者の食卓」の被救済者
表 4–7	「貧者の食卓」(シント・ニクラース教区)による貧民に対する分配(1317–1499年)
表 4–8	ヘントの他の教区における「貧者の食卓」の分配
4–8(a)	O. L. Vrouw-Sint Pieters 教区
4–8(b)	Sint Jans 教区
4–8(c)	Sint Maartens 教区
4–8(d)	Sint Michiels 教区
4–8(e)	Sint Jacobs 教区
表 4–9	貧民1人あたりの食物分配量
表 4–10	「貧者の食卓」の分配カレンダー(シント・ニクラース教区)
表 4–11	ヘントの「貧者の食卓」による被救済者数推定
表 4–12	シント・ニクラース教区における被救済者の推定数(14世紀)
表 4–13	教区ごとの被救済者数(推計)
表 5–1	聖ヤコブ施療院の収支記録(1430–31年度)
5–1(a)	収　入
5–1(b)	支　出
表 5–2	1389/96年の史料に現れるヘントの救済施設一覧
表 5–3	聖ヤコブ施療院監督者の政治的所属先(1270–1540年)
表 5–4	聖ヤコブ施療院監督者の市政役職への関与(1270–1540年)
表 5–5	14世紀ヘントの都市会計簿に記載された兄弟団への支出
表 6–1	1500年以前に孤児後見・孤児資産記録をもつ主要都市(南ネーデルラント)
表 6–2	15世紀後半に孤児後見の対象となった孤児件数
表 6–3	ブルッヘの都市財政における孤児資産収入の比率(1281–99年)
表 6–4	孤児の後見からの解放年齢(ヘント、15世紀後半)
表 7–1	救貧改革条例を公布した都市(1522–29年)

表 7–2　15 世紀前半イープルの貧困状況(1431 年)
表 7–3　フランドル地方の小都市における貧民の割合(1469 年)
表 7–4　15–16 世紀ブラーバント都市の貧困状況
表 8–1　1545 年以前に救貧改革条例を公布した都市(1522–45 年)

補　論
Table 1　フィレンツェの主要な兄弟団によって行われた慈善活動
Table 2　サン・マルティノ兄弟団(Buonomini di San Martino)により援助を受けた家族(1466–72 年)
Table 3　ヘントの「貧者の食卓」による貧民への分配
Table 4　ヘントのシント・ヤコブ教区の徴税簿から知られる「貧者の食卓」による被救済者(表 4–6 に同じ)

序章　本書の対象と視角

　西欧中世において病と貧困とはきわめて日常的な現象であった．近年ヨーロッパ各国で進められてきた中世都市の社会史的研究の深化は，とりわけ中世後期の都市において富の格差の拡大とともに大衆的貧困化が進行したことを示し，それに伴って貧民と貧民救済に関する社会的態度の変容が中世後期を通じて醸成されていった過程について検討を加えつつある[1]．また中世社会において「貧困」(*paupertas*) および「貧民」(*pauperes*) の概念がきわめて多義的であり，その定義の前提となる社会的枠組みや他者との相対的関係に基づく可変的概念であったことは，M. モラを中心としたフランスの研究グループにより明らかにされてきた[2]．

　本書は，そうした中世の貧民とその社会的救済をめぐって，中世フランドル（フランデレン）地方の都市ヘント（Gent）を主たる対象としてとりあげ，ヘントにおいて 12 世紀から 15 世紀にかけて設立され，発展を遂げたさまざまな慈善・救貧組織に焦点を当てて，その活動と機能を分析することで，西欧中世都市社会における「慈善」の在り方を検証し，あわせて近世・近代社会との接合を展望しようとする試みである．

---

1) この点については，特に田中峰雄 [1980]; B. Geremek [1987]; R. Jütte [1981] を参照.
2) M. Mollat (éd.) [1974]; Id. [1978]; *Actes du 97ᵉ Congrès national* [1979] に集大成されている.

貧民救済の実施と監督を行う集権的な救貧制度を欠いていた西欧中世において，教会，修道院，王権，都市などさまざまな主体により創設された施療院（*hospitaal / godshuis*）をはじめとする「慈善施設」（*charitable institutions*）のありようは，中世社会における救貧の選択と優先事項の変容を反映しており，西欧中世において救貧と福祉をめぐる社会的意識がいかに形成されていったかを理解するためのメルクマールとなりうるであろう[3]．

巡礼や旅人，病者，寡婦，捨児，貧者などを受け入れ，あるいは援助を行ったさまざまなタイプの慈善組織・施設創設の背景をなした「慈善」（*caritas*）の観念とは，中世の神学者たちの意識においては単に富裕者から貧者への余剰の財の給付行為のみを意味したのではなく，より幅広い含意をもつ観念であった[4]．カリタスとは中世キリスト教の根本的な概念の１つであって，本来神と人間の間の親愛な関係の在り方を定義するものであった[5]．カリタスは純粋に利他的な贈与行為としては理解されえない．なぜなら贈与者には貧者ないし慈善施設への贈与を通じて，魂の救済という霊的な見返りがもたらされたからである．したがって中世における慈善の歴史とは，富と貧困ないし富裕者と貧者をめぐるタテの社会関係の歴史であるとともに，ギルド（同職組合）やフラタニティ（兄弟団）といった仲間団体の相互扶助が示すような人々の社会的絆をめぐるヨコの社会関係の歴史でもあるといえよう．

西欧中世の慈善組織・施設の歴史は19世紀後半以来さまざまな関心から研究がなされてきた．初期の研究では，そうした慈善施設の制度的発展が主に教会史の枠組みの中で扱われてきた[6]．20世紀に入ると，慈善行為の法的枠組みや

---

[3] M. Rubin [1987]; J. W. Brodman [1998]．前近代ヨーロッパについて広く「慈善」（*charity*）と「貧民救済」（*poor relief*）の概念を理論的に整理したものとして，B.M.H.D. van Leeuwen [2000] pp. 1–35 を参照．
[4] J. A. Smith [1976] p. 1; G. Couvreau [1961] などを参照．
[5] 〈caritas〉という概念の中世神学上における位置については，H. Petré [1948] を参照．
[6] ベルギーについては，Alberdink-Tijn [1883]，ドイツについては，G. Ulhorn [1882]，フランスについては，L. Lallemand [1906] t. III，イングランドについては，R. M. Clay [1906] などを参照．

慈善施設の社会的機能に着目した研究や史料の編纂が行われるとともに，施療院を中心とした中世の慈善施設の総合的研究や特定の都市を対象とした研究がなされた[7]．そして1960年代以降，先に言及したM.モラを中心にフランス，ベルギー学界によって進められた中・近世の貧困と貧民研究プロジェクトの中で，貧民の生活を映し出す鏡として，また中世人の社会的，宗教的心性を表象する場として慈善施設の重要性が認識されてきた[8]．さらに個別都市の慈善施設を全体として検討しながら[9]，社会の周縁集団(マルジノー)研究や，同職組合，兄弟団，教区組織のような世俗的組織を軸とした社会的結合関係(ソシアビリテ)の視点から慈善施設の提供した社会的救済機能や都市エリートの果たした役割が検討され[10]，さらにそうした慈善施設のうちに医療活動の起源と性格を見ようとする医学史的視点からの研究など多様な領域からのアプローチが行われてきているといってよい[11]．

中世の南ネーデルラント諸地方は，毛織物工業や商品＝貨幣流通の早期の展開を背景に北イタリア地方とともに，中世において最も早く都市化され，また経済的な富を蓄積した地域であった．その中でもフランドル伯領はヘント，ブルッヘ，イープルという3大都市を擁し，都市の慈善組織・施設についての規

---

7) L. Legrand [1901]; C. Lichtenberg [1908]; S. Reicke [1932]; W. J. Marx [1936]; J. Imbert [1947]; B. Tierney [1959] などを参照．
8) Rubin [1987] p. 3.
9) 個別都市の慈善施設を総合的に扱った研究は，1960年代後半以降各国で現れた．例えばフランス都市についての代表的研究として，J. H. Mundy [1955] [1967] (トゥールーズ)，J. Caille [1978] (モンプリエ)，N. Gontier [1978] (リヨン); A. Saint-Denis [1983] (ラン)などがある．ベルギー都市については，G. Maréchal [1978] (ブルッヘ)，P. De Spiegeler [1987] (リエージュ)などが代表的研究である．ドイツ都市については，T. Fischer [1979] (バーゼル，シュトラスブルク，フライブルク・イン・ブライスガウ)，W. Moritz [1981] (フランクフルト・アム・マイン)．イングランド都市については，M. Rubin [1987] (ケンブリッジ); C. Rawcliffe [1995] (ノリッジ)．イタリア都市については，B. Pullan [1971] (ヴェネツィア)を挙げておく．スペイン都市については，L. Martz [1983] (トレド)，A. RubioVella [1984] (バレンシア)などがある．
10) 代表的な研究としてJ. Henderson [1994] (フィレンツェ)を参照．
11) 代表的な研究としてK. Park [1985] [1991] (フィレンツェ)を参照．

約や会計帳簿などが比較的多く残されている点で注目に値する[12]。

南ネーデルラントの諸都市の貧民救済活動については，これまでベルギー学界を中心に研究が進展してきた．その先鞭をつけたのはブリュッセル自由大学のP. ボナンファンである．彼は1930年代にアンシャンレジーム期の貧困問題研究から出発し[13]，1950年代にブリュッセルの聖ヨハネ施療院のカルチュレールを編纂している[14]．そして1963年にはベルギーの施療院の歴史的研究のための研究雑誌（*Annales de la Société Belge d'Histoire des Hôpitaux*）を発刊し，自らも広く中世南ネーデルラント諸都市の慈善組織・施設の歴史的展開を論じた[15]．今日においても彼の研究は，ベルギーのみならず広く西欧中世都市の貧困・貧民・慈善組織研究の出発点の1つをなしているといってよいだろう．また前述のM. モラによる総合的貧民研究とともに，1960年代から70年代にかけてパリの賃労働者や周縁集団の研究を通して，その後の中世都市貧民研究にインパクトを与えたB. ゲレメクの研究は，とりわけ中世から近世への移行期としての16世紀を視座に据えた議論において，1525年のイープル改革を再評価し，南ネーデルラント都市の救貧活動の重要性を浮き彫りにした点で本書の後半のアプローチに対して重要な示唆を与えてくれている[16]．

他方，1970年代後半から1980年代前半にかけて，ベルギー学界ではW. プレヴニール，W. P. ブロックマンス，G. マレシャル，M. J. ティッツ＝デュエイドらを中心に，南ネーデルラント諸都市の貧困と貧民救済の数量的分析に基づく諸研究がなされ一定の成果をあげてきた[17]．また，社会経済史的観点から中世

---

12) 中世フランドル伯領の慈善施設に関する主要な文書館史料一覧については，H. Rombaut (ed.) [1997] を見よ．
13) P. Bonenfant [1934].
14) P. Bonenfant [1953] *Cartulaires de l'hôpital Saint-Jean de Bruxelles,* Bruxelles.
15) P. Bonenfant [1965] pp. 3–44.
16) B. Geremek [1987]（早坂真理訳『憐れみと縛り首——ヨーロッパ史の中の貧民』平凡社，1993）．
17) W. P. Blockmans / W. Prevenier [1975]; [1978], G. Maréchal [1978a]; [1984]; M. J. Tits-Dieuaide [1965]; [1975]. また14世紀のヘントの貧民と慈善組織については，D. Nicholas [1987] 第2章，pp. 41–66を，また中世後期のフランドル都市における貧困と貧民救済に関する近年の成果の要約として，L. De Mecheleer [1991] pp. 9–41; P. Stabel [1997], pp. 175–185 を参照．

都市社会における貧困の生成と構造的貧民の析出を包括的に論じたC. リスとH. ソーリーの研究も注目に値する[18]．そうしたベルギー学界の動向と平行してフランス学界では，モラによる総括的著作（Mollat [1978]；[1982]）刊行後も個別都市の貧困と貧民研究が進められるとともに，地域レベルでの慈善施設の展開を扱った総合的研究が1980年代から90年代にかけて現れ，また一連の研究集会報告を通じて議論が深化されるに至っている[19]．

本書は，以上のような近年のベルギー，フランス学界の諸研究をふまえながら，これまで必ずしも十分には論じられてこなかったと思われるフランドル都市ヘントの事例を中心として西欧中世都市の慈善救済組織・施設の在り方の全体的特質を浮き彫りにしたいと思う．

*　　　*

本書の内容は以下のように構成される．まず第Ⅰ部第1章において，近年の中世フランドル都市史研究の動向を整理し，ヘントをモデルとした中世フランドル都市の社会動態を検討する中で，都市における慈善・救済組織設立の政治社会的背景を探る．第2章以下では，いくつかの類型区分に基づいたさまざまな救済組織・施設をヘントの事例を中心に会計帳簿や各組織の規約などを通じて個別に検討する．

第Ⅱ部では，そうしたさまざまな救済組織・施設を媒介にしつつ，中世後期にフランドル都市当局が示した救貧の論理と性格，貧民・病者・孤児などへの

---

18) C. Lis / H. Soly [1979].
19) 代表的な研究として，A. Sounier [1993], F-O. Touati [1998], D. Le Brévec [2000] などが挙げられる．また研究集会報告として特に，*Assistance et assistés jusqu'à 1610. Actes du 97ᵉ congrés national des sociétés savantes* (Nantes, 1972), Paris, 1979; *Assistance et Charité* (*Cahiers de Fanjeaux*, t. 13) [1978] および，*Fondations et œuvres charitables au Moyen Age, Actes du 121ᵉ congrés national des sociétés historiques et scientifiques* (Nice, 1996), Paris, 1999 を挙げておく．イタリア学界でも同様の研究集会として，*Città e servizi sociali nell'Italia dei secoli XII–XV, Dodicesimo convegno di studi* (Pistoia 1987), Pistoia, 1990 がある．研究動向としては，M. Candille [1974], A. Vauchez [1978], M. Mollat [1983], F-O. Touati [1999] などを参照．我が国では，15世紀フィレンツェのインノチェンティ捨児養育院を総合的に扱ったモノグラフとして高橋友子 [2000] が注目される．

対処を都市条例や参審人団体による市政記録をはじめとする文書史料によりながら明らかにしたい．もとより各組織・施設の史料の残存状況は多様であり，本書で扱われる救済組織・施設はヘントを中心に限られてはいるが，中世フランドル都市における慈善・救済活動の全体的特質を考察する上で必要なカテゴリーの諸組織は取り上げることができたと思う．

第Ⅰ部

中世ヘントにおける慈善・救済施設の成立

第1章　中世フランドル都市史研究の展開
——ヘントの事例を中心に——

はじめに——中世後期フランドル都市史研究から——

　西欧中世の都市史研究の流れの中で，現在のベルギーを中心とする南ネーデルラント諸地方の都市史研究は，アンリ・ピレンヌ以来常に注目に値する研究成果によってヨーロッパ学界に貢献してきた．近年，都市史のさまざまなトピックをテーマとした数多くの国際研究集会が毎年のように開かれ，ヨーロッパのさまざまな中世都市の比較史的検討が進められつつある中で，西欧中世において最も都市化現象の著しい地域の1つであり，ヘント，ブルッヘ，イープルの3大都市を擁したフランドル(フランデレン)伯領の諸都市(以下ではフランドル都市と総称する)に関する意欲的な研究が1990年代に入って数多く発表されており，欧米学界における都市史研究の方向を見定める上でも注目すべき動向を示している．そこで本節では，狭義の社会経済史，制度史的研究を含めた1970年代以降のフランドル都市史研究の主要な流れをたどり，近年の研究状況の示唆するところを展望する中で本書の課題との接合を試みたい[1]．なお本書の

---
1) 中世後期の南ネーデルラント全域を対象とした都市＝農村関係史および，都市の毛織物工業史をめぐる研究の進展については我が国ではすでに藤井美男氏による詳細な学界動向と分析がなされている(藤井美男 [1985] [1987] [1998])．また価格史については，奥西孝至 [1995] を参照．

問題意識との関連でここでは主として中世後期(13-15世紀)の都市史研究を取り上げる[2]。

1. 新たな都市史研究の展開

1960年代後半から進められ，1970年代以降急速に深化していった中世後期(13-15世紀)のフランドル都市史研究は，これまで大別して4つの領域において重要な成果を生み出してきたといえよう．まず第1に，都市の社会構造史的分析の深化である．フランスの歴史家R. ムーニエの近世都市の階層論に触発されながら，R. ファン・アイトフェン (Van Uytven [1967]) によって提唱された中世都市の富の水準と財産構造を多様な職種のカテゴリーに応じて分析する試みが，14-15世紀のブルッヘ，ヘント，コルトレイクの3都市について詳細になされ (W. P. Blockmans / I. De Meyer / J. Mertens / C. Pauwelyn / W. Vanderpijpen [1971-73])，さらにM. ボーネら (Boone / M. Dumon / B. Reusens [1981]) によって15世紀末のヘントの街区ごとの不均質な社会層の構成と財産構造，生活水準が主として徴税史料から検討された．そうした分析視角は，その後もヘント大学の研究者を中心に1980年代に行われた共同研究プロジェクトに受け継がれていった (J. Belder / W. Prevenier / C. Vandenbroeke [1983]; Prevenier / Van Uytven / E. Van Cauwenberghe [1986])．こうした一連の研究では，社会地誌的分析を通してフランドル諸都市(とりわけ3大都市)の都市住民の富の水準の多様性と格差を示す社会構造モデルが追究されたのである．

第2に，中世都市の歴史人口学的研究と都市化のプロセスの研究が挙げられよう．まず13世紀における托鉢修道会の設立と都市化との相関関係をめぐって1970年代初頭にJ. ル・ゴフらによって提起された仮説をフランドル伯領について検討した近年の研究は，その相関性をネガティブに見る見解をとっている

---

[2] 1990年代までのベルギー学界の動向を把握するための文献として，H. De Ridder-Symoens [1992], W. Prevenier / M. Boone [1993], P. Stabel [1997a] [1997b], W. Prevenier (dir.) [1998] を特記しておく．

(W. Simons［1986］［1987］).実際 14 世紀のフランドル伯領において托鉢修道会が 1 つ以上設立されたのは人口 1,000 人以上を有していた 35 都市のうち 6 都市のみであり，地域レベルでの都市化のプロセスの検討には十分な指標とはなりえないと考えられている (P. Stabel［1997a］).他方，14 世紀以降の研究の焦点は南ネーデルラント諸地域の都市化の割合と個別都市の人口規模の算定に向けられており，とりわけ W. プレヴニールによる一連の研究 (Prevenier［1975］［1983］; Blockmans / Pieters / Van Schaik / Prevenier［1980］)が，今日その通説の位置を占めているといってよいだろう．1469 年の戸口調査に基づくフランドル伯領の人口は 65 万人で，その都市人口の比率は 36 パーセントに達しており，ホラント伯領(人口 26 万 8,000 人，都市人口比率 45 パーセント) と並んでネーデルラントで最も高い割合を示し，イタリアのトスカーナ地方に比肩される高度に都市化された地域としてこれまで位置づけられてきた．近年の研究によれば，中世後期のフランドル伯領においては約 50 の都市が存在したとされ，人口 2 万人を超えていた 3 大都市(ヘント，ブルッヘ，イープル)を頂点とする大都市，5,000-1 万人規模の中都市(コルトレイク，アウデナールドなど 7 都市)，2,000-5,000 人(アールスト，ポーペリンゲなど 11 都市)および 1,000-2,000 人(ディクスマイドなど 14 都市)規模の小都市，1,000 人以下の極小都市(ローなど)からなる階層化された都市ネットワークの存在が指摘されている (Prevenier / J. P. Sosson / Boone［1992］; Stabel［1995］).その中で都市の規模や活動は 14 世紀から 16 世紀にかけて絶えず変動しており，都市としての指標も時期によって異なるものが設定されうる．例えば近年，中世後期・近世のフランドル都市ネットワーク論を展開した P. スターベルは，14 世紀の伯領内部の都市の指標として人口規模租税割当額，代表制組織 (*Representative institutions*) への参加，イタリア商人や両替商の存在，ベギン会や施療院・癩施療院の存在など 17 項目を挙げているが，16 世紀においてはユマニストの存在や印刷業者の数などが新たな指標として加えられる一方，14 世紀と共通する指標は租税割当額など数項目にすぎなくなる (Stabel［1997a］).

　そうした都市によるネットワークの形成は，2 つのモデルに基づいて説明さ

12　第 I 部　中世ヘントにおける慈善・救済施設の成立

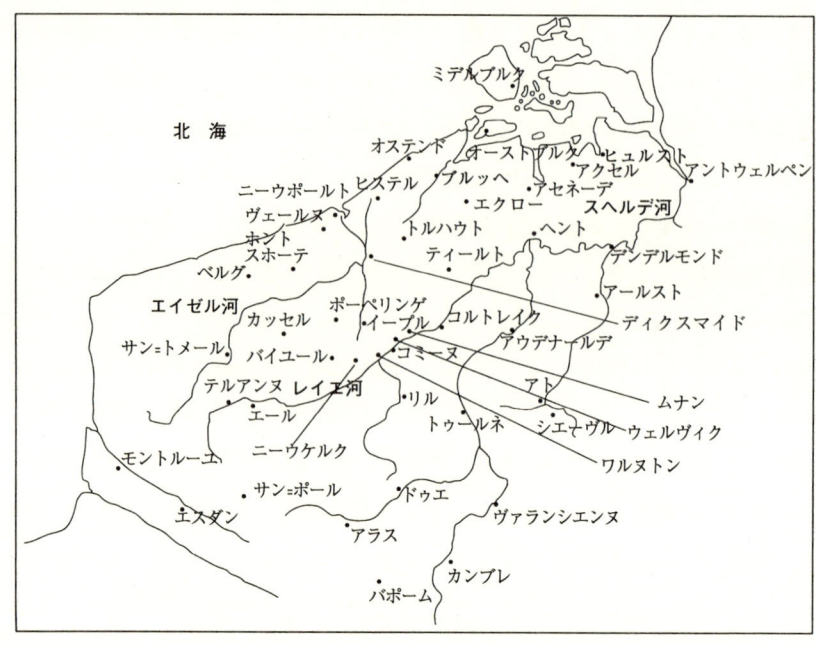

図 1-1　フランドル主要都市図（典拠 Nicholas［1992］pp. 446-447）
　　　　藤井［1998］p. 218 より．

れてきた．1つは，国際商業の発展と結びついた都市網モデル (le modèle réseau, maillon du commerce international) で，ブルッヘ，ヘントを中心とする外国市場向け商品(高級・中級毛織物など)の生産・輸出都市を中心に，後背地に生産性の高い農業地帯が存在することによって糧食が供給されるシステムである (P. M. Hohenberg / L. H. Lees［1985］; Prevenier / Boone［1993］)．いま1つは，ドイツの地理学者クリスターラーによって提唱された著名な「中心地」理論に基づくもので，ヘント，ブルッヘ，イープルなどの「中心地」と周辺の中小都市，そして農村地域が相互関係を維持し，中心地の都市は食料やその他物資の補給を周辺地域からうけながら，周辺地域に対して「中心地的サービス」(施療院，学校などのさまざまな社会施設)を提供することで大都市と周辺の中小都市との間で階層的構造が形成されつつ，相互補完的な都市システムが成立するというものである (Hohenberg / Lees［1985］; Prevenier / Sosson / Boone［1992］)．

1300-1350年頃にフランドル地方では都市人口が頂点に達したと考えられ，ブラーバント，エノー，リエージュ司教領など周辺地域は，少し遅れて14世紀末頃都市人口の頂点の時期を迎える．そして，その後短期間の後退期をへて，16世紀初頭に再び都市人口の上昇期を迎えることになるのである．そうした都市人口の変動や階層化にはさまざまな要因が関わっていたと考えられる．その一因は周知のごとく，フランドル都市における商工業とりわけ毛織物工業の動態に帰せられる．例えば14世紀のイープルや15世紀のディクスマイドは，毛織物生産の質的転換の中で，ドラスティックな人口減少を見たのである．

またそれに関連して都市の毛織物生産組織者をめぐっては，13世紀後半以降の都市貴族層の政治的没落と14世紀の手工業者の台頭による市政の民主化を連動させるピレンヌ以来の旧説が批判され，毛織物の生産と流通を一手に握る商人＝企業家的存在が否定される中で，中世後期における毛織物工業の生産組織者としての織元(ドラピエ)の役割が，旧来の都市貴族(大商人)層に代わる自立的な上層親方織布工により担われていったとする見方が有力となってきた(藤井[1998])．

国際商業の核となる都市の重心移動も生じ，1450年頃までその中心であったブルッヘに代わって，15世紀後半–16世紀前半にはブラーバント都市アントウェルペンが台頭することになる．さらに外的要因としての飢饉(1315–16年)や百年戦争(1338–1453年)，14–15世紀を通じて波状的に生じたペストの流行なども中世後期のフランドル都市の社会変動のファクターとして無視しえない(Blockmans [1980]; Blockmans / Pieters / Prevenier / Van Schaik [1980]; E. Aerts / Van Cauwenberghe [1984]; D. M. Nicholas [1987] [1992])．他方，中世後期の都市間や地域間の人口移動や都市人口変動のパターン，移民の問題などについては，史料的困難から近年ようやくその糸口となる研究が行われ始めたにすぎず(E. Thoen [1994] [1995]; Stabel [1995]; [1997a])，今後の検討が待たれる．

第3の方向は，都市を構成するさまざまな社団組織の社会的威信，統合，対立の在り方を検討する中で，フランドル伯(ブルゴーニュ侯)に代表される領域君主に対抗する地域権力としての都市の代表制のメカニズムを明らかにしよう

とする制度史・政治史的諸研究(Prevenier [1965]; Blockmans [1978a] [1978b], Boone [1990a])である．それらは「フランドル四者会議」として知られる3大都市(ヘント，ブルッヘ，イープル)とブルッヘの周辺村落領域〈Brugse vrije〉の代表による合議機関の制度的研究を含みつつ，伯領内における政治システムの変容過程と個々の都市内部の諸組織の動向との相互関係の分析を通して，とりわけ14世紀末から15世紀にかけてのブルゴーニュ侯国による集権的政策と都市の相互関係を検討しようとしたのである．12世紀以来フランドル伯領内では，大都市(12世紀には7都市，14世紀には3大都市とブルッヘの周辺村落領域〈Brugse vrije〉)が伯領内の住民全体の政治的代表として現れる．しかし，中世後期において3大都市の優位は動かないものの，都市ネットワークの内部での各都市の階層化された位置が伯領内での個々の都市の社会的アイデンティティの基礎を形作る決定的因子となったか否かについてはなお議論の余地があるようである(Prevenier [1965]; Blockmans [1978a]; Stabel [1997a])．

第4には，第1の動向とも重なりつつ，都市内部のさまざまな社団的組織，党派，親族・家族(クラン)的絆，ジェンダーなど，いわゆる都市のソシアビリテ(社会的結合関係)の研究の発展が挙げられる．J. エルスをはじめとするフランス史学や，イギリスの家族史研究および社会人類学的研究の影響も受けて，市民層の婚姻を介した社会的上昇の戦略や，市外市民制，政治的クランによるクリエンテリズムの浸透，孤児や庶子に対する都市の態度などが検討されてきた(Blockmans [1985] [1987b]; Boone [1988b] [1990a]; J. Decavele [1981]; Nicholas [1985] [1987] [1988]] [1995]; M. Maes [1986]; W. Prevenier [1988] [1989]; M. Danneel [1989] [1995]; M. Carlier [1987] [1999])．そうした研究の背景には，プロソポグラフィーの手法に基づく特定の社会グループの体系的分析の進展があったといえるだろう(H. De Ridder-Symoens [1991] [1992])．

女性労働や寡婦の社会的位置についても，1980年代後半以降新たな研究(Nicholas [1985]; Danneel [1989] [1995] [1999]; M. Greilsammer [1988] [1990]; P. Stabel [1999])がヘント，ブルッヘなどの大都市の事例を中心に検討を加え，また男色者や娼婦などのマルジノー的存在に対する都市の規制や許容に関する

研究も近年ブルッヘなどの史料を中心に進められつつある（M. Maes [1986]; Boone [1996b]; G. Dupond [1996] [1998]）．

　宗教的，慈善的団体としての兄弟団の活動については，P. トリオ（Trio [1989] [1990] [1991] [1993]）の諸研究を筆頭として 1990 年代以降関心が高まってきた．女性宗教団体としてのベギン会については 1970 年代までの古典的諸研究にとって代わりうる大きな研究は近年出ていないものの，北フランス・ライン諸都市の組織との比較に基づく研究の総括（Simons [1989]）がなされている．

　そうした社会史的研究の潮流の中で，本書が扱う中世都市の貧困・貧民救済をめぐる問題は，とりわけ 1960-70 年代にかけて M. モラ（[1974] [1978]）や B. ゲレメク（[1970] [1976] [1987]）らにより提起され，各国における個別研究を促進することになった．フランドル地方をはじめとする南ネーデルラント諸都市についても中世都市の社会救済システムの全体的再検討が行われる中で，施療院や「貧者の食卓」（armentafel）とよばれた教区貧民救済組織の運営と貧民救済の実質的活動の数量的分析が 1970 年代後半から 80 年代初めにかけてなされ，一定の成果を上げた（M-J. Tits-Dieuaide [1975]; Blockmans / Prevenier [1975]; C. Lis / H. Soly [1979]; G. Maréchal [1978a] [1982] [1984]; G. De Wilde [1980]; A. M. De Vocht [1981]; Nicholas [1987]; Kawahara [1986] [1995]）．1982 年にスパで開催された国際研究集会 [1984] は，ベルギー諸都市がそうした社会施設や公共事業において果たした役割を総括するものであった[3]．

2. ブルゴーニュ時代フランドル都市のアイデンティティ

　中世後期におけるフランドル伯領は，政治的には 1384 年以降フランドル伯の娘マルグリットとブルゴーニュ侯国のフィリップ豪胆侯（Philippe le Hardi）の婚姻によってブルゴーニュ侯国の領域に組み込まれることになった．集権的政策をとった歴代ブルゴーニュ侯とフランドル諸都市とりわけヘントとブルッヘ

　3）個別の慈善施設の救済活動の内容については，本章第 2 章以下で論じる．

の2大都市は，旧来の都市特権の維持をめぐってさまざまな対立と妥協を経験することになったのである．以下，近年のブルゴーニュ時代のフランドル都市史研究を都市のアイデンティティ形成という視点から展望しておくことにする．

(1) 都市ネットワーク下におけるフランドル伯領下の都市

先述の如く，中世後期のフランドルでは，都市ネットワークの構造化，階層化が進行したとされている．14世紀半ばに6万4,000人の人口を抱えたヘントと4万6,000人のブルッヘ，そして，15世紀以前の最盛期には人口2万ないし3万人を数えていたイープルの3大都市を中心に，階層化された伯領内の都市の社会動態が検討されていった．P. スターベル (Stabel [1995] [1997a]) の研究がその代表的なものであり，従来本格的な検討の対象とされてこなかったフランドルの中小都市群と3大都市の間の構造化された社会経済的関係を明らかにした．また伯領の中心都市たるヘントとブルッヘのフランドル都市ネットワークにおける社会経済史的役割が検討された．両都市はいずれも，国際商業取引，手工業生産の中心，また地域の糧食補給の要という3つの要素を兼ね備えていたのである．ヘントの場合は，保護主義と毛織物工業を中心に生産の多様化・高品質製品への特化などによって15世紀以降もその地位を維持しえたとされる (H. Van der Wee [1975]; J. Munro [1977]; Y. Fujii [1990]; Boone / Prevenier [1993])．またブルッヘは，国際商業の中心地としての機能に基づきながら，ブルゴーニュ宮廷の奢侈品需要にも応える多様な商品生産・流通とイタリア商人をはじめとする各国商人による毛織物その他の商品取引によって15世紀末までその経済的地位を維持しえたのである [J. P. Sosson [1977]; J. Van Houtte [1982]; J. Vermeersch [1992]; M. P. Martens [1992]; Van Uytven [1992] [1995b]; Blockmans [1995] [1996]]．

(2) 社団的結合における都市のアイデンティティ

都市内におけるギルドなどの社団的組織が都市のアイデンティティ形成にどのように寄与したかという問いに対して近年の諸研究は新たな方向を打ち出し

てきている．従来フランドル都市のギルド(アンバハト)研究は，H. ピレンヌ，G. エスピナ，G. デ・マーレ，H. ファン・ヴェルフェケらを代表としてもっぱら経済史的視角から長い間なされてきた感があるが，1970年代以降プロソポグラフィーの手法による都市エリート層やギルド構成員の分析を通じてクラフト・ギルドを中心とする都市社団の政治的活動や家族・親族的諸関係に基づくさまざまな社会的上昇のための戦略へ研究の関心が移行していったように思われる．J. P. ソッソン (Sosson [1977] [1979] [1987] [1990] [1996]) によるブルッヘのコルポラティフな構造と賃労働者の現実および彼らの日常性の分析や，M. ボーネ (Boone [1990a] [1991]) によるヘントのギルドをはじめとするさまざまな都市社団の構造と分析，フランドルの小都市の構造を扱った P. スターベル (Stabel [1995]) やソッソン (Sosson [1995a]) の研究などがその代表的な成果といえよう．そうした研究においては，都市労働をめぐる社会的，制度的局面の重要性が指摘され，有力親方層を中心に各ギルドが非熟練工や女性労働者といった特定の集団を労働市場において制限する一方，数種の職種を同時に兼ねて，変動する労働市場に対応しようとした手工業者側の戦略が見出される．またギルドは中世後期においても伝統や慣習に拘泥せず，ギルド規制による親方職の制限など従来よくいわれてきた閉鎖性よりもむしろ労働市場において柔軟性とダイナミズムを発揮したと考えられている (Nicholas [1987]; Boone / Prevenier [1993])．

　近年のフランドルにおける代表制研究は，そうしたフランドル都市の政治的エリートによる主導的役割を強調する方向にある．都市エリート層は個別都市によりその社会的構成が異なるが，ヘントやブルッヘなどフランドルの主要都市の場合，旧来の都市貴族の他，参審人職を占めたクラフト・ギルドの代表者たち(例えばヘントでは1301年以来26人の参審人団体のポストを6人の旧来の都市貴族家系，10人の毛織物ギルド[織布工，縮絨工など]の代表，10人の53の小ギルドの代表者で分かち合っていた)からなっていた (Boone [1990a])．かかる都市エリートの関心事は，それぞれのメンバーの属する社団の利益の擁護であり，また伯領レベルでは，経済政策，税制問題などを中心としていた．こ

のことは14世紀末からフランドル伯領における実質的代表機関となった「四者会議」（*Vier Leden*）の活動内容から明らかとなる（Prevenier / Boone [1993]）[4]. ヘントでは53の小ギルド(両替商，肉屋，パン屋，船荷運送業者，ビール醸造匠，小間物商など)のうち29のギルド(アンバハト)の規約が残存しており，また7ギルドの監督者 (doyen / assesseurs) のリストも残されている．各ギルドの役職者に関するプロソポグラフィックな研究からは都市の参審人職と同様にギルドの主要役職を占めた少数のエリート層による寡頭政的傾向が看取される（Boone [1990a] [1991]; Arnade [1997a]）．手工業親方層を含むそうした有力者層は，14世紀後半から15世紀においてしばしばヘントの小教区や街区の長を務め，また複数の兄弟団や施療院等の「監督者」としても活動しており，都市の地縁的，ミクロ的レベルにおいても重要な政治的役割を果たしていたことが明らかとなっている．クラフト・ギルドの組織がヘントに比べて弱体であったと見做されているブルッヘにおいてもそうしたギルド内部の階層化，都市政治へ関わった少数の有力な親方層の存在と寡頭政的な政治的エリート層の存在が指摘され（Sosson [1977]; J. Mertens [1981]），また同様の傾向は小都市(ズウィン，アクセル，ヒュルストなど)においても確認されるところである（Stabel [1992]; Sosson [1995a]）．そうした都市エリート層はしかしながら一枚岩的な都市支配を実現していたわけではなく，ブルゴーニュ侯(フランドル伯)権力による集権化政策に対しても都市の自立主義(パルティキュラリスム)を擁護しようとする勢力とともに，ブルゴーニュ侯の支持勢力もまた都市内に存在したのである（Boone [1990a]; Stabel [1997a]）．ブルゴーニュ侯に対して生じた15世紀のフランドル都市の反乱に関しては，近年ブルッヘ（1436–38年）とヘント（1449–53年, 1467年）の事例について詳細な研究がなされ，ブルゴーニュ侯権力に対する両都市の対応の相違が明らかになってきた（J. Dumolyn [1997]; P. Arnade [1991] [1994] [1996a]）．

---

  4) 「四者会議」については，最近の研究として畑奈保美 [1994] [1996] [1998] を参照．

(3) 芸術活動，社会儀礼と都市のアイデンティティ

　14–15世紀においてヘントやブルッヘなどのフランドルの大都市において市壁や市門，市庁舎，鐘楼，毛織物会館等の世俗建築とその多様な装飾の存在は，12世紀以来の都市の自治的諸権利と誇り（都市アイデンティティ）の外的表現であった．それらの発するメッセージは，都市が周辺農村と決して切り離された存在ではなかったものの，農村とは異なる秩序，社会システムを保持していることを意味していたのである（Van Uytven [1995a]）．そうした都市建築のもつシンボリズムは，都市の威信を表現するものとして機能したといえよう．この文脈において近年注目されているのは，フランドル都市において生み出されたさまざまな芸術作品（絵画，彫刻，タピストリー，ステンドグラスなど）と都市との関係である．14–15世紀に残されているさまざまな会計簿の分析から，都市当局，ギルド，兄弟団などさまざまな社団が都市に工房を構えた職人（芸術家）たちにパネル画やフレスコ画を発注し，また市庁舎をはじめとする公共建築を市の紋章や彫刻で飾るよう依頼したことがヘントやブルッヘについて知られている（E. Cornelis [1987][1988]; M. P. Martens [1992][1994]）．そうした社団によるさまざまなアートのパトロンとしての活動は，P. バークの『イタリア・ルネサンスの文化と社会』（1986）などでイタリアの諸都市についてよく知られているところであるが，ブルゴーニュ期のフランドル都市においても同様の貢献が看取される（Van Uytven [1992]; Martens [1994]）．またギルドや兄弟団による教会音楽へのパトロネージによって G. デュファイに代表されるネーデルラント学派のポリフォニー音楽がブルッヘやカンブレーなどで成立したことも見逃せない（A. Dewitte [1974]; R. Strohm [1983]）．

　P. スターベルは，15世紀フランドルの最も著名な3人の画家（Jan Van Eyck, Gerard David, Hans Memling）の作品179点の中で都市がどのように描かれているかを検討し，全体の約4分の1（26.8パーセント）にあたる48点に都市が背景として描かれていること，イタリア・ルネサンス絵画とは異なり，かかるフラマン絵画においては，都市が生きた社会的，経済的活動の舞台としてリアリティをもって描かれ，労働し，話し，歩いている人々の姿がしばしばその都市

風景の一部となっていたと指摘している (Stabel [1997b])．

ところで社会儀礼と都市のアイデンティティをめぐる問題は，とりわけ近年注目されている領域である．ブルゴーニュ侯国が「劇場国家」といわれるように，ブルゴーニュ侯の宮廷儀礼の影響を受けつつ，ネーデルラント諸都市では 14–15 世紀にさまざまな都市儀礼が行われ，都市内における多様な社会層の統合と都市の威信にとって本質的な役割を果たしたと考えられる．フランドルでは，クラフト・ギルドの他に都市防衛のために設けられたエリート集団としての射手ギルドや都市修辞家集団(レトリシャン)(*Rederijkerskamer* / *Chambre de rétoric*) などの特異な社団や各種の宗教ギルド(兄弟団)が存在した．それらの社団の主導により行われた都市やギルドの守護聖人の祝祭やプロセッションなどの儀礼は職業的絆を越えて都市内のさまざまな社会的，人的ネットワーク形成の基盤となるとともに，都市エリートにとっては都市の政治的支配の確立と維持のために機能し，都市が外的世界(周辺農村，貴族，ブルゴーニュ侯権力など)に対して示そうと意図した都市のアイデンティティ表現のために用いられたのである (Boone [1992]; Prevenier [1994] [1996]; Arnade [1996a] [1997b]; Stabel [1997a])．かかる都市のアイデンティティが視覚的に表現された重要なパフォーマンスの 1 つが王侯による「都市入市式」(*Ceremonial Entry* / *Joyeuse Entrée*) であった．

「都市入市式」については王権と都市との間の相互関係の確認の儀礼としてフランスやイングランドの王権による入市式の研究が 1960 年代以来行われてきた．フランドル都市では，ブルゴーニュ侯(フランドル伯)による都市入市式が 14 世紀後半から 15 世紀末にかけて数多く行われており (J. D. Hurlbout [1990])，1980 年代以降，主として権力のプロパガンダと都市の正統性の表明のための政治的儀礼として取り上げられてきた (Prevenier / Blockmans [1983]; Soly [1984]; N. Mosselmans [1991]; M. Boone [1997])．また，音楽史や美術史の領域からもそうした入市式のプロセスにおける都市のさまざまな社団のスポンサーシップを明らかにした研究がなされている (Strohm [1983]; E. Dhanens [1987]; M-P. Martens [1992])．例えばブルッヘでは，歴代ブルゴーニュ侯の即位(1384 年,

1419年, 1477年), 婚姻の祝典(1468年), 侯に対する都市反乱の終結後の和解(1440年)など重要な時期にとりわけ華やかなプロセッションと活人画の舞台(*tableaux vivants*)が都市当局により設定されたのである.

近年ではV. ターナーに代表される象徴人類学の影響を受けた英米の研究者たちによる個別都市(ヘント, ブルッヘ)の入市儀礼研究 (Murray [1994]; Nicholas [1994]; Arnade [1996a]; A. Brown [1997]; G. Kipling [1998])が相次いで発表されていることも注目される.

(4) 都市の社会史へ向けて

最後に広義の都市社会史的研究として注目されるいくつかの研究に触れておこう. まず都市の社会集団として, 南欧世界では一般的であった公証人の活動をヘント, ブルッヘなどのフランドル都市について検討したのが J. M. マレーの一連の研究である (Murray [1986]; [1993]; [1995]). 彼は13世紀後半からとりわけ教会行政との関連で公証人がネーデルラントで活動を始めていること, また南欧商人が集中していた国際商業都市ブルッヘにおいてはイタリア人を中心とする多くの公証人が存在し, 商業文書の他, 施療院や教会の文書を作成していたことを明らかにした. 公証人とフランドル都市の関係については, イタリア都市をはじめとする南欧都市とは公証人の数や文書の残存状況において大きな差異があるが, 北西ヨーロッパの中世都市で一般的であった参審人文書(私署証書)による効力に対して公証人文書が中世後期以降どのように浸透していったのかといった問題が今後に残されている(河原 [1989]; Prevenier / Murray / M. Oosterbosch [1997]).

また都市の年代記やメモリーブックのような記述史料から年代記作者たちの都市観や歴史意識を把握しようとする研究 (V. Lambert [1993]; Arnade [1996b]; A-L. Van Bruwaene [1998])は記述史料による都市史の再検討の試みを示しており, 興味深い.

さらに犯罪と暴力, 居酒屋と遊興, 建築規制と防火対策, モラル規制, 隣人関係, 他者(異邦人)の問題などさまざまな都市の生活領域に関する個別研究の

進展も注目されるところである (Nicholas [1970]; J. Van Houtte [1983]; K. Geert [1987]; A. Greve / J. Storjohann [1995]; Van den Neste [1996]; Van Uytven [1983a] [1983b]; Boone [1984]; J-M. Cauchies [1984]; M. Ryckaert [1984]; Murray [1988]; Carlier [1997]; E. Bousmar [1994] [1997]; A. Greve [1997]).

　以上，近年の中世後期フランドル都市史研究の成果を概観してきた．そこから中世都市史研究の今日的課題としてさしあたり以下の点を指摘しておこう．まずフランドル伯領という一領邦を単位とした近年の総括的研究が試みているように，一定地域の中での階層的な都市ネットワークシステムの形成と変容を通した中世都市の動態的把握の可能性であろう．この点は我が国でも 1980 年代以降議論され展開されてきた中世後期の都市＝農村関係論の成果とも密接に関わっている．フランドル伯領において検出されるような都市ネットワークシステムが他のヨーロッパの地域でも妥当するのか[5]，あるいは各地域の特性に応じて異なったシステムをとりえたのか，地理学などの手法も取り込みながら，今後の比較史的考察が望まれる．

　都市社会史の視角からは，中世後期の都市社会を構成した手工業者(親方，職人，徒弟，日雇い)，商人，貴族，聖職者，都市役人，奉公人，マルジノーなどさまざまなレベルの都市の社会集団の中で，特に市政やさまざまな都市社団の主要な役職を担った都市エリート層のプロソポグラフィックな研究が進められている点が印象的である．そうした社会集団相互の人的，社会的，地縁的絆の絡み合いから「市民」の動態的在り方を解明していくことが「市民」身分や都市的「自由」の問題などの再検討とともに今後さらに必要とされるだろう．また多様な社会集団の都市への統合と排除のプロセスを検討していくことは，同時に中世の「市民」がどのような意識をもつ人々であったのか，近世・近代の「市民」との異同をさぐる糸口を提供してくれるものと思われる．本書で主として扱われる都市ヘントにおける慈善の在り方とその組織の展開はそうした課題への1つのアプローチとなろう．

---

5) 田北廣道氏によって論じられている中世後期ケルン空間における都市システム論が 1 つの比較のモデルとなりうるように思われる．田北 [1987] [1997] を参照．

最後に，都市と領邦君主権力との相互関係という権力構造論的視角からするならば，中世後期にさまざまなレベルでの都市民の統合と都市のアイデンティティ形成を促進したファクターが何であったのかを問いつつ，王侯の集権的政策に対応した地域権力(中間権力)としての中世都市の歴史的位置の解明が不可欠のものとなるだろう．フランドル都市をめぐるさまざまな社会史的研究も，そうした課題に寄与することが期待されるのである．

3. 中世ヘントの政治社会史概観

ヘントはスヘルデ (Schelde) 川とレイエ (Leie) 川という南北を貫く2つの河川の合流点に位置するとともに，北海と中部ラインラントを東西に結ぶ商業ルートの結節点に位置するという地理的条件により，早期からフランドル地方における最大の商業都市としての地位を占めていた[6]．とりわけ河川と結びついて12世紀以降発達した運河による水運網の形成により，ヘントはフランドル伯領ばかりではなく，南のエノー伯領，東のブラーバント侯領，北部のホラント伯領とも経済的に密接な関係を形成したのである．フランドル伯フィリップ・ダルザス (Philippe d'Alsace) により1165/77年に交付された特許状は，ヘントの参審人団体 (*schepenen*) にヘントの周辺1マイルからなる領域 (*banmijl*) を裁判権や行政権を行使しうる領域として認めている[7]．

すでに1100年以前からおよそ10家系がヘントの都市内の土地を世襲的に保有するとともに，毛織物や穀物取引に従事して富を蓄積していた．彼らは〈viri hereditarii〉ないし〈erfachtige lieden〉とよばれた自由人の都市貴族層で初期のヘントの市政役職者を構成していた．13世紀までにそうした都市貴族はおよそ50家系程度まで拡大され，12世紀以来ヘントの都市政治の中核をなした参審人を輩出していく[8]．その中でも Uten Hove, Uten Dale, Borluut, Damman, De Grutere,

---

6) ヘントの初期史については，A. E. Verhulst [1999] pp. 75–79; 森本芳樹 [1978]; 山田雅彦 [1989] [1991] などを参照．
7) L. Milis [1989] pp. 64–66.
8) Milis [1989] pp. 68–70.

Van den Huus, Van den Kerkhove, De Pape 家など主要な家系が 1228 年以来「39 人会」(*Negenendertig*) とよばれる参審人を互選する独占的な組織を構成したのである[9]．

ヘントは 12–13 世紀の間に在地の羊毛による毛織物生産の他にイングランド産羊毛を原料とするさまざまな種類の高品質な毛織物を生産し，イタリアからポーランドに至る広範な販路を得て，経済的繁栄を達成していた．そうした商業活動に従事した都市貴族による寡頭政がこの時期には貫徹していたのである．[10] しかし，かかる商人都市貴族層に対抗して，富裕化したさまざまなギルド（アンバハト）の親方層や有力な毛織物業ギルドとりわけ織元の役割を担ったとされる親方織布工らの同盟により，13 世紀後半には都市政治への参加をめぐる闘争が顕著となった．その結果 1297 年には旧来の「39 人委員会」に代わって 2 年任期で参審人を選出する新たな「39 人会」が作られた．さらに 1301 年には，参審人団体は 13 人ずつのメンバーからなる 2 つの委員会 (*schepenen van de keure* および *schepenen van de gedele*) に分けられ，それぞれ織布工ギルドおよび縮絨工ギルドを中心とした毛織物業ギルド (*weverij*)，毛織物業以外のさまざまなクラフト・ギルドから成る小ギルド (*kleine neringen*)，および都市貴族 (*poorter*) の 3 者から参審人が選出されることになった[11]．

1302 年のコルトレイクの戦いでフランドル諸都市のギルド主体の市民軍がフランス騎士軍に勝利した結果，ヘントでは諸ギルドの政治的権利が承認される一方，フランス王側についたレリアーツ (*Leliaerts*) とよばれていたヘントの都市貴族は一時追放された．しかし，都市政治における変化は革命的なものではなく，ギルドの親方層を含めた富裕層の間での政治的参与の拡大にすぎず，都市貴族もその多くが数年以内にヘントへ戻っていたのである[12]．

---

9) ヘントの都市貴族については，F. Blockmans [1938]; Prevenier [1978] pp. 411–415; Milis [1989] pp. 72–74 を参照．

10) 14–15 世紀のヘントの政治史については，V. Fris [1913] pp. 59–104; D. Nicholas [1987] pp. 1–15; Id. [1988]; Prevenier / Boone [1989] pp. 81–105 を参照．中世ヘントの都市制度一般については，P. Stabel [1997c] pp. 247–276 を参照．

11) Boone [1984] pp. 72–73; Nicholas [1987] pp. 1–5.

12) Prevenier / Boone [1989] pp. 81–84.

14世紀のヘントではその後も政治的変動が続き，1330年代後半にはイングランドとの同盟関係を軸にフランス王権からのヘントの政治的独立を意図したビール醸造業者ヤコブ・ファン・アルテヴェルデ（Jacob van Artevelde）による指導体制(1338-1345年)が，そして1380年代には彼の息子でヘントをブルゴーニュ侯国に対抗させようと試みたフィリップ・ファン・アルテヴェルデ（Philips van Artevelde）の政治活動(1381-82年)が展開された[13]．両者の試みはいずれも短期間に挫折したが，その間の時期(1350-70年代)にも，織布工ギルド，縮絨工ギルド，その他の小ギルド，都市貴族の間での都市政治をめぐる闘争が継続し，ヘントはフランスの詩人ユスタッシュ・デシャンにより「気をつけよ，危険な都市ヘントに」（*avise toy, fausse ville de Gand*）［1382年］と彼の諷刺詩の中でうたわれることになるのである[14]．

　しかしブルゴーニュ侯国の統治下におかれた1384年以降，ヘントの都市政治は内部における諸勢力の紛争を絶えずはらみながらも，1540年まで基本的には安定した体制を形作ることになった．それは26名の参審人職を，織元（ドラピエ）たる上層親方織布工を中核とした織布工ギルドをはじめとする毛織物業ギルド（*weverij*）の代表10名，船荷輸送業者，肉屋，パン屋，ビール醸造業者，皮革匠，大工など53の職種から成る小ギルド（*kleine neringen*）の代表10名および都市貴族（*poorterij*）から6名の割合で毎年選出するシステムであった（図1-2参照）[15]．注目すべきことは，参審人職以外のヘントのさまざまな公的役職もまたそうした3大政治的集団（*de drie leden*）により同様の割合で分け合われたという事実であろう．1384-1453年の間のブルゴーニュ時代のヘントについてプロソポグラフィックな研究を行ったM.ボーネによれば，そうしたヘントの公

---

13) Fris [1906]; Nicholas [1987]; [1988]; Prevenier / Boone [1989] pp. 85-93.
14) P. Arnade [1996a] p. 39; Boone [1997] p. 9. Eustache Deschamps, *Œuvres complètes*, Paris, 1884, vol. 1, pp. 94-97.
15) 10名のうち，船荷輸送業者から2名，パン屋，肉屋，ビール醸造業，建築業関連ギルド6職種の代表，皮革業関連ギルド7職種の代表から各1名ずつが毎年固定的に選出された．Prevenier / Boone [1989] p. 95. 53の小ギルドの序列については，B. Baillieul / A. Duhameeuw [1989] pp. 204-206を参照．

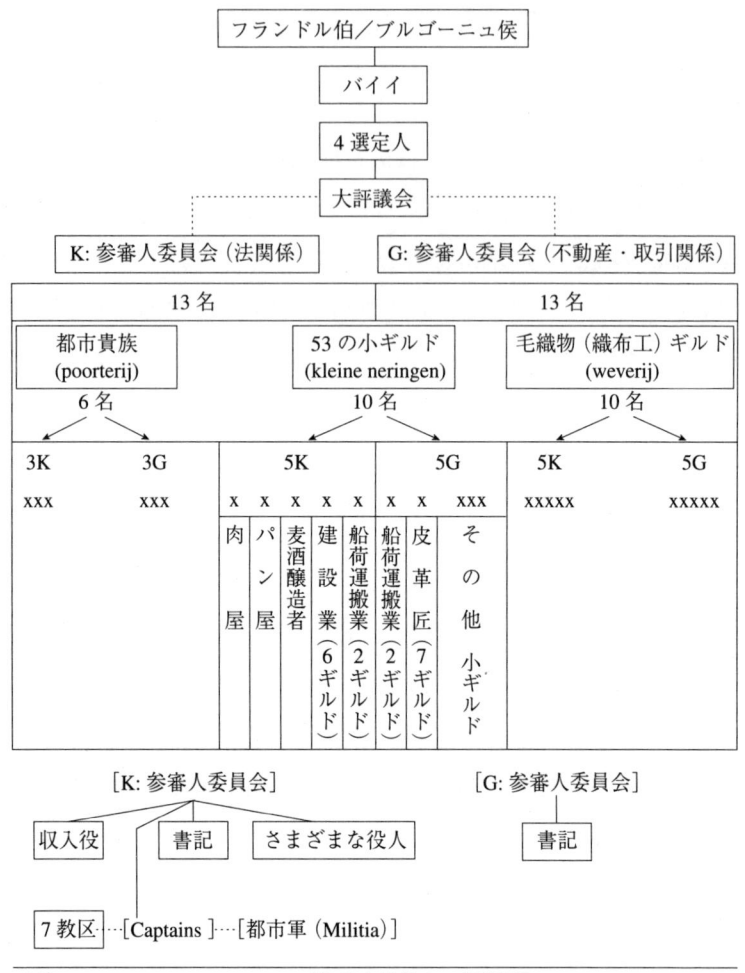

26　第Ⅰ部　中世ヘントにおける慈善・救済施設の成立

```
                    ┌──────────────────┐
                    │フランドル伯／ブルゴーニュ侯│
                    └─────────┬────────┘
                              │
                        ┌─────┴─────┐
                        │   バイイ   │
                        └─────┬─────┘
                              │
                        ┌─────┴─────┐
                        │  4 選定人 │
                        └─────┬─────┘
                              │
                        ┌─────┴─────┐
              ┌─────────│  大評議会  │─────────┐
              │ ········└───────────┘········ │
  ┌───────────┴──────────┐        ┌───────────┴──────────────┐
  │ K: 参審人委員会（法関係）│        │G: 参審人委員会（不動産・取引関係）│
  └──────────────────────┘        └──────────────────────────┘
            13 名                              13 名
```

都市貴族 (poorterij)	53 の小ギルド (kleine neringen)	毛織物（織布工）ギルド (weverij)
6 名	10 名	10 名
3K　　　3G	5K　　　5G	5K　　　5G
xxx　　　xxx	x x x x x　x x xxx	xxxxx　　xxxxx
	肉屋／パン屋／麦酒醸造者／建設業（6ギルド）／船荷運搬業（2ギルド）／船荷運搬業（2ギルド）／皮革匠（7ギルド）／その他小ギルド	

```
        ［K: 参審人委員会］                ［G: 参審人委員会］
  ┌──────┬──────┬──────────┐          ┌──────┐
  │収入役│ 書記 │さまざまな役人│          │ 書記 │
  └──────┴──────┴──────────┘          └──────┘

  ┌──────┐
  │7 教区│……［Captains］……［都市軍（Militia）］
  └──────┘
```

略号　K: *schepenen van de keure*（参審人委員会：法関係）
　　　G: *schepenen van de gedele*（参審人委員会：不動産・取引関係）
典拠：D. Nicholas [1988] p. 4; M. Boone [1990a] p. 47.

図1-2　中世後期のヘントの市政構造

的役職として小教区を基礎とした下級裁判機構である *vinderijen* のメンバー，書記（*klerken*）をはじめとする都市行政役職者，毛織物会館における取引の上級監督者（*halleheren*），そして次章以下でも論じるように都市の慈善施設である癩

施療院 (*Rijke Gasthuis*) や聖ヨハネ施療院 (*Sint Jans hospitaal / dulhus*) の管理者 (*deken*) などにおいてそうした傾向が確認される[16]．また各教区教会の監督者 (*kerkmeester*) や教区単位の救貧組織である「貧者の食卓」の監督者 (*Heilige-Geestmeester*) や兄弟団 (*broederschap*) の管理者 (*deken*) などの役職者ではその4分の3が事実上それら3大政治集団によって占められていた[17]．この事実は，中世後期のヘントが13世紀までの都市貴族支配とは異なってはいるものの，富裕なギルド親方層を含む都市の特定の政治的エリート層により実質的に支配されていたことを示しており，都市における慈善・救済活動の担い手を考察する上でも見逃しえない事実を提示しているといえるだろう．

次にヘントの都市化のプロセスについて見ておこう．12世紀初頭に最初の市壁が建設されたヘントの都市空間は，その後1300年頃に第3次の市壁拡大が行われ，最終的に644ヘクタールの領域をもつに至った[18]．都市人口総数や人口構成の変動は都市の成長と衰退，再生の最良の手がかりとなるが，ヘントでは1356–58年に都市全体の人口を把握するための最初の史料が得られる．それはヘントの市民軍 (*militia*) 動員のための各ギルドの分担割当の記録であり，これまでH. ファン・ヴェルフェケ, D. ニコラス, W. プレヴニールらによる議論と推計がなされてきた[19]．現時点ではプレヴニールにしたがって1350年代の総人

表1–1　フランドル3大都市の推計人口

都市 \ 年代	14世紀				15世紀	
	1356–58年	1390年	1412年	1437年	*1469年	1491 / 92年
Gent	64,000	25,000(?)	—	—	60,000 [16,000]	45,000
Brugge	45,000	—	—	—	45,000 [9,184]	40,000
Ypres	20,000	—	10,000	9,700	9,900 [2,195]	8,000

* 1469年の [ ] 内の数値は戸口調査記録による世帯数である．

---

16) Boone [1990a] pp. 124–157.
17) Boone [1990a] pp. 93–105.
18) Prevenier / Boone [1989] p. 81.
19) H. Van Werveke [1947]; D. Nicholas [1970] [1987]; W. Prevenier [1975] [1978] [1983].

表 1-2 14世紀ヘントの職業別人口構成（1356/58年）

手工業：76.90%	毛織物工業関係ギルド：	55.97%	織布工： 縮絨工： その他：	26.44% 17.63 11.90
	小ギルド	44.03%	食料品・飲料： 輸送業： 建設業： 皮革業： 衣料業： 鍛冶屋： その他：	11.05 9.56 5.62 5.01 5.10 2.53 5.16
商業：　12.52% その他：10.58		100.00%		
合計：　100.00%				

典拠：A. Van Werveke (ed.), *Gentse Stads- en Baljuwsrekeningen (1351–1364)*, Brussels, 1970, pp. 296–297. Cf. D. Nicholas [1987] pp. 19–21.

口を6万4,000人と見做してよいであろう．ヘントの人口は，その後14世紀後半のうちにペストの断続的流行(1358, 1361, 1368年など)や都市反乱などによる人口減少を経験した後，1400年代に入って再び上昇に転じ，1490年代(1492/94年)には約4万5,000人まで回復したと見られている[20]．いずれにせよ中世後期のヘントは，パリに次ぐ北部ヨーロッパ第2の人口規模をもつ都市であった．また都市の職業別人口構成について見ると，14世紀半ばのヘントでは，手工業関係者が77パーセントを占め，そのうち毛織物業関係が56パーセント，その他の小ギルド関係者が44パーセントという割合を示し，ヘントが圧倒的に手工業ギルド中心の都市であったことが窺えるのである(表1–2参照)[21]．

---

20) Prevenier [1983]; Prevenier / Boone [1989] p. 81; P. Stabel [1997a] p. 28.
21) Prevenier [1983]; Nicholas [1987] pp. 17–21.

第 2 章　施療院とその発展

1. 中世都市成立期の貧民概念と慈善施設の出現

　中世都市における慈善・救済施設研究のための出発点としては，まず何よりも貧困と貧民の概念をめぐる近年の諸研究の検討から始める必要があるだろう．M. モラと彼の指導した研究プロジェクトによる研究以後，中世における貧困 (*paupertas*) と貧民 (*pauperes*) いう概念がきわめて多義的な表現であり，その定義の前提となる社会的枠組みや他者との相対的関係に基づく可変的概念であったことが明らかにされてきた[1]．貧困とは当該社会にあって何かが欠如している状態であり，カロリング時代をはじめとする中世初期の社会においては，「貧民」(*pauperes*) とは経済的に困窮している者を指す概念であるよりもむしろ，有力な他者に身体的，社会的に劣った状態にあることで従属せざるをえない者であったとされる．中世初期においては，旅人や巡礼，寡婦や孤児など「キリストの貧者」(*Pauperes Christi*) とよばれた社会的弱者の他，領主による保護を受けずに独立した小経営を営んでいた自由土地所有農民層もまた社会的，経済的状況の悪化とともに「貧民」(*pauperes*) とされ，「力ある者」(*potens*) と

---

1) 中世の「貧困」，「貧民」概念の変遷についての総括的議論は，何よりも M. Mollat [1978], pp. 9–21, B. Geremek [1987] (邦訳 [1993] 第 1 章) が参照されるべきである．

対置された．モラによれば，そうした「貧民」とは，「弱く，従属的で屈辱的状況にある者」で，「その状況は時代や社会とともに変化する社会的な力と尊厳の喪失ないし欠如により性格づけられる存在」であると定義される[2]．そうした「貧困」を生み出す「欠如」の因子としては，「金銭，影響力，知識，技能，名誉ある出自，身体的力量，自由」などが挙げられ，「貧困」とは他者との関係性において規定されるものとされている．またJ. L. ゴグランも同様に「貧民」を「社会的に不備のある人間の状態．法的，経済的，身体的弱者」と定義している[3]．

中世初期以来，貧民救済の活動はもっぱら教会諸組織によって担われた．カトリック教会は信徒に対して何よりも貧者への施しを勧め，教会暦の祝日には門前で貧民に施しを行った．また中世初期において旅人や巡礼を受け入れたのは主に修道院付属の救済施設であった．そうした施設は *hospitale* ないし *xenodochium* とよばれ，後の都市施療院の先駆けとなったのである[4]．東方のビザンツ帝国の慈善施設に由来すると考えられているこうした西方の修道院付属の施設は，ベネディクトゥスの戒律における貧しい旅人の保護規定の順守を支えとしながら，7世紀以降西欧各地に創建されていった．817年にはアーヘンの公会議において修道院の収入の10分の1を貧民の救済のために保留しておくべきことが規定された[5]．9世紀にはそうした修道院付属の救済施設は南ネーデルラントではニベル（Nivelles）やアラス（Arras）に存在していた[6]．

また修道院自体の慈善活動は，クリュニー修道院をその代表的事例として近隣の貧民に対する門前での食物や衣服の施し（*almonry*）や週に1度の近隣の貧民の家の訪問などが行われていた．クリュニーでは，「徒歩で来る者」（*quotquot pedites vandunt*）として3種類の貧民を区別していた．第1に一夜の宿と食事を与えられた旅人や巡礼である．第2に修道院の門前に集まる寡婦，孤児，病者

---

2) Mollat [1978] p. 14; J-L. Goglin [1976] p. 15.
3) J-L. Goglin [1976] p. 16.
4) Bonenfant [1965] pp. 9-10; T. S. Miller [1978] [1985] も参照．
5) Bonanfant [1965] pp. 11-12.
6) Bonenfant [1965] p. 12.

など近隣の「貧民」であり，彼らのうち毎日定数(36人ないし72人)に3ポンドのパンが施され，また週に4日は豆も分配された．肉もまた，主要な教会の祝祭日に豆に代わって分配された．復活祭やクリスマスには，衣類や靴の分配も特別に行われている[7]．そして第3に修道院に受け入れられた貧民(*pauperes prebendarii*)でその数は18人であった．彼らには衣食が与えられるとともに夜の礼拝への出席が求められた．彼らへの施しには修道院のスタッフによる「足洗い」の儀礼が伴っており，彼らが典礼的次元において扱われていたことを示している．田中峰雄氏のいい方にしたがえば，「施されているのは実態としての〈貧民〉ではなく，あくまでも〈キリストの貧者〉でしかなかった」のである[8]．とはいえ，こうした修道院による「キリストの貧者」に対する儀礼的，典礼的活動は12世紀以降も行われ，中世後期になると都市においてより実質的な施しを行っていたことを考慮するならば，中世を通じて教会諸組織による慈善活動の果たした役割はそれ自体否定しえない意義を有していたといわねばならないであろう．

他方，9世紀以降暫時進行し，11–12世紀以降とりわけ決定的となっていった人口増加と商品＝貨幣流通の進展による新たな経済環境の中で，この時期に本格的な成立期を迎えた都市では，周辺農村から流入した移民とりわけ日雇い層の増加が賃金の低下と都市の貧困をもたらし，そこから析出された乞食の存在が都市の恒常的現象として定着していった[9]．11–12世紀の時期にはすでに都市住民の中で貧富の格差が生じ始め，「貧民」(*pauperes*)は「富者」(*dives*)としばしば対置されることで，経済的指標に基づく概念としても認識され始めたのである．と同時に「貧民」はその身体的劣等性において「戦う者」としての「騎士」(*milites*)と対置される概念でもあった．ライヒェルスベルクのゲルホッホ(Gerhoch von Reichersberg)ら12世紀の神学者たちは貧民を2つのタイプに分類している．すなわち「ペテロとともにある貧者」(*pauperes cum Petro*)と「ラザ

---

7) C. Pellistrandi, La pauvreté à l'abbaye de cluny, in: M. Mollat [1974] t. II, p. 224; J. A. Smith [1976] p. 7.
8) 田中峰雄 [1980] pp. 9–10.
9) L. K. Little [1978] pp. 28–34.

ロとともにある貧者」(*pauperes cum Lazaro*) である[10]．前者は，使徒ペテロに従い自発的貧困を選びとった者であり，シトー会士や後には托鉢修道会士がそのカテゴリーに含まれた．後者は聖書中の人物ラザロになぞらえられた「惨めな者」(*miserabiles personae*) であり，何らかの身体的，物質(経済)的欠如に苦しんでいる者とされ，その範疇には，働けない者(老人，寡婦，孤児)，働かない者(浮浪者など)，一時的な困窮者(賃労働者，移住民など)が含まれていた．また13世紀初頭の鋭敏な社会の観察者であったジャック・ド・ヴィトリ(Jacques de Vitry)は，都市の貧民を「自身の2本の手で労働して，わずかな毎日のパンを稼ぎ，そして夕食の後には何も残されていない」者と記述している[11]．

　この時期に都市における慈善施設の発展は2つの点で重要な意味をもっていた．すなわち第1に，諸侯をはじめとする俗人の有力者が新たな慈善施設の設立に積極的な役割を果たし始めたこと，そして第2には，「施療院」(*hospitale*) が修道院の一部を構成するのではなく，その外で機能する独立した組織となったことである．司教や教会による施療院の行政的管轄権が原則的に失われることはなかったものの，とりわけ都市で設立された施療院はそれ自身独立した組織として現れたのである．南ネーデルラントで最も古い都市の施療院の設立は1090年のレウヴェン(Leuven)の事例であるが，その設立文書においては「都市の有力者たち」《*meliores urbis*》が修道士 Herywardus とともに言及されている．またブリュッセルでも1127年に有力市民により巡礼と旅行者のための施療院が設立されている．しかし，それらの施設はいずれも都市の教会参事会の管轄に属し，依然として伝統的な教会の慈善活動の枠内にとどまっていたのである[12]．

---

10) Geremek [1987] (邦訳[1993]) p. 42; J. Brodman [1998] p. 4.
11) M. Rubin [1987] p. 8:《qui, propriis manibus laborando, victum tenuem omni die sibi acquirebat, nec ei plusquam cenaret quicquam remanebat》in: Jacques de Vitry, *sermones vulgares*, (ed.) T. F. Crane, London, 1890, p. 27. 当時の大都市パリの貧困状況については, Jacques de Vitry, *Historia occidentalis*, cap. VII (J. F. Hinnebusch (ed) [1972]) pp. 90–91 を参照．
12) Bonenfant [1965] pp. 15–16; Smith [1976] p. 9; H. Vander Linden [1908] pp. 113–114. 田中 [1980] p. 19.

他方，都市的組織としての施療院が修道院付属の施設の傍らではじめて独立した姿を現すのは癩施療院(*leprosarium*)の設立においてである．南ネーデルラントの多くの主要都市では 12 世紀中に癩施療院が創建された．癩施療院の実態については第 3 章で論じられるが，かかる施設は癩(ハンセン)病が中世において伝染性と不治性の病と信じられたため，健康な社会の怖れを反映して社会からの隔離を意図した点で，通常の貧民の受け入れとは異なっていた．癩施療院は貧民・病者の一時的アジールの場ではなく，その属性のゆえに癩者に生涯の滞在の場を提供したのである[13]．癩施療院は，設立当初から都市当局によるイニシアティブに基づいており，例えばカンブレー(Cambrai)では 1116 年頃に都市内の癩病者のための施設が都市指導層によって創設されている[14]．ヘントにおける癩施療院(*Het Rijke Gasthuis*)の設立(1146 年)もまた都市民のニーズに対応していた．癩施療院への癩者の受け入れはきわめて限定的であり，原則として市民権の保持者であること，癩施療院の禄(*prebend*)を購入しうる者であることが求められた[15]．通常の施療院の場合は受け入れ資格において癩施療院ほど厳しくはなかったが，それでも「良い評判」の人物で一定の財産の所有者であるという 2 つの条件が求められたことで，見ず知らずの貧民の受け入れにとっては大きな障害となっていたことは否めない．両施設とも 12 世紀には都市当局(参審人団体)の行政的管理下で機能していた．修道院やカテドラルの教会参事会が都市における施療院の監督者としての役割を果たす場合もあったが，フランドル都市では次章で論じられるように，そうした施設は少なかった．12 世紀において「慈善」活動は，もはや単なる修道院の日常的実践の一部ではなくなっていたのである[16]．

そうした慈善施設の展開の背景として，この時期における民衆的福音主義の新たな隆盛が指摘されねばならないだろう．11 世紀後半から 12 世紀末にかけ

---

13) Smith [1976] p. 11.
14) Bonenfant [1965] p. 16.
15) W. P. Blockmans / C.De Coninck [1967] pp. 14–15; G. Maréchal [1978] pp. 111, 127, 190–191.
16) Smith [1976] p. 12.

てしばしば生じていた飢饉や旱魃の結果，農村と同様都市における貧困現象の深刻化は，都市民の霊的救済への志向を促進し，自発的貧困を称揚する聖書の清貧理念へと回帰することで「キリストの貧者」をキイ・ワードとする多くの宗教運動へと人々を導いたのである．またそれと関連しつつこの時期の急速な経済的成長の中で，貨幣をめぐる人々の意識に変化が生じていたことにも注目しなければならない．すなわち 12 世紀以来教会が人々の魂の救済への障害として貨幣を媒介とした商業活動による富の蓄積を非難し始め，都市民が富の獲得と経済活動への参与をいかに正当化しうるかという課題に直面することになったからである[17]．

　この問題については，とりわけ神学者たちにより 12 世紀後半に導入された「煉獄」の観念とその世俗社会への浸透が重要な役割を果たしたと考えられる．J. ル・ゴフの研究によって明らかにされたように，「煉獄」（*purgatorium*）とは生前の罪の償いを果たさずに死んだ者が苦しみを受ける「第 3 の場」とされたが，同時にその場は生前に何らかの善行をなしたことで救済への可能性を与えるものであった．それゆえ，貧民・病者への生前の喜捨は，富裕者にとっての願わしい贖罪の行為であり，キリスト教的「慈善」への直接的参与の機会と見做されたのである．かかる行為を通じて富裕者は，死後彼の魂が「煉獄」から「天国」へと移行しうると説かれたのである[18]．したがって，富裕市民にとって貧民ないし慈善施設への贈与・寄進は，彼ら自身の魂の救済のために本質的に霊的行為として重要であった．この点は，とりわけ都市的宗教組織として続く 13 世紀に成立したフランチェスコ会をはじめとする托鉢修道会の修道士による説教活動が，商業の正当化と慈善の意義を強調していく中で都市民の心性に浸透していったと考えられるのである[19]．

　ところで 12 世紀以降都市において相次いで創建された貧民，病者などのための慈善施設（施療院）の呼称について見ておきたい．フランドル都市では，そう

---

17) L. K. Little [1978] pp. 34-40.
18) J. Le Goff [1981]（邦訳『煉獄の誕生』法政大学出版局，1988 年）
19) Smith [1976] p. 11.

した施設のための中世オランダ(ネーデルラント)語の呼称として，〈hospitaal〉，〈godshuis〉，あるいは単に〈huis〉といったタームが用いられた．それらのタームは相互に変換可能な同義語として使われていた．そうした施設を個別に区別した呼称は少なくとも14世紀以前には見当たらない．同じ1つの施設が，史料により，これら3つのタームでそれぞれ記されているケースも存在する．例えば，ヘントの聖ヨハネと聖パウロに捧げられた施療院 (*Het Godshuis van Sint Jan en Sint Pauwel*) の場合，14-15世紀の史料中で〈godshuis〉，〈hospitaal〉，〈huis〉の呼称が区別なく用いられていた[20]．そこでは，当時の施療院の2つの機能，すなわち「神の家」〈godshuis〉のもつ「受禄者のための恒久的な滞在施設」としての含意と「ホスピタール」〈hospitaal〉(ラテン語〈hospitale〉ないし〈hospitium〉) が本来意味していた「巡礼・旅人・病人のための休息の場」としての含意が現実にはそれほど明確に区別されてはいなかったことを示唆している[21]．また13世紀初頭にヘントのシント・バーフス修道院により創建されたシント・アンナ施療院 (*Sint Anna Hospitaal*) も，15世紀に〈godshuis〉とよばれるようになるまで〈hospitaal〉とよばれていた[22]．その場合も2つのタームの使用は当該施療院の機能の変化を必ずしも意味していなかったのである．

　また，〈huis〉(ないし〈huus〉) は施療院の守護聖人の名称 (*Sint Jacobshuus*; *Sint Janshuus*) や，ギルドの名称 (*Wevershuus*; *Voldershuus* など)，創建者の個人名 (*Wenemaershuus*)，あるいは盲人や孤児など援助の対象となった特定の人々の範疇 (*Blindenhuus*; *Wesenhuus* など) と組み合わせて用いられた[23]．いずれにせよ，そうした慈善施設の呼称が複数のタームで置換されえたという事実は，「慈善」(caritas) の実践が主として行為者の救霊のための義務として知覚され，貧民・病者が十分対象化されず，彼らの物質的，社会的救済は間接的にしか意識されていなかったことを窺わせるであろう．

---

20) J. Béthume / A. Van Werveke [1902] p. X.
21) Smith [1976] p. 14.
22) G. Maréchal [1966] pp. 32-33.
23) Smith [1976] p. 15.

他方，フランドル地方をはじめとするネーデルラントや北フランスでは，そうした慈善施設の他に，教区ごとに組織され，貧民を収容せず，もっぱら教区在住の「家住み貧民」(huisarmen) に対して食料，衣類，燃料など生活必需品の施与を行った「聖霊の食卓」(Mensae Sancti Spiritus; Heilig-Geest tafels; Tables de Saint-Esprit) ないし「貧者の食卓」(Armentafel; Tables des pauvres) とよばれた教区救済組織が 12 世紀末から活動していた．詳細は第 4 章で検討されるが，この第 2 のタイプの救貧組織は，救済の対象がより限定され，非定住者は対象とされていない．しかし，施療院とは異なる形で救貧活動を行っており，個別に独立した地域限定の救貧組織として重要な役割を果たしていたと考えられるのである[24]．

次節では，フランドル都市ヘントを主要な事例として施療院の展開を検討していくことにしよう．

2. 中世ヘントの施療院の活動

ヘントにおいては，12 世紀半ばより大別して 2 つのタイプの貧民救済組織が出現した．第 1 のタイプは，旅人，貧民，病者等のために宿泊ないし居住の場を提供した施設であり，中世後期には「禄」を購入した通常の市民も受け入れることで養老院的機能も併せもつことになる．第 2 のタイプは，そうした収容施設ではなく，小教区ごとに特定の貧民に対して直接衣類，食料，燃料その他の生活必需品の施与を行った教区貧民救済組織(「聖霊の食卓」／「貧者の食卓」)である．後者については，第 4 章で論じるので，本節以下では前者の活動を検討したい．

表 2–1 は，12 世紀から 14 世紀末までにヘントで確認される救済施設の一覧である．まず主要な施設についてカテゴリー別に概観しておくことにしよう．第 1 のカテゴリーは，都市当局により創建されたもので，その最古の施設は，

---

24)「貧者の食卓」研究の出発点としては，何よりも M. J. Tits-Dieuaide [1975] の整理を参照．

表 2-1　中世ヘントの施療院・救済施設一覧

Nr.	名　称	対　象	創建主体	創建年代	規約(年代)	収容人員
1	Het Rijke Gasthuis	癩病者	都市	ca. 1146	ca. 1146	30–40
2	Bijloke hospitaal	病者その他	シトー会	ca. 1228	1365	—
3	Hebberechtshospitaal	病者(受禄者)	聖ピーテルス修道院	ca. 1239	1468	16–40
4	Sint Anna hospitaal	病者(受禄者)	聖バーフス修道院	1207	1361	12–16
5	Sint Jans-ten-Dullen	病者(精神障害者)	都市	1190s.	1196/1245	40 (24)
6	Sint Jacobs Godshuis	巡礼(受禄者)	ヤコブ兄弟団	ca. 1257	ca. 1270	30
7	Blindenhuis	盲人	都市	ca. 1376	—	—
8	Godshuis van de Filles-de-Dieu	更生した娼婦		ca. 1325	—	10–12
9	Weesenhuis (2ヶ所)	孤児	都市	1350s 以前	—	—
10	Godshuis van Sint Jan en Sint Pauwels	貧民/巡礼 (受禄者)	市民	1316	—	24
11	Wenemaers hospitaal	貧民/病者	都市貴族	ca. 1323	1339/1420	30
12	Het Alyns hospitaal	老人/病者	都市貴族	1363	1365	8–11
13	Mersmanskinshuis		都市貴族	—	—	—
14	Wittox hospitaal	病者/旅行者	都市貴族	12c.末	—	—
15	Papenhuis		都市貴族	—	—	—
16	Heilig Maria hospitaal (Utenhove hospitaal)		都市貴族	12c. 後半	—	—
17	Jan Worts hospitaal		都市貴族	ca. 1361	—	—
18	Sint Jorisgodshuis		市民	ca. 1342	—	—
19	Wevers Godshuis	病・貧困の織布工	ギルド	ca. 1336	—	21–23
20	Volders Godshuis	縮絨工	ギルド	1304	—	3–8
21	Sint-Elooi hospitaal	鍛冶工	ギルド	14c. 半ば	—	—
22	Schiplieden Godshuis	船荷運送業者	ギルド	14c. 半ば	—	—
23	Armenhuis van de brouwers 麦酒醸造者	ギルド	14c. 半ば	—	—
24	Kleermakers Godshuis	洋服仕立工	ギルド	14c. 半ば	—	—
25	Visschers Godshuis	魚商	ギルド	14c. 半ば	—	—
26	Tijkwevers Godshuis	織布(粗布)工	ギルド	14c. 半ば	—	—
27	Bakkers Godshuis	パン匠	ギルド	14c. 半ば	—	—
28	Houtbrekers Godshuis	製材工	ギルド	14c. 半ば	—	—
29	Sint Elisabeth begijhof	女性		1233	ca. 1269	—
30	Begijnhof ter Hooi	女性		ca. 1284	—	—
31	Sint Obrechts begijnhof	女性		ca. 1280	—	—

1146 年頃創建された癩(レプラ)施療院 (*Het Rijke Gasthuis*) [表 2–1, Nr. 1 以下同様]である．癩(ハンセン)病者は本来キリストの苦しみを分かちもつ聖なる者」とされつつ，その病の外的性格のため都市の健康な市民からは隔離される

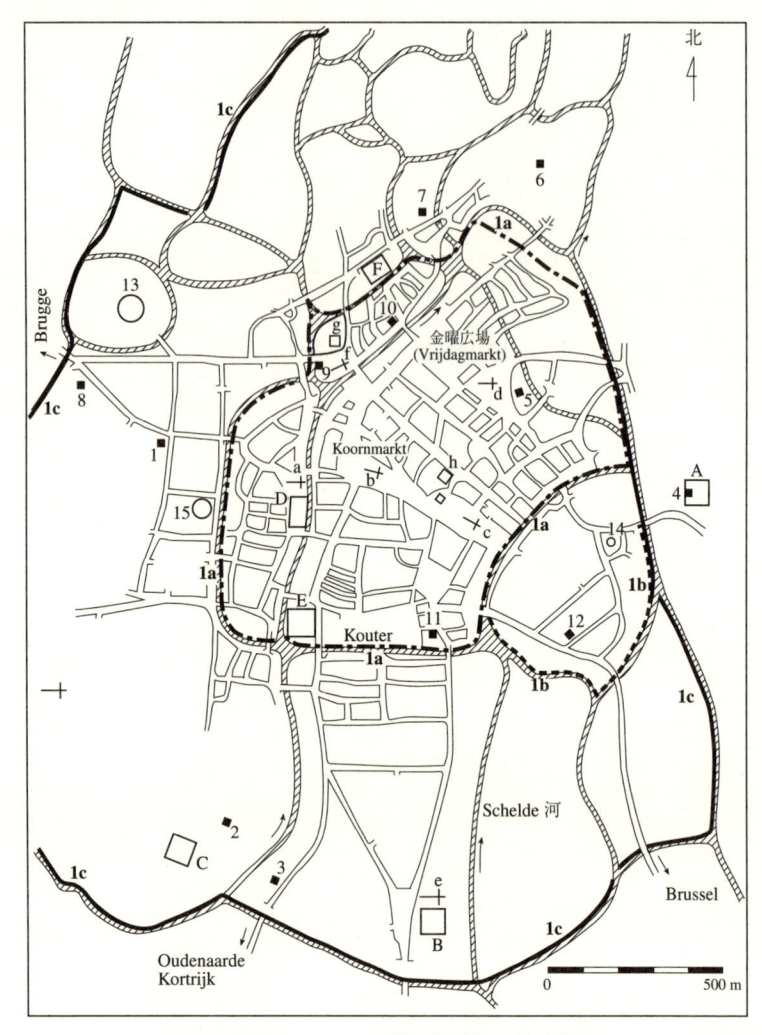

38　第 I 部　中世ヘントにおける慈善・救済施設の成立

1a —·—	12 世紀初頭の市壁	■	施療院・救済施設
1b ----	13 世紀後半の市壁	□	修道院
1c ——	14 世紀前半の市壁	○	ベギン会

典拠：W. Simons, [1987b] p. 195 に基づいて作成．

図 2–1　中世ヘントの主要施療院の位置

第 2 章 施療院とその発展　39

図中番号	番　号 (表 2-1 に対応)	主要施療院・救済施設名称
1	1	癩施療院 (Het Rijke Gasthuis)
2	2	ベイロック施療院 (Bijloke hospitaal)
3	3	ヘベレヒツ施療院 Hebberchtshospitaal)
4	4	シント・アンナ施療院 (Sint Anna hospitaal)
5	5	シント・ヤン［聖ヨハネ施療院］(Sint Jans-ten-Dullen)
6	6	シント・ヤコブ［聖ヤコブ施療院］(Sint Jacobs Godshuis)
7	8	改悛した娼婦のための施療院 (Godshuis van de Fills-de Dieu)
8	10	シント・ヤン＝シント・パウエル施療院 (Godshuis van Sint Jan en Sint Pauwels)
9	11	ウェネマール施療院 (Wenemaers hospitaal)
10	12	アリン施療院 (Het Alyns hospitaal)
11	19	織布工の施療院 (Wever's Godshuis)
12	20	縮絨工の施療院 (Volder's Godshuis)
13	29	シント・エリザベット・ベギンホフ (Sint Elisabeth begijnhof)
14	30	聖母のベギンホフ (Begijnhof van Onze-Lieve-Vrouw ter Hooie)
15	31	シント・オブレヒツ・ベギンホフ (Sint Obrechts begijnhof)
記号		その他の施設名称
A		シント・バーフス修道院 (Sint-Baafs Abdij)
B		シント・ピーテルス修道院 (Sint-Pieters Abdij)
C		ベイロック修道院 (Bijloke Abdij)
D		ドミニコ修道会
E		フランチェスコ修道会
F		カルメリット修道会
a		シント・ミヒルス教会 (Sint-Michiels kerk)
b		シント・ニクラース教会 (Sint-Niklaas kerk)
c		シント・ヤン (聖ヨハネ) 教会 (Sint-Jans kerk)
d		シント・ヤコブ (聖ヤコブ) 教会 (Sint-Jacobs kerk)
e		聖母(ノートルダム)教会 (Onze-Lieve-Vrouw kerk)
f		シント・ヴェール教会 (Sint-Veerle kerk)
g		フランドル伯の城 (Gravensteen)
h		市庁舎 (Stadshuis)

典拠：W. Simons, [1987b] p. 195 に基づいて作成.

べき存在であった．詳細は第3章で扱うが，都市当局(参審人団体)の主導により創建された最初の救済施設と考えられる[25]．市当局によって創建された他の都市施療院として代表的なものは聖ヨハネ施療院 (*Het godshuis Sint-Jans-ten-Dullen*) [Nr. 5] や孤児院 (*Weesenhuis*) [Nr. 9] が挙げられる．

第2のカテゴリーは，12世紀後半から13世紀にかけて現れる修道院付きの施設 [Nr. 2-4] であるが，それらはシント・アンナ施療院 [Nr. 4] を除き，いずれもヘントの都市市壁内にあって，都市住民のために機能していた．

第3のカテゴリーは，13-14世紀に有力な都市民家系によって創建された施設であり，当該市民の名を冠したものが多い [Nr. 11-18]．中でもウェネマール施療院 [Nr. 11] は，ヘントの都市貴族家系による創建の代表的事例である．

第4のカテゴリーは，手工業ギルドや兄弟団などの都市の社団により設立されたものであり，13世紀から知られている [Nr. 6, 19-28]．

最後のカテゴリーとして，13世紀以来出現する「半聖半俗」の生活を送ったベギンとよばれる在俗女性集団のための施設 (*Begijnhof*) [29-31] を見逃すことはできない．ベギン会については，多くの研究があり，それが都市下層の貧しい女性の給養施設であったとするK.ビューヒャー以来の古典的見解は，今日批判の対象となっているが，固有の慈善施設と並んで，ベギンホフが果たした慈善的役割は注目されてよいだろう[26]．

以下，いくつかの代表的な施療院の成立と活動について検討していこう[27]．

（1） 聖ヨハネ施療院 (*Sint-Jans-ten-Dullen / Sint-Jansgodshuis*)

この施療院の起源は定かではないが，聖ヤコブ教会のそばに1190年代に創建され，1196年に最初の規約 (*statute*) をシント・バーフス修道院長エヴェルデ

---

25) J. A. Smith [1976] pp. 9-10. 中世ヘントの施療院一般については，L. Elaut [1976]; A. Van Heddeghem [1978] を参照．
26) ベギン会組織については，本書では扱わないが，最近の研究として以下のものを参照．W. Simons [1989]; M. Boone [1990a] pp. 154-156; 邦語文献として上條敏子 [1990]; [1994]．
27) Cf., Smith [1976] pp. 26-64; Boone [1990a] pp. 141-154.

ウス（Everdeus）2世から得ていた[28]．*Sint-Jans-ten-Dullen* という呼称は，この施療院が病者や巡礼者の他に精神障害者（*dullen*）を受け入れていたことに由来している．この施療院については，12世紀末から16世紀までに証書（oorkonden）250点，会計帳簿が1425年以降断続的にではあるが1562年まで残されている[29]．1245年の第2の規約では，50名が当施設に居住することが許されており，そのうち10名が「男女のスタッフ」（*frateres et solores*）であり，市民の「受禄者」（*proveniers*）が16名，そして残り24名が「病臥の貧者」（*pauperes lecto accumbentes*）とされている[30]．

ところで1196年の第1の規約は21項目からなるが，そのうちの多くは当施設内で生活するメンバーの禁欲的生活態度の維持と罰則の規定（[第2条]，[3条]，[4条]，[7条]，[8条]，[13条]，[15条]，[16条]，[17条]）であった．そこでは特定の期間の肉食の制限や，侮辱行為，肉欲の行為などに対する罰としての断食の期間の設定などが定められており[31]，当施設がいわば修道会に準じた霊的組織であったことを示している．また当施設のスタッフとなろうと望む者は1年と1日の試用期間を過ごした後，施設長（*magister*）に対して誓約を行うことで受け入れられた（[10条]）．

他方，巡礼者（*peregrinus*）は，一夜の宿と食事を供されること（[11条][32]，「明らかな病により働けない貧民や病者」《pauperes et imbecilles lecto accumbentes qui manifesta egritudine non laborant》には必要な食物を与えること（[12条][21条]）が規定されているが，受け入れられた貧者や病者がどのような援助を受けたかについての具体的内容は記されていない．その点は1245年の第2の規約においても同様であって，当施設があくまでも祈りと禁欲の共同体であったこと

---

28) この施療院については，Fr. De Potter [1883–1901] VII, pp. 130–174; E. Lucyckx-Foncke [1942] pp. 1–19; Smith [1976] p. 27; J. Dewulf [1981]; M. Boone [1990a] pp. 143–144 を参照．
29) J. Dewulf [1981] pp. 77–78.
30) De Potter [1887] *Second Carltulaire de Gand*, Nr. I, pp. 9–12.
31) 規約のテクストは，De Potter [1883–87] VII, *Bijlagen* VIII, pp. 531–534.
32) De Potter [1883–87] VII, p. 533:《Si quis peregrinus necessitate compulsus hospitium quod requisierit, una nocte caritative recipietur. . . . , . . . 》．

を示唆しているのである.

　また，当施設に居住していないものの，「日常的に禄を得ている外来者」〈*forenses qui prebendas cotidianas a domo recipiunt*〉の存在が規定されており［20条］，当施設が居住者だけでなく，近隣の非居住者に対しても援助を行っていたことが注目される[33]. さらに当施設が精神障害者 (*dullen*) を受け入れる旨を明記しているのは，1404年の第3の規約においてである．そこでは，対象となる精神障害者がヘント市民であり，入所金104ドゥニエを支払うことが必要とされているものの，そうしたハンディキャップを負った者を受け入れた点で，当施設は盲人(視覚障害者)の施設 (*Blindenhuis*: 表2-1: Nr. 7) とともにヘントにおいて注目すべき役割を果たしていたといえるだろう[34]. また1432年にトゥールネー司教により更新された規約では，当施療院の運営，管理が参審人により行われる旨が確認されている．

　14-15世紀の当施設のメンバーの出自について検討したJ. ドゥ・ヴルフによれば，名前の知られている「男女のスタッフ」(*broeders en zusters*) のそれぞれ29パーセント，26パーセント，また受け入れられた「受禄者」(*proveniers*) の23パーセントがヘントの参審人家系に属していた[35]. この点は，後述する聖ヤコブ施療院をはじめとするヘントの主要な慈善施設についても指摘されるところであり，かかる施設が都市支配層にとって少なからぬ関心事であったことを窺わせるものである．

(2)　ベイローク施療院 (*Byloke hospitaal*)

　この施療院の起源は12世紀後半に有力な都市貴族であった Utenhove 家の Ermentrude によりヘントの中心部に位置する聖ミヒルス (*Sint Michiels*) 教会近くの Onderbergen に創建された「聖母施療院」(*Heilig Maria hospitaal*) にある

---

33) De Potter [1883–87], VII, p. 534.
34) Dewulf [1981] pp. 83–84. 1404年の規約は SAG, stadscartularia, regester G, fol. 194v.–196v., regester AA, fol. 240v. Cf., M. Mollat [1978] p. 185.
35) Dewulf [1981] p. 87. Cf. M. Boone [1990a] p. 144.

とされている[36]．1204年には教皇インノケンティウス3世がこの施設を保護する旨の特許状を交付し，当施設が貧民，病者，聖職者と旅行者のための施設として公認された．その後1208年にFulco Utenhoveにより礼拝堂建設のための費用などが寄進され，その後もUtenhove家の援助に支えられて，この施療院は活動を続けた．しかし，救済活動のための費用がしだいにかさむ中で，フランドル女伯ヨハンナの夫フェランド（Ferrand）の招聘によりヘントに拠点をおいたドミニコ会の修道院がレイエ川沿いにあった当施療院の隣地に建てられ，1228年に同修道院が拡張されるにあたって，聖母施病院は伯の指示によりベイロック（Byloke）とよばれる地に移転することになった．聖母施療院は，1228年から1233年の間に新しい場所に移転し，伯夫妻による土地寄進の援助を受けて，新たにベイロック施療院が建設された[37]．伯夫妻は同じ1228年にこの施療院の隣に修道院を建設することを宣言し，クレルヴォーの修道院長に依頼して，シトー会を招請した．1234年には施療院の隣に25人のシトー会の尼僧が居住する修道院が建てられ，以後このシトー会修道院によりベイロックの施療院は管理されることになったのである[38]．当施療院が病者の他どのような人々を受け入れていたかを示す史料は残念ながら残存していない．とはいえ，13世紀に約880平米(縦55 m，横16 m)の広さの病室（$ziekenzaal$）とそれに付属する礼拝堂（$kapel$）を備え，1860年代に閉鎖されるまで建物の改編を伴いながらも実質的に活動を続けていたことから，ヘントにおける重要な医療施設であり続けたといえよう[39]．

36) ベイロック施療院については，L. Van Puyvelde [1925]; J. Walters [1929]; J. A. Smith [1976] pp. 28–32 および A. Van Den Kerkhove & Y. Hollebosch-Van Reck [1973] pp. 7–21 を参照．
37) Smith [1976] p. 31; Van Puyvelde [1925] p. 16.
38) Smith [1976] p. 32; Van Puyvelde [1925] p. 18.
39) Van Den Kerhove & Hollebosch-Van Reck [1973] p. 11. ベイロック施療院の建物は13世紀の木造ゴシック様式として，ブルゴーニュのTonnerreの施療院(1293–95年)や北ドイツのLübeckの施療院と並ぶ中世の代表的病院建築とされている．

(3) シント・アンナ施療院 (*Sint Anna hospitaal*)

ヘントの主要な修道院であったシント・バーフス修道院付属の施療院として1207年に創建されたこの施療院は，もともとシント・バーフス施療院として知られ，聖アンナへの正式な奉献のなされた1465年以降シント・アンナ施療院とよばれるようになった[40]．この施療院はあらゆる種類の病者，貧者を受け入れる一般的な施設であり，15世紀には特定の「受禄者」(*proveniers*) が，性別，年齢などの区別なしに受け入れられている．しかし，その施設自体は小規模で，1360年代には12人，1400年には16人，1437–38年には14人，1465年には12人が受禄者となっているにすぎない[41]．

シント・バーフス修道院長により任命された当施療院の運営責任者である「監督者」〈meester〉は，通常シント・バーフス修道院に関係する聖職者が務めていた．その役割は，14世紀末に「収入役」〈ontvanger〉によって取って代わられているが，中世を通じて当施療院はシント・バーフス修道院長の管理下にあり続け，ベイロック施療院や聖ヨハネ施療院ほど都市民との直接的関係はもたなかったようである[42]．

(4) ヘベレヒツ施療院 (*Hebberechts hospitaal*)

この施療院はシント・バーフス修道院と並ぶヘントにおける今1つのベネディクト会系大修道院であったシント・ピーテルス修道院によって13世紀初頭に創建されたと考えられる[43]．この施療院の創建に関する文書は現存せず，最古の文書は1239年のシント・ピーテルス修道院長による発給文書である[44]．この文書では当施療院は固有の名前をもっていないが，1277年のラテン語文書では「ヘントのシント・ピーテルス修道院のヴィッラにあるヘベレヒツとよばれ

---

40) Smith [1976] p. 35.
41) G. Maréchal [1966] p. 36.
42) Smith [1976] p. 36; Maréchal [1966] p. 39.
43) ヘベレヒツ施療院については，T. Van Driessch の未刊行の研究 [1991] およびその内容をまとめた [1992] が最新の成果である．
44) Van Driessche [1991] p. 16.

る施療院」《hospitalis dicti Hebbrechts in villa Sancti Petri Gandensis》として現れ[45]，14世紀以降中世ネーデルラント語で"Ebbrechts hospitale"ないし"Hebbrechts hospitale"と史料に記されるようになる[46]．

当施療院の管理権はシント・ピーテルス修道院にあり，同修道院長によって2名ないし3名の「監督者」(*provisores / gouverneres / meesters*)が任命された．「監督者」に関する言及は同施療院がヘント郊外に土地を購入した1268年の文書が初出であるが[47]，監督者自身は当施療院の設立当初から存在していたと考えられる．この監督者の職務については，監督者の任命文書が2点(1399年；1412年)残されており，その内容を知ることができる．監督者の職務として挙げられるのは，(i) 当施療院の保有する所領からの小作料をはじめとするさまざまなカテゴリーの諸収入 (*pachten; achterstallen; renten* など)の管理，(ii) 当施療院の建物の修理と維持，(iii) 受禄者からの物品の受理，(iv) 受禄者の負債などの保証，(v) 会計帳簿の作成と管理などである[48]．彼らは無償ではなく手当 (*jaargeld*) を毎年受け取っていた．

1270年代から1500年までの間に知られている監督者は，T. ファン・ドリシュによれば27名(13世紀：2名，14世紀：10名，15世紀：15名)である．聖職者 (*clericus / priester*) はそのうち7名と少なく，しかもそのうち5名は15世紀に監督者となっているにすぎない．その他は俗人で，他の役職としてO.L.V. Sint-Pieters教区の「聖霊の食卓」(Heilig Geest van O.L.V. Sint-Pieters)の「監督者」(*meester*) ないし収入役 (*ontvanger*) を兼務している者が4名，Sint-Pietersのヴィッラの参審人 (*schepen van het Sint Pietersdorp*) 職についている者が5名いることが注目される[49]．

---

45) SAG, Hebberechtsgodshuis, reeks LXXIII, nr. 3.
46) Van Driessche [1992] p. 48.
47) RAG, Sint-Pierers Abdij, *oorkonden*, dec. 1268. ただし，1430年代以降〈*provisor*〉という呼称はもはや現れず，シノニムとしての「収入役」〈*ontvanger*〉がそれに取って代わった．Van Driessch [1992] p. 50.
48) Van Driessche [1992] p. 50.
49) Van Driessche [1991] pp. 51–53.

表 2-2 ヘベレヒツ施療院の設定禄数(1401-97 年)

年 代	禄 (prove)	年 代	禄	年 代	禄	年 代	禄
1401 年	40	1420	32	1445	21	1470	24
1402	38	1421	32	1446	21	1472	21
1403	37	1427	31	1449	21	1473	23
1404	36	1428	29	1450	22	1474	23
1405	33	1429	29	1451	24		
1406	31	1430	30	1452	25	1482	24
1407	32	1433	29	1454	23	1483	23
1408	29	1434	30	1455	24	1484	23
1409	29	1435	30	1457	24		
1410	28	1436	30	1460	24	1493	22
1412	30	1437 (7月)	26	1462	24	1494	22
1413	32	[1437 (10月)]	28	1463	25	1495	22
1414	33	1438	16	1464	24	1496	21
1415	33			1465	24	1497	21
1417	35			1466	25		
1418	36						
1419	34						

典拠: Van Driessche [1991] pp. 123-124.

表 2-3 ヘベレヒツ施療院の男女別受禄者(1393-1497 年)

受禄者性別	男	女	合 計
単 身 者	44 名 (29.14%)	107 名 (70.86%)	151 名 (100%)
夫 婦	18	18	36 名 (18 組)
合 計	62 (33.16%)	125 (66.84%)	187 名 (100%)

典拠: Van Driessche [1992] pp. 57-58.

　ヘベレヒツ施療院は，監督者や収入役の任命において確かにシント・ピーテルス修道院長の裁可を受け，また会計帳簿の監査も毎年修道院側の役職者によってなされていたが，シント・アンナ施療院とは異なり，その活動の実態においては修道院から独立した組織であった．シント・アンナ施療院の設立にわずかに遅れて設立された当施療院は，ヘントの都市民のニーズに対応して設立されたのであり，カロリング期以来の伝統的な修道院の救貧理念のみに基づいて生まれた組織ではなかったと考えられる[50]．

---

50) Cf. Van Driessche [1991] p. 69.

次に当施療院に受け入れられた者たちの数と属性について Van Driessche の研究に基づいて見ておきたい[51]．当施療院への入所者は，原則として「受禄者」（*provenier*）であった．ヘベレヒツ施療院の受禄者については，1393 年以降 1497 年まで合計 187 名がレンテ・ブックおよび会計帳簿の記載から知られている[52]．

　a．受禄者の数

　ヘベレヒツ施療院の会計帳簿（*rekeningen*）は，1400 年以降断続的ながら 15 世紀をほぼカバーして 1497 年まで残されており，Van Driessche によってデータがまとめられている（表 2-2 参照）[53]．この会計帳簿に記載されている受禄者について注意すべきことは，監督者（*meester*）も受禄者の 1 人であるとともに 2 人分の禄（*dobble provende*）を得ていたことである[54]．1430 年代前半まで設定された禄の数は 26 から 40 であり，平均して 30 人前後の受禄者を受け入れていたことになる．1438 年には 16 人分の禄しか記録されていないが，その背景には，この年ヘントでペストが大流行したこと，そして当施設の受禄者のうち 8 人が死亡したが，その年のうちには新たな受禄者が補充されなかったことが指摘できる[55]．1445 年以降は，禄の数は減少し，ほぼ 21 から 25 の間を推移し，平均して 23 人前後の受禄者を受け入れていたと見ることができる．

　こうした受禄者の受け入れ数の減少は，会計帳簿の記録からするといくつかの理由が考えられる．第 1 には 15 世紀後半に生活水準全般の上昇が見られる中で，例えば当施療院で受禄者に毎週給付されたパンがライ麦と小麦の混合パン

---

51) Van Driessche [1992] pp. 57–76.
52) 1393–99 年までは，*renteboek* (RAG, Fonds Sint Pieters Abdij, reeks I, D. 291, fol.17r.), 1400–97 年までは，断続的ながら *rekeningen* (RAG, Fonds sint Pieters Abdij, reeks I) に記載されている．Cf. Van Driessche [1991] p. 114.
53) 1401–02 年度の会計帳簿では以下のような記載が見られる．
《Dit es dhuutgheven van den provende ghelde betaelt alle weken den provengiers in't hospitael also hierna verclaert es. Eerst beghinnende den eersten saterdach van octobre, dat was in Sente Baefs daghe in't jaer 1400 ende een, 40 provengiers, mids der meesterigghen die dobble provende heeft ende haer joncwijf die eene probende heeft, elken 2 s. 6d. de weke 18 weken lanc, maect 90 lb. parisis.》RAG, Sint Pieters Abdij reeks I, *rekeningen*: Nr. 1027, fol. 13v.–14r.
54) Van Driessche [1991] p. 122.
55) Van Driessche [1991] p. 126.

(masteluinbrood) から小麦パン (tarwebroot) へとより上質のものへ切り替わっていくことで経費が上昇し，受禄者の数を減らすことでそうした状況に対応したと考えられること，また毎週受禄者に与えられた「週手当」(weekgeld) の額が 15 世紀を通じてしだいに増加する一方，施療院の収入自体は伸び悩みの状態であったため，禄の数を減らさざるをえない状況が 15 世紀後半には生じていたことである[56]．受禄者の減少傾向は，禄の数とそれを支えた当施療院の財政状況とのバランスの結果であったと考えられるだろう．

b. 受禄者のカテゴリーと受け入れ

「受禄者」(*prebendarii / proveniers*) とは，もともと中世初期の修道院共同体で日々給養された者であったが，中世盛期以降さまざまな救済施設で援助を受ける貧者も意味するようになった．G. マレシャルの定義に従えば，中世ネーデルラントにおいて「禄」(*prebende*) とは，「当該施設の費用で給養され，そこに居住する権利」を意味し，「受禄者」とは「そうした禄を何らかの形で得た者」を意味したのである[57]．したがって「受禄者」には，禄を無償で与えられた者(貧民・病者，当施設の監督者など)と禄を購入した者(市民)とが含まれていることに注意する必要がある．

ヘベレヒツ施療院では，13 世紀に貧民・病者が受禄者として無償で受け入れられていたことは，1239 年の最古の施療院文書において，「当施療院の貧民のために」《ad usus pauperum ibidem languentium》という文言が見られること[58]，また 1246 年の文書でヘントの Sint-Veerle 教会の助祭であった Hendrik なる人物が当施療院にフランドル貨 150 ポンドを寄進し，その見返りに毎年 5 ポンドを終身定期金として受け取る旨の確認がシント・ピーテルス修道院長によりなされたが，その際 Hendrik と彼の母親の死後は，その定期金は「当施療院に受け入れられている 1 人の病臥の貧民」《pauper unus in lecto recumbeus tenebitur

---

56) Van Driessche [1992] pp. 58–59.
57) G. Marechal [1978a] p. 179.
58) SAG, Reeks LXIII, Hebberechtsgodshuis, Nr. 1.

《in hospitali predicto》のため用いられるよう記されていること[59]からも明らかである.

しかし,後に検討するように,当施療院においては「受禄者」となるための禄契約 (prebende-contract) 文書が 1280 年前後から知られており,14 世紀以降,市民による禄の購入が進行して,当施療院がしだいに救貧施設というより,市民の養老院的性格を強めていく傾向が見てとれるのである[60].

c. 禄の購入者

ヘント市民によるヘベレヒツ施療院の禄の購入は,1399 年から 1428 年までの約 30 年間で 12 例が知られている.

禄購入者の購入額は,一定しておらず,24 ポンドから 132 ポンドの間で幅がある.ただし,聖職者による購入 (Nr. 7, 10) を別とすれば,60 ポンドから 120 ポンドの間にほぼ集約されよう.15 世紀のヘントにおける熟練屋根葺工の日当

表 2–4　ヘベレヒツ施療院の禄購入者(1399–1428 年)

	氏　名	年　代	禄購入金額	備　考
1	Alise sMeesters	1399	72 lb. par.	
2	Kateline van Tsalons	1399	48 lb. par.	
3	Gillis van der Doerent & Zoetin Mins	1408	84 lb. par. 84 lb. par.	
4	Jan de Backere	1409	102 lb. par.	
5	Kateline Zeghers	1409	120 lb. par.	
6	Willem en Lisbette de Mey	1408/09	204 lb. par. (2 名分)	
7	Wouter't Kind	1415	[72 lb. par.]	priester
8	Arend Symoens & Matte van den Brouke	1417	[234 lb. par.]	
9	Lieven van der Heyden	1417/18	120 lb. par.	
10	Jan van der Beke	1417/18	24 lb. par.	priester
11	Beatrise van Boenbeke	1427	60 lb. par.	
12	Gillis van Quabeke & Lisbette van der Aelvenne	1428	264 lb. par. (2 名分)	

典拠: RAG, Sint Pieters Abdij, Reeks I, *rekeningen*: Nr. 1032; 1035; 1038.
Cf. Van Driessche [1992] p. 79: *Bijlage* II.

---

59) SAG, Reeks LXIII, Hebberechtsgodshuis, Nr. 2.
60) Van Driessche [1991] p. 135.

が9スー(スヘリンゲン)であり，60ポンドの額は，およそその日当の133日分(4ヵ月半分)に相当した．また1428年に夫婦で264ポンドで禄を購入したvan Quaebekeの場合，この年の当施療院の総収入額であるパリ貨1597ポンド3スー1.5ドゥニエの16.5パーセントを占めていることからすると，禄の平均的購入額は相対的に高額であったといえよう[61]．ただし，ファン・ドリシュによれば1430年以降ヘベレヒツ施療院の会計帳簿には，ヘント市民への禄の売却の記載は見出されない[62]．他方，シント・ピーテルス修道院の関係者(聖職者ないしシント・ピーテルス修道院ヴィッラの参審人職をはじめとする役職者など)ないしその親兄弟が無償で当施療院の禄を得ていたケースも15世紀に散見されることも注目しておかねばならない[63]．ファン・ドリシュは，そうしたケースから当施療院禄の取得の際のシント・ピーテルス修道院長を頂点とする愛顧関係(クリエンタリズム)の存在を指摘している[64]．

   d. 受禄者の男女比

ファン・ドリシュの集計によると，表2–3のように4世紀末以降知られる受録者の約70パーセントが女性であったことが分かる．当施療院に受け入れられた者の多くが女性であったという事実は何を物語っているのであろうか．1468年の当施療院の規約には制度的に女性を優先的に受録者とする旨の規定は見られない．ファン・ドリシュは，その背景として，13世紀にはさまざまな貧民・病者を受け入れていた当施療院が，14世紀後半以降，禄を購入して余生を送ろうとする老齢の受録者を中心とした養老施設(*bejaardenhuis*)へとその性格を変えていったためではないかと推定している．すなわち，中世後期の社会において未婚女性ないし老齢の女性とりわけ夫に先立たれた寡婦の立場は弱く，こうした施設に居住することがベギン会への参加と同様に女性たちの生活保障のた

---

61) RAG, Sint Pieters Abdij, Reeks I, Nr. 1038, fol. 18r. Cf. Van Driessche [1992] pp. 62–63.
62) Van Driessche [1991] p. 147.
63) 例えば1449年にシント・ピーテルス修道院の聖職者Jan Canevelt の母親であるDe vrouw Canevelts が息子の仲介を通じて当施療院の禄を取得して，1463/64年に亡くなるまで当施設に居住していた事例がある．RAG, Sint Pieters Abdij, Reeks I, Nr. 1050/1, fol. 11r.
64) Van Driessche [1991] pp. 139–140.

めの1つの可能な選択肢であったと考えられるからである[65]．実際，後述するように，当施療院の受録者として受け入れられた女性が，長期間にわたり居住していたことが知られている．

e. 受禄者の居住期間

受禄者がどの程度の期間当施療院に居住していたかについて，1390年代から1490年代までファン・ドリシュにより当施療院の定期金帳簿（レンテ・ブック）と会計帳簿から抽出された47名のケースから見てみよう（表2–5参照）．

これらのうち，受け入れられた時と死亡した時の記録が残されているのは26名で，残りは，当施療院の史料で最初と最後に言及されている間の期間が分かるだけであるが，少なくとも当施療院に入所していた最小限の期間が分かるケース（21名）である．この表2–5から分かることは，第1に受録者の半数が10年以内で死亡していること，と同時に15年以上当施設に居住した受録者も30パーセントを超えているという事実であろう[66]．

興味深いのは，当施療院に25年以上居住していた者が7名おり，そのすべてが女性であったことである．最も長期の例は，Kateline van den Torre という女性で，1465年7月に当施設に受け入れられ，1504年5月に亡くなるまで38年

表2–5 ヘベレヒツ施療院の受録者の入所期間

期　間	男(人)	女(人)	合計(人)	割合(%)
5年以内	0	3	3 (3)	11.5
5–10年	3	7	10 (10)	38.5
10–15	7	8	15 (5)	19.2
15–20	3	5	8 (2)	12.8
20–25	2	2	4 (3)	ca. 7.0
25年以上	0	7	7 (2)	ca. 11.0
合　計	15	32	47	100.0

＊括弧内の数字は，滞在期間が正確に知られているケース．
典拠：Van Driessche [1992] pp. 66–67 より作成．

---

65) Van Driessche [1992] p. 58. 中世後期のネーデルラントにおける女性の婚姻をめぐる社会状況と寡婦の問題については，E. Koch [1987] pp. 150–172 を参照．
66) Van Driessche [1991] p. 165.

9ヵ月にわたって居住していた．受録者の男女比の項でも述べたように，かかる施設に受け入れられた女性は，老齢の者とは限らず，若くして寡婦になった者や未婚の者でもあったと考えられるのである．

(5) 聖ヨハネと聖パウロ施療院（*Godshuis van Sint Jan en Sint Pauwel*）

この施療院は，一群のヘント市民たち（poorters der stad Gent）の協力により設立されたものである．14世紀初頭にこの市民たちのグループがフランドル伯の城の西側に位置するWaelbruggheの地に新たな施療院を建設する計画を立て，1316年にヘントの参審人団によりその創建の同意が与えられた[67]．参審人団はその主要な創建者たち6人が「監督者」（*gouverberres / provisores*）として当施療院の秩序を維持する権限を確認し，この施療院が本来捧げられていた福音者ヨハネに加えて1333年に聖パウロにも捧げられることを承認した[68]．当施療院の「監督者」は，1340年代以降4名，1400年以降18世紀まで2名となっている[69]．当施療院には，12床の寝台を備えた大きな寝室があり，15世紀まで受禄者の他に「貧しい巡礼者や客人」《aermen pilgheriinen en gasten》や「夜を過ごすために当施療院へやって来る貧民」《den aermen die int voors. godshuus commen ter herberghen om slapen》を受け入れていた[70]．その後1530年代に巡礼者や貧民の受け入れが廃止され，以後8人の女性の受禄者のみが居住する施設

---

67) J. B. Bethune & A. Van Werveke [1902] *Het Godshuis*, Nr. I, p. 1.《Wij scepenen van der stede van Ghend, maken cont ende kenlic allen den ghenen die dese jeghewordeghe lettren sullen sien ofte horen lesen, dat wij, bi den neresten versouke ende beden van *vele goeden lieden onsen porteren*, bi voersienecheden wel gemouvert in Onsen Here, die in de heere ende in de werdechede vanden groeten sente Janne ewangheliste, *een huus hebben begonnen stichten an de Waelbrugghe*, binnen den scependoeme van Ghent, daer toegoeven onse consent ende doen onse vrihen wille dat dat ghestichte vulcome naer dordenanche van den ghenen ghemeenlike die principale siin van den ghestichte voerseit;》（イタリックは筆者）

68) Bethune & Van Werveke [1902] Nr. I (bis), pp. 2-3. この文書に挙げられている6名の「監督者」（*gouvenerres / provisores*）は，Boudin van Lederne, Philips van Calkine, der Hughe de Plonghere, Lieviin Baraet, Willem van Oesterzele, Gillis de Scheene である．

69) Bethune & Van Werveke [1902] p. XI.

70) Bethune & Van Werveke [1902] Nr. XIV (6 bis), p. 32（1432年）．

(*Godshuis*) として 18 世紀まで存続することになる[71].

（6） ウェネマール施療院（*Wenemaers hopsitaal*）

　14 世紀にはヘントの都市貴族家系による施療院がいくつか創建されているが，その代表的なものが 1323 年に建てられたウェネマール家による施療院である．その創建者である Willem Wenemaer は，14 世紀にヘントの参審人職を何度も務めるとともに，毛織物会館（*Lakenhalle*）の裁定人や他都市との交渉におけるヘントの都市当局の代表も務めた有力者であった[72]．彼とその妻 Margareta De Brune は，フランドル伯の城に近接する小広場（Sint Veerleplein）に位置し，以前フランドル伯の邸宅であった《aula comitis》とよばれていた石造の家屋を 1318 年に購入した．そして 1323 年にその家屋を貧民のための施設として用いるために，彼らの相続人に譲る旨を参審人団体の前で確認した[73]．その家屋は 1325 年までに施療院として転用されることになる．当施療院に関する 1328 年の参審人文書では，「貧民と病人を受け入れる施設」《Omme daer inne (t)ontfane ende te sustineerne arme ende crancke》と定義され，監督者（*gouvernuers*），収入役（*ontfanghers ende vutghevers*）とともに少なくとも 30 歳以上で良い評判の 3 人のスタッフ（男 1 人，女 2 人）をおくことが規定されている[74]．その後当施療院は Wenemaer と De Brune 両家の相続者たちから選定された 2 名の「管理者」

---

71) Bethune & Van Werveke [1902] p. XII–XIII.
72) Wenemaer 家については，以下の文献を参照．J. de Saint-Genois [1854], pp. 169–189; J. A. Smith [1976] pp. 50–52; M. Boone [1990a] pp. 151–152.
73) A. Dubois [1867] *Documents*, Nr. 1, p. 1.《Nous Jehan Masch et tout no compaignon eschevin de la cuere en le ville de Gand et Clais dou Puits et tout no compaignon eschevin des parchons, faisons savoir a tous cheaus qui ces lettres verront et lire oront, que par devant nous sont venut en propres persones sires Willaumes Wenemaer et damer Mergriete sa fame, et ont sus porteit et donnait loyalment en droit don et en pure ausmonsne et as pou(v)res oes, (…) le maison et le hiretague entires av(o)ech toutes les appendices …》
74) A. Dubois [1867] *Documents*, Nr. 3, p. 8:《… dat wij zauden willen doen ons ottroij ende consent, dat men saude setten ende ontfaen int voorseide hospitael eenen broeder ende twee zusteren elc van 30 jaren houd ten minsten ofte daer boven, (…) ende van goeden name. Ende zullen weesen ontfanghers ende vutghevers van al den goede toebehoorende den hospitale voorseit, (…)》

(*voogden*)による管理がなされ，1339年にはヘントの参審人団体から規約（*ordonnanchien*）を与えられている．それによれば当施療院には「少なくとも30人の貧民と病人」《ten minsten dertich aerme ende crancke liede》を受け入れることが定められた[75]．1389/96年にヘントの慈善施設についての報告を残したバイイ Dankaart van Ogierlande は，この施療院が Wenemaer 家と De Brune 家の親族・友人たちにより管理される施設として言及している[76]．さらに1420年に新たな内容の規約が参審人団体から与えられ，都市の施療院としての役割が強化されたが[77]，設立者の両家の家系のメンバーは15世紀においても引き続き「管理者」（*voogden*）として，当施療院の運営を担い，スタッフや受禄者の選定を行っていた．

(7) アリン施療院（*Het Alyns hospitaal*）

この施療院の設立には，14世紀ヘントにおける有力家系であった Alyn 家と Rym 家の伝説となった確執が背景に存在している[78]．両家とも，ヘントにおいて〈erfachtige lieden〉と称された古くからヘントのポルトゥスに世襲の土地を所有してきた家系であるとともに，いずれも商業活動に従事して富を蓄積し，また参審人職を家系のメンバーから出していた．1352年に Simon Rym と Gossuin Rym の兄弟が，ヘントの2人の参審人の殺害を巡る争いに関連して，ヘントの前の参審人であった Hendrick Alyn と彼の弟である Siger を Rym 家の人間を侮辱し，殺すと脅したという理由で非難した．両家の私闘は，フランドル伯ルイ・ド・ヌベール（Louis de Nevers）の介入を引き起こすまでの騒ぎとなり，

---

75) Dubois [1867] *Documents*, Nr. 6, p. 19.
76) ADN, Fonds, Cumulus 541:《Item, un hospitael assiz de les le plaetche Sainte Pharaut, appiellé Wenemaers hospitael, le quel est fondet par Guillaume Wenemare et sa femme et est gouvernet par les proismes et amis des diz personnes》. Cf. Boone [1990a] p. 151. 後述第5章表5-2参照．
77) Dubois [1867] *Documents*, Nr. 11, pp. 35-38; Boone [1990a] p. 151.
78) アリン施療院については，J. de Saint-Genois [1850] pp. 98-138; E. Luykx-Foncke [1939] pp. 124-125. P. Rogghe [1965] pp. 132-145; Smith [1976] pp. 52-59 を参照．
79) Saint-Genois [1850] pp. 102-115; Smith [1976] pp. 54-57.

1353 年に参審人団体の仲介の下で,両家の間の和解が試みられた.しかし,Rym 家はそれを無視し,1354 年春に聖ヨハネ教会のミサの間にアリン家の兄弟 2 人を殺害したのである.彼らは同年 6 月の参審人団からの召喚にも応じなかったため,逃亡者に対する慣習的な罰として,彼らの家屋は破壊され,逃亡した彼らの首には 100 ポンドの懸賞金がかけられた.7 年後,伯の出納役(*ontvanger van Grave van Vlaenderen*)Jean Van der Zickele とヘントの都市当局(手工業ギルド)の 2 人の役職者(*dekene*)の仲介による平和締結の協定がなされ,両家には過去に行われた相手への攻撃に対していかなる報復も行わない旨の誓約を交わすことが定められた[79].そして彼らの殺人と教会冒涜の罪の贖いのため,Rym 家は施療院創建のために,パリ貨 100 ポンド相当の定期金収入を,また殺された Alyn 家の兄弟たちの記憶のために礼拝堂付司祭を維持するための費用として 20 ポンドの定期金を提供することが命じられた[80].さらに Simon Rym には,当時の都市の刑罰の 1 つであった贖罪のための巡礼行として,まずローマへ,次いでサンティアゴ・デ・コンポステラへ赴くことが科せられた[81].施療院には,殺害された Hendrik と Siger 兄弟の両親である Simon Alyn と Catherine Zelverberchs によって寄進されたレイエ川沿いの彼らの屋敷が充てられることになり,1363 年 7 月にシント・バーフス修道院長が彼らの寄進を確認し,死んだ 2 人の息子のためのミサが行えるように鐘と塔を備えた礼拝堂の建設を認めた.そしてこの施療院の後見者(*gardyen*)にはフランドル伯ルイ・ド・ヌベールが

---

80) Saint-Genois [1850] pp. 115–118:《Vort so was gheboden ende ghepresenteert, by den vors. ontvangehere Willise ende Justaesse dat men gheven saude C. lib. par. tsiaers erveliker renten, teenen eeweliken hospitale ende XX lib. par. tsiaers erveliker renten teere capelrien, wel beset up drie milen na der stede van Ghend.》
81) Saint-Genois [1850] p. 122:《Item sal Zymoen Riim puuren omme te doene de eerste pelgrimaige te sinte Pieters ende tsinte Pauwels ten hoghe Rome, hin sinte Jans daghe uutghaende oust eerst commende ende hem van daer weder-ghekeert wesende, zo sal hi binnen veertech daghen daernaer weder purren ende doen sine andre pelgrimagige te sinte Jacops in Galissien ende goede lettren bringhen dat hise wel ende ghenauwelike ghedaen heeft, (…)》. Simon Rym は,1362 年 9 月に実際にローマ巡礼を行ったことが確認されている.Cf. Saint-Genois [1850] p. 125. 都市の刑罰としての巡礼行については,河原 [1999b] pp. 119–120 を参照.

就任し，どのような施設とするべきかを指示したのである[82]．

　Alyn 施療院は，当初から Alyn 家と Rym 家一族の他，さまざまな有力家系の寄進によりその財政基盤を固めたが，とりわけ両家の紛争の際の平和協定締結の保証人を務めた Borluut 家からの寄進（パリ貨 24 ポンド）は重要であった[83]．1364 年に参審人団体の前で当施療院の監督者（*provisores*）として Simon Van der Zickele が任命され，翌 1365 年 9 月にはトゥールネー司教 Philippe から教会法上の承認も得ている．その際，15 項目からなる規約も与えられた．当施療院は，当初 8 人の老人，貧民，病者を受禄者（*prébendiers*）として給養したが，受禄者の数は，監督者により，当施療院の収入状況により増減可能とされている．15 世紀にはその数は 8 人 (1417–18 年) から最大で 11 人 (1434–35; 1456–57 年) であり，とりわけ貧しい女性を受け入れる施設となっていた[84]．監督者は毎年両家からそれぞれ出た 2 人のメンバーと伯および司教それぞれの代理人の前で会計報告を行うことになっていた．ところで 1365 年の規約の他の条項は，すべて受禄者に関する規定であり，その主な特徴は，以下のように受録者のモラル規制という点にあったといえよう[85]．

（ⅰ）当施療院に受け入れられた者は男女を問わず，手持ちのすべての動産，現金あるいは宝石類を当施療院に提供すること．

---

82) Saint-Genois [1850] pp. 126–128:《Nous Loys, Contes de Flandres, duc de Brabant, contes de Nevers et de Rhetel et sires de Malines, faisons savoir à tous: que (...) avons consenti et ottroié, consentons et ottroions par ces présentes lettres, que les dessudis Symon et les parens et amis de feu Symon alin et sa femme puissent ordener à un perpetuel hospital et faire benir, les maisons, gardin et treffons, jadis appertenans asdessus dis Symon Alin et demoiselle Katherine, sa femme, seans en nostre ville de Gand, en la paroche Saint Michiel(s), qui se extendent pardevant au leis vers zuut, sur le Lys et sur le rue appelé le Oudeborchstrate, (...). Adfin que oudit lieu *on puisse célebrer et faire le service divin, recevoir, tenir et visiter les pouvres et faire toutes oeuvres de miséricorde.*》（イタリックは筆者による）．

83) Smith [1976] p. 58. Borluut 家以外の有力家系で当施療院へ寄進しているのは，Kerkhove 家，Van der Sickele 家，De Pape 家，d'Amman 家，Utenhove 家，Bette 家，Wackene 家などが挙げられる．Cf. Saint-Genois [1850] p. 134．

84) Saint-Genois [1850] pp. 130–131; M. Boone [1990a] p. 150．

85) Saint-Genois [1850] pp. 131–133．

（ⅱ）受禄者は，過度の飲食を慎み，悪しき場所に出入りすることを断たねばならない．また当施療院には 40 歳以上で，良き評判の者のみが受け入れられる．
（ⅲ）受禄者は当施療院に原則として居住せねばならない．
（ⅳ）受禄者は毎夕「労働の鐘」（werc-clokke）の鳴らされた後，夕べの祈りに出席せねばならない．また同様に日曜日と祝日に行われるミサのお務めに出席すべきこと．
（ⅴ）施療院の門は朝開門し，夕方労働の鐘が鳴らされた後直ちに閉門される．
（ⅵ）夜間，当施療院の外で過ごす者は，しかるべき家で外泊したことを証明せねばならない．証明できなければ，その者は自身の禄の享受を 8 日間保留される．
（ⅶ）受禄者のみが，当施療院の鍵ないし部屋の鍵をもつ権利を有する．
（ⅷ）受禄者の仲間を侮辱したり，嘘つきよばわりしたすべての受禄者は，パンを得る資格を 1 度剥奪される．もし冒涜的言辞をなしたり，神を呪ったりした場合，また醜聞を引き起こすほどまで酔ったり，禁じられている武器を携帯した場合は，パンを得る資格を 2 度剥奪される．

また，受禄者のなすべき義務として，Simon Alyn と彼の妻 Catherine，1352 年の犠牲者である Alyn 家の 2 人の兄弟，そして当施療院に貢献したすべての者の魂の平安のために定められた日にパーテル・ノステルを唱えること，そしてフランドル伯の繁栄と存続，都市ヘントと伯領の僥倖，繁栄および平和のために祈ることが求められたのである[86]．

当施療院は，以後 1510 年代までヘントの有力家系による慈善施設として機能した．その後一時運営上の危機に陥ったが，1529 年以降再び活動を再開し，17 世紀以降は 60 歳以上の者を受け入れる養老院として存続することになった[87]．

---

86) Saint-Genois［1850］pp. 133-134.
87) Saint-Genois［1850］pp. 135-138.

(8) 手工業ギルドの施療院

ギルドにより創設された施療院は，余生を過ごすため都市の施療院禄を購入することのできた富裕な市民を援助したというよりもむしろ，社会経済的危機の時期に切実な援助を必要とした者のために機能したと考えられる．ギルドのメンバー・シップの根本的な特徴をなす相互扶助の絆は，ギルドの上層メンバーから下層のメンバーまで等しく援助をもたらす基盤であっただろう[88]．M. モラは，ラ・ロシェルやヴェネツィアなどの港町で，船員のギルドが13世紀から事故，病気，老齢などにより貧困に陥ったメンバーのための施療院を運営していたことを指摘している[89]．

ヘントは中世において毛織物工業を中心とした都市であり，毛織物生産のさまざまな工程に関わった手工業ギルド（*ambachten*）の政治的，社会経済的役割は，第1章で述べたように13世紀以来重要であり続けた．1540年のカール5世によるギルド組織の解体と関係文書破棄のため，手工業ギルドがそれぞれのメンバーのために設立した施療院についての史料は限られている．表2-1に示したように，ヘントでは，手工業ギルドにより設立された救済施設の存在が少なくとも10のギルドについて確認できるが，史料的には確認されない他のギルドの場合，恐らく小規模のギルドでは，施療院建設をはじめとする救貧的プログラムを支えるための十分な財政を保持できなかったと考えられる．以下では，史料が比較的残されている2つの主要な毛織物関係ギルドである織布工（Webers）と縮絨工（Volders）のケースを概観しておこう[90]．織布工はヘントの手工業人口で最も多く，14世紀半ばのヘントの総人口の33-36パーセント（約2万1,000-2万3,000人）を占めていた．また縮絨工も織布工についで多く，ヘントの総人口の22パーセント（1万4,000人）余りを占めていたと考えられており，両者は都市ヘントにおける最大の職業集団であった．

---

88) Smith [1976] p. 39.
89) Mollat [1978] p. 185.
90) この2つの施療院については，A-M. De Vocht の未公刊の研究 [1980]，およびそれをまとめた De Vocht [1981] がある．また D. Nicholas [1987] pp. 44-46 も参照．

第 2 章 施療院とその発展　59

　織布工ギルドの施療院（*Weversgodshuis*）の創設年は知られていない．1336 年の都市当局による泥炭と貨幣の供給の記録が当施療院の初出であり[91]，その後 1340 年代から 1390 年までに市民からのさまざまな寄進文書 8 点が残されている[92]．規約は現存していないが，14 世紀後半までに礼拝堂を備え，他の施療院と同様，祈りの共同体としての性格をもっていた．後代（16 世紀後半）の史料によれば，当施療院は織布工で老齢となったメンバー 23 名を受禄者として収容するために建てられたとされているが[93]，15 世紀の会計帳簿からすると年により 21–23 名を受け入れていたことが分かっている．受禄者は，入所時に 10 スー（スヘリンゲン）を支払う義務があった．また，当施療院の管理は「出納役」（*ontvanger*）により行われ，会計帳簿の管理，食糧，日用品の購入をつかさどっていた[94]．

　縮絨工ギルドの施療院（*Voldersgodshuis*）は，1304 年に Zacbroeders 家の寄進により設立された．Zacbroeders 家は，彼らの居住地が「自ら生活しえないヘントの貧しい，病気の縮絨工のために」《den armen zieken volres van den gemeenen ambachte van Ghendt, die hem zelven niet (g)helpene moghen daer in te lighene ende te soustineerne》施療院として用いられるよう取り決めたのである[95]．当施療院では，3 人の「監督者」（*huismeesters*）が管理をつかさどり，joncwive とよばれる女性が受禄者の世話をした[96]．受禄者の数は織布工の施療院に比べると少なく，15 世紀に 3–8 名を受け入れていたにすぎなかった[97]．したがって両施療院とも，そのメンバーの数の多さに比して，受け入れられた受禄者の数はあまりにも少なかったといわざるをえないであろう．

　両施療院の活動内容を窺わせる史料としては，15 世紀後半から 16 世紀にか

---

91) J. Huyttens [1861] p. 84.
92) SAG, Weversgodsuis, Doos 1: Nr. 12 (1242), Nr. 27 (1352), Nr. 30 (1355), Nr. 37 (1359), Nr. 47 (1363), Nr. 59 (1382); Doos 2: Nr. 66 (1390), Nr. 67 (1390).
93) Fr. De Potter [1883–1901] IV, p. 443, *Resolutieboek* (1571–74).
94) De Vocht [1981] p. 15.
95) SAG, Voldersgodshuis, Nr. 10. (1304 年の文書のコピー)
96) De Vocht [1981] p. 15.
97) De Vocht [1981] p. 15.

けて，断続的にではあるが会計帳簿が残されており[98]，その内容については A. ドゥ・ヴォホトによる詳細な分析がなされている[99]．この点は次節で検討することにしたい．

(9) 盲人施設 (*Blindenhuis / Godshuis Onze Lieve Vrouw te Nood Gods*)

盲人（視覚障害者）のための施設は，ヘントでは14世紀の第4四半期に Heilig Kerst 教区に設立されていた．当施設に関する最初の文書は，1376年の遺贈文書である[100]．さらに1384年12月の証書では，当施設の創建者である Pieter vander Leyen と彼の妻 Mergriete により Jan de Langhe と Jan de Bruwere の2人が「監督者」（*provisores*）として指名されている．この施設は参審人団体（*Schepenen van de keure*）が「上級監督者」（*oppervoogden*）として言及されており，都市の管轄下で運営された施設であったことが分かる[101]．しかし，どの程度の盲人が実際に受け入れられていたのかは不明である．

(10) 孤児院 (*Weesenhuis*)

14世紀の半ばにヘントでは，少なくとも2つの孤児院が存在した．1360–61年度以降の都市会計簿には孤児院に対する泥炭の給付が知られているからである[102]．その1つは Sint-Michiels 教区にあり，1392–93年度にその建物が壊され

---

98) *Weversgodshuis* については，1456–1526年まで，*Voldersgodshuis* については，1477–1528年まで断続的に残されている．
99) De Vocht [1981] pp. 16–32.
100) Smith [1976] pp. 58–59.
101) RAG, Heilig Kerstkerk, 232, R, 1623. M. モラによれば，盲人の施設は西欧で最初に専門化された施療院の1つであり，シャルトル（1291年）やロンドン（1331年）の例が知られている．Mollat [1978] p. 185.
102) A. Van Werveke (ed.) [1970] *Gentse stads-en baljuwrekeningen* (*1351–1364*), 1351–1364年度, p. 461:《Item van 2 lasten 4400 tuerven, die men gaf in der weesen huus in de Borchstrate, van elken laste 15 lb. dat comt 35 lb.》; D. Nicholas & W. Prevenier (eds.) [1999] *Gentse stads-en baljuwrekeningen* (*1365–1376*), 1365–66年度, p. 15:《Item in der scipliedenhuus ende weesen in de Borchstrate ende den weesen tSente Michiels, elken 500 harinx, costen 16 lb. 5 s.》.

た際の教区の会計帳簿にその解体に関する費用の記載がある[103]．しかし，それ以上の史料は残されておらず，どの程度の規模の施設であったかは残念ながら知られていない．第6章で論じるように，ヘントでは一定の財産をもつ市民の子供が孤児になった場合には，都市当局による後見の対象となりえたという事情があり，これらの孤児院に受け入れられた子供は恐らく貧しい都市住民の子弟であったと考えることができるだろう．

3. 施療院と慈善のメカニズム

本節では，中世ヘントの施療院を実質的に成立・維持せしめた，施療院への寄進・贈与の在り方を検討し，受け入れられた人々の給養の在り方に目を向けてみたい．施療院にとって聖職者や市民からの贈与は施設の資産形成と運営のために不可欠な前提をなしており，多くの施療院がさまざまな寄進を通じて土地や建物を集積していったのである．以下では，そうした寄進の在り方を見るために，いくつかの施療院について，13–14世紀の寄進文書と禄契約の文書，および遺言書を取り上げてみよう．

［史料1］　ヘベレヒツ施療院に対するヘントのSint-Veerle教会の助祭ヘンドリックHendrikの贈与文書（1246年10月17日付）[104]

　助祭ヘンドリックは，フランドル貨150ポンドを終身定期金として当施療院に寄進した．シント・ピーテルス修道院長は，毎年5ポンドを彼に支払う．寄進者は，彼と彼の母親が生存中は，この定期金の用益権を保持する．彼らの死後，この5ポンドは「当施療院の1人の病臥の貧民が扶養されるために用いられる」《... pauper unus in lecto recumbeus tenebitur in hospitali predicto》．

［史料2］　ヘベレヒツ施療院に対するヘント市民（poorter van Gent）Willem de

---

103) Smith [1976] p. 62; RAG, Sint Michilskerk, Nr. 218（19 April 1392–19 April 1393）
104) SAG, Reeks LXXXIII, Hebberechtsgodshuis, Nr. 2.

Brune の贈与文書(1254 年 2 月 27 日付)[105]

Willem de Brune は，当施療院に対して毎年フランドル貨 12 ポンドの世襲定期金を設定するために，フランドル貨 120 ポンドの額を贈与する．その世襲定期金は，「贈与者の魂の永遠の安寧のために当施療院に 1 人の礼拝堂付司祭をおくべく」《ad capellaniam in dicto hospitali pro remedio anim(a)e sue perpetuo consttuendam et fundandam》用いられる．

[史料3] 聖ヤコブ施療院に対するヘント市民 Kateline Bernadeten の贈与文書(1305 年 5 月 10 日付)[106]

当施療院の監督者たち(decanus en provisores)は，Kateline から 26 スー(スヘリンゲン) 8 ドゥニエを受領し，その金額は Aalst 近郊の Erdenbodegem の土地 30 アール(1 dagwand)の購入に用いられた．Kateline は，その見返りに 20 ドゥニエを毎年終身定期金として受領する．彼女の死後，その金額の 2 分の 1 は彼女の記憶のためのミサの費用に，残り 2 分の 1 は当施療院の受禄者のために用いられる．

[史料4] 聖ヤコブ施療院に対する寡婦 Verglorie (Jan Coelin の妻)の贈与文書(1359 年 4 月 1 日付)[107]

当施療院は，Verglorie から Waarschout に位置する土地についてパリ貨 12 ポンド 1 ドゥニエ相当の地代収入を受領した．その贈与は，(i)「彼女の健康のために」そして「聖ヤコブ施療院のために」なされる．(ii) Verglorie はその土地を彼女の死まで保有し，彼女の生存中は彼女のために毎週 1 回のミサがあげられる．(iii) 彼女の死後，その地代収入は「彼女の記憶のために」週 3 回のミサをあげる費用に用いられる．(iv) もし彼女の息子の子供達の誰かが司祭になった場合，その者は彼の生存中，毎年 12 ポンドを受け取る．その代

---

105) SAG, Reeks LXXXIII, Hebberechtsgodshuis, Nr. 6.
106) SAG, Sint Jacobs Godshuis, doos 1, charters, Nr. 1.
107) SAG, Sint Jacobs Godshuis, doos 1, charters, Nr. 25.

表 2-6　Pieter ute Gheroudze の遺言書に見える遺贈先(1355 年)[108]

対象カテゴリー		遺　贈　先	遺　贈　額
慈善施設	hospitaal	Sint Janshuus Sint Jacobs Huus Sint Baves Hospital Hebrechts Hospital Wenemaers Hospital Wesen Huus Sint Jans ded Waelbrughen Filgedieussen	各 3 grote tours.
	armentafel [ヘント市内]	5 教区（Sint-Michiles, Sint Jans, Sint Jacobs, Sint Niklaas, O.L.V. -Sint Pieters）	各 6 grote tours.
	armentafel [農村教区]	(in) Axel (in) Perbome	各 6 grote tours.
	infirmerie	Béeguinage ter Hoyen Béguinage Sint Elisabeth Poortakker	各 6 grote tours.
宗教施設	托鉢修道会	フランチェスコ会 アウグスティヌス会	12 grote tours. 12 grote tours.
	その他修道会	Jacobins Onzer Vrouwen broeders Zoesters van Sint Claren	12 grote tours. 12 grote tours. 18 grote tours.
	教　会	(in) Axel	6 grote tours.
その他		(自身の)葬式のための費用 記念年ミサ	30 grote tours. 5 sous grote & 12 sous paris.

典拠：SAG, Byloke, Nr. 71 (1355).
＊施設名は史料の原文の綴りにしたがっている．

---

[108] 中世ヘントの市民の遺言書についての総合的研究は未だ現れていない．もちろん個々の遺言者の個人的事情，出自，利害関係などにより，遺贈先が必ずしも共通するという訳ではない．例えばByloke 施療院のスタッフの場合，1316 年に遺言書を残している Jan van Lanchakere（礼拝堂付司祭）の場合は，ヘント市内の遺贈先はベイロック施療院の他は，托鉢修道会とベギン会だけであり，残りはすべてヘント郊外のいくつかの農村施設（「聖霊の食卓」と教会）に向けられていた．SAG, Byloke, charters, Nr. 35 (1316 年). Cf. Smith [1976] pp. 81-83. また，Mergriete van Machline の遺言書(1375 年)のように，ヘント市内のすべての施療院に 4 grote. を残している他，ベギン会をはじめとする多数の施設に遺贈を行っている例もある．J. Béthune (éd.) [1883] Cartulaire du Béguinage de Sainte-Elisabeth à Gand, Nr. 159, pp. 107-112. なお個別の中世都市の遺言書研究は多いが，代表的な研究として以下の文献を参照．M. S. Nucé de Lamothe [1964]; F. Leclère [1966]; M. Gonon [1968].

わりに，彼は毎週(彼女のために)ミサをあげる責任を有する．彼の死後，その12ポンドは当施療院に与えられる．

以上4通の文書の概要から，そうした贈与が寄進者の魂の救済を前提としつつ，寄進者と施療院双方に物質的財の給付をもたらすものであったことが分かる．

また13世紀後半から残されているヘントの市民(住民)の遺言書 (testament) においても，さまざまな救済施設に対する一連の贈与が「私(遺言者)の魂の救済(至福)のため」〈pro remedio animae mei〉ないし〈om de zalechede van miere zielen〉という表現の下でなされている．そうした遺言書では，特定の施設を指定せず，市内各種の施設に万遍なく，しかしごく少額ずつの寄進がなされていること，遺言者を記憶するためのミサ費用の設定が施療院や貧民への直接の遺贈以上に大きいこと，托鉢修道会への寄進が常に多くの比重を占めていること等が共通する特徴として指摘できるだろう．1355年のヘントの聖職者の遺言書を1例として挙げておく(表2-6参照)．

そうした寄進行為とともに施療院においてしばしば設定されたのが，市民による施療院の禄 (*prebende*) の購入である．すでにヘベレヒツ施療院のケースをはじめとして個別の施療院の成立を検討する際に言及したところであるが，受禄権自体は，貧民・病者のみならず健康な市民により購入されうるものであった．ケルンでは1155年に，ブルッヘでは1188年にすでに富裕市民による施療院禄の購入が知られているのである[109]．次にヘントの施療院における13世紀後半の禄契約文書を見てみよう．

[史料5]　ヘベレヒツ施療院における終身定期金の設定(1280年頃)[110]

シント・ピーテルス教会の聖職者 Jacob，ヘベレヒツ施療院の「監督者」

---

109) Maréchal [1978a] pp. 180–181. S. Reicke [1932] Bd.II, p. 189; Van Driessche [1991] p. 132.

110) SAG, reeks LXXIII, Hebberechtsgodshuis, Nr. 4. Cf. Van Driessche [1991] pp. 135–136.

（*provisors*）である Arnulphus dictus miles と Eustatius de Bertenghem は，以下のことを確認する．すなわち聖職者 Walter Donaet がフランドル貨 60 ポンドを当施療院に与えたが，それは「彼の魂の安寧と，彼の（犯した）罪の赦免のために」《in salute anime sue et ob remedium suorum peccaminum》であった．その額は，当施療院とそこに居住する病者のために毎年 100 スー（スヘリンゲン）の「世襲定期金」（redditus perpetuos）に置き換えられる．Walter Donaet は，この 100 スーの定期金を彼の生存中は毎年受け取るものとする．そのうち 50 スーは，聖レミギウスの祝日（10 月 1 日）に，残りの 50 スーは，3 月 15 日に受け取る．彼の死後は，彼の息子の Zeger が存命であれば，上述の定期金を Zeger が受け取る．「その後以下のことが同意された．すなわち Walter は当施療院の中に，住むための屋根裏部屋かあるいは他の部屋を得ることと，当施療院の他の居住者が有しているのと同様の禄を得ることである」《Preterea inter nos et dictum Walterus est condictum quod dictus Walterus solarium vel alium ad inhabitandum seu conpetentem et prebendam dicti hospitalis quemadmodum alii degentes in eodem habeant, tenebit (...)》．

禄の売却は，施療院側にとっては収入拡大のための 1 つの方策となる一方，受禄権を得ることにより余生に対する一定の生活保証を確保しえたという点で，市民側からも希求されたのである．G. マレシャルは，フランドル諸都市で 13 世紀以降，そうした富裕市民が現実の貧民以上に「受禄者」〈*prebendarii*〉として施療院内に位置を占めていったと指摘している[111]．それはまさしく変動する都市社会の中で自己の魂の救済にとどまらず，現実の貧困に対する恐れをしだいに意識し始めていた市民層の現実的対応であったように見えるのである[112]．

---

111) Maréchal [1976] pp. 18–19.
112) W. P. Blockmans / W. Prevenier [1978] p. 41.

4. 施療院の財政と受禄者の給養

次に，ヘントの施療院における財政の問題とその中で受禄者がどのように給養されていたのかについて検討しよう．ヘントの主要な施療院の中で，主に15世紀以降であるが，8つの施設で会計簿が残されているが[113]，本節では，その中で最も長期的かつ詳細な記録を残しているヘベレヒツ施療院の会計帳簿を1つの事例として，その収支の特徴を見ておくことにしたい[114]．

ヘベレヒツ施療院では15世紀について1401–02年度から1496–97年度まで，断続的にではあるが長期的に会計帳簿が現存する．まず当施療院の資産の形成であるが，元来 Sint Pieters 修道院による創建であり，1220年頃の創建以降主

表 2-7　ヘベレヒツ施療院の収入構成

会計年度	定期金収入	地代（土地）収入	その他
1401–02 年	149 lb. 14s. 2 d. paris. ［20.5%］	58 lb. 6s. ［7.8%］	― ［71.7%］
1403–04 年	144 lb. 14s. 3, 5d. ［36.7%］	163 lb. 4s. ［41.4%］	― ［21.9%］
1460–61 年	171 lb. 14s. 6d. ［30.8%］	321 lb. 17s. ［57.7%］	― ［11.5%］

典拠：Van Driessche [1991] p. 97.

---

113) ヘントの施療院でヘベレヒツ施療院の他に15世紀末以前の会計帳簿が残されているのは，いずれも断続的な年度についてではあるが，次の施設である．Sint Jan ten Dullen（1425–40年，1441–54年，1455–96年）; Sint Jacobshospitaal（1416–44年，1451–76年，1477–99年）; Godshuis van Sint Jan en Sint Pauwel（1473–99年）; Wenemaershospitaal（1383–1499年）; Bijlokehospitaal（1469–99年）; Wolweversgodshuis（1457–99年）; Voldersgodshuis（1477–99年）．

114) 本節は，主にVan Driessche [1991] pp. 70–113 の分析に基づいている．また，この会計帳簿については，我が国では，すでに奥西 [1989]; [1990]; [1993] [1994] [1995]; [1997] が，主に15世紀フランドルの穀物流通の分析のため穀物購入価格の基礎史料として用いているが，当会計簿の収支全体の分析を問題としてはいない．なお，当施療院の会計年度の始まりは，10月1日で，終わりは翌年の9月30日であった．会計監査は，Sint Pieters 修道院長，同修道院の収入役（ontvanger），施与役（aalmoezenier）等からなる監査委員会（controle-commsissie）により毎年行われた．Van Driessche [1991] pp. 110–112．

に同修道院(関係者)から世襲定期金や穀物などの現物給付，あるいは所領等の贈与を得てきたと見られる[115]．1401–02 年度の会計帳簿では，例えば Sint Pieters 修道院から aalmoezenij（施与）として，42 halster（約 2,253 リットル）相当のライ麦が供給されている[116]．ところで 1400 年頃のヘベレヒツ施療院の資産を知る手掛かりは，1393 年と 1399 年の定期金帳簿（レンテブック）であるが，それらによれば当施療院は Sint Pieters 修道院の所在地である Sint-Pietersdorp とヘント市の南部の農村地域を中心に 14 世紀前半までにかなりの所領を所有しており，1401–02 年の会計帳簿によれば，定期金収入は当施療院の収入の 20.5 パーセントを占めていた．しかし，15 世紀のうちに，定期金収入の額は相対的に低下し，地代（*pachten*）収入の比重が，15 世紀を通じて高まっていったことが指摘されている（表 2–7 参照）[117]．

当施療院の場合，ヘント市内に得ていた土地は非常に少なく，大部分がヘント南部近郊 20 キロ圏内の農村所領であったことが特徴的である．定期金収入と地代収入が大部分であったが，その他の不定期の収入としては，当施療院の受禄者が死亡した場合の遺産売却による収入や施療院で生活していた女性受禄者たちが織った亜麻布の販売収入などが挙げられる[118]．15 世紀中に当施療院に贈与された物件もその多くがヘント近郊の農村所領であった．同様のケースは，第 5 章で扱う聖ヤコブ施療院についても指摘されるところであり，そこでは定期金収入の 90 パーセントがヘントの近郊 30 キロ圏内の農村所領に由来してい

---

115) Van Driessche [1991] p. 75. 土地の贈与については，例えば 1269 年に，Sint Pieters 修道院長が 8 *bunder*（約 10.7 ha）の所領を同施療院へ贈与している．また，現物給付による贈与としては，例えば 1275 年に Sint Pieters 修道院長が，毎年 3.5 *halve mud*（約 2,253 リットル）の小麦の形での世襲定期金を同施療院へ贈与している．その半分はクリスマスに，残りの半分は聖ヨハネの祝日（6 月 24 日）に支払われた．RAG, Sint Pieters Abdij, *oorkonden*（21 Sept. 1275). Cf., Van Driessche [1991] p. 76.

116) Van Driessche [1991] p. 76; RAG, Sint-Pierters Abdij ReeksI, Nr. 1027:《Ontfaen van der aelmoesenen van Sente Pieters cloestre 42 hal. rogs eervelikere renten also soe den vors. hospitale schldech es jaerlijx ende 1 weetelike tsaertre verclaert ... 》.

117) Van Driessche [1991] pp. 96–97.

118) Van Driessche [1991] p. 98.

表 2-8　ヘベレヒツ施療院の支出概略

支出内容	品　目	会計年度 [モデル年]	百分比
定期金・地代支払		1401–02 年 1445–46	3.4% 2.7%
穀物購入	小麦その他 (7 hl. 6 l / 27 hl. 9 l) 小麦, ライ麦 (83 hl. 72 l.) 小麦, ライ麦 (85 hl. 23 l.)	1401–02 1461–62 1482–83	― ― ―
他の食糧品, 光熱用品	豆, 玉葱, 塩, ラード (ポタージュ用) 泥炭 (6.5 last) 蝋燭 (10 pond)	1427–28 1437–38 (29 lb. 9s.) 1437–38 (3 lb.)	ca. 6.0%
受禄者への現金 分配 (weekgeld)	40 名に各 2s. 6d.	[15 世紀平均 30–35%] 1401–02 (247 lb.2s.) 1427–28 (233 lb. 8s.) 1445–46 (231 lb. 4s.) 1460–61 (191 lb. 8s.)	 33.8% 29.6% 31.0% 32.7%
その他さまざまな 諸経費	日用品, 亜麻布購入費, スタッフ歳費 provisor の旅行(移動)経費 施療院内菜園維持費 受禄者(死者)の埋葬費等	[15 世紀平均 15–25%]	
建物修理・建築費 (不定期)		1407–08 (33 lb. 13s. 6d.) 1417–18 (159 lb. 13s. 6d.)	― ―
定期金購入(不定期)		1401–02 (213 lb. 17s. 2d.)	27.7%

典拠：Van Driessche [1991] pp. 99–106.

るのである[119]．

　次に支出の特徴について見てみよう．ヘベレヒツ施療院の支出項目は表 2–8 のようであるが，支出額は年により金額が記載されていない項目もあり，また年ごとの変動もあって，全体の支出の中でどれほどの割合を占めていたかは年により確定し難い．おおよその傾向として，受禄者の給養のための経費(穀物，豆その他の食糧品，光熱費等)と現金による分配 (*weekgeld*) の経費が全体の 40

---

119)　Smith [1976] p. 161.

表 2-9 5つの施療院の会計簿と規約に見える受禄者への給養内容
(a) *Het Rijke Gasthuis*(14世紀)

分 配 日	分 配 内 容	分 配 量
毎　週	小麦白パン バターとチーズ	6個 各1ポンド
諸聖人の祝日(11/1) その他の祝日 聖霊降臨祭(5月)	肉(又は魚) 鶏肉 豚肉 卵とバター スープ	― 1/4羽 1切れ 男3個，女2個 ―

典拠：C. De Coninck/W. Blockmans [1967] pp. 21–22.

(b) *Wenemaers hospitaal*(1339年)

分 配 日	分 配 内 容	分 配 量
毎　週	小麦白パン ビール バターとチーズ 貨幣(パリ貨)	7個 1/4リットル×7 各1ポンド 10s.(週3日魚か肉の購入のため)
四旬節	鰊 スープ (イチジク)	2尾 1杯 (1ポンド)

典拠：A. Dubois [1867] pp. 14–17.

(c) *Sint Annas hospitaal*(1361年)

分 配 日	分 配 内 容	分 配 量
毎　週	小麦パン ビール バター スープ	7個 ― 1.5ポンド ―
諸聖人の祝日(11/1) (年間13日) 四旬節	肉(魚)料理 ビール 貨幣(パリ貨)	20 groten 相当 0.6リットル 4d. par.

典拠：G. Maréchal [1966] Annexe, pp. 44–46.

(d) *Hebberechts hosptiaal*（15世紀）

1401–02年＼分配日	分配内容	分配量	年間合計額
毎　週	貨幣（weekgeld） 小麦/ライ麦混合パン スープ（豆，野菜，ラード）	2s. 6d.×7 1 achtelinc（6.7リットル）	6 lb. 10s. par.
クリスマス（12/25） 復活祭 聖母被昇天（8/15） 教会建立の祝日 懺悔の火曜日 会計監査日 その他不定期	貨幣 泥炭，蝋燭	12d. 12d. 12d. 12d. 12d. 1 groot.	3s. 12d. 12d. 1s.
			合計：6 lb. 16s. par.

1435–36年＼分配日	分配内容	分配量	年間合計額
毎　週	貨幣（weekgeld） 小麦/ライ麦混合パン スープ（豆，野菜，ラード）	3s. par.×7 1 achtelinc（6.7リットル）	7 lb. 16s. par.
毎　月	貨幣（pottagieghelt）	1s.×12	12s.
クリスマスイブ 聖ヨハネ祝日（6/24） 聖職除階の祝日 懺悔の火曜日 不定期	貨幣（pitanties） 貨幣（pitanties） 貨幣 貨幣（bloemgeld） 泥炭，蝋燭	6s. 6s. 12d. 12d.	6s. 6s. 12d. 12d.
			合計：9 lb. 2s. par.

1449–50年＼分配日	分配内容	分配量	年間合計額
毎　週	貨幣（weekgeld） 小麦パン スープ（豆，野菜，ラード）	4s. par.×7 1 achtelinc（6.7リットル）	10 lb. 8s. par.
毎　月	貨幣（pottagieghelt）	1s.×12	12s.
クリスマスイブ 聖ヨハネ祝日（6/24） 聖職叙階の祝日 懺悔の火曜日 会計監査日 不定期	貨幣（pitanties） 貨幣（pitanties） 貨幣（ter wijdinghe） 貨幣（bloemgeld） 貨幣（ter rekeninghe） 泥炭，蝋燭	6s. 6s. 12d. 12d. 12d.	6s. 6s. 12d. 12d. 12d.
			合計：11 lb. 15s. par.

第 2 章　施療院とその発展　71

1483-84 年 \ 分配日	分配内容	分配量	年間合計額
毎　週	貨幣（weekgeld） 小麦パン スープ（豆, 野菜, ラード）	4s. par.×7 1 achtelinc (6.7 リットル)	年間：10 lb.　8s.　par.
毎　月	貨幣（maandgroot）	2s.×12	1 lb.　4s.
クリスマスイブ	貨幣（pitanties）	8s.	8s.
聖ヨハネ祝日	貨幣（pitanties）	8s.	8s.
教会創建祝日	貨幣（kermisgroot）	12d.	12d.
懺悔の火曜日	貨幣（vastenavondgroot）	12d.	12d.
会計監査日	貨幣（ter rekeninghe）	12d.	12d.
			合計：12 lb. 11s.　par.

典拠：T. Van Driessche [1991] pp. 233-239.

(e)　*Weversgodshuis*（1481-82 年）

分配日	分配内容	分配量
	パン 豆 無花果 オリーブ油 塩	ca. 305d. (= 1 lb. 5s. 5d.) ca. 17d. (= 1s. 5d.) 4d. 1d. ca. 1d.
	貨幣（pitanties） 貨幣 貨幣（バター） 貨幣（ビール）	8d. 1d. 104d. (= 8s. 8d.) ca. 88d. (= 7s. 4d.)
聖 Lieven の祝日 不定期	貨幣（St. Lieven） 貨幣（その他） 泥炭 木材	1d. 16d. (= 1s. 4d.) ca. 17d. (= 1s. 5d.) 1d.
		合計：ca. 564d. (= 2 lb. 17s. groot)

典拠：A. De Vocht [1981] p. 21.

パーセントあまりを占め，その他の諸経費が 25 パーセント前後，定期金購入などが 30 パーセント程度を占めていたと考えられる．受禄者に対する定期的分配費用の占める割合は，後述する聖ヤコブ施療院の場合はさらに高かったことが知られており，受禄者への給付は，施療院において少なからぬ負担となっていたことを示している．

とはいえ，ヘントの施療院における受禄者への分配や給養の意味は，こうした施療院の会計帳簿からだけでは明らかにはならない．この点については，受禄者に対する日々の施与を規定している施療院規約をあわせて検討する必要があるだろう．

表2-9は，会計帳簿と規約から知られる受禄者の給養の内容を5つの施療院についてまとめたものである．この表から分かることは，まず第1に，各施療院にほぼ共通してパン，スープ(ビール)を中心とした基本的食事が日々提供され，肉や魚は特定の祝日などに限られていたことである．施療院の日常生活は，教会暦にしたがって儀式的・典礼的に営まれており，禄の分配についても年間を通じて一定していたようである．受禄者に対する分配物資の量と分配された金額は，15世紀に知られている熟練手工業者の賃金と比較して見るならば，例えば経済的危機の年といわれている1482年のヘントの熟練手工業者(レンガ積み工)の賃金は年間平均で1日8ドゥニエ (x 年間労働日: 264日 = 2,112d.) であり，同時期のヘベレヒツ施療院の受禄者の受領額(年間3,012ドゥニエ)はその1.4倍となるが，織布工ギルドの施療院(*Wevers godshuis*)の受禄者の場合には逆に約半分の額しか得ていないのである[120]．このことは，施療院の財政構造とその機能を一般化して論じることの難しさを示しており，施療院の歳出においてしばしば見られる受禄者への分配経費の相対的比重の高さも，個々の施療院施設の資産や受禄者の数などの個別的状況を考慮して判断されねばならないだろう．中世後期のヘントの施療院受禄者に一定水準の物質的援助が与えられていたことは否定できないが，そこに施療院サイドの救貧に対する何らかの政策意図を見出すことは困難なように思われる．手工業者の救済施設であった織布工ギルドの施療院(*Wevers godshuis*)や縮絨工ギルドの施療院(*Volders godshuis*)の15世紀後半の会計帳簿を分析したA. ドゥ・ヴォホトも指摘しているところ

---

120)　A. De Vocht [1981] pp. 26-27.

であるが[121],中世後期にしばしば生じた政治・経済的危機の時期においても施療院側の施与の方針が大きく変化することはなかったように思われるのである.

5. 施療院と都市

中世都市において施療院をはじめとする救済施設は,重要な社会装置の一環をなしていたが,従来都市との直接的関係はあまり論じられてこなかったように思われる.本節では,その点を考察したい[122].

中世において施療院の運営を定めていた規約は,理論上司教ないし修道院長によって与えられ,また修正されるべきものと見做されていた[123].なぜなら施療院は中世初期以来霊的性格をもつ教会諸組織の一部と見做されていたからである.しかし,12世紀以降フランドル地方では,都市に司教座がおかれていなかったという事情もあり,個別都市の施療院に対する司教・修道院長の役割は名目的なものとなっていたように見える.G.マレシャルがブルッヘの施療院研究を通じて指摘しているように[124],フランドル都市では一般に,施療院規約の修正が必要になった場合,その修正は,ヘントをはじめとするフランドル都市をその司教管区に含み,本来の権限保持者であったトゥールネー司教によらず,当該施療院の監督者と都市当局(参審人団体)によってなされ,公布されたのである[125].トゥールネー司教は,施療院の特権と既存の教会・修道院の特権との間で,ミサを行う時期や施療院の死者の埋葬地等をめぐり何らかの衝突が生じた時,和解のための調停役を務めていた.霊的な権威をどこにおくかは教会法

---

121) A. De Vocht [1981] p. 32; M. Boone [1984] p. 98. 手工業ギルドの施療院の場合,本来当該職種の老齢,病,貧困等自らを給養しえないメンバーが受け入れられたはずであるが,現実には特に15世紀後半以降,手工業者の日当の13日分から267日分にあたる金額を入所時に支払いえるわずかな者に限られていたと考えられている.
122) この点についての先駆的業績である G. Maréchal [1978a] pp. 11–33. を参照.
123) Smith [1976] p. 101.
124) Maréchal [1984] pp. 488–489.
125) Smith [1976] p. 101.

の規定によるのではなく，施療院をめぐる慣習や当事者の出自する家門関係等の複雑な絡み合いにより決定されたのである．一例を挙げよう．ヘントの織布工ギルドの施療院（*Wevers godshuis*）において，織布工の守護聖人（聖レオナール）に捧げられた礼拝堂の建設をめぐり，聖俗の管轄権者が介在したケースである．1372年4月3日にトゥールネー司教フィリップ・ダルボワが礼拝堂奉献の認証をフランドル伯ルイ・ド・マール（Louis de Male）の書記の元へ送付した．5日後伯は，織布工たちが礼拝堂を建てようとしていた土地に対する負債償却の証書を織布工ギルドに与えた[126]．そしてその礼拝堂は当時ヘントに滞在していたイングランドのリンカーンの司教によって奉献されたのである[127]．礼拝堂の建設とともにしばしば認められた特権である墓地の設置の許可は，通常なされるように司教や教区教会（Sint-Jans）からではなく，1377年に教皇グレゴリウス9世から直接与えられたのであった[128]．この事例では，トゥールネー司教は部分的な役割を演じたにすぎなかったのである．

　他方，ヘントの都市当局である参審人団体（*Schepenen*）は，施療院に関する土地の寄進・譲渡等の資産形成に関わる法的諸事項を管轄し，施療院の「世俗財」（*temporalia*）に対する法的，行政的規制力に基づきながら12世紀後半以降，施療院の秩序維持に対してより直接的な関わりをもつようになっていく．都市参審人団の直接的関与が最も明瞭なケースは，次章で検討する癩施療院（*Het Rijke Gashuis*）の場合であるが，その他にヘントでは有力市民たちにより創建された聖ヨハネ施療院（*Sint Jan ten Dullen*），聖ヨハネ゠聖パウロ施療院（*Godshuis van Sint Jan en Sint Pauwels*），ウェネマール施療院（*Wenemaers hospitaal*）等において規約の改正などにも踏み込んだ役割を果たしている．聖ヨハネ施療院の場合，1196年にシント・バーフス修道院により付与された最初の規約を1245年に修正して第2の規約を作成したのは参審人団であった．当施療院では，13世紀前半のうちに収容人員が過剰となり，さまざまな行政的混乱と入所者からの

---

126) SAG, Wollwevers Godshuis, Doos I, Nr. 54（3 April, 1372）
127) SAG, Wollwevers Godshuis, Doos I, Nr. 55（8. April, 1372）
128) De Potter [1883–1901] IV, p. 434.

不満が高まったという状況下において，参審人団が介入し，多くの修正を盛り込んだ第2の規約を制定した．その主要な点は，収容対象者を24名の病気の者に限定し，受け入れ資格として，当施療院に入る前に自己の財をすべて供出することが義務づけられたこと，そして明らかに治る見込のないと見做された病者の受け入れは原則として禁じられたこと等である[129]．この最後の限定条件は，13世紀のヘントにおいて病人看護の主要な施設であったベイローク施療院とともに当施療院の医療的役割(治癒可能な病人のみを受け入れるという原則)に配慮した参審人団体の意図を示しており，司教が通常アウグスティヌス会則に基づいて祈りの義務を中心に，より一般的なガイドラインを施療院への規約において示したにすぎなかったのとは対照的な措置であったといえるだろう[130]．またウェネマール施療院の行政管理に関わる諸事項についても，トゥールネー司教の関与は見られず，創建時からさまざまな形で生じていた創建者の家族や親族間の係争関係はすべてヘントの参審人団体により処理された[131]．しかし，そうした参審人団体の役割は，都市内の社会施設の秩序維持を目的とした都市当局としての法的機能に由来するものであって，彼らの一貫した社会政策に由来するものではなかったと考えられるのである[132]．

　それでは都市自体は，施療院等の救済施設に対していかなる援助を行っていたのだろうか．この問題を，1280年以降残されているヘントの都市会計帳簿の支出記録から検討しよう[133]．

　都市と慈善施設の関係を示す最初の記録は，1316-17年度に都市で雇用された外科医(chirurgian) Arnoud vander Leene に対する報酬12スー(半年分)の支

---

129) De Potter [1888] Nr. 1, p. 10: 《Item prohibemus tam magistro quam magistre ne aliquam personam sanam recipiant in dicta domo ... set tantum infirmos qui necesse habent lecto decumbere (...), nisi super hoc nostram obtinuerint licentiam specialem.》
130) Cf. Smith [1976] p. 173.
131) Smith [1976] pp. 174-180.
132) Smith [1976] p. 181.
133) ヘントの都市会計簿は，現在1280年から1389年度まで刊行されている．フランドル都市の会計簿の性格については，W. Prevenier [1964] pp. 111-145 および河原 [1998b] を参照．

払記録である[134]．続いて 1321-22 年度から救済施設に対する直接の支出の項目が現れ，この年度には，聖ヨハネ施療院にパリ貨 20 ポンドの定期金贈与と当施療院付司祭への報酬の支払が記録されている[135]．しかし，市内の各施設に広く

表 2-10 ヘントの都市会計簿に見える施療院への直接的給付
(a) 1357-58 年度

	施 設 名	品 目	分配量（単位）	分 配 日
1	hospitalen, fermerien	鰊	28,800 (verschs)	—
2	hospitalen, fermerien	葡萄酒	158 (kannen)	万聖節
3	同上	葡萄酒	158 (kannen)	クリスマス
4	同上	葡萄酒	[156] (kannen)	復活祭
5	同上	葡萄酒	[156] (kannen)	聖霊降臨祭
6	Volres huus (Volders godshuis)	泥炭	4 last 6,800 turve	—
7	Wevers huus (Wevers godshuis)	泥炭	5 last 2,100 turve	—
8	Sente Jacopshuus	泥炭	2 last 2,700 turve	—
9	Scipliede huus	泥炭	2 last 2,700 turve	—
10	Sente Jans huus	泥炭	2 last 900 turve	—
11	Filliedeusen (Godshuis van de Filles-de-Dieu)	泥炭	1 last 8,300 turve	—

* 施設名は史料の原文の綴りにしたがっている．
単位：1 last = 10,000 turve
典拠：A Van Werveke (ed.) [1970] pp. 323-325.

(b) 1364-65 年度

	施 設 名	品 目	数 量	分 配 日
1	hospitalen ende fermerien	鰊	26 manden versch & 3,000 尾	冬季
2	同上	葡萄酒	240 lb.	万聖節
3	scipliedehuus	鰊	500 尾	—
4	weesen (huus) in tSente Michiels & in de Buerchstrate	鰊	500 & 500 尾	—
5	weesen in tSente Michiels	泥炭	1,5 last 1,500 turve	—
6	weesen in de Buerchstrate	泥炭	1,5 last 600 turve	—

典拠：A. Van Werveke (ed.) [1970] pp. 667-668.

---

134) J. Vuylsteke [1900] Gentsche Stads-en baljuws rekeningen, 1280-1336, p. 121.
135) Vuylsteke [1900] p. 162:《It. Sente Janshuse, vn ziere renten vanden jare, 20 lb. par.》《It. den here Ghiselbr den Costere, capellaen in Sente Janshuus, vanden derdendeele van ziere capelrien vanden jare, die hi heft elcs jars ande stede, 5 lb. par.》

第 2 章　施療院とその発展　77

(c)　1366-67 年度

	施　設　名	品　目	分配量(単位)	分　配　日
1	hospital ende fermerien	鰊	260 lb. 相当	
2	wevers huus	泥炭	8,200 turven	冬季
3	Volreshuus	泥炭	4 last 7,500 turven	冬季
4	Filgiedieusen	泥炭	2 last 3,800 turven	冬季
5	Symoen Alinsspittael	泥炭	2 last 4,600 turven	冬季
6	Sente Janshuus	泥炭	2 last 4,100 turven	冬季
7	weesen (huus) Sente Michiels	泥炭	2 last 2,700 turven	冬季
8	weesen in de Borchstrate	泥炭	2 last 3,100 turven	冬季
9	(h) Ebberechtsspittael	泥炭	2 last 4,000 turven	冬季
10	scipliedehuus	泥炭	2 last 4,500 turven	冬季

典拠：D. Nicholas / W. Prevenier (eds.) [1999] pp. 38-39.

(d)　1372-73 年度

	施　設　名	品　目	分配量(単位)	分　配　日
1	hospitalen, fermerien ende weesen	鰊	35 manden versch	—
2	wevershuus	泥炭	5 lasten	—
3	volreshuus	泥炭	5 last 1,500 (turve)	—
4	scuttershuus	泥炭	2 last 7,500	—
5	Filgiedieusen	泥炭	2 last 2,000	—
6	spittael tSente Baefs (Sint Anna hospitaal)	泥炭	2 last 5,000	—
7	Portackere	泥炭	2 last 2,100	—
8	Sente Janshuus	泥炭	2 last 700	—
9	(h) Ebberechtsspittael	泥炭	2 last 7,500	—
10	sceppershuus	泥炭	1 last	—
11	Sente Jacopshuus	泥炭	2 last 5,600	—
12	weesen Sente Michiels	泥炭	1 last 2,900	—
13	weesen in de Borchstrate	泥炭	1 last 3,400	—
14	Blenden lieden	泥炭	1 last 500	—
15	Alinsspittael	泥炭	1 last 2,500	—
16	bruwershuus	泥炭	1 last 2,700	—
17	scipliedehuus	泥炭	1 last 4,200	—

典拠：D. Nicholas / W. Prevenier (eds.) [1999] p. 130.

(e) 1376-77 年度

	施設名	品目	分配量(単位)	品目	分配量(単位)
1	hospitalen ende fermerien	鰊	43 manden versch	—	—
2	bruwershuus	鰊		泥炭	1.5 last 3,900 turve
3	backershuus	鰊	36 tonnen (27,000 尾)	泥炭	1.5 last 3,300
4	sceppershuus	鰊		泥炭	2 last 1,500
5	weesen huus (Sente Michiils)	鰊		泥炭	2 last 750
6	weesen huus (in de Borchstraet)	鰊		泥炭	2 last 750
7	blenden lieden	鰊		泥炭	2 last 1,600
8	wevershuus & begarden	—		泥炭	2 last 1,300
9	Volreshuus	—		泥炭	4 last 2,400
10	scuttershuus	—		泥炭	2 last 1,600
11	spittael tSente Baefs	—		泥炭	2 last 1,500
12	Sente Janshuus	—		泥炭	2 last 1,800
13	(h) Ebberchts spittael	—		泥炭	2 last 1,400
14	Halins spittal (Alijns hospitaal)	—		泥炭	2 last 200
15	scipliedehuus	—		泥炭	2 last 400
16	filgedieusen (Filles-de-Dieu)	—		泥炭	2 last 1,700
17	Sente Jacopshuus	—		泥炭	4 last 1,600

典拠：J. Vuylsteke (ed.) [1893] pp. 16-18.

支出がなされるのは，14世紀半ば以降のことである．1355-56年度から施療院を中心に9つの救済施設に対して，鰊，葡萄酒，泥炭(暖房用)を中心とする物資が給付されているのをはじめとして，以後その数は増加し，ピーク時の1376-77年度には16の特定の救済施設が給付の対象となっている(表2-10参照).

このような14世紀後半の都市当局による給付の特徴については，以下の3点にまとめることができる．すなわち，給付は他の宗教施設(托鉢修道会など)に対してと同様，教会暦に応じており，万聖節(11月1日)，クリスマス(12月25日)，復活祭(4月前後)，聖霊降臨祭(5月)にほぼ限られていたこと，量的には，施療院に対するよりも托鉢修道会により多くの物資が贈与されていること，そして給付額は年ごとに大幅に変動し，また対象となった施設も一定していな

かったことである[136]．そうした傾向は，15世紀においてもほとんど変化しなかったように見える．現在未公刊である15世紀の都市会計簿を分析したM. ボーネによれば，15世紀を通じて都市による喜捨の第1の享受者は，依然として托鉢修道会であり，それに続いて手工業ギルドの施療院に分配の重点がおかれていた[137]．また15世紀を通じて都市の支出総額中，慈善・救済関係の支出（*petancien en aelmoesenen*）が10パーセントを超えることはなく，その支出の内容も半分近くが葡萄酒と泥炭の現物給付であった[138]．他方，都市当局がそうした救済施設を通さず直接都市の貧民に衣服の分配などの物的援助を行っている事例は，14–15世紀を通じてきわめてまれであったことを同時に指摘しておかなければならない．

以上要するに，都市ヘントによる14–15世紀の救済活動の中心は，都市内の施療院に対して，きわめて伝統的・典礼的な形式で，特定の生活物資を給付することであり，しかもその経費は都市の支出の中で大きな比重を占めることはなかった．ヘントでは，1414年の乞食行為制限条例の発布以降，〈悪しき貧民〉としての乞食・浮浪者対策がしだいに意識されていくが[139]，かかる時期においても参審人団体を中核とする都市当局は，施療院を通じて社会政策としての貧民救済を行う意図をもち合わせてはいなかったのである．

---

136) Smith [1976] p. 190.
137) M. Boone [1984] p. 98.
138) Boone [1984] pp. 99–100，および同論文所収の図2: 都市ヘントの項目別歳出比（1392–1500年），p. 113 を参照．
139) この点は，本書第7章で扱う．Cf. W. Blockmans / W. Prevenier [1978] p. 55.

第3章　癩施療院の展開

1. 癩病(レプラ)・癩者と癩施療院の成立

　西欧中世において病者は老人,孤児,身体障害者,寡婦などとともに施療院において受け入れられ,保護されるべき存在であった.そうした病者の中で,癩者ほど特異な存在として,常に曖昧さを伴って語られざるをえなかった者たちはいないであろう.ハンセン(G.H.A. Hansen)による癩菌(*Mycobacterium leprae*)の検出(1873年)以前の時代において,癩病(*lepra*)はさまざまな身体的変質と神経麻痺の症状をもたらすがゆえに,治癒不能な業病として恐れられてきたのである[1].中世の「医学的診断」においてレプラの概念は,近代医学の分類するいくつかの癩病のヴァリアントを越えた曖昧な皮膚疾患を含んでいた[2].また中世の観念においては,レプラは伝染性と遺伝性をもつ病と見做されていたことが,レプラとされた者(=癩者)の社会的処遇を一層厳しいものとしたと

---

1) 西欧中世のレプラ/癩者/癩施療院をめぐる文献は膨大であり,ここでは本論で参照した近年の代表的な研究をいくつか挙げておくにとどめる. A. Bourgeois [1972]; S. N. Brody [1974]; P. Richards [1977]; M. W. Dols [1983]; L. Demaître [1985]; R. I. Moor [1987] pp. 45–65; F. Bériac [1985] [1988] [1990]; F-O. Touatti [1988] [1998] [1999]; J. Belker [1994] pp. 253–283; G. B. Risse [1999] pp. 167–229. 邦語文献として東丸恭子 [1984] および荒井英子 [1996] 第4章を参照.

2) 中世の医学におけるレプラ観念については, Brody [1974] pp. 21–59; F. Bériac [1989] pp. 145–163. を参照.

思われる.

　癩者は旧約聖書の『レビ記』(13章44-46節)において「不浄な存在」として記述され，その影響下でヒエロニムスやアルルのカエサリウスなど中世初期の教父たちにより，罪深く，神に呪われた業病をもつ者とされた一方で，イエスによる癩者の癒しの物語(『新約聖書』「マタイによる福音書」8章1-4節など)に示されるように神の祝福を最も受けるべき聖なる者という両義性をもつ存在として語られてきた[3]．癩者のそうした両義的存在は，中世を通じて絶えず喚起された不浄と聖性という彼らのイメージを形作ることになろう．

　さて，中世における癩者に対する対応は，すでに583年のリヨン教会会議の決定[4]や635年のロタール王の法典[5]をはじめとして，中世初期からさまざまな規定が知られ，専ら教会諸組織による処遇が行われてきた．しかし，西欧に

表3-1　南ネーデルラントの諸都市における癩施療院の設立年代

都　　市	設立年代		
St. Omer	1106	Ieper	1187
Namur	1118	Leuven	1197
Gent	ca. 1146	Mechelen	1200
Tournai	1147 / 53	Brugge	1227
Bruxelles	1150	Antwerpen	1231
Huy	1160	Kortrijk	1233
Liège	1180	Dendermonde	ca. 1260
Mons	ca. 1182	Comine	1283
		Oudenaarde	1294
		Dixmuide	1294

典拠：A. Viaene [1961]; De Keyzer [1989]

---

3) Brody [1974] p. 61; 東丸 [1984] p. 97; 荒井 [1996] pp. 135-154.
4) 「自己の都市の領域内で生まれ，あるいは定住していると見られる当該都市の癩者は，誰であれ他の都市を放浪することのないように，当地の司教から十分な食糧と必要な衣類を受け取るべし」《Placuit etiam universo concilio, ut uniuscuiusque civitatis liprosi, qui intra territorium civitatis ipsius aut nascuntur, aut videntur consistere, ab episcopo ecclesiae ipsius sufficientia alimenta, et necessaria vestimenta accipiant, ut illis per alias civitates vagandi licentia denegetur》. J. B. Mansi (éd.) [1757-98], *Sacrorum Conciliorum nova et amplissima Collectio*, Venizia-Firenze, t. IX, p. 944.
5) 癩者の隔離を命じている中世最初の法令とされる．*Edictum Rotharis regis*, CLXXVI. Cf. E. Jeanselme [1931] p. 138.

おいて癩者の増加は，諸説はあるものの一般には紀元 1000 年以降と考えられており，また彼らを受け入れる施設としての癩施療院 (*leprosarium*) の創建は 12 世紀を嚆矢としている．そして，1150 年以降 1250 年までの間に設立運動の波のピークが認められる[6]．例えばフランス王国内においては，14 世紀初頭に 1,502 ヵ所の癩施療院があったといわれ，14 世紀半ばのパリ司教区管内では 59 の施設が存在したことが確認されている[7]．前章において論じたように，12 世紀はフランドル都市においてもさまざまな施療院が創建された時代であったが，かつて田中峰雄氏が「対象の側の現実的必要性より，行為者の側の宗教的必要性によって行われた慈善，そのゆえにその効果より行為そのものが重視された慈善に対して，中世において対象を実体的にみすえた稀な例」[8] として言及され，個人や教会組織ではなく，世俗諸権力とりわけ都市当局のイニシアティブによって設立されたのが癩施療院であった．すなわち癩施療院には健康な社会の恐れが反映しており，その設立は病者への慈愛 (*caritas*) とともに，彼らを健康人の共同体から隔離する目的をもっていたからである．その点に一般の施療院との決定的相違があったといえるだろう[9]．1179 年の第 3 ラテラノ公会議における癩施療院の付属施設についての決定は，閉ざされた霊的共同体としての機能を癩施療院に付与した点で重要な意義をもっていた．そこでは，癩者の共同体が墓地の付属した教会と固有の礼拝堂および司祭をもつことができること，またそうした共同体の内部の家畜や菜園に関する 10 分の 1 税の適用からも免れると規定されている[10]．またこの公会議において，同時に癩者が健康な社会から隔離され，その隔離の際には，聖職者によるシンボリカルな「別離の儀式」(*separatio leprosorum*) を伴うことが定められたことも，癩者に対するまな

---

6) P. Bonenfant [1965] p. 16; J. L Goglin [1976] pp. 72–73. 田中峰雄 [1980] p. 19; W. Brodman [1998] p. 73.
7) F. Bériac [1988] p. 152.
8) 田中 [1980] p. 18.
9) 田中 [1980] p. 19.
10) J. B. Mansi (éd.) *Sacrorum Conciliorum nova et amplissima Collectio*, t. XXII, Canon XXIII, p. 230; Bériac [1988] p. 161.

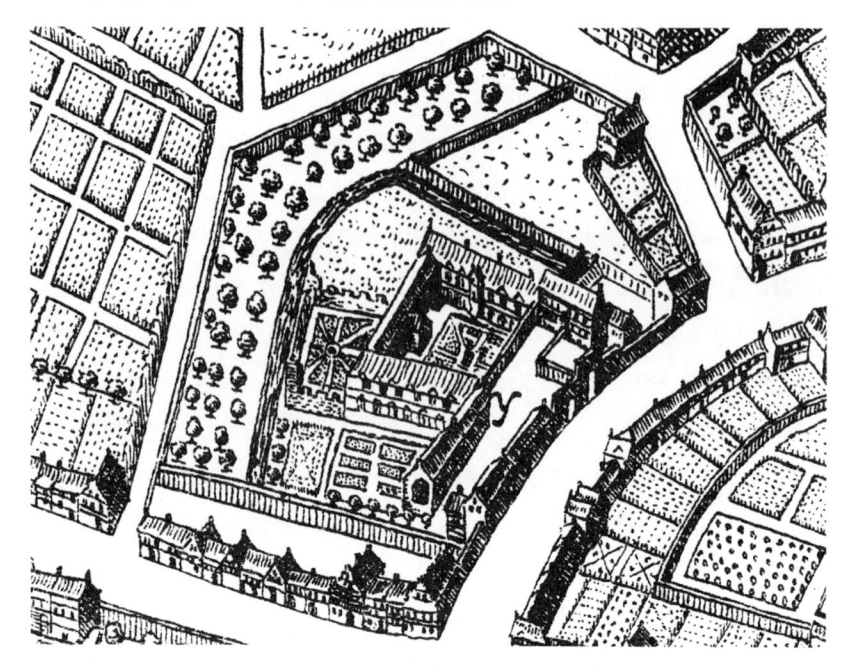

図 3-1 ヘントの癩施療院（Het Rijke Gasthuis）（1641年の都市プランから）
典拠：W. De Keyzer e.a. (dir.); *Lepra in de Nedelamden* (*12 de–18de eeuw*), Brussel, 1989, p. 52.

ざしのありようを理解する上で重要な意味をもっていたといえるだろう[11]．

さて，ヘントでは癩施療院の創建文書は残されておらず，創建の正確な年代は不明であるが，トゥールネー司教アンセルム（在任1146-49年）が当癩施療院の礼拝堂建立の許可を与えている文書が存在し，彼が司教在任中の1146-49年かその少し前に設立されたと考えられる[12]．このヘントの癩施療院はもともと〈domus leprsorum in Gandavo〉ないし〈het Gasthuus van Gent〉,〈la maladrerie de Gand〉とよばれ，後に〈Het Rijke Gasthuis〉として知られるようになった[13]．他の地域では通常最も好まれた癩者の守護聖人であるラザロ（Lazarus）の代わり

---

11) Mansi, *ibid.*, t. XXII.; Brody [1974] pp. 64-65; 東丸 [1984] p. 100.
12) C. De Coninck / W. Blockmans [1967] pp. 4-44.
13) J. A. Smith [1976] pp. 24-25.

に，当癩施療院は聖母マリアに捧げられている[14]．この癩施療院は，ヘントの西側の市門である Torreport の外側近くに位置していた（図 3-1 を参照）[15]．ヘントの参審人団（*schepenen*）はこの癩施療院の創設において主要な役割を果たしたと考えられているが，その点は当癩施療院の最初の規約（*statuten*）から窺うことができる[16]．1236 年にトゥールネー司教 Walter de Marvis によって与えられたこの規約は，23 ヵ条からなっている．以下で，その内容を検討しよう．

まず参審人団は当施設の世俗財（*temporaria*）の管理・管轄権と，1 人ないし 2 人の「上級監督者」（*magister superior / overmeester*）をヘント市民のうちから任命する権限を得ており（[第 1 条]）[17]，彼（ら）が毎月会計監査を行うことになっていた（[第 2 条]）．

次に当癩施療院の男女のスタッフ（*fraterres et sorores*）となる者は，6 ヵ月の試用期間の後，服従，貞潔，清貧の誓約をなすことで受け入れられ（第 3 条]），院内では白い上着を着用することが規定されている（[第 5 条]）．

当癩施療院へ受け入れられる癩者は，「癩病を患ったすべてのヘントの市民，

---

14) Smith [1976] p. 24. ブルッへの癩施療院は，マグダラのマリアに捧げられている．中世フランドル地方のレプラと癩施療院についての基本的研究は，A. Viaene [1961]; G. Maréchal [1976c] [1978a]; W. Prevenier [1986] である．ヘントの癩施療院については，C. De Coninck / W. Blockmans [1967] および M. Gysseling [1963] を参照．また近年ネーデルラント全体のレプラ/癩者をめぐる問題を扱ったものに W. De Keyser e.a. (dir.) [1989] がある．
15) 中世において癩施療院がしばしば都市の市壁に隣接して建てられていたことはよく知られている．それはレプラに対する恐れにもかかわらず，慈善の対象を日常生活の中（ないし縁）に確保しておきたいという中世人の心の現れに他ならないともいえるだろう．Cf. 東丸 [1984] p. 100; A. Bourgeois [1972] p. 39; W. De Keyzer (dir.) [1989] p. 49.
16) Viaene [1961] p. 295. Walter de Marvis は，この時期にヘントの他，リルとトゥールネーの癩施療院に同様の規約を付与している（Maréchal [1978a] pp. 92-93）．なお，12-13 世紀の北フランス地方を中心とした 14 の癩施療院の規約の集成として，L. Le Grand [1901] のエディションが重要であるが，フランドル都市の癩施療院規約は収録されていない．
17) M. Gysseling [1963] V. *De Latijnse statuten*, art. 1, p. 24:《Notum sit ergo iurisdictioni scabinorum gandensium cum omnibus suis bonis temporalibus debet esse subjecta. Vnde ad ipsos scabinos pertinet procuratio et defensio dicte domus ac institutio magistri in eadem. Quapropter scabini cum necesse fuerit, unum uel duos de burgensibus uille discretos et deum timentes magistros domus superiores debent instituere.》

その妻，および子供達」《omnes burgenses et burgensium filii uel uxores morbo lepre infecti》に限定され，参審人団の承認により，慣習にしたがった必要な衣服とフランドル貨56スー(スヘリンゲン)の入所費を持参することが求められた([第4条])．その際，当市民が未婚の場合は，彼(彼女)のすべての財産を当癩施療院に譲ること，既婚で子供がいない場合は，財産の2分の1を，既婚で子持ちの場合は，財産の3分の1を譲ることが規定されている([第4条])．彼らは，また灰色の上着を着用することが規定されている([第5条])．

続く第6条以下23条までは，第14条を除き，癩施療院内での癩者たちの日常の所作心得(食事，祈祷，沈黙)と，さまざまな規律違反に対する罰則条項(贖罪規定，追放規定)である[18]．かつて田中峰雄氏が12–13世紀の北フランスの癩施療院規約の分析を通じてすでに指摘されているように[19]，通常の施療院規約と比較して，こうした癩施療院の規約では，受け入れられる癩者が原則として都市民(burgenses)に限定されていること，癩者そのものの所作振る舞いに対して多くの条項が割かれていることが特徴的であるといえよう．田中氏は，とりわけ後者の点に癩者(と癩施療院)という存在に向けられた世俗当局の関心の強さを読み取っている．通常の貧民・病者とは異なり，癩という負の「対象」を「主体」が否応なく直視せざるをえなかったのが癩施療院という場であったのである．

ところで，1389/96年に書かれたバイイのDankaart van Ogierlandeによるヘントの慈善施設に関するブルゴーニュ侯宛の報告(*Mémoire en declaracion des hopitaux et maisonz Dieu estanz en la ville de Gand en qui les donne et gouverne*)には，「この施療院は第1の参審人と第2の参審人により毎年後見される」《du quel hospital sont tuteurz a chacun an le premier et second échevin de la kuere》と記されている[20]．第1の参審人とは，常にヘントの都市貴族家系(*poorterij*)のメ

---

18) Gysseling [1963] *statuten*, pp. 26–31.
19) 田中峰雄 [1980] pp. 21–22.
20) ADN, Fonds, *Cumulus* 1541. Cf. M. Boone [1990a] p. 142. この史料については，第5章第3節を参照．

ンバーから選出された者であり，第2の参審人は，毎年交代で織布工ギルド (*Weverij*) の代表者か53の「小ギルド」(*kleine neringen*) の代表者が務めていたことから，当時のヘントの都市当局を構成していたいわゆる「3大(職業)集団」(*drie leden*) が直接当癩施療院の運営に責任をもっていたことを示している[21]．1426年には，「当癩施療院の男女のスタッフ」《broeders en zusters van den Gasthuuse》についてもまた，都市貴族 (*poorterij*) から男2名，女3名，織布工ギルドから男2名，女3名，そして小ギルドから男2名，女4名のスタッフ (合計で男6名，女10名) を出すことが定められた．この人員構成の割合は，まさしく，ヘントの都市参審人団体における各職業集団の勢力バランスに他ならなかったのであり，第5章で論じられる聖ヤコブ兄弟団の役員構成と同様，都市支配構造の縮図となっていたのである[22]．

また財政面では，ヘントの癩施療院は，市内では，穀物計量に関する手数料や，石炭の計量検定権 (*ijkingsrecht van colenmaten*) からの収入を都市当局から得ていた他，ヘント近郊の小都市エクロー (Eeklo) などに不動産を所有していた[23]．

ところで，前述の規約の第14条では，当癩施療院に「他所の癩者やスタッフ」(extraneus infirmus et conuentualis) が2晩まで受け入れられ，また「野の癩者」(campestes uero leprosi / akkerzieken / malade forain) も，1晩に限って受け入れられている[24]．「野の癩者」(*akkerzieken*) とは，癩施療院に入ることなく都市周辺の小家屋に集団で暮らし，都市や村での物乞いによって生きざるをえなかった者たちであり，彼らの数は実際癩施療院に受け入れられた者よりはるかに多かったと考えられている[25]．

G. マレシャル (Maréchal) によるブルッヘの癩者と癩施療院に関する研究に

---

21) Boone [1990a] p. 145.
22) Boone [1990a] pp. 145–146.
23) Boone [1990a] pp. 146; E. De Smet [1976] pp. 200–223.
24) Gysseling [1963] *statuten*, art. 14, p. 29.
25) Viaene [1961] pp. 304–305; G. Maréchal [1976c] pp. 51–52; W. Prevenier [1986] p. 235; De Keyzer (red.) [1989] p. 27.

よれば,「野の癩者」(akkerzieken) もまた,都市の癩施療院 (domus hospitalis sancte Marie Magdalene) へ受け入れられた富裕な市民 (poorters) とは異なる団体 (akkerziekengilde) を13世紀の第2四半期から形成し,ブルッヘの参審人団により管轄されていた[26]。そうした「野の癩者」の団体に対しても1331年に,最初の規約が参審人団から与えられている[27]。フランドル地方の「野の癩者」の団体は,フランドルの4地域 (Gent, Brugge, Ieper, Brugse Vrije) ごとに組織され,それぞれの地域の状況に応じて固有の規約を得ていたのである。それらの規約には,メンバー資格(ブルッヘのバンマイルの範囲内で生まれた者

表3–2 ブルッヘのマグダレーナ癩施療院における癩者数

年　代	癩者総数	年代	癩者総数
1450(年)	1(名)	1479	2
―	―	1481	2
1457	2	1481	4
―	―	1482	4
1462	2	1483	7
1463	2	1484	4
1464	4	1485	5
1465	3	1486	5
1466	3	1487	7
1467	5	1488	7
1468	5	1489	7
1469	5	1490	5
1470	5	1491	5
1471	3	1492	4
1472	3	1493	3
1473	3	1494	4
1474	2	1495	2
1475	3	1496	4
1476	3	1497	4
1477	2	1498	4
1478	3	1499	4
		1500	5

典拠: G. Maréchal [1978a] Bijlage 1, p. 345.

---

26) Maréchal [1978a] p. 198.
27) Maréchal [1978a] pp. 113–117.

表 3–3　ブルッヘの都市会計簿に記載された癩者用手袋の分配項目による癩者数（1305–1500 年）

会計年度（年）	癩者の数（名）
1305–1306 febr. 25	(10)
1306–1307 febr. 24	(5)
1307–1308 febr. 8	(15)
1308–1309 febr. 14	5
1309–1310	10
1310–1311 febr. 19	(4)
1311–1312 maart 21	6
1312–1313 maart 19	8
1313	—
1314	—
1315–1315 dec. 13	11
1316–1317 mei 10	6
1317	—
1318–1319 sept. 6	8
1319–1332	—
1332–33	13
1333–34	13
1334–35	14
1335–36	15
1336–37	24
1337–38	17
1338–39	14
1339–40	13
1340–41	10
1341–42	25
1342–43	27
1343–44	—
1344–45	27
1345–46	35
1346–47	?
1347–48	34
1348–49	—
1349–50	—
1350–51	37
1351–52	25
1352–53	57
1353–54	66
1354–55	49
1355–56	83
1356–57	—
1357–58	—
1358–59	63
1359–60	77
1360–61	49
1361–62	47
1362–63	61
1363–64	47
1364–65	—
1365–66	—
1366–67	61
1367–68	59
1368–69	66
1369–70	9 (sic)
1370–71	78
1371–72	96
1372–73	49
1373–74	—
1374–75	—
1375–76	66
1376–77	—
1377–78	—
1378–79	—
1379–80	49
1380–81	32
1381–82	—
1382 (4)	12
1383–84	24
1384–85	—
1385	24
1385–86	?
1386–87	43
1387–88	?
1388–89	29
1389–90	29
1390–91	37
1391–92	57
1392–93	53
1393–94	53
1394–95	49
1395–96	54
1396–97	20
1397–98	58
1398–99	61
1399–1400	—

1400–01	64 + 63	1446–47	53
1401–02	64	1447–48	50
1402–03	59	1448–49	57
1403–04	51	1449–50	56
1404–05	50	1450–51	59
1405–06	53	1451–52	74
1406–07	63	1452–53	49
1407–08	62	1453–54	44
1408–09	58	1454–55	56
1409–10	57	1455–56	54
1410–11	54	1456–57	64
1411–12	43	1457–58	64
1412–13	40	1458–59	64
1413–14	39	1459–60	72
1414–15	38	1460–61	69
1415–16	37	1461–62	27
1416–17	35	1462–63	33
1417–18	32	1463–64	35
1418–19	34	1464–65	35
1419–20	32	1465–66	34
1420–21	34	1466–67	40
1421–22	34	1467–68	30
1422–23	44	1468–69	26
1423–24	44	1469–70	24
1424–25	49	1470–71	32
1425–26	57	1471–72	36
1426–27	54	1472–73	47
1427–28	59	1473–74	44
1428–29	53	1474–75	42
1429–30	54	1475–76	48
1430–31	61	1476–77	24
1431–32	58	1477–78	42
1432–33	62	1478–79	42
1433–34	78	1479–80	34
1434–35	61	1480–81	28
1435–36	47	1481–82	33
1436–38	56 + 54	1482–83	38
1438–39	56	1483–84	21
1439–40	69	1484–85	22
1440–41	62	1485–86	24
1441–42	62	1486–87	31
1442–43	67	1487–88	15
1443–44	54	1488–89	30
1444–45	54	1489–90	15
1445–46	?	1490–91	20

1491–92	32	1496–97	30
1492–93	21	1497–98	21
1493–94	19	1498–99	?
1494–95	28	1499–1500	18
1495–96	28		

典拠：G. Maréchal [1978a] Bijlage 4, pp. 351–353.

〈Bruggeling〉へのメンバーの限定），監督体制，そしてさまざまな衛生上の規制（立ち入りを禁止される場所など），生活様式，衣装，移動できる範囲などに関する諸規定が含まれている[28]．

1400年および1480年には，それぞれ新たな規約がブルッヘへの「野の癩者」の団体 (akkerziekengilde) に与えられた．それらの規約では，衛生上の条項はなく，主に「野の癩者」の道徳的逸脱行為や犯罪に対する贖罪のリストが挙げられているのが特徴的である[29]．また15世紀後半からは，参審人団体だけではなく，トゥールネー司教もまた癩施療院の運営に関わっていくことが指摘されている[30]．

西欧中世において癩者は一般に，12世紀から13世紀前半に最も増加したと考えられているが，その時期における彼らの数はほとんど知られていない．中世フランドル地方の癩者の記録も，14世紀前半以前については断片的であり，例えば1180年にヘントの癩施療院に22名，1309年にブルッヘの癩施療院で17名が給養されていたことなどが知られているにすぎない[31]．A. ヴィアネは，イープルにおいてこの病が15–16世紀においても年間17–18人前後確認されていることなどをふまえ，中世盛期のフランドル地方では年間80–100人程度の罹患者がいたものと推定している[32]．他方，G. マレシャルは，14世紀以降のブルッヘの癩者の数量的把握を試み（表3–2；表3–3参照），以下のような推定を行っている．すなわち14世紀前半にブルッヘの癩施療院に受け入れられていた

---

28) Maréchal [1978a] pp. 114, 199.
29) Maréchal [1978a] pp. 114–115; 199.
30) Maréchal [1978a] p. 121.
31) Viaene [1961] p. 291.
32) Viaene [1961] p. 292.

癩者は，最大 30 名程度であり，この時期の「野の癩者」については不明であるが，14 世紀半ばには，「野の癩者」が年間約 65-70 名程度いたと考えられ，癩者の数は，当時のブルッヘへの総人口 3 万 7,000 / 4 万 6,000 人に対して，人口 1,000 人あたり 2 名 (0.2 パーセント) 程度を占めていたとしている[33]。この数値は，北フランスのパ・ド・カレ地方の癩者に関する A. ブルジョワの研究で示された人口 1,000 人あたり 3-4 人という推定値に近いものである[34]。そうした数値が示す癩者の絶対数は，中世後期において必ずしも多かったとはいい難いが，癩者が 12 世紀以来，フランドル都市できわめて日常的存在であったことは，ブルッヘ，ヘントをはじめとする都市民の遺言書において彼らがしばしば遺贈の対象とされていることからも窺えるのである[35]。

2. 癩者と都市社会

さて，癩施療院が通常の施療院と異なっていたいま 1 つの特徴として挙げなければならないのは，癩施療院がその創建時から，癩者とされた者のみを受け入れるために特化した施設であったことである。癩施療院への受け入れ許可のためには，「医学的検査」を伴っていた。この「検査」(*proeve*) は中世初期以来司教ないし教区司祭の義務の 1 つであった。誰であれ，この病に罹患したと見做された者については，通常教区司祭に報告がなされ，適当な検査人 (聖職者) のもとに送られて判定が下された。しかし，中世中期以降，都市共同体の発展を背景にこの役割が都市当局の義務へと移行する中で，癩者の判定には，参

---

33) Maréchal [1978a] pp. 211-219.
34) A. Bourgeois [1972] pp. 68-69.
35) 例えば 1329 年のブルッヘ市民 (*poorter*)，Wilhem de Piltre の遺言書 (*Archief Potterie, charter*, nr. 231, 1329 年 11 月 15 日付) や，1470 年の Anselm Adornes の遺言書 (Viaene [1961] p. 309) などでは，都市の癩施療院の癩者と「野の癩者」の双方に対する個別の遺贈がなされていることからもそうした癩者への意識が見られる。ヘントの遺言書においても同様の点を指摘できるだろう。

審人や都市によって雇用された「医師」(chirurgien)が参画することになった[36]. さらに14世紀以降,レプラの被疑者は,その地の主要な癩施療院で検査が行われるようになり,フランドル地方では,ヘントの〈Het Rijke Gasthuis〉,ブルッへの〈De Madeleine〉,イープルの〈Hoge Zieken〉の3施設がその役割を果たしたのである[37].

癩者は,その病のもつ脅威にもかかわらず,中世人にとっては,神により特別なやり方で祝福された印(スティグマ)をもつ存在でもあった.都市当局により「癩者」と認定されることは,その者が市民である限り「癩者権」(het recht van laserien)とよばれた癩施療院への入所資格という一種の権利を得ることを意味していたからである[38].

他方,癩施療院は,健常者からなるスタッフと癩者がともに共通の霊的義務と宗教生活を営む独立した宗教的共同体であった.その中で癩者は許可なく施設を出ることを禁じられ,また施設内のキッチンや井戸などの水回りに近づくことも許されなかった.そうした癩者に対する日常生活上の制限の厳しさは同時に癩者が癩施療院において享受せねばならない義務であったが,彼らはそうした施設における閉ざされた生活か,都市の外でのより自由な,しかし都市当局による移動の規制を伴った「野の癩者」の生活かを選択せねばならなかったのである.

14世紀半ばに知られる次の3通の文書は,その点でヘントの癩施療院の癩者たちの行動を示している点で興味深いものである.1349年に癩施療院の数人の癩者たちは,当施設内で彼らが十分給養されていない旨の抗議を参審人団に対して行った.その際彼らは当施設における食糧(パン,葡萄酒その他)の不十分

---

36) Viaene [1961] p. 304; De Coninck / Blockmans [1967] p. 17; J. Imbert [1947] pp. 165–166; A. Bourgeois [1972] p. 25. なお,中世の医学・医学者におけるレプラ診断のもつ問題性は本書では論じないが,この点については,S. N. Brody [1974] pp. 21–59; L. Demaître [1985]; F. Bériac [1989] pp. 145–163; J. Belker [1994] pp. 253–283 などを参照.
37) De Coninck / Blockmans [1967] p. 15; Viaene [1961] p. 305.
38) Viaene [1961] pp. 304–305.

さと変化のないメニューおよびスタッフの部屋に比べて貧弱な彼らの居住環境についての不満など 25 の条項をリストにして参審人団に提出し，その改善を求めたのである[39]。2 年後の 1351 年に，同じヘントの癩施療院で 1 人の規約違反者 Cornelis de Pape なる人物が処分された[40]。彼は，当施設内でスタッフの者たちと乱暴な表現で口論をしないこと，賽子賭博その他の賭け事をしないこと，当施設外の男女と関係をもたないことの 3 点を参審人団 (*schepenen van de keure*) の前で誓約させられた[41]。彼にとって癩施療院の生活は厳しすぎたため，1 年後彼は参審人団に対して「当施設を去って(ヘント)市外の他の癩者と生活を共にし，彼が望んだ空気の中にいられるよう」許可を求め，認められたのであった[42]。

以上のケースからは，14 世紀ヘントの都市当局(参審人団体)がかかる施設の内的秩序にまで立ちいってその権限を行使していたことが知られるとともに，そうした都市当局の癩施療院との関わりが，いわゆる都市の社会政策的見地からではなく，あくまでも癩施療院という「霊的」共同体による「祈りによる天国へのとりなし」という市民の希求した霊的機能の維持という見地からなされたと考えられることに注意すべきであろう。

他方，13 世紀以来，西欧各地の都市で，癩者の規制や隔離のための条例が出されていったことも否定できない。1200 年のロンドンや，1202 年のパリ，サン

---

39) P. van Duyse [1843] pp. 83–95. Smith [1976] pp. 181–182. ここで癩者たちの不満の 1 つであった癩施療院の日々の食事メニューについては，第 2 章の表 2–9 (a) を参照。

40) RAG, Rijke Gasthuis, *Charter, Doos* Nr. 4 (15 June 1351); De Coninck / Blockmans [1967] p. 28.; Smith [1976] p. 182.

41) RAG, Rijke Gasthuis, *Charter, Doos* Nr. 4:《... no andren susters ofte broeder niet te misdoen ofte misecghene, niet binnen de vors. huus te dobbelne no omme ghelt enich spel to speelne no met mannen no met mannen no met wiven van buten den huus te binnen sine palen to bliven ...》

42) RAG, Rijke Gasthuis, *Charter, Doos* Nr. 4 (20 March, 1352):《... omme te treckene uten vors. gasthuuse ende zijne woonste to makene ende to nemene buten de poert ghelijc den andren besiecten omme te zijne in de lucht daer hij groete begherte toe hadde.》Cf., Smith [1976] p. 128.

スなどでは癩者の都市内の通行が禁じられた[43]. またボローニャ, パドヴァ, ヴェネチアなど北イタリア諸都市でも13世紀末から14世紀にかけて癩者の都市からの排除や市門における癩者出入りの監視が強化されている[44]. またイングランド王権による1221年の布告〈De Leproso Amovendo〉が, 癩病感染の危険のため, 癩者を追放する旨を宣言している例などもそのことを示している[45]. 14世紀においても1346年のイングランド王エドワード3世の布告[46]や, 1371年のフランス王シャルル5世の布告[47], 1375-76年のロンドンの市当局の条例[48], 1388年以降断続的に繰り返し出されたパリのプレヴォによる布告[49]などに, そうした傾向を認めることができる.

この点でブラーバント都市レウヴェンの癩施療院 (Het Terbank) を検討したアイトゥブルック (A. Uyttebrouck) によれば, 15-16世紀において当癩施療院に収容された癩者の数は, 当時のレプラの流行とは関係なくきわめて少数であったとされており, 癩者を社会的に隔離しようとする社会政策的意図がブラーバントの都市当局には中世末期においても希薄であったことが指摘されて

---

43) R. I. Moore [1987] p. 59; F. Beriac [1988] pp. 194-195.
44) J. Richards [1990] p. 158.
45) Brody [1974] p. 94.
46) H. T. Riley (ed. & tr.) [1868] *Memorials of London and London Life*, pp. 230-231:
《... and that some of them, endeavouring to contaminate others with that abominable blemish, as well in the way of mutual communications, and by the contagion of their poluted breath, as by carnal intercourse with women in stews and other secret places ..., (...) all persons who have such blemish, shall, within fifteen days from the date of these presents, quit the City and the suburbs aforesaid, (...) within the city and suburbs aforesaid you shall find to be smitten with the aforesaid blemish of leprosy, you are to cause to be removed from the communion of sound citizens and persons without delay, and taken to solitary places in the country ...》
47) Jeanselme [1931] pp. 18-21:《... plusieurs hommes et femmes meseaulx et infects de la maladie de lèpre, de jour en jour sont toujours allans et venans par lesdites Villes, querans leurs vies et aumosnes, bevans et mangeans parmy les rues, carrefours et autres lieux publiques où il passe le plus de gens, (...) et faul qu'ils pasent parmy et emprès eux, et sentent leurs alaines qui est grand peril et puet tourner ou grand dommage de nos subgets.》
48) Brody [1974] p. 98; Richards [1990] pp. 158-159.
49) Brody [1974] p. 99.

図 3–2　アールスト（Aalst）の癩施療院の定期金帳簿に描かれた癩者のイメージ（1483 年）
典拠：W. De Keyzer（dir.）［1989］Lepra in de Nederlanden,（12de–18de eeuw）, Brussel, 1989, p. 3.（口絵）

いる[50]．癩者の存在は，一方で確かに中世の都市（当局）にとって衛生的見地から直視せざるをえない局面を提示していたと思われるが，中世後期の王権や都市当局に見出される彼らの隔離ないし追放処置は，建前としての「衛生観念」よりもむしろ癩者の帯びていたスティグマに根ざす社会心理的要因にその多くを負っていたといわなければならないであろう[51]．その意味で癩者の癩施療院

---

50)　A. Uyttebrouck［1968］pp. 623–624.
51)　Cf. Smith［1976］pp. 129–130.

への隔離を旨とした1321年6月のフランス王フィリップ5世による布告の結果として，健康人をレプラに感染させるためフランス中の井戸に毒を入れる陰謀を企てたとして南フランスの癩者数百人が虐殺され，彼らの土地財産が没収された事件は，そうしたマルジノーとしての癩者に対する社会的まなざしを表象する象徴的なケースであった[52]．

また，娼婦やユダヤ人とともに，癩者が区別された衣服をまとい，小さな鐘やガラガラとよばれる音を発する道具を携帯することを義務づけられたことも，彼らのスティグマ化の一局面であったといえよう．ただし，衣服の色や形についての規制は，西欧の各地でさまざまであり，統一されたユニフォームがあったわけではない[53]．ブルッヘやヘントでは，癩者は，灰色のローブをまとい，黒い帽子と手袋をつけ，ガラガラ (rattle) と喜捨を受けるため椀と杖を手にもつことと規定されている（図3-2を参照）[54]．

中世後期には，本来彼らの権利として認められていた物乞いをめぐる規制もまた，ペスト以降の労働市場の変化，偽乞食の増加などの問題が表面化してくる中で厳しさを増していった[55]．フランドル地方では，都市の癩者とりわけ「野の癩者」(akkerzieken) の物乞いの範囲と期間をめぐって，ヘントやアウデナールデ，コルトレイクにおいてバイイにより慣例に違反した「野の癩者」が逮捕される一連の事件が生じた．それらの事件において，市民権をもたない貧しい癩者と，一定の財産をもち，都市の癩施療院に入ることが可能であった富裕な市民 (poorter) の罹患者との格差と差別化が，15世紀のフランドル地方における最高審理機関であったRaad van Vlaanderen に持ち込まれた審理の過程で

---

52) この1321年のユダヤ人と癩者への迫害については，M. Barber [1981] pp. 1–17; F. Beriac [1987] pp. 202–221; id. [1988] pp. 197–198; D. Nirenberg [1996] pp. 52–56などを参照．
53) 田中 [1980] pp. 27–35; C. Lis / H. Soly [1979] pp. 26–27, 48–52.
54) Brugge: Réglement de la léproserie de 14ᵉ siècle, in: L. Gilliodts-Van Severen (éd.) [1874] Coutume de la ville de Bruges, t. I, Nr. XXXII.; Gent: Statuten van 1424. Cf. J. Triocot = Royer [1929] pp. 9–15; M. Maes [1986] pp. 134–156; Beriac [1988] pp. 186–187; Brody [1974] p. 67.
55) F. Beriac [1988] pp. 197–204.

浮き彫りとなったことが，W. プレヴニール (Prevenier) による 1451 年と 1495 年の訴訟の詳細な事例研究から明らかにされている[56]．中世の癩者救済 (Leprozen-zorg) とは，キリスト教的慈愛に内在するモラルの両義性を孕みながら[57]，同時に社会的不安の抑止，固有の社会集団 (*poorter*) の地位の保全，他者としての貧民(野の癩者)の差異化などさまざまな都市社会のリアクションの複雑に入り混じったプロセスを意味していたのである．

---

56) W. Prevenier [1986] pp. 232–248.
57) キリスト教(特に聖書)と癩者救済の関係については，近代日本の事例を論じた荒井英子 [1996] も参照．

第4章 「貧者の食卓」あるいは
「聖霊の食卓」の活動

はじめに

　中世都市の慈善救貧組織として，これまで論じてきた施療院や癩施療院は，基本的に都市内の貧民・病者，老人などを収容し，世話をする施設として機能するものであった．これに対して本章で取り上げる「貧者の食卓」（*Armentafels; Tables des pauvres*）ないし「聖霊の食卓」（*Heilige Geesttafels; Tables du Saint-Esprit*）とは，今日のベルギー諸地方を中心とする南ネーデルラントや北フランスにおいて成立した救済組織の一タイプである[1]．この救済組織の特徴は，小教区ごとに設立され，貧民・病者を宿泊させ，収容する施設としてではなく，専ら小教区に在住する特定の在宅貧民・病者を対象に，さまざまな物質的援助を行っていたことにある．この組織については，14世紀から16世紀にかけて会計帳簿（*Rekeningen*）を中心とする諸史料が，フランドルおよびブラーバント諸都市において比較的豊富に残されており，貧民に対する物資の分配内容の数量

---

1) W. P. Blockmans / W. Prevenier [1978] pp. 40–45. 同様の教区単位の救済組織は，南フランスやスペインのカタロニア地方にも存在し，それぞれ「貧者の鉢」〈Bassins des pauvres〉ないし〈Questeurs des pauvres〉，「貧者の皿」〈Plats dels pobres〉とよばれていた．Cf. M. Mollat [1978] pp. 172–173; W. Brodman [1998] pp. 18–21.

的分析を可能としている[2]．したがってそうした組織の活動を検討することにより，施療院の活動とは異なる形で中世後期における貧民救済の実態をある程度明らかにしうると考えられるのである[3]．

「貧者の食卓」に関する研究史は，ベルギーにおいて19世紀末・20世紀初頭のE. フーデンス，J. ラーネンらによる制度史的研究に始まるが[4]，その後しばらく研究が途絶えていた．しかし，1960年代に入って，フランスにおける中世貧民研究の隆盛に呼応して，数量的分析を盛り込んだいくつかの個別研究が現われ[5]，さらに1970年代後半に入ってM. J. ティッツ=デュエイド，G. マレシャルらを中心に，中世の救貧組織における「貧者の食卓」の位置づけを行う試みがなされている[6]．

本章では，そうした近年のベルギー学界を中心とする諸成果を踏まえながら，ヘントにおける「貧者の食卓」を検討の対象としたい．ヘントの「貧者の食卓」については，すでにJ. パンデラルス，G. ドゥ・ヴィルデによる研究がある[7]．前者は，シント・ニクラース教区の「貧者の食卓」について主として制度的側面から検討したものであるが，14世紀だけを対象としているため，中世後期の「貧者の食卓」の機能を全面的に明らかにしているとはいい難い．また後者は，14世紀から16世紀前半までを対象として，ヘントの全教区の「貧者の食卓」による貧民救済の実態について数量的分析を加えており，示唆に富む．

---

2) Cf. M. Mollat [1978] pp. 170–171. 貧民に直接さまざまな分配を行った救済組織について，イタリア都市フィレンツェの史料は例外的に豊富であり，すでにさまざまな研究の対象となっている．Cf. Ch.-M. de La Roncière [1974] pp. 661–744; A. Spicciani [1981] pp. 119–182; J. Henderson [1994]. 本書補論を参照．
3) Cf. 田中峰雄 [1980]; K. シュルツ [1969]「中世下層民研究の諸問題」『史学雑誌』78–12．
4) E. Geudens [1898]; J. Laenen [1912]; J. Withof [1927/28]; W. Marx [1936].
5) 「貧者の食卓」の救貧活動の数量的な研究とその対象となった都市として，P. Van Zeir [1960b] (Brugge); M. J. Tits-Dieuaide [1965] (Leuven); W. P. Blockmans [1976] (Mechelen); C. De Geest [1969], E. Fobe [1971], C. Dickstein-Bernard [1977] (以上 Bruxeles); W. P. Blockmans / W. Prevenier [1974] ('s Hertogenbosch) などを挙げておく．
6) M. J. Tits-Dieuaide [1975] pp. 562–583; G. Maréchal [1984] pp. 273–277.
7) J. Pandelaers [1966]; G. De Wilde [1976]; Id. [1980] pp. 49–58.

しかし，この研究では，「貧者の食卓」の活動の背景となった組織の構造や担い手の問題，都市内部における「貧者の食卓」の位置づけなどは十分に検討されていないのである．そこで本論では，会計帳簿が最も長期にわたって残されているシント・ニクラース教区の「貧者の食卓」の事例を中心に，両研究を出発点としつつ，中世後期における「貧者の食卓」の構造と機能を明らかにすることを目的とする[8]．14–15世紀のヘントでは，先述したように，それぞれ特定の貧民・病者を対象とする30以上の救済施設が存在したが，その傍らで，「貧者の食卓」は変動期の都市が直面した貧困の問題にいかに関わっていったのか．以下では，そうした問いに答える作業を通じて，西欧中世都市の救貧の特質の一端を浮き彫りにしたいと思う．

1. 「貧者の食卓」の起源と成立

「貧者の食卓」（Armentafels / Tables des pauvres）は，基本的には小教区（*parochie*）に居住している貧民に食糧その他の必要物資を提供した組織である．「食卓」（tafel / table）とは，ラテン語の〈mensa〉に対応する言葉であり，元来共同体構成員(特に貧者)のための食物や家具(机)を意味していた[9]．〈tafel〉，〈table〉という語が南ネーデルラント諸都市の史料に現われるのは，12世紀後半から13世紀にかけてのことである．1196年に言及されているコミーヌ（Comine）をはじめとして，主要都市における「貧者の食卓」の初出年代は，いずれの場合も「貧者の食卓」の創設年ではなく，既存の「貧者の食卓」に対する寄進文書に基づいている．したがって，「貧者の食卓」の実質的形成は，そう

---

8) 「貧者の食卓」の会計簿（Rekeningen）は，南ネーデルラントのいずれの都市についても未だ公刊されていない．本論では，主としてヘントのシント・ニクラース教区の「貧者の食卓」について，ヘント国立文書館（Rijksarchief te Gent 以下 RAG と略記）所蔵の1311年から1531年までを断続的にカバーする会計簿を中心に，以下の文書を用いる．RAG, Bisdom Reeks S, Sint-Niklaasdis, S496–522; Srol 119–138; SNrol 157–160; S169–212; S11–21（以上 *Rekeningen*），S146–164; S523; S535（以上 *Renteboeken*），S168; SN118（以上 *Cartularium*）．

9) P. Van Zeir [1960a] p. 363.

した年代以前に溯るものと見做すことができる．

「貧者の食卓」の呼称は，各都市によりさまざまであったが[10]，いずれも独自の資産をもち，もっぱら俗人によって管理・運営される組織であったという点で共通性をもっている[11]．その起源については，これまで主として先行する2つの組織との関連性が問題とされてきた．第1には，「貧者の食卓」の活動領域が中世初期以来の教会の小教区制と一致していたことから，6世紀以来西欧の教区に存在した「貧者のマートリクラ」〈matricula pauperum〉との関わりの妥当性の問題である．

よく知られているように，シュルルマーニュ治下のフランク王国では，小教区が貧民救済のための基礎とされ，教区教会の10分の1税のうち3分の1 (ないし4分の1) は，貧民および巡礼者に分配されるべきものと定められていた[12]．そうしたカロリング期の教区貧民救済は，マートリクラを管理した聖職者の手にあり，教会の収入によって支えられていたのである[13]．これに対し，マートリクラと「貧者の食卓」の在り方を比較検討したJ. ラーネンとJ. ヴィトホフは，マートリクラと同様に「貧者の食卓」がキリスト教的「慈善」〈caritas〉の観念から生まれ，小教区という共通の単位を通して機能した点において共通性をもつとしながらも，後者の実質的管理が聖職者にではなく，もっぱら俗人の手にあった点を強調し，両者の直接的連続性は認められないとした[14]．また，J. A. スミスも，マートリクラとは異なり，「貧者の食卓」の収入源が主に俗人による遺贈に基づいていたことに主要な相違点を認め，両者のシステムを混同し

---

10) ブルッヘでは〈Armendis〉,〈Disch van den scamelen huusweken〉,〈Mensa pauperum〉,〈Tafel van de Heiligen Geest〉, レウヴェン (Leuven) やアントウェルペン (Antwerpen), メヘレン (Mechelen) では〈Heilige geesttafel〉, ブリュッセルでは〈Tables des pauvres〉, モンスでは〈commune aumône〉, ディナン (Dinant), ウイ (Huy), ナミュール (Namur) では〈communs pauvres〉とよばれている．
11) Tits-Dieuaide [1975] p. 563.
12) *Monumenta Germania Historica. Legum sectio*, II, p. 106.
13) Cf. M. Rouche, La matricule des pauvres, évolution d'une institution de charité du Bas-Empire jusqu'à la fin du Haut Moyen Age, in: M. Mollat (éd.), [1974] t. I, pp. 83–110; E. Boshof [1984], pp. 163–167; 佐藤彰一 [1984].
14) J. Laenen [1912] p. 496; J. Withof [1927/28] p. 97.

てはならないと結論している[15]．そうした相違に加え，マートリクラの制度は，教区教会の収入が俗人層によって簒奪され，教会がその収入源のコントロールを失ない始めた9世紀後半以降実質的に消滅していったと見られる．したがって12世紀以前に明確にはその存在が確認されない「貧者の食卓」の直接的起源としてマートリクラを想定することはできないと思われる[16]．

第2には，「貧者の食卓」が，多くの都市で別名として「聖霊」〈Heilige Geest; Saint-Esprit〉の名を冠していることから想定される聖霊修道会（De orde van de Heilig Geest）ないし聖霊兄弟団（Broederschap van den Heilig Geest; Confrérie de Saint-Ésprit）による慈善活動との関わりである．

この点については，過去何人かの研究者がその直接的関連性を認めてきた．しかし，その根拠は，名称における共通性というただ1点に基づいており[17]，むしろ明らかな相違が見出されるのである．まず，聖霊修道会は，1160年頃ギィ・ド・モンプリエによって創設され，12世紀中にヨーロッパ各地に聖霊病院を建てていったが，それらはすべて同一の規約に基づく組織であった．これに対し，「貧者の食卓」は各都市の小教区において個別に成立し，統一された規約をもたなかったのである[18]．また，南ネーデルラントの各都市においては，1186年のカンブレー司教による聖霊兄弟団設立の許可とともに，兄弟団による救済も行われた．しかしながらその活動は，都市領域全体を対象としており，「貧者の食卓」のように各小教区ごとにその機能が限定されるものではなかった[19]．したがって，「貧者の食卓」と聖霊の名を冠した他の救済組織とを同一の系譜に位置づけることも困難といわねばならない[20]．J. A. スミスも指摘してい

---

15) J. A. Smith［1976］p. 65.
16) G. Maréchal［1984］pp. 507–508. ヘントについていえば，そもそもマートリクラの存在自体，史料的には確認されない．
17) J. M. Alberdink-Tijm［1883］p. 105.「聖霊」（Heilig Geest）は，古来貧者のパトロンとされてきたため，その名が多くの救済施設の名称に付されたと考えられる．
18) J. Laenen［1912］p. 496.
19) J. Laenen［1924］p. 202; J. Withof［1927/28］p. 97.
20) ただし，リエージュ司教領下の一部の都市（Sint-Truiden, Liège）では，「貧者の食卓」の成立が，コンフレリー（Confrérie Saint-Michel, Confrérie Saint-Euchère）に由来していたことが指摘されている．Tits-Dieuaide［1975］p. 565.

るように,「貧者の食卓」は, 11世紀以降の都市人口の増大を背景に, マートリクラと類似する機能を果たしつつも, 教会の諸収入によらず, もっぱら俗人によって支えられた新たなタイプの教区救済組織として形成されたと考えることができるだろう[21]。

13世紀以降, 南ネーデルラントの各都市で「貧者の食卓」は, その数を増していく. ヘントでは, 7つの主要教区の「貧者の食卓」は, 13世紀後半からその存在が確認できる (表4-1参照). ブルッヘにおいては, 1312年までに6つの主要な教区で「貧者の食卓」が確認される[22]. さらに, ブリュッセル, レウヴェン, メヘレンなどブラーバントの諸都市についても,「貧者の食卓」は, 13世紀のうちに貧民救済を行っていた[23]。

「貧者の食卓」は, 都市ばかりではなく, 農村教区にも存在した. 農村教区については, 史料が乏しいが, ブリュッセル近郊の Tervuren 教区 (1270年初出) の事例は, 最も古い記録の1つである. 農村教区の「貧者の食卓」の場合も, 都

表4-1 ヘントの教区における「貧者の食卓」の初出年

教区名 (parochie)	年代	典拠
Onze Lieve Vrouw-Sint Pieters	1266	F. De Potter, *Sccond Cartulaire de Gand*, Gent, 1887, Nr. IV, p. 17
Sint Michiels	1266/67	RAG Sint Michielskerk, *Cartulariurn*, April
Sint Jans	1274	RAG Sint Janskerk, *Cartularium*, 442
Sint Niklaas	1278	RAG Sint Niklaaskerk, *Cartularium*, SN 118 f°50
Sint Maartens-Ekkergem	1311	RAG Sint Niklaaskerk, *Rekening*, S. 496
Heilig Kerst	1300/25	M. Gyseeling, *Inventaris van het archief van's Heiligs Kerst kerk te Gent*, Gent, 1956, regestenlijst, 42–47.
Sint Jacobs	1302	F. Verstraeten, *De Gentse Sint-Jacobsparochie, deel 1, 1100–1500*, Gent, 1976, p. 54

21) J. A. Smith [1976] p. 65. ヘントの教区形成の問題については, G. De Clercq [1939] pp. 117-135 を参照.
22) P. Van Zeir [1960a] p. 363.
23) J. Withof [1927/28] pp. 102-103; W. J. Marx [1936] p. 54.

市教区のそれに続いて，13世紀以降その数は増加していったと見られる[24]．

では，「貧者の食卓」とは具体的にはいかなる組織であったのだろうか．

2．「貧者の食卓」の構造

(1) 管理機構

「貧者の食卓」が成立当初から俗人による救済組織であったという点について，今日，研究者の見解は一致している[25]．しかし，その管理機構自体は，これまで十分に究明されてこなかった．本節では，ヘントの事例に即して，その構造を見ていこう．

我々は，まず「貧者の食卓」の会計簿および証書類から，〈provisor〉ないし〈Heilige-Geestmeester〉とよばれる役職者を見出す．表4–2(a)は，シント・ニクラース教区において14世紀末までに知られる彼らの一覧である．彼らはいかなる存在であったか．

(a) 「監督者」(provisor / Heilige-Geestmeester)

〈provisor〉は，ロマンス語史料では，〈mambour〉とよばれているように，文字通り「貧者の食卓」の活動を代表する「監督者」であった．その数は，年によって変動があり，一定していない．しかし，14世紀を通して見ると4人前後のメンバーにより構成されていたことが分かる[26]．彼らの出自について見ると，まず1278年に初出する4名中3名が13世紀ヘントの都市貴族家系のメンバーであった．さらに表に挙げられている37名はすべて「市民」(poorter)であり，そのうち半数以上の22名が，Utenhove家，De Grutere家，De Pape家などヘン

---

24) Tits-Dieuaide [1975] p. 564. 農村教区における「貧者の食卓」の活動の個別研究として，15世紀末のPittem（西フランドル）を扱ったK. Arickx [1950]を参照．
25) J. Laenen [1924] pp. 200–201; P. Van Zeir [1960a] pp. 364–365; Tits-Dieuaide [1975] pp. 573–576; G. Maréchal [1982] p. 274.
26) ブルッヘの「貧者の食卓」では，当初1名であったが，14世紀半ばから，3名ないし4名で構成された（Van Zeir [1960a] p. 364）．また15世紀のブリュッセル，レウヴェンでも，通常4名から成っていた（G. De Geest [1969] p. 44; J. Withof [1927/28] p. 101）．彼らの選出方法，任期については知られていない．

表 4–2 シント・ニクラース教区の「貧者の食卓」の管理者一覧
(a) 「監督者」(*Provisor*)

Nr.	氏　　　名	在　職　期	他の役職
1	Diederik UTE MERHAM*	1278	
2	Philips VAN DEN HUUS*	1278	
3	Janne DE GRUTERE*	1278	
4	Boidin LIEMAN	1278	
5	Lievin SER DOMAES	1308	
6	Ghiselbrecht PULS*	1308–1315	
7	Goesin DE PAPE*	1311–1332	
8	Jan UTENHOVE*	1312–1327	
9	Jan DE CLERC	1311–1335	
10	Simon SER JEURIS SONE	1313–1332	
11	Willem VAN ABINSVOORDE	1315	
12	Jan BETTE*	1320–1342	
13	Jacob VAN DEN KARRE	1323	
14	Ghiselbrecht DE GRUTERE*	1322–1340	
15	Willem SER ASSCERICKX ZONE	1341	
16	Gerolf BETTE*	1341	schepen
17	Simoen VAN RAVENSCOOT*	1341	schepen
18	Gillis DE MEYERE	1347	
19	Jan ROGGHEMAN*	1352	schepen
20	Lievin VAN DEN HUGENHUUS*	1352–1364	
21	Jan LANGE GERAARDSSONEL	1353	Kerkmeester
22	Justaes VAN HEKE	1353	Kapelaan
23	Simoen DE GRUTERE*	1353	Kerkmeester
24	Ghiselbrecht POLLEN*	1353–1364	
25	Pieter SER SIMOENS*	1353–1413	
26	Jan UTE WISSELE*	1356–1357	
27	Willem VAN ABBINSVOORDE	1364	
28	Gerolf DE PAPE*	1366	
29	Gerard DE BRUNE*	1369–1374	
30	Joris WILLAERD	1374	
31	Clais UTENHOVE*	1374–1413	
32	Goesin DE PAPE*	1374–1383	
33	Jan DE KLERK	1376	
34	Jan VAN KERREBROUK	1382	
35	Pieter VAN DEN TURRE*	1383–1403	
36	Laureis VAN WESTVOORDE	1390	
37	Clais VAN DEN SICKELEN*	1395–1402	

* 有力家系(含参審人家系)の構成員
典拠：RAG Sint Niklaas, *Rekeningen*, S. 496–522, S rol 119–138, SN rol 157–160, S. 169–171; J. Pandelaers [1966] appendix, p. 138.

(b) 「収入役」(*Ontvanger*)

Nr.	氏　　名	在　職　期	他の役職
1	Pieter KIGGHE	1294	
2	Heinric SER DOMAES	1298–1317	
3	Pieter VAN POLINAES*	1312–1317	
4	Wouter VAN WACHTBEKE	1316–1353	
5	Pieter VAN VLACHEM	1347–1373	
6	Thonis BETTE*	1351–1353	
7	Jan VAN VINDERHOUTE	1374–1382	
8	Jan COP	1386–1390	Kapelaan
9	Pieter VAN GELDER	1390	Kapelaan
10	Gerard DE MONTENERE	1394–1413	Kapelaan
11	Derg VAN DEN MOE	1414–1417	Kapelaan
12	Pieter VAN GELRE	1420–1431	Kapelaan
13	Henric VAN DERSTEEN BEKE	1453–55	Kapelaan
14	Lauwereins VAN ZELE	1458–1461	Kapelaan
15	Vincent VAN ASPERE	1463–1467	Kapelaan
16	Claeys VAN DER TALE	1475–1479	Kapelaan
17	Goesin SYMAEY	1480–1491	Kapelaan
18	Michiel CLEMMEN	1491–1493	Kapelaan
19	Bussaert VAN DENHESSEHE	1494–1509	Kapelaan

* 有力家系(含参審人家系)の構成員
典拠：RAG Sint Niklaas, *Rekeningen*, S 496–522, S rol 119–138, SN rol 157–160; S 169–212, S 11–21; RAG Sint Niklaas, *Cartularium* S 168; J. Pandelaers, [1966] appendix, p. 138.

トの参審人職を輩出した有力な都市貴族家系に属している．また1385年から1455年までの70年間についてヘントの7つの教区の「貧者の食卓」の「監督者」151名について検討したM. ボーネによれば，そのうちの80パーセントが有力家系のメンバーであり，また75パーセントにあたる113名がヘントの市政における他の役職に関わっていた(表4–3参照)[27]．したがって13–15世紀を通じ，「監督者」はヘントの有力市民層を中心に構成されていたと考えてよいだろう．同様にブルッヘでも，1269年から1520年代までに5つの教区(Onze-Lieve-Vrouw; Sint Gillis; Sint Jakobs; Sint Salvators; Sint Walburga)で延べ241名の監督

---

[27] M. Boone [1990a] pp. 104–105; id. [1998] p. 352. なかんずくその1人 Janne DE GRUTERE は，フランドル伯の収入役 (*ontvanger*) も同時に務めており，1288年には伯に対して300ポンドを貸し付けているのである．Cf. F. Blockmans [1938] pp. 508–509.

表 4-3　ヘントの主要な 4 家系によって担われた教区における役職(1380–1455 年)

家系名	活動教区	教会監督者 (Kerkmeester)	「貧者の食卓」監督者 (Heilige-Geestmeester)	兄弟団の監督者 (Bestuurder van het Bruderschap)
Dammans	Sint Jacobs	5 名	3 名	1 名
Bette's	Sint Jans	3	3	2
Everwijns	Sint Michiels	1	2	—
De Grutere	Sint Niklaas	2	5	5

典拠：M. Boone [1990a] pp. 104–105.

者の名前が知られ，そのうちの多くが教区の有力市民から選ばれていたことが知られている[28]．

次にその職務について見ていきたい．

(I) 貧民の選定

まず，「監督者」に固有の職務として注目されるのは，教区の貧民選定に関して，1369 年の「定期金記録簿」(*Rentenlegger*)に記されている次の文言である．

「そして，教区の貧民が，すべての(レンテに関わる)科料を得るべきである．そして，provisor が，その目的のために毎年，その(対象となる)貧民を選定すべきである」[29]．

この史料から，「監督者」(*provisor*)が，教区において救済の対象となるべき貧民を選んでいたことが分かる．同様の事例は，14 世紀のモンス(Mons)，15 世紀のブリュッセル，ブルッヘにおいても確認されるところであり[30]，貧民の選定が「監督者」の基本的職務であったことを示している．

(II) 貧民に対する施与

1395 年のある証書は，シント・ニクラース教区の〈Heilige-Geestheren〉(=

---

28) Van Zeir [1960b] pp. 108–110. 各教区の監督者のリストは，Van Zeir, *ibid.* pp. 143–153.

29) RAG, Sint Niklaas, *Rentelegger*, S157, fol. 22 v.:《Ende alle verbuerten zullen hebben de aerme van den p(a)rochie. Ende de provisores sullen hiertee nemen van jare te jare dien zij willen.》

30) Van Zeir [1960a] p. 364; Maréchal [1982] p. 277.

Heilige-Geest-meesters = provisores）が，パンを貧民に分配すべきこと，そしてこの職務が，後述する，「収入役」〈ontvanger〉によってはなされないことを記している[31]．「貧者の食卓」は，パンの他，さまざまな物資を教区の貧民に分配したが，それらの物資の分配と管理も「監督者」の手にゆだねられていたと考えられる[32]．とはいえ，その点に関する「監督者」の権限は必ずしも絶対的なものではなく，しばしば「貧者の食卓」に対する財の寄進者および教区教会の聖職者の意向によって左右されたようである．例えば1278年のシント・ニクラース教区の「貧者の食卓」への贈与文書において，

> 「そしてこの（Baudin Utenhoveによる）喜捨は，毎年永続的に同じ（シント・ニクラース）教会の教区司祭の助言によって（教区の貧民に）与えられる．そしてLijsbette Utenhove［Baudinの妻］が存命中は，彼女の意志によって（与えられる）」[33]

とあるからである．また，「監督者」は，時に寡婦や，病臥の貧民の住居を訪れて，食糧品その他の物資を直接給付することもあった．

(b)「収入役」(ontvanger)

「貧者の食卓」において，「監督者」と並んで重要な職務が「収入役」(ontvanger)である．表4-2(b)から見てとれるように，「収入役」は，例外的な時期を除き，通常1名であった．この役職が，1294年以前から存在していたか否かは，明らかではない．J.パンデラルスは，この点について，13世紀には「収入役」の必要性が14世紀以降においてほど大きくはなく，「貧者の食卓」の資産の増大に伴ってその権限が強められていったと指摘している[34]．

14世紀後半以降，「収入役」の多くが教区教会（シント・ニクラース）の司祭(Kapelaan)から構成されるようになる．他都市では，通常参審人によって市民

---

31) RAG, Sint Niklaas, *Cartularium*, SN 118, fol. 127–128.
32) J. Pandelarers [1966] p. 58.
33) RAG, Sint Niklaas, *Cartularium* SN 118, fol. 50r.:《Ende dese aelmoesene zal men gheven eeuwelicke elckes jaers by der p(a)rochi(e) priesters raede vander zelver keercke. Ende alzo langhe alse ver Lijsbetten Uutten Hove leeft by haeren wille.》
34) J. Pandelaers [1966] p. 33.

から選ばれているケースが多かったことを考慮すると，その相違は注目に値する．とはいえ，司祭自身もまた「監督者」と同様しばしばヘントの参審人を輩出した家系に属しており，都市のエリート層であったことは疑いない[35]．

「収入役」の職務は以下の3点である．

(i) 会計帳簿管理

「収入役」は，文字通り「貧者の食卓」の収支の管理責任者であり，毎年11月1日(15世紀には6月24日)に始まる会計記録をつかさどっていた．

(ii) 定期金(レンテ)徴収

後述するように「貧者の食卓」は，都市内外に多くの資産を有していた．例えば1295年の定期金帳簿（*renteboek*）によれば，シント・ニクラース教区の「貧者の食卓」は，市内外に7ヵ所の所領をもち，それらの所領からパリ貨6ポンドあまりの定期金を得ていた[36]．そうした定期金の徴収は，上述の「監督者」（*provisor*）と「収入役」（*ontvanger*）の共通の職務であった．具体例を挙げよう．Wouter Van Wachtbeke（表4–2(b): Nr. 4) は，1313年以降ほぼ毎年，穀物および貨幣による定期金徴収のためヘント市外へ赴いているが，その際の旅行費用が会計簿に記載されている[37]．また，Jan Utenhove（表4–2(a): Nr. 8) も，1320年にヘントの北東35キロにあるHulstの所領へ，馬で3度目の定期金徴収に赴いた時の費用が同じく会計簿に記載されている[38]．

(iii) 資産購入・売却

「収入役」は，また「貧者の食卓」が土地や家屋を購入ないし売却する際の代表者として，「監督者」とともに現われる．1334年に，前述のWouter Van Wachtbekeは，「監督者」のGhiselbrecht De Grutere（表4–2(a): Nr. 14) と連名

---

35) M. Boone [1984] p. 97; Tits-Dieuaide [1975] p. 575.
36) RAG, Sint Niklaas, *Renteboeken*, S 146 fol. 9v.
37) RAG, Sint Niklaas, *Rekeningen*, S 497 (1313年); S 498 (1317年); S 499 (1320年); S 501 (1322年); S 502 (1323年); S 503 (1324年); S 505 (1326年); S 507 (1329年); S 510 (1334年).
38) RAG, Sint Niklaas, *Rekeningen*, S. 499:《Item een derde vaert te Hulst met den Janne Huthenhove 25 d. grote met paerden ...》

でヘント市民 Jan および Willem Vanden Honnere に対し，Lokeren の農村教区にあった所領 14 ヘクタールの世襲定期金 6 ポンドを売却した[39]．また，1335 年には，同じ Wouter が，ヘント市民 Arend Dullekende から，Hulst の教区に位置する 1.1 ヘクタールの所領の世襲定期金（12 スー 6 ドゥニエ）を購入しているのである[40]．

当初，「貧者の食卓」の管理者たちは，無報酬であったと思われるが，「収入役」については，1311 年の現存する最古の会計簿から，その職務に対して一定の支払がなされていたことが分かる[41]．彼らは，同時に貧民に分配された各種の物品の中から，穀物，豚肉，鰊など食糧品のストックの一部も得ていた．

（c）その他の役職

「貧者の食卓」の会計簿から，さらに〈cnecht〉ないし〈cnape〉とよばれている者たちが見出される．彼らは，前述の管理者たちを補佐して，各地に点在する「貧者の食卓」の所領の定期金徴収業務に携わっていた[42]．

「監督者」と「収入役」は，中世後期を通じて「貧者の食卓」の機構をつかさどったが，15 世紀には「収入役」の権限が強まり，「監督者」は，しだいに名誉職的存在へとその姿を変えていったようである[43]．

それでは，そうした「貧者の食卓」の役職者たちと教区教会，都市当局との関係はいかなるものであったのだろうか．

すでに確認したように，14 世紀後半からシント・ニクラース教区では，「収入役」職が聖職者によって担われていた．そうした役職を通じて教区教会が「貧者の食卓」に対して一定の影響力をおよぼしたであろうことは想像に難くない．事実，ヘントの他の教区（聖母 Onze-Lieve-Vrouw 教区）の場合，1478/79 年

---

39) RAG, Sint Niklaas, *Cartularium*, S 168, fol. 28r.
40) RAG, Sint Niklaas, *Cartularium*, S 168, fol. 17r.
41) RAG, Sint Niklaas, *Rekeningen*, S 496. この年には，パリ貨 5 ポンド 3 スーが，1338 年以降は 10 ポンド，1365 年以降は 15 ポンド，1381 年には 18 ポンドが支払われている．
42) RAG, Sint Niklaas, *Rekeningen*, S. 503（1324 年）：《Item Laurine onsen cnape 40 s. van sinen dienste.》
43) Tits-Dieuaide [1975] p. 575.

以後会計簿の監査は，教区教会の司祭によってなされているのである[44]．しかし，他方で1483年6月付[45]および1491年2月付[46]の都市当局の条例（*Ordonnantie*）は，ヘントの各教区の「貧民の食卓」が，参審人（Schepenen）を中核とする都市当局の管轄下におかれていたことを明示している．この点は同様に15世紀のブルッヘにおいて，参審人が「すべての〈貧者の食卓〉の上級監督者」〈upperregeerders van alle Disen〉と定義されているのをはじめとして，南ネーデルラントの各都市の「貧者の食卓」についても指摘できるところである．ブラーバントの「監督者」の場合は，都市当局により任命されているケース（アントウェルペン，メヘレンなど）も知られているのである[47]．

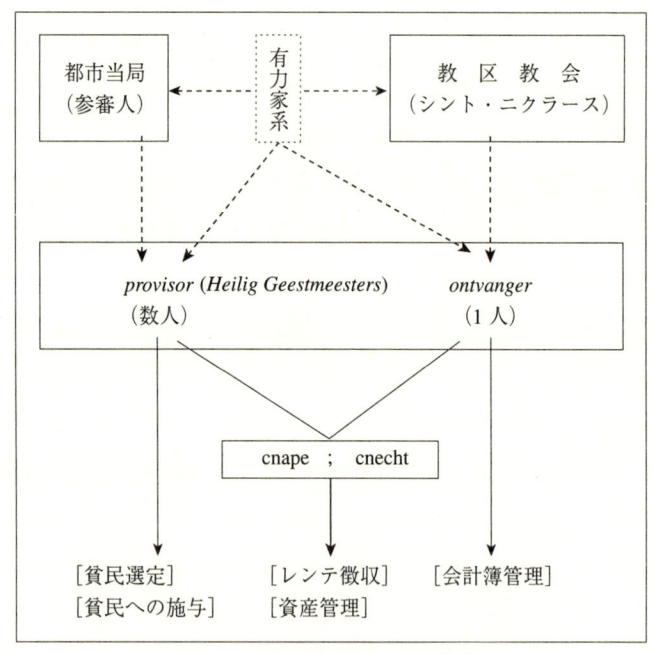

図4-1　「貧者の食卓」の基本構造

---

44) RAG, Onze Lieve Vrouw-Sint Pieterskerk, *Rekeningen*, Boeken IA, nr. 2.
45) A. E. Gheldolf [1868] *Coutume de la vill de Gand*, t. I, LXXXII (28 juin, 1483), pp. 668–671, art. 1, 2, 6, 7.
46) A. E. Gheldolf [1868] t. I. LXXXIII (19 février 1491), p. 677, art. 8.
47) Van Zeir [1960a] p. 364; Van Zeir [1960b] pp. 110–111.

図 4-2(a)　ヘントの Sint Jacobs 教区の「貧者の食卓」によるパンの分配を描いたミニアチュール (1436 年).
ASJ, *Renteboek*, Nr. 649.

図 4-2(b)　Assenede 教区の「貧者の食卓」の管理者たちを描いたミニアチュール (1475 年).
RAG, Assenedekerk, Bis IIIb.

　近年，M. ボーネは，ヘントの「貧者の食卓」管理における聖職者の関与を認めつつ，都市当局のコントロールは，14-15 世紀を通じて存在したと主張し[48]，「収入役」職を媒介としたヘントの教区教会の役割を重視する M. J. ティッツ=デュエイド[49]とは異なる見解を示した．この問題に結論を下すことは，史料的制約から当面困難といわざるをえない．しかし，以上の諸点から浮かびあがってくる「貧者の食卓」の基本構造を図示すれば，図 4-1 のようになろう．

　それではこうした機構を通して「貧者の食卓」は，いかなる救済機能を果たしたのか．その問いに答えるための前提として，我々は，次に「貧者の食卓」の財政基盤について検討しておきたい．

---

48) Boone [1984] p. 97.
49) Tits-Dieuaide [1975] p. 575.

114 第 I 部 中世ヘントにおける慈善・救済施設の成立

////// 水路
----- 教区の境界線
典拠：P. Arnade [1996a] p. 43 に基づいて作成.

図 4-3 中世後期ヘントの主要教区図

（2） 財政基盤

「貧者の食卓」の活動がいかなる経済的基礎に基づいていたかを知るために，我々は，先述した 2 つの史料を用いることができる．1 つは，「貧者の食卓」の会計帳簿（*rekeningen*）であり，いま 1 つは，定期金帳簿（*renteboek*）である．

シント・ニクラース教区について見ると，1311 年より残されている会計帳簿に収入源についての記載が見出せるのは，1355 年からである．図 4-4 から 14-15 世紀における「貧者の食卓」の収入が主として定期金（*rente*）および喜捨

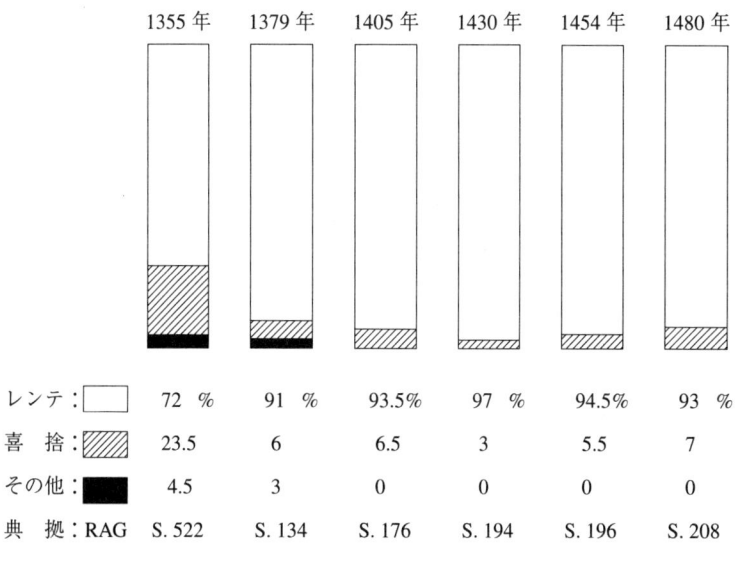

	1355年	1379年	1405年	1430年	1454年	1480年
レンテ：	72 %	91 %	93.5%	97 %	94.5%	93 %
喜捨：	23.5	6	6.5	3	5.5	7
その他：	4.5	3	0	0	0	0
典 拠：RAG	S. 522	S. 134	S. 176	S. 194	S. 196	S. 208

図 4-4 「貧者の食卓」(シント・ニクラース教区)の収入構成

(aelmosenen) から成っていたことが分かる．「貧者の食卓」の資産形成において，教区民による財の贈与ないし遺贈が重要な役割を果たしていたことは，よく知られている[50]．「貧者の食卓」は，そうした贈与とともに，自ら取得した不動産から，世襲定期金 (*erflijke renten*)，地代 (*pachten*) などさまざまな形式による収入を引き出していたのである．

定期金収入は，常に収入総額の大半を占めており，喜捨による直接的収入は，例外的な年を除き，総額の 5-20 パーセント程度にとどまっていた．このような「貧者の食卓」の収入構成は，ヘントにおける他の救済施設の場合とほぼ同様の傾向を示している．例えば，前述のヘベレヒツ施療院 (*Hebberechtshospitaal*) について見ると，15 世紀初頭の会計記録から，総収入の多くが世襲定期金と小作料から成っていたことが知られ，また後述するシント・ヤコブ施療院の場合も，1430-31 年度の最も古い会計記録から総収入の 92 パーセントが各種の定期金か

---

50) Tits-Dieuaide [1975] p. 566; G. De Messemaeker-De Wilde [1980] p. 50. ただし，通常そうした贈与は，終身定期金 (*lijfrenten*) の受給ないし「貧者の食卓」による老後の援助を引き換え条件としてなされていたことに注意する必要があるだろう．

らなっていたことが確認されるのである[51]．

そうした施療院の定期金収入の大半は，ヘント市郊外の農村所領に由来していた．しかるに，「貧者の食卓」の定期金収入は，その半分近くをヘント市内の各教区に位置する中小規模の不動産に負っていた点が異なっている[52]．1395年の定期金帳簿(renteboek)は，シント・ニクラース教区の「貧者の食卓」が，市内に91軒の家屋を所有し，パリ貨350ポンド以上に上る定期金収入を得ていたことを示している(表4-4参照)．

それでは，14-15世紀を通じて「貧者の食卓」の収支は，いかなる変化を示しているだろうか．表4-5に基づいて，4期に分けて見ていこう．

表4-4 「貧者の食卓」(シント・ニクラース教区)の資産(市内)

教区(地区)名	家屋	レンテ保有数	レンテ総額(パリ貨)		
Sint Niklaas	22	117	1851b,	15s.	11$^{1}/_{2}$d.
Sint Jacobs	7	47	3	12	3
Sint Michiels	32	125	65	12	2
Sint Jans	21	63	53	8	8$^{1}/_{2}$
Ekkergem	1	6	2	13	0
Sint Pieters dorp	6	18	16	14	0
Sint Baafs dorp	2	6	1	1	6
計	91	382	352 1b.	17s.	7d.

典拠：RAG Sint Niklaas, *Renteboek* S. 160 (1395).

---

51) RAG, Sint Pieters abdij, I Reeks, Hebrechtshospitaal, *Rekeningen*, Nos. 1027 (1401-02年); Stadsarchief Gent (SAG), Sint Jacobs Godshuis, *Rekeningen*, Doos15, (1430-31年)．本書第2章第4節および第5章を参照．
52) この事実は，「貧者の食卓」の資産形成にとって都市外の土地所有が重要ではなかったということを意味しているわけではない．実際，シント・ニクラースの「貧者の食卓」は，ヘント市の周辺のみならず，東フランドル一帯に耕地，牧草地，水車を含む所領を有していた．J. Pandelaers [1966] p. 105. ただし，Tits-Dieuaideによれば，ブラーバント都市における「貧者の食卓」が一般に，都市外の彼らの所領で生産された穀物(小麦)を，直接分配のために用いたのに対して，フランドル都市の「貧者の食卓」では，収入の大部分が都市内部の定期金，家賃などから構成されていたため，穀物は通常市場で購入され，分配に回された点が異なっている．すなわち所領からの現物収入の多かったブラーバント都市の「貧者の食卓」では，穀物価格の高騰の時期にも，より恒常的に穀物(パン)の分配が維持されえたというのである．Tits-Dieuaide [1975] p. 573. 15世紀フランドル地方の穀物価格については，奥西 [1993b] [1994] などを参照．

第 4 章 「貧者の食卓」あるいは「聖霊の食卓」の活動　117

表 4-5 「貧者の食卓」(シント・ニクラース教区)の収支一覧(1311-1499 年)

典拠	年代	収入1b. s. d.(パリ貨)	支出 1b. s. d.(パリ貨)	典拠	年代	収入1b. s. d.(パリ貨)	支出 1b. s. d.(パリ貨)
S496	1311-12	....	198. 17. 2.	S171	1399-1400	609. 5. 8.	645. 2. 10.
S497	1313-14	....	200. 19. 2.	S172	1400-01	592. 9. 3.	712. 10. 10.
S498	1317-18	....	230. 17. 8.	S173	1401-02	697. 7. 3.	789. 16. 10.
S499	1320-21	....	179. 2. 9.	S174	1403-04	665. 11. 1.	792. 1. 5.
S500	1321-22	....	186. 13. -	S175	1404-05	730. 18. 10.	896. 16. 0.
S501	1322-23	....	187. 12. 6.	S176	1405-06	958. 16. 2.	852. 14. 2.
S502	1323-24	....	226. 15. 0.	S177	1406-07	821. 5. 5.	1007. 12. 11.
S503	1324-25	....	142. 18. 2.	S180	1408-09	764. 6. -	941. 2. 0.
S504	1325-26	....	188. 11. 4.	S181	1411-12	1192. 17. 6.	727. 12. 0.
S505	1326-27	....	206. 18. 6.	S183	1413-14*	491. 11. 4.	223. 12. 0.
S506	1328-29	....	241. 3. 4.	S184	1414-15	920. 6. 5.	823. 16. 5.
S507	1329-30	....	222. 5. 7.	S185	1415-16	786. 1. 6.	911. 9. 4.
S508	1330-31	....	229. 1. 2.	S186	1416-17	914. 11. 0.	975. 17. 4.
S509	1332-33	244. 18. 3.	252. 18. 4.	S187	1420-21	937. 19. 9.	909. 17. 3.
S510	1334-35	264. 5. 3.	286. 12. 3.	S188	1423-24	877. 14. 11.	931. 1. 2.
S511	1335-36	279. 5. 3.	293. 12. 3.	S189	1424-25	879. 7. 2.	932. 13. 3.
S512	1336-37	282. 11. 1.	307. 14. 8.	S190	1425-26	890. 8. 3.	914. 1. 5.
S513	1337-38	281. 11. 0.	282. 1. 9.	S191	1426-27	916. 18. 11.	865. 15. 2.
S514	1338-39	283. 11. 1.	305. 7. 8.	S192	1428-29	950. 18. 0.	903. 16. 0.
S515	1339-40	285. 19. 1.	302. 11. 0.	S193	1429-30	888. 11. 0.	898. 16. 6.
S516	1341-42	286. 5. 1.	301. 8. 10.	S194	1430-31	867. 2. 11.	897. 4. 8.
S517	1342-43	293. 8. 7 1/2.	306. 8. 8.	S195	1453-54	562. 13. 0.	642. 14. 7.
S518	1344-45	298. 7. 0.	336. 13. 7.	S196	1454-55	731. 11. 6.	809. 13. 4.
S519	1345-46	300. 0. 11 1/2.	327. 15. 11.	S197	1458-59	900. 14. 4.	917. 14. 4.
S520	1346-47	301. 7. 11 1/2.	349. 11. 6.	S198	1459-60	1117. 19. 4.	1151. 10. 3.
S521	1348-49	301. 7. 4.	340. 3. 9 1/2.	S199	1460-61	1075. 8. 11.	1042. 15. 4.
S522	1355-56	437. 17. 6.	314. 3. 0.	S200	1463-64	1125. 1. 4.	1018. 10. 3.
Srol 119	1358-59	499. 18. 0.	430. 5. 0.	S201	1464-65	1102. 14. 0.	938. 17. 9.
120	1360-61	931. 13. 0.	842. 18. 0.	S202	1466-67	1149. 11. 6.	1020. 6. 5.
121	1361-62	609. 10. 0.	486. 17. 0.	S203	1467*	399. 18. 10.	537. 12. 9.
122	1362-63	523. 11.7.	508. 12. 0.	S204	1474-75	1635. 19. 8.	1996. 14. 0.
123	1364-65	718. 18. 0.	586. 19. 0.	S205	1475-76	1570. 14. 7.	1117. 15. 9.
124	1365-66	708. 9.0.	580. 1. 0.	S206	1476-77	1256. 19. 0.	1351. 9. 3.
125	1366-67	711. 16. 0.	631. 7. 0.	S207	1477-78	1810. 16. 3.	2317. 12. 0.
126	1367-68	713. 11. 0.	640. 13. 0.	S204′	1478-79	1258. 5. 8.	1159. 14. 2.
127	1368-69	787. 0. 0.	716. 12. 0.	S208	1480-81	1734. 11. 7.	1623. 7. 0.
128	1369-70	704. 18. 0.	560. 8. 0.	S209	1481-82	1691. 19. 1.	1649. 5. 6.
129	1370-71	755. 1. 0.	598. 15. 0.	S210	1482-83	2608. 13. 8.	2246. 6. 6.
130	1371-72	764. 11. 0.	612. 12. 0.	S211	1483-84	1729. 0. 5.	1626. 18. 0.
131	1374-75	898. 9. 0.	609. 2. 0.	S212	1484-85	1642. 11. 9.	1417. 4. 0.
132	1375-76	619. 8. 0.	580. 2. 0.	S11	1486-87	1715 9. 9.	1734. 0. 4.
133	1377-78	726. 12. 0.	627. 14. 0.	S12	1488-89	1533. 12. 8.	1614. 12. 4.
134	1379-80	664. 1. 0.	712. 19. 0.	S13	1489-90	1641. 4. 2.	1723. 6. 10.
135	1381-82	381. 8. 0.	460. 16. 0.	S14	1490-91	1805. 13. 8.	1349. 11. 11.
.SNrol 157	1392-93	528. 12. 4.	675. 0. 0.	S15	1491-92	1406. 8. 4.	1347. 8. 0.
				S15′	1492-93	1397. 19. 4.	1119. 13. 2.
				S15″	1493-94	1483. 15. 7.	1161. 0. 7.
Srol 136	1394-95*	229. 1. 10.	304. 13. 11.	S16	1494-95	1378. 14. 4.	1282. 4. 10.
137	1395-96	754. 9. 4.	759. 7. 8.	S17	1495-96	1358. 10. 2.	1315. 12. 9.
138	1396-97	674. 11. 2.	749. 5. 7.	S18	1496-97	1425. 16. 10.	1228. 8. 9.
S169	1397-98	891. 2. 6.	1107. 19. 0.	S19	1497-98	1489. 7. 7.	1342. 15. 8.
S170	1398-99	923. 3. 10.	1035. 13. 4.	S20	1498-99	1679. 2. 0.	1643. 7. 9.
				S21	1499-1500	1439. 3. 8.	1489. 0. 8.

*半年間の収支額のみ記載　　RAG. Sint Niklaas, *Rekeningen*.

(I) 14 世紀前半(1332–48 年)

会計記録の最初の 20 年(1311–31 年)は，収入の記録を欠いている．また，1316–17 年の大飢饉，1348–52 年のペスト流行期の収支のデータが欠けている．この時期には，支出が収入を上回る状態が続いているが，相対的には安定した時期の収支を示しているといえよう．

(II) 14 世紀後半(1355–80 年)

まず 1358 年から 63 年にかけての収入額の変動が目につく．次いで 1364 年以降比較的安定し，その後 1375 年から 82 年にかけて大幅に低下している．そうした変動の背景として，次の点が指摘されよう．第 1 にフランドル貨の貶質 (1358–60 年)，第 2 にフランドル伯ルイ・ド・マール(ルードウェイク・ファン・マール Ludewijk van Male)とヘント市との間で行われたヘント戦争(1379–85 年)による経済的打撃の影響である[53]．

(III) 14 世紀末–15 世紀前半(1392–1431 年)

この時期の前半にあたる 1392 年から 1415 年頃まで収支とも著しい変動が認められ，以後比較的安定していたことが分かる．

1384 年にフランドル地方は，ブルゴーニュ侯フィリップ(豪胆侯 Phillipe le Hardi [在位 1384–1404])の支配下に入ったが，諸都市は，ヘントを筆頭としてフィリップの集権化政策に抵抗した．1400 年にヘント市とフィリップとの間で生じた武力衝突をはじめとして，14 世紀末–15 世紀初頭に多くの紛争がフィリップとフランドル諸都市との間で展開された[54]．前半期の収支の変動は，そうしたフランドル全域を巻き込んだ政治的危機を背景としていたと考えられる．

(IV) 15 世紀後半(1453–1500 年)

この時期には，全体を通じてブルゴーニュ侯とヘント市との間の政治的対立が激化した．1453 年から 54 年にかけて，ヘントは，フィリップ善良侯(Philippe le Bon [在位 1419–67])に対して反乱を起こした．これに対し，フィリップが

---

53) De Wilde [1976] p. 28; R. De Muynck [1951] pp. 305–318; W. P. Blockmans [1980] pp. 839–842.
54) V. Fris [1913] pp. 105–110; De Wilde [1976] pp. 29–30.

反乱者(ヘント市民)との一切の取引を禁じる措置をとったため，ヘントの経済生活は甚大な打撃を被ったのである[55]．同年度の収支の低下は，そうしたフィリップ善良侯によるブロック政策の反映であったと考えられる．さらに1470年代にもヘントは，シャルル突進侯 (Charles le Téméraire [在位 1467–77]) により重税を課された[56]．1474年以降の大幅な収支額の変動にその影響を認めることができるだろう．

以上のように，14–15世紀を通じて，シント・ニクラース教区の「貧者の食卓」の収支は，しばしば変動している．そこには都市ヘントの政治的，経済的危機が色濃く反映されていたのである．

3. 「貧者の食卓」の活動

(1) 「貧者の食卓」の支出

すべての「貧者の食卓」に共通の活動は，教区における救貧活動であった．しかし，前節で検討した「貧者の食卓」の収入全体が直接貧民の救済のためにあてられたわけではない．シント・ニクラース教区の「貧者の食卓」の会計簿からその支出内容を検討してみると，大別して4つの項目に分けることができる[57]．

第1に，「貧者の食卓」へ資産を贈与(ないし譲渡)した人々に対する見返りとして支払われた終身定期金 (renten a vie) ないし世襲定期金 (hervelike renten) の費用である．1311年の最古の会計記録について見ると，シント・ピーテルス (Sint-Pieters) 修道院長，フランドル伯を含む11名に合計15ポンドの世襲定期金が，また15名のヘント市民に合計42ポンドの終身定期金が支払われていることが分かる(図4–5参照)[58]．

---

55) V. Fris [1913] pp. 129–130; De Wilde [1976] p. 31; P. Arnade [1996a] pp. 95–126.
56) V. Fris [1913] pp. 142–143; De Wilde [1976] p. 32.
57) Cf. G. Messemaeker-De Wilde [1980] p. 51. ただし，彼女はミサの費用を行政費用のうちに含めて考えている．
58) RAG, Sint Niklaas, *Rekeningen*, S. 496.

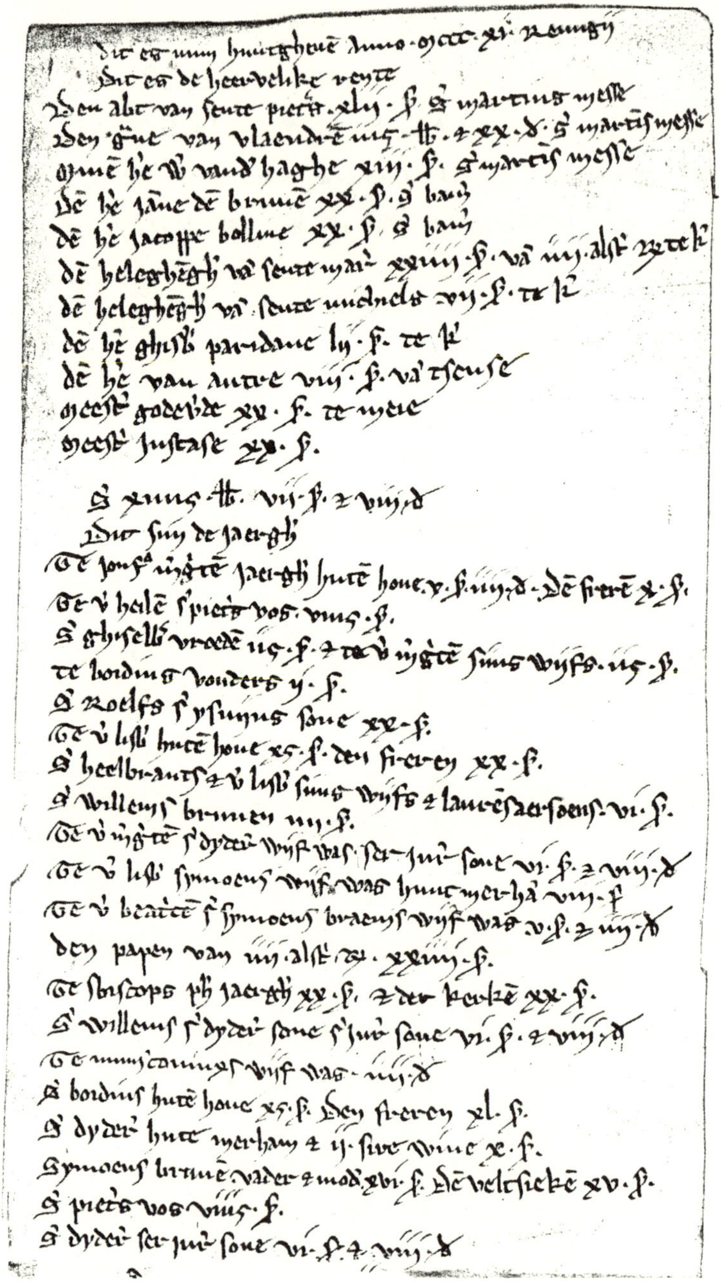

図 4–5 「貧者の食卓」(シント・ニクラース教区) の会計簿 (1311 年) の冒頭部分 [支出項目]
典拠: RAG, Sint Niklaasdis, Bisdom Reeks S 496.

第2に,「貧者の食卓」に寄進を行った人々のためにミサをあげる費用である.

第3に,「貧者の食卓」の維持・管理のための費用で,「貧者の食卓」が所有していたヘント市内外の所領や不動産に関する経費も含まれている[59].

第4に,教区在住の貧民に対する固有の救貧活動(物資の分配)のための支出である.シント・ニクラース教区では,白パン用の小麦をはじめとして,豚,鰊などの食物と靴,衣類用の布,泥炭などが購入されている.

図4-6から,14-15世紀における「貧者の食卓」の支出構成についていくつかの特徴を指摘しておきたい.まず注目すべきは,「貧者の食卓」の全支出に占める固有の救済費用の比率の変化である.14世紀には,その比率は全体の60パーセントを占めていたが,14世紀末以降しだいに低下し,15世紀には,全体の30-40パーセントを占めるにとどまっている.とりわけ,先に指摘したヘントの政治・経済的危機の時期(1452-54年;1470-85年)において,その分配額は,横ばいかむしろ低下していることが分かるのである[60].

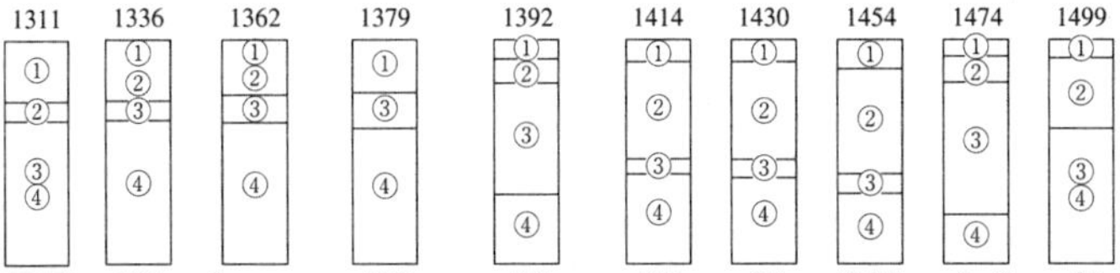

		1311	1336	1362	1379	1392	1414	1430	1454	1474	1499
レ ン テ:	①	28.5%	13%	}25.5%	24%	8%	10%	8%	12.5%	5 %	8%
ミ サ:	②	8.5	15		—	11	44	44	47.5	11	31
行 政:	③	}63	8	12	15	50	6	8	9.5	60.5	}61
分 配:	④		64	62.5	61	31	40	40	30.5	23.5	
典 拠:RAG		S 496	S 512	S ro1122	S ro1134	S Nro1157	S 184	S 194	S 196	S 204	S 21

図4-6 「貧者の食卓」(シント・ニクラース教区)の支出構成

---

59) その主な内訳として,1)不動産の寄進・売買契約に関する経費,2)「貧者の食卓」が所有する倉庫その他の建物の維持・修繕費,3)監督者に対する報酬,4)会計簿用の羊皮紙購入費などの費目が挙げられる.
60) RAG, Sint Niklaas, *Rekeningen*, S 195 (1453-54年); S 204 (1474-75年)-S 212 (1484-85年). Cf. De Wilde [1976] pp. 31-32.

いま1つは，15世紀前半にその傾向が著しいミサの費用の増大である．とりわけ1450年代には，その比率は総支出の50パーセント近くに達している．そうしたミサ費用の増大は，中世末期に広く認められる死への恐怖に伴う市民の信仰の高揚や，救済への願望を少なからず反映していたように思われる[61]．

ミサに関する記載が，15世紀に入ると他の項目に比してきわめて詳細になることも興味深い．1311年の最古の会計簿では，「貧者の食卓」への寄進者26名の命日のミサ（*jaerghetijden*）のために16ポンド（支出の8パーセント）の支払が記されているのみであるが[62]，1430年になると，5種類のミサの費用として合計403ポンド（支出の44パーセント）が計上されている．その中で最も一般的であった読誦ミサ（*ghelesenen messen*）の項目には，18名の寄進者の名前が挙げられ，同じ書式に基づいて，例えば次のように記されている．

> 「ヤン・ド・キュイペル，週2回のミサ，1回は，聖バルバラの祝日のために，1回は，聖エロワ（の祝日）のために，各ミサにつき，パリ貨2スー（スヘリンゲン）．合計10ポンド8スー（スヘリンゲン）．」《Heer Jan de Cuyper van II messen de weke, eene voor Sente Baerbale dach, voor Sente Loye van. elke 2s. par. Comt. 10 lb. 8 s.》[63]

寄進者18名中，9名が週1回のミサ，週2回と週3回のミサを各4名が，そして1名が週5回のミサを特定の守護聖人のために，彼らの名前で行うよう「貧者の食卓」に求めているのである．

このような寄進者の名前と死者記憶の永続化の慣行は，つとに指摘されているように[64]，中世初期以来の教会諸組織が果たしてきた重要な社会的機能の一環として位置づけられるだろう．「貧者の食卓」もまた，そうした機能を分けもっていたのである．

---

61) Cf. G. K. Fiero [1984] pp. 271–294; 服部良久 [1983] 120 頁.
62) RAG, Sint Niklaas, *Rekeningen*, S 496.
63) RAG, Sint Niklaas, *Rekeningen*, S 194.
64) 田中峰雄 [1980] 17–18 頁; 佐藤彰一 [1984] 65–68 頁; L. ジェニコ（森本芳樹監訳）[1983]『歴史学の伝統と革新』178–179 頁.

寄進者たちは，自身の魂の救いのために，そうしたミサとともに，寄進の一部が教区の貧民のための物資の購入に充てられるよう期待した．後述するように，そうした寄進に基づく「貧者の食卓」の施与も，教区教会の典礼の暦に従ってなされており，貧民に対する分配は，寄進者にとっては何よりもシンボリックな意味をもつものであった．

(2) 貧民の選定

　「貧者の食卓」が対象とした貧民は，14-15世紀の史料において，「恥を知る貧者」(⟨*verecundi pauperes*⟩/⟨*scamele huusweken*⟩/⟨*pauvres honteux*⟩) とよばれた者たちと，「家住みの貧者」(⟨*pauperes domestici*⟩/⟨*disarmen*⟩/⟨*pauvres domestiques*⟩) とよばれた者たちであった．彼らは，教区内に恒常的な住居をもつ一方で，何らかの事情により貧困状態に陥った者であり，浮浪者 (*landloopers*)，乞食 (*bedelaers*)，あるいは異邦人 (*vleemdlingen*) といった都市の非定住者は含まれていない[65]．

　ヘントおよびブルッヘの「貧者の食卓」で，実際に援助を受けたのは，以下のようなカテゴリーに属する人々である[66]．

(a) 「病臥の家住み貧者」⟨huusaermen van den p(a)rochien die te bedde liggen⟩．

(b) 「貧しい労働者」⟨scamele arbyders⟩．

(c) 「老人」⟨ouderlingen⟩．

(d) 「産褥の婦人」⟨vrouwen die in kinderbedde liggen⟩．

(e) 「寡婦」⟨weduwen⟩．

(f) 「病気の貧しい聖職者」[67]．

---

65) Van Zeir [1960a] p. 365; De Wilde [1976] pp. 22-23. 同様のカテゴリーの貧民に対する救済は，イタリア都市フィレンツェにおいても見出される．Cf. A. Spicciani [1981] pp. 119-172; G. Ricci [1983] pp. 158-177; 河原 [1997b]．

66) RAG, Sint Niklaas, *Rekeningen*, S 195 (1453-54年); Van Zeir [1960a] p. 367.

67) RAG, Sint Niklaas, *Rekeningen*, S rol 135 (1381-82年):『同様に，フランチェスコ会士にして病に伏しているヤンヌ・ド・ヴェルドへ，喜捨としてフランドル貨18ドゥニエ』⟨Item broeder Janne de Werd die te bedde lach ten frereminneurs in alemoezen 18 d. gr.⟩

このような被救済者は，その救済の必要性が，「貧者の食卓」の監督者ないし寄進者によって認められた者に限定されていた．被救済者は，通常，監督者たちによって厳しくコントロールされていたのである．先述のように，「監督者」(*provisor*)が施与を享受する受禄者(*provenier*)を選定した．中世後期の「貧者の食卓」の規約として唯一残されているアントウェルペンの聖母教区(parochie van Onze Lieve Vrouw)の1434年の規約を援用するならば，彼らに対する「貧者の食卓」の規制は，以下のような条項から明らかとなろう[68]．

(ⅰ) 「貧者の食卓」の「受禄者」〈*provenier*〉は，原則として当該教区内に住居をもたねばならない．市外へ転居する場合，「監督者」〈*Heilige-Geestmeesters*〉の同意なしには，他者に自身の「禄」〈*provende*〉を譲ることはできず，それは没収される．

(ⅱ) 不道徳な行為(姦通など)を行った受禄者は，その者の禄を没収され，再び得ることはできない．

(ⅲ) 受禄者は，明白な貧困状態になければ，禄を与えられない．そのため監督者は，すべての受禄者に対し，その財産状態を調査することができる．

(ⅳ) 受禄者が何らかの財を新たに得たり，相続した場合，「貧者の食卓」はそれらの財の2分の1を得ることができる．

(ⅴ) 受禄者が何らかの遺産を得た場合，監督者の同意なしには，それを売却したり，抵当に入れたりすることはできない．

(ⅵ) 受禄者が何らかの負債を有する時，その者が負債を支払わないか，あるいは債権者が(その支払いに)疑惑を抱いた場合，その者の禄は没収される．

(ⅶ) 受禄者が死亡した場合，その者のすべての財は，借財(半年間の家賃支払い以外)を除いて，当該「貧者の食卓」の所有に帰する．

(ⅷ) 受禄者は，都市の参審人によって作成された諸規定を守らねばならな

---

68) E. Geudens [1898] pp. CLVI-CLVIII (*Premier réglement des Tables du Saint-Esprit*, 1434).

(ⅸ) 受禄者は，自身の所有物を隠匿したり，友人や知人に譲渡することは許されない．

このような諸規定から，被救済者の経済状況を把握し(条項ⅲ)，彼らを直接管理しようとする「貧者の食卓」の監督者の意向(条項ⅰ, ⅳ, ⅴ, ⅵ, ⅶ)が読み取れると同時に，彼らの生活規範に対しても監督者の厳しいまなざしが向けられていたこと(条項ⅱ, ⅷ, ⅸ)が窺えるのである．

それでは，「貧者の食卓」の救済の対象となった者たち(受禄者)は都市においていかなる経済的水準に位置していただろうか．この問題については，都市の徴税簿(*Belasting lijst*)の記載が手がかりを与えてくれる．

14–15世紀のフランドル都市において，貧民層は通常課税の対象とはならなかった．1411–12年のオステンド(Oostend)の徴税簿では，納税者のうち16.7パーセントが課税額の最下層のランク(税額年2.5スー)を構成していたが，「貧者の食卓」の援助を受けた者(*disarmen*)は，課税を免除されている．さらに1469年のロー(Lo)の課税リストでは，市民は3ランクに分けられた．第1のランクは，年額4スー以上の支払者(納税者の46パーセント)，第2のランクは，年額4スー以下の支払者(27パーセント)，そして第3のランクが免税の対象となった階層(27パーセント)である．「貧者の食卓」により援助を受けた者(*disarmen*)は，すべて第3のランクに属していた[69]．

さて，ヘントの場合について見ると，15世紀の市の徴税簿において貧民層は，「課税される貧民」〈fiscale armen〉，「〈貧者の食卓〉によって生計を立てている者」〈andere die lefden up den Heleghen Gheest〉(= *disarmen*)，「そして非常に貧しい者」〈personen die zeer (h)aerme waeren〉という3つのカテゴリーに分けられており，後2者が免税の対象とされていた[70]．しかし，1492年には，都市財

---

69) W. P. Blockmans / W. Prevenier [1978] pp. 30–31.
70) M. Boone / M. Dumon / B. Reusens [1981] p. 233.

政悪化のため，ヘントの住民すべてが課税の対象となった[71]．W. P. ブロックマンスの研究によると，最も詳細な記録の残されているシント・ヤコブ（Sint Jacobs）教区の場合，教区の世帯数 971 戸の 9.3 パーセントにあたる 91 戸が，当時「貧者の食卓」から援助を受けていた（表 4-6 参照）．そのうち 80 戸は 5 段階に区分されていた課税ランクの最低額（第 5 ランク）に属する貧民層であったが，残り 11 戸は第 4 の課税ランクに属しており，相対的により富裕な階層であった．他方，第 5 の課税ランクに属しながら，「貧者の食卓」の援助の対象とはならなかった世帯が寡婦を含めて 16 戸確認される[72]．すなわち，シント・ヤコブ教区において「貧者の食卓」は被救済者の貧困レベルにのみ基づいていたのではなく，何らかの理由で選択的に援助を行っていたのである．このように，「貧者の食卓」によって救済されたのは，教区の底辺に位置した貧民層の中でも限られた数の者たちであったと考えられる．そうした記録の残されていないシント・ニクラース教区についても同様の状況を指摘できるであろう[73]．したがって，「貧者の食卓」の救済対象は限定的であり，乞食・浮浪者を含む都市の

表 4-6　1492 年の徴税簿から知られるシント・ヤコブ教区の「貧者の食卓」の被救済者

性　別	世　帯	割　合
女　性（寡婦）	42（世帯）（13）	46.15（%）（14.28）
男　性	49	53.85
合　計	91	100.00

教区世帯合計 971（世帯）　教区総人口: 4,700（人）
典拠：W. P. Blockmans [1973] pp. 141–198.

71) しかし，実際には実に 49 パーセントの住民が税を支払わなかったことが知られており，課税ランクから現実の貧困のラインを読み取ることは困難である．Blockmans / Prevenier [1978] p. 34.
72) W. P. Blockmans [1973] pp. 141–198. 91 戸中，46.15 パーセント（42 戸）は，女性世帯であり，その女性世帯のうち寡婦が 3 分の 1（13 戸）を占めている．なお，そうした「貧者の食卓」の被救済民が，聖職者と同様，実際の税支払においては，50 パーセントの免税措置を受けたという事実にも注目しておきたい．Cf., Blockmans / Prevenier [1978] p. 31.
73) Cf., D. Nicholas [1978] pp. 514–515.

現実の貧民層を十全にカバーするものではありえなかったといわなければならない．

(3) 貧民に対する分配

「貧者の食卓」による施与は，通常教区教会におけるミサに貧民が出席し，「貧者の食卓」への寄進者のために祈りを唱えた後，教会の裏手で行われた．シント・ニクラース教区では，対象となった貧民(受禄者)は，1326年以来鉛のメダル (*token*) を分配日の前日に受け取った．分配は，そのメダルと引き換えになされたのである[74]．シント・ニクラースの「貧者の食卓」会計簿から，そうした貧民に対する分配の具体的内容を知ることができる．表4-7は，1317年以降会計簿に記載された分配物資の一覧である．

まず，会計簿の書式の変化にしたがって，若干の全体的展望を得ておこう．「貧者の食卓」は，パン，豚肉，鰊，葡萄酒，豆，油(ラード)などの食糧の他，靴，亜麻布，貨幣，泥炭などを分配した[75]．しかし，14-15世紀を通して見ると，分配の内容は，時期によって異なっていたことが分かる．

14世紀中葉まで分配物資は，「貧者の食卓」の「受禄者に関する支出」《huutgheven van den provantien》にまとめて記載されており，パン，豚肉，豆，靴，亜麻布，泥炭が分配された．この時期には，とりわけ靴の分配が多いことが注目される．

14世紀中葉から15世紀中葉にかけては，物資の記載が，品目別になされるようになる．この時期には，新たに鰊と貨幣が支給される一方，泥炭の分配が

---

74) RAG, Sint Niklaas, *Rekeningen*, S 505 (1326-27年): 『同様に600の鉛のメダルを作るために20スー．』《Item van 600 loodine teekine te maken 20s.》．貧民への喜捨の際，特定の者へ引き換えのためのバッジをあらかじめ配布する慣行については，J. Courtenay [1972] pp. 275-295を参照．

75) Tits-Dieuaide [1975] pp. 576-579. 分配物資については，各都市の「貧者の食卓」により相違が見られる．ブラーバント都市(レウヴェン，ブリュッセル，メヘレンなど)やブルッヘでは，パン，葡萄酒(ビール)の他，豆，卵，チーズ，無花果などの食品も分配されている．Cf. Blockmans [1976] pp. 143-144; Tits-Dieuaide [1975] p. 577; C. Dickstein-Bernard [1977] p. 411; Van Zeir [1960a] p. 370.

128　第 I 部　中世ヘントにおける慈善・救済施設の成立

表 4-7 「貧者の食卓」(シント・ニクラース教区)による貧民に対する分配(1317-1499 年)

典拠	年代	食物 パン (kg)	豚 (頭)	鰊 (尾)	物資 靴 (足)	貨幣** lb. s. d.	布 (m)	泥炭 (kg)	被救済民 数(推計)
S 498	1317-18	——	8	——	356	——	——	3240	±350
499	1320-21	——	——	——	342	18. 00. 00.	——	1080	340
500	1321-22	——	——	——	——	2. 13. 0.	——	——	340
501	1322-23	——	——	——	432	——	433	——	430
502	1323-24	——	——	——	629	——	766	5400	620
503	1324-25	——	——	——	448	——	612	5400	450
504	1325-26	——	——	——	540	——	433	——	540
505	1326-27	——	——	——	610	——	613	——	610
506	1328-29	——	11	——	932	——	812	——	930
507	1329-30	——	12	——	883	——	732	3800	880
508	1330-31	2968	12	——	795	——	652	——	820
509	1332-33	2650	12	——	893	——	766	——	640
510	1334-35	3180	14	——	1046	——	825	——	820
511	1335-36	2915	13.5	——	1064	——	545	——	640
512	1336-37	2968	19	——	821	——	1150	4320	640
513	1337-38	3392	19	——	912	——	470	4320	820
514	1338-39	3286	18	——	826	——	785	6720	820
515	1339-40	3074	16	——	746	——	597	4320	820
516	1341-42	2544	16	——	820	——	864	4320	820
517	1342-43	2173	17	——	776	——	630	4320	820
518	1344-45	2968	17	——	780	——	641	4320	820
519	1345-46	2974	17	——	716	——	461	4320	640
520	1346-47	2915	14	——	[700]	——	74	4320	640
521	1348-49	2809	13	——	73	108. 9. 0.	397	4320	640
522	1355-56	——	[14]	——	——	——	——	——	——
S rol									
119	1358-59	——	15	——	[355]	——	——	——	600
120	1360-61	2597	14	——	345	——	188	——	600
121	1361-62	2544	14	750	355	——	126	——	560
122	1362-63	2544	13	750	369	——	206	——	560
123	1364-65	2544	13	750	365	——	224	4320	560
124	1365-66	2915	15	750	403	——	249	——	560
125	1366-67	2703	14	1500	405	——	254	4320	440
126	1367-68	3127	[15]	1500	415	——	252	——	480
127	1368-69	2968	16	1500	380	——	254	——	480
128	1369-70	2756	14	1500	338	——	186	——	480
129	1370-71	3127	15.5	1500	335	——	273.5	2160	480
130	1371-72	5018	15	750	336	39. 0. 0.	273.5	2160	480
131	1374-75	2464.5	13	1500	248	48. 0. 0.	280	——	360
132	1375-76	2623.5	10	750	226	33. 0. 0.	188	2160	360
133	1377-78	2623.5	13	1800	——	4. 10. 0.	224	——	360
134	1379-80	2544	12	1482	225	48. 14. 0.	139	——	360
135	1381-82	——	14	——	——	77. 0. 0.	——	——	360
S Nrol									
157	1392-93	3021	12	1500	130	49. 10. 0.	69	——	360
S rol									
136	1394-95*	1431	——	1500	54	——	——	——	——
137	1395-96	1855	13	1500	130	——	115	——	360
138	1396-97	2941.5	12	1500	142	53. 12. 4.	95	——	360
S 169	1397-98	2623.5	13	1500	145	73. 11. 5.	52	——	360
170	1398-99	2570.5	13	1500	154	80. 14. 4.	64	——	360
171	1399-1400	2703	13	1500	154	47. 17. 6.	105	——	400
172	1400-01	2862	12	1500	154	77. 9. 5.	101	——	400
173	1401-02	3787.5	11	2250	149	69. 16. 5.	129	——	400
174	1403-04	3761	13	3000	149	86. 7. 0.	123	——	400
175	1404-05	3577.5	13	3000	149	87. 13. 2.	109	——	400
S 176	1405-06	3604	12	2800	149	90. 15. 2.	95	——	400
177	1406-07	3816	13	3350	164	131. 18. 6.	126	——	440

第 4 章 「貧者の食卓」あるいは「聖霊の食卓」の活動　129

178	1407–08	3816	14	3750	164	94. 1. 2.	189	——	440
180	1408–09	2597	9	2100	160	94. 11. 2.	108	——	400
181	1411–12	2888.5	13	1850	131	17. 2. 0.	119.5	——	400
183	1413–14*	——	5	3000				——	
184	1414–15	3657	15	3000	149	28. 1. 7.	171	——	400
185	1415–16	4611	14	3000	149	89. 14. 1.	193	——	400
186	1416–17	3922	14	3000	149	108. 13. 8.	186	——	480
187	1420–21	4399	14	3750	149	110. 7. 4.	183	——	480
188	1423–24	4293	13	3750	149	105. 17. 4.	172	——	480
189	1424–25	4028	13	3750	156	104. 9. 8.	184	——	440
190	1425–26	4160.5	17	4500	149	113. 2. 2.	186	——	440
191	1426–27	3975	13	3750	149	87. 5. 6.	162	——	440
192	1428–29	4452	13	3525	149	103. 12. 0.	152	——	480
193	1429–30	4134	13	3750	149	104. 15. 0.	160	——	440
194	1430–31	4187	15	3750	149	102. 16. 0.	155.5	——	440
195	1453–54	4240	13	3750	——	45. 19. 0.	——	——	——
196	1454–55	4187	11	3750	——	120. 10. 2.	——	——	
197	1458–59	4717	——	3750	——	231. 16. 6.	——	——	320
198	1459–60	6676	——	3750	——	283. 3. 0.	——	——	350 (50)
199	1460–61	6466	4	3750	——	302. 14. 6.	——	——	350 (50)
200	1463–64	7206	——	3750	——	175. 15. 0.	——	——	350 (50)
201	1464–65	6466	——	3750	——	295. 14. 0.	——	——	350 (50)
202	1466–67	5466	——	3750	——	298. 1. 0.	——	8640	350 (50)
203	1467*	2014	——	——	——	144. 13. 0.	——	17280	350 (50)
204	1474–75	5856.5	——	3000	——	372. 3. 0.	——	21600	350 (50)
205	1475–76	5856.5	——	3051	——	474. 15. 0.	——	25920	350 (50)
206	1476–77	5856.5	——	3425	——	460. 12. 0.	——	32400	350 (50)
207	1477–78	7764.5	——	3750	——	344. 10. 0.	——	45360	350 (50)
204'	1478–79	4664	——	3750	——	492. 3. 10.	——	40640	350 (50)
208	1480–81	7293.5	——	3750	——	435. 17. 0.	——	48690	350 (50)
209	1481–82	7352	——	3750	——	502. 7. 0.	——	49680	350 (50)
210	1482–83	8251	——	3750	——	524. 19. 0.	——	43200	350 (50)
211	1483–84	8251	——	3750	——	524. 8. 4.	——	45360	350 (50)
212	1484–85	8251	——	3750	——	587. 9. 4.	77	22680	350 (50)
S 11	1486–87	8251	——	3000	——	588. 1. 4.	77	——	350 (50)
12	1488–89	8251	——	——	——	553. 7. 4.	——	28080	350 (50)
13	1489–90	8251	——	——	——	543. 4. 4.	——	32400	350 (50)
14	1490–91	8251	——	——	——	548. 9. 4.	——	——	350 (50)
15	1491–92	5119	——	——	——	478. 18. 4.	77	38880	350 (50)
15'	1492–93	5047	——	——	——	459. 7. 10.	77	34560	350 (50)
15"	1493–94	5047	——	——	——	——	——	30240	350 (50)
16	1494–95	5047	——	——	——	473. 12. 1.	77	34560	350 (50)
17	1495–96	5047	——	——	——	461. 13. 2.	77	30240	350 (50)
18	1496–97	5119	——	——	——	467. 15. 4.	77	30240	350 (50)
19	1497–98	5047	——	——	——	468. 6. 9.	77	36185	350 (50)
20	1498–99	5047	——	——	——	467. 8. 4.	77	41040	350 (50)
21	1499–1500	5047	——	——	——	467. 8. 4.	77	52380	350 (50)

　　*　半年間の支出のみ記載　　典拠：RAG, Bisdom Reeks S
　 **　貨幣単位：パリ貨（lb. s. d.）
　***　被救済民推計数は De Wilde [1976] のデータに基づいている．
 ****　豚と靴の項目における [　] 内の数字：De Wilde [1976] の数値との相違があるもの．
*****　被救済民数の（　）内の数字：毎週の定期的受禄者の数

なくなり，靴の分配も減少する．

15世紀中葉以降になると，物資の記載は，分配日ごとに詳細に示されるようになる．この時期には，靴や豚肉の分配がなくなるのをはじめとして，多くの物資が貨幣によって代替された点が特徴的である．

次に個々の分配物資について見ていこう．

(a)　パン (*broot*)

まず貧民にとって生活上最も基本的な食糧であったパンの分配は，会計簿においてさまざまな形式で記載されている．「貧者の食卓」は，毎年一定量の小麦およびライ麦を購入し，その後焼かれたパンを分配した．シント・ニクラース教区では，14世紀には，年平均3,000キログラム，15世紀には，4,000–8,000キログラムのパンが分配されている．他の教区の「貧者の食卓」の場合について見ると，まず聖母（O. L. V. Sint-Pieters）教区で，15世紀後半（1466–1500年）に年間5,000–8,000キログラム，シント・ヤン（Sint-Jan）教区では，1470–1500年の間，年間約2万キログラム，シント・マルテンス（Sint-Maartens）教区では，15世紀後半に年間平均2,500キログラム，シント・ヤコブ（Sint-Jacobs）教区では，1360–61年に年間7,700キログラム相当のパンが分配されている[76]．

後述するように，パンはとりわけ毎日曜日，重要な祭日などに集中して分配されていた．分配量は，時期により変化が見られるものの，被救済者の推定数の変化とは一致せず，貧民の状況は考慮されていなかったことが窺える．また，遺言書などの指定により毎週貧民に分配されたパンの数も，カトリックにとってシンボリックな一定の数 (5, 13, 60など) に設定されていたのである．

(b)　豚肉 (*verkinen*)

豚(肉)の分配は，ヘントでは，シント・ニクラース教区の「貧者の食卓」についてのみ長期的なデータが得られる．その記載は1328–29年度から1460–61年度までほぼ毎年継続しており，15世紀半ばまで毎年平均14頭前後の豚が消

---

76) これらの数値はDe Wildeの計算に基づき，小麦 1 halster = 53 litres, 1 litreの小麦から焼かれるパンの重量 = 1 kgとして算出している．Cf. De Wilde [1976] pp. 47, 50–52.

費されていたことが分かる．通常一頭の豚から約 30–38 キログラムの肉が得られたとされているので[77]，分配量は毎年およそ 420/530 キログラム相当となる．ただし，肉は毎週分配されたわけではなく，主要な祝日に限られていた．また，聖母（Onze Lieve Vrouw-Sint Pieters）教区では，15 世紀後半に豚肉に代わって，羊（肉）が分配されている（表 4–8(a)）参照）．

(c)　鰊（*hering*）

鰊は，1355 年にはじめて分配の記録が見える．その量は時期ごとに異なるが，14 世紀には，年 750–1,500 尾（1 *ton*–2 *tonnen*），15 世紀において 3,000–3,750 尾（4–5 *tonnen*）の間でほぼ一定量が分配されていた．聖母（O. L. Vrouw-Sint Pieters）教区の「貧者の食卓」では，15 世紀後半（1486 年）に 6,000 尾（8 *tonnen*）の鰊を 50 ポンド 16 スー（スヘリンゲン）8 ドゥニエ（ペニンゲン）で購入しているが，同年にシント・ニクラース教区では同じ金額で半数の 3,000 尾しか購入しえていない．この事実は，各教区の「貧者の食卓」が統一的な購入政策によらずに物資を個別に購入していたことを窺わせるものである[78]．

(d)　靴（*schoen*）

靴の分配は，「貧者の食卓」の施与の中でとりわけ注目に値する．なぜなら，被救済者（= 受禄者〈provenier〉）の数が会計簿に明記される 1459 年以前については，その分配量から「貧者の食卓」の被救済者の数をある程度見積もることができるからである[79]．表 4–7 から見てとれるように，靴の分配は，14 世紀前半に平均約 700 足，ピーク時の 1335 年には 1064 足に達している．しかし，14 世紀後半には平均 340 足あまりに減少し，15 世紀前半になると男用 75 足，女用 50 足，子供用 24 足の計 149 足が毎年定期的な分配量となっている[80]．

---

77) Blockmans / Prevenier [1978] p. 47; De Wilde [1975/76] p. 66.
78) De Wilde [1976] p. 55. 中世のヘントにおける鰊の流通とその重要性については，山田雅彦 [1999] pp. 367–384 を参照．
79) J. A. Smith [1976] p. 147; Tits-Dieuaide [1965] p. 431; Blockmans/Prevenier [1978] p. 46.
80) ニコラス（Nicholas [1987] p. 52）は，1360 年代のシント・ニクラース教区における靴の分配において，女性用の靴の分配の多い点に注意を喚起し，この時期に「貧者の食卓」が女性に対する援助に留意していたと論じている．

表4-8 ヘントの他の教区における「貧者の食卓」の分配
(a) O. L. Vrouw-Sint Pieters 教区

年代	パン(kg)	鰊(尾)	豚(頭)	布(m)	泥炭(kg)	貨幣(d. par.)	被救済者数	年間分配日数
1358–59	1881.5	—	10	109.9	—	2487	40	—
1359–60	1934.5	—	11	86.4	—	3444	40	—
1361–62	1908	—	20	76.6	—	576	44	—
1362–63	1325	—	7	129.5	—	4800 (= 20lb.)	44	—
1364–65	1908	—	12	108	—	6240 (= 26lb.)	44	—
1365–66	2146.5	—	12	91.9	—	6240 (= 26lb.)	44	2

年代	パン(kg)	鰊(尾)	豚(頭)	布(m)	泥炭(kg)	貨幣(d. par.)	被救済者数	年間分配日数
1466–67	4477.5	4500	4.5	—	—	39582	60	12
1467–68	4718	4250	4.5	—	—	41319	60	—
1468–69	4610	4250	4.5	—	—	41984	60	—
1469–70	5087	4500	4.5	—	—	44700	60	—
1470–71	5087	4500	4.5	—	—	46740	60	—
1471–72	5391.8	4550	3.5	—	—	47196	60	—
1472–73	5272.5	4500	4.5	—	—	49158	60	—
1473–74	6200	4500	4.5	—	—	51924	60	—
1474–75	5935	4500	4.5	—	—	51024 (= 212lb.)	60	—
1475–76	6014.5	4500	4.5	—	—	52032	60	—
1477–78	5762.8	5150	4.5	—	—	48156	60	—
1478–79	5922.8	5600	4.5	—	—	48096	60	—
1480–81	6730.5	4500	4.5	—	—	46092	60	—
1481–82	7615.5	6035	4.5	—	—	47028	60	9
1483–84*	293	5150	4.5	—	—	43200 (= 180lb.)	60	—
1484–85*	335	5150	4.5	—	—	46198	60	—
1486–87	5345	6000	4.5	—	40895 (68日)	47886	60	—
1487–88	5776	—	4.5	—	63720 (106日)	71280 (= 297lb.)	60	—
1488–89	7654	—	4.5	—	34325 (57日)	63900	60	—
1489–90	6253	—	5	—	29380 (49日)	61176	60	—
1490–91	4465	600	4.5	—	22680 (38日)	45840 (= 191lb.)	60	—
1491–92	4440	—	3	—	23760 (40日)	38592	60	—
1492–93	4157	—	4.5	—	25920 (43日)	17940	60	—
1493–94	5487	4250	4.5	—	34885 (58日)	9000 (37,5lb.)	60	—
1494–95	3102	3500	4.5	—	36720 (61日)	15096	60	—
1495–96	1645	2550	4.5	—	19440 (32日)	13872	60	19
1496–97	6260.8	2250	4.5	—	24930 (41日)	11712	60	—
1497–98	2322	2250	4.5	—	6640 (14日)	12432	60	—
1498–99	8591	2250	4.5	—	62470 (104日)	13840	60	—
1499–1500	7463	2250	4.5	—	21600 (36日)	15324	60	—

典拠: RAG, O. L. Vrouw-Sint-Pietersdis, *Rekeningen*, boeken IA, a24–25;
　　 a29–30; a32; a35; boeken IA, Nr. 1–3.; cf., De Wilde [1976] pp. 186–191.

第 4 章 「貧者の食卓」あるいは「聖霊の食卓」の活動　133

(b)　Sint Jans 教区

年　代	パン(kg)	鰊(尾)	豚(頭)	布 (m)	泥炭 (kg)	貨幣 (d. par.)	被救済者数	年間分配日数
1471–72	19834	6500	—	—	19440 (16 日)	195640	120	58
1472–73	20469	6750	—	—	43200 (36 日)	171360	120	—
1473–74	20614	6750	—	—	64800 (54 日)	190800 (= 795lb.)	120	—
1474–75	20614	6750	—	—	54000 (45 日)	190800	120	—
1475–76	20773	6975	—	—	75860 (63 日)	195840 (= 816lb.)	120	—
1476–77	20761	5250	—	—	45360 (38 日)	202753	120	—
1477–78	28552	6000	—	—	50395 (42 日)	196476	120	—
1478–79	22826	7500	—	—	39270 (33 日)	228839	120	—
1480–81	27492	6000	—	—	54000 (45 日)	176888	120	—
1481–82	20867	10000	—	—	49680 (41 日)	206328	120	107
1491–92	2035	—	—	—	—	7236	120	—
1492–93	2312	—	—	—	—	7236	120	115

典拠：RAG, Sint Jansdis, *Rekeningen*, K1258–1262; cf., De Wilde [1976] pp. 203–208.

(c)　Sint Maartens 教区

年　代	パン(kg)	鰊(尾)	豚(頭)	布 (m)	泥炭 (kg)	貨幣 (d. par.)	被救済者数	年間分配日数
1472–73	3313	750	—	—	14950 (30 日)	60	50	8
1473–74	1945.5	750	—	—	19440 (39 日)	264	50	—
1474–75	3958	950	—	—	18750 (37 日)	—	50	—
1475–76	3958	750	—	—	32840 (65 日)	60	50	—
1476–77	2912	750	—	—	59190 (118 日)	36	50	—
1477–78	3535.5	750	—	—	19440 (38 日)	744	50	—
1478–79	3853.5	750	—	—	29160 (58 日)	1104	50	—
1479–80	3301	750	—	—	29160 (58 日)	5208	50	—
1480–81	3708.5	1500	—	—	44280 (88 日)	1872	50	—
1481–82	3078.5	1500	—	—	47520 (95 日)	7080 (29.5lb.)	50	11
1482–83	2574	1500	—	—	6480 (13 日)	7524	50	—
1483–84	3183.5	1500	—	—	34560 (69 日)	2184	50	—
1484–85	3185	1500	—	—	19440 (39 日)	2852	50	—
1485–86	—	1500	—	—	21600 (43 日)	2808	50	—
1486–87	—	1500	—	—	25920 (52 日)	2400 (10lb.)	50	—

典拠：RAG, Sint Maartensdis, *Rekeningen*, Nr. 120; cf., De Wilde [1976] pp. 217–218.

(d)　Sint Michiels 教区

年　代	パン	豆	貨幣 (d. par.)	被救済者数	年間分配日数
1476–77	2160 d. (= 9 lb)	16 halster	41040 (=171 lb.)	85	53

典拠：RAG, Sint Michiels, *Rekeningen*, Nr. 424.

(e) Sint Jacobs 教区

年　代	パ　ン	鰊(尾)	油 (l)	貨幣 (d. par.)	被救済者数	年間分配日数
1360–61*	3400 (個) + 3 halsters	1800	12.65	9360 (39 lb.)	85	10

* 半年分の記載　　典拠：ASJ, Sint Jacobskerk, Nr. 505.

(e) 亜麻布 (*linen*)

服地用の布は，14–15 世紀を通じて最も一般的な分配物資であった．しかし，ヘントにおいて貧民層がとりわけ多かったとされているシント・マルテンス教区と聖ケルスト (Hl. Kerst) 教区において布の分配は行われておらず，より富裕な階層の居住地とされた他の教区 (シント・ヤン，シント・ニクラース，シント・ヤコブ) においてのみ規則的に分配されたことが特徴的である．シント・ニクラース教区では，14 世紀に平均 404 メートル (約 527 el) 相当の布の分配が行われているが，その量は当時の服飾技術では，下着 210 着分に相当した[81]．De Wilde によれば，布の購入価格は，ヘント市内産の布を購入できたため比較的安定しており，毎年一定量の布が購入され分配されていた．また聖母教区においても，14 世紀後半 (1358–65 年) に毎年 100 メートル前後の布を分配している[82]．

(f) 泥炭 (*turf*)

燃料・暖房用の泥炭の分配は，シント・ニクラース教区では，1375 年以前と 1465 年以降会計簿に記載がある．14 世紀に比べ 15 世紀後半には，その分配量は 10 倍以上に増加している．他の教区 (聖母，シント・ヤン，シント・マルテンスなど) でも相当の量が分配されている (表 4–8 参照)．

(g) その他の物資

その他，ヘントの他の教区では，豆や油 (ラード) がシント・マルテンス教区 (1470–1528 年) で，また葡萄酒，ビールが聖母 (O. L. Vrouw-Sint Pieters) 教区

---

81) 15 世紀に，100 el (76.6 メートル) の布地から，12 枚の男物シャツと 28 枚の女性用下着が作られた．Cf. De Wilde [1976] p. 63.

82) RAG, Onze Lieve Vrouw-Sint-Pietersdis, *Rekeningen*, boeken IA, a29–30 (1361–63 年); a32 (1365–67 年).

(1476-77 年)で分配されている．

(h) 貨幣 (geld)

貨幣による給付の初出は，1320 年であるが，実質的には 1371 年以降規則的に分配されるようになる．元来，貨幣は分配されるべき物質が高価格のため購入されえず，分配がなされなかった時に，代替として貧民に与えられたものと考えられる．また病気の貧民や産褥の婦人などのため「貧民の食卓」の監督者は彼らを訪問して，貨幣を給付した[83]．家賃支払や死者の柩代に対する援助も貨幣によりなされたのである[84]．

15 世紀後半には，シント・ニクラース教区で，平均して約 500 ポンドの貨幣が分配されているが，その金額は，シント・ヤン教区(15 世紀後半に平均 680 ポンド)の「貧者の食卓」に次ぐ金額を示しており，富裕層の多く居住する教区の「貧者の食卓」ほど貨幣による分配が大きかったことを窺わせている[85]．こうした貨幣の給付は，ブラーバント都市の「貧者の食卓」ではほとんど行われず，15 世紀後半においても穀物(パン)を中心にもっぱら現物物資の分配であったことが知られており，ブルッヘやヘントなどフランドル都市の事例とは大きく異なっていた点に注目しておきたい[86]．

では個々の貧民にとってそうした「貧者の食卓」による援助は，いかなる意味をもっていたのだろうか．

シント・ニクラース教区の被救済者について，主要な食物の 1 人あたりの年間分配量を代表的な年代についてまとめたものが表 4-9 である．15 世紀前半までは，被救済民の数が一定していないため，14-15 世紀を通して分配量の実質的変化を見てとることは困難であるが，表に挙げたいずれの年についても，そ

---

83) この点は，15 世紀フィレンツェの救済組織サン・マルティノ兄弟団 (Buonomini di San Martino) の活動と類似している．Cf. A. Spicciani [1981]; 河原 [1997a].
84) RAG, Sint Niklaas, *Rekeningen*, S rol 133 (1377-78 年).
85) RAG, Sint Janskerk, *Rekeningen*, K 1258-1262 (1470-93 年). Cf. Nicholas [1978] pp. 514-515.
86) 15 世紀後半のブリュッセルの事例については，C. De Geest [1969] p. 79, レウヴェンの事例については，Tits-Dieuaide [1965] p. 436. 前註 [第 2 節] (52) 参照．

の分配量が不十分であったことが分かる[87]．しかも，後述するように1年のうち分配の頻度はきわめて限られていたのである．

　食糧品以外の物資についても，同様の傾向を指摘することができる．まず，布の分配は，14世紀から15世紀前半において貧民1世帯あたり1メートルにもおよばず，下着1着分にも達していない．また，燃料として重要であった泥炭の供給も十分ではなかった．冬季，1日の暖房のために，各戸につき少なくとも10キログラムの泥炭が必要とされたが[88]，シント・ニクラース教区の場合は，14世紀には約半日分，15世紀末においても6–14日分が分配されたにとどまっている．他方，15世紀後半にはシント・ヤン，シント・マルテンス，聖母教区などでは，泥炭の分配量は比較的多く，1世帯あたり1–2ヵ月分が供給されていた（表4–8参照）．貨幣の分配額は，14世紀後半以降しだいに増加している．しかし，例えば1371年に貧民1世帯あたり28ドゥニエが分配されているが，同時期のシント・ピーテルス修道院で働いていた石工の日当48ドゥニエと比較すると，その額は約3分の2日分に相当したにすぎない．15世紀後半になると，1世帯あたりの分配額は402ドゥニエまで上昇するが，賃金もまた上昇しており，同じ石工の日当（72ドゥニエ）の5.5日分を得たにとどまっている[89]．

表4–9　貧民1人あたりの食物分配量

年代	被救済民数（推定）	パン	豚肉	鰊
1336	820	3.6 kg	0.88 kg	0尾
1371	480	10.45	1.19	1.56
1425	440	9.43	1.47	10.2
1463	350	20.5	0	10.7
1484	350	23.6	0	10.7
1497	350	14.4	0	0

87）　Cf. Blockmans / Prevenier［1975］pp. 526–527.
88）　De Wilde［1976］p. 81.
89）　De Wilde［1976］pp. 83, 85.; Tits-Dieuaide［1975］p. 581.

次に，分配の頻度について検討しよう．1年のうち，いかなる時期にどのような分配がなされたのかを知るために，ドゥ・ヴィルデ（G. De Wilde）によって設定された4つの年代をモデルとして，それぞれの年の分配カレンダーをまとめたものが，表4–10である．この表から以下の諸点を指摘しておきたい．

第1に，15世紀前半まで，分配の頻度は年間を通じて15日に満たず，しかもその時期は，11月から6月にかけての冬と春の教会暦の祝日に集中していたことが分かる．

第2に，分配は，15世紀後半に入って，毎週定期的に行われるようになり，四季を通じて一定の分配が保証されるに至ることである．これは他の教区についても同様であった．

第3に，各分配日の分配物資は，多くの品目からなっておらず，単品ないし2品（パン＋貨幣，小麦［パン］＋泥炭，小麦［パン］＋豚肉）の組み合わせにとどまっていることである．

実際，毎週日曜日と木曜日の2日，定期的に分配が行われたのは，1459年以降であり，それ以前の分配頻度は，きわめて僅少であったといわねばならない．分配日は，貧民の状況に応じて設定されたのではなく，常に教区教会の典礼の暦に基づいていた．したがって，15世紀前半まで，貧民はとりわけ寒冷な時期（12月–2月）においても十分な援助を得られなかったといえよう．

このように，14–15世紀を通じて，シント・ニクラース教区の「貧者の食卓」による救済は，さまざまな生活物資の分配に基づきながらも，その分配量および分配頻度を検討した限りにおいては，限定された効果をもたらしたにとどまったように思われる．史料状況から，会計記録の長期的検討が困難なヘントの他の6つの教区の場合も，分配品目，分配量，分配日などにおいては相違があるものの（表4–8(a)(b)(c)参照），個々の貧民世帯にとって救済の実態は，ほぼ同様であったと見ることができる[90]．

---

90) De Wilde［1976］pp. 118–125. 15世紀後半に残されているヘントの他の教区の会計簿からすると，例えば泥炭の分配は聖母（O. L. Vrouw-Sinte Pieters）教区や聖ヨハネ（Sint-Jans）教区などでは，シント・ニクラース教区よりもかなり多くなっている．

表 4-10 「貧者の食卓」の分配カレンダー(シント・ニクラース教区)

年代	分配日合計	分配日	分配物	典拠
(a) 一三三六-三七年	12 日	11/11 (聖マルタンの祝日) 12/24 (クリスマスイブ) 2/2 (主の奉献の祝日) 3/11 (四旬節の前日) 3/16, 23, 30, 4/6, 13 (四旬節) 4/20 (復活祭) 5/15 (聖霊降臨祭) 6/24 (聖ヨハネの祝日)	豚 15 頭 小麦 16 halsters, 泥炭 21 lasten 豚 2 頭 小麦 16 halsters 小麦 8 halsters 豚 2 頭, 小麦 6 halsters 亜麻布 1500 el 靴 821 足	S. 512
(b) 一三七一-七二年	12 日 + a	11/1 (万聖祭) 12/25 (クリスマス) 2/16 (四旬節の前日) 3/6 2/21, 28 3/7, 14, 21, 26 } (四旬節) 3/28 (復活祭) 5/16 (聖霊降臨祭) その他 日を定めない分配 (a)	貨幣 60 d. par. 小麦 12 halsters, 貨幣 144 d. par. パン 376 個 パン 162 個 小麦 24 halsters, 貨幣 168 d. par. パン 367 個, 貨幣 108 d. par. 豚 15 頭, 鰊 750 (5 tonnen), 靴 336 足, 泥炭 2160 kg, 亜麻布 203 el	S. rol 130
(c) 一四三〇-三一年	8 日 + a	12/24 (クリスマスイブ) 2/25, 3/4, 11, 13, 25 } 四旬節 4/1 (復活祭) 5/20 (聖霊降臨祭) その他 日を定めない分配 (a)	小麦 11 halsters 小麦 48 halsters 小麦 9 halsters 小麦 9 halsters 豚 15 頭, 鰊 3750 (5 tonnen), 靴 149 足, 亜麻布 203 el, 貨幣 3044 d. par.	S. 194
(d) 一四八一-八二年	109 日 + a	日曜日 (32 日) 日曜日 (12 日) 水曜日 (52 日) 12/24 (クリスマスイブ) 4/7 (復活祭) 5/26 (聖霊降臨祭) 6/23 (Maria Magdalena の祝日) 1/14 4/21 6/3 2/27 — 4/6 四旬節 その他 日を定めない分配 (a)	パン 60 個, 24 d. par. (各) 　　　　(60 人の受禄者に) 小麦 4 halsters, 貨幣 24 d. par. (各) 　　　　(50 人の受禄者に) パン 5 個 貨幣 24 d. par. (各) (50 人の受禄者に) 貨幣 24 d. par. (各) (350 人の受禄者に) 貨幣 24 d. par. (各) (350 人の受禄者に) パン 200 個 パン 200 個 パン 200 個 パン 200 個 鰊 3750 (5 tonnen) 泥炭 49680 kg (23 lasten)	S. 209

Cf., G. De Wilde, [1976] pp. 61-87; 179-181.

備考: 単位 1 halster ≒ 53 liters　　1 el = 76.6 cm
　　　1 last = 2160 kg　　1 ton = 750 stuk (尾)
　　　[1 broot (パン 1 個) ≒ 0.5 kg　1 liter tarwe (小麦) ≒ 1 kg tarwe brood (小麦パン)]

第 4 章 「貧者の食卓」あるいは「聖霊の食卓」の活動　139

　それでは，このような「貧者の食卓」による救済は，ヘントの貧民層全体にとっていかなる意味をもっていたのであろうか．それを考えるためには，当時のヘントの人口規模と貧民数が検討されなければならない．

　ヘントの総人口については，H. ファン・ヴェルフェケが，1947 年に 14 世紀中葉の史料に基づいて，総人口 5 万 6,000 人，そのうち聖職者および貧民層を 7,000 人と計算し，長らく定説とされてきた[91]．他方，1970 年に D. ニコラスが史料の再検討により，14 世紀半ばの総人口を 6 万人とする考えを示し[92]，さらに 1980 年代になって，1469 年のフランドル地方の戸口調査記録を踏まえた W. プレヴニールによる総人口を 6 万 4,000 人と見做す説が現在有力となっている[93]．

　ところで，ヘントの 7 つの教区の「貧者の食卓」が救済の対象とした貧民数は，教区ごとに大きく異なっている．また時期によっても一定していないため，確定することは容易ではないが，この問題に一応の解答を与えた G. ドゥ・ヴィルデの試算によると，表 4-11 のようになる．彼女によれば，14-15 世紀のヘントの総人口の 11-13 パーセントを占めていたと考えられる約 7,000 人の貧民層のうち，約 3 分の 1 にあたる 2,400 人弱が「貧者の食卓」の直接の救済対象となったこと，そしてその数は，ヘントの総人口の約 4.3 パーセントにあたるという結論が導かれているのである[94]．

　このドゥ・ヴィルデの試算に対して，近年 D. ニコラスは，分配された靴の数を基準にする場合，14 世紀の生活水準に照らして靴は 1 足ではなく，少なくとも 2 足が分配されたはずであるとして，14 世紀のシント・ニクラース教区の靴購入のデータを読み直し，ドゥ・ヴィルデの推定数とは異なる見解を提示した（表 4-12）参照[95]．

　ニコラスは，14 世紀のみを考察の対象としており，彼の主張によれば，ヘン

---

91)　H. Van Werveke [1947] p. 354.
92)　D. Nicholas [1970] pp. 97-111.
93)　W. Prevenier [1975] pp. 278-279; Id. [1983] pp. 255-275.
94)　De Wilde [1976] pp. 117, 145; M. Boone [1984] p. 98.
95)　Nicholas [1987] pp. 38-39; Id. [1992] p. 271.

表 4–11 ヘントの「貧者の食卓」による被救済者数推計

教 区 名	総　数(人)	備考(史料の年代)
Sint Niklaas	280 (70×4)	15 世紀後半
Onze Lieve Vrouw-Sint Pieters	240 (60×4)	15 世紀後半
Sint Jans	480 (120×4)	15 世紀後半
Sint Maartens	200 (50×4)	15 世紀後半
Heilig Kerst	500 (125×4)	16 世紀初頭
Sint Michiels	340 (85×4)	16 世紀初頭
Sint Jacobs	340 (85×4)	16 世紀初頭

合計：2,380 人//総人口：6 万 4,000 人
典拠：De Wilde［1976］pp. 116–117.

表 4–12 シント・ニクラース教区における被救済者の推定数(14 世紀)

年　代	Nicholas による被救済者数推計	De Wilde による被救済者数推計
1317–27(年)	230 (人)	*340/620 (人)
1327–41	442	*620/820
1360–67	190	*440/600
1368–71	174	480
1372–74	121	*360/480
1390 年代	73	360

典拠：D. Nicholas［1987］p. 52.; De Wilde［1976］pp. 151–225.
*各年度の中での最低値と最高値を示す

トの人口動態は 14 世紀半ばの 5 万/6 万人から大きく変化し，1370 年代には約 3 万 5,000 人に，さらに 1390 年代には 2 万 2,000 人にまで減少した後，その後 15 世紀に再び増加するとしている[96]．そうした人口動態の中で，1370 年代にヘントの 7 つの教区で「貧者の食卓」の救済の対象となった貧民は総数で 1,000 人弱であり，ドゥ・ヴィルデの示した数値の半分以下であったと見做しているのである[97]．

他方，ドゥ・ヴィルデの見解は，14 世紀だけではなく，他の教区のデータがある程度知られている 15 世紀後半のデータに主として基づいている点でニコラ

---

96) Nicholas［1987］pp. 55–57.
97) Nicholas［1987］p. 52; id.［1992］p. 271.

スの推計とは異なっており、ニコラスの批判をそのまま受け入れることはできないと思われる．また、14世紀後半についても、シント・ニクラース教区以外の「貧者の食卓」の会計記録がシント・ヤコブ教区（1360-61年）と聖母教区（1358-68年）についてのみ部分的に残されているだけであり，ニコラスのようにシント・ニクラース教区の事例をモデルとして，ヘントの7教区全体の「貧者の食卓」による被救済者の総数を導き出すことには無理があるだろう．

とはいえ，ドゥ・ヴィルデの見積りについても疑問がないわけではない．彼女は，シント・ニクラース教区の被救済者の総数を表4-11に見られるように，280人（70世帯×4）と見做している．この数値は分配物資（食糧品）の含む栄養価（Kcal）の総量に基づいて，彼女が独自に算出した受禄者数70人を世帯主として想定し，それに中世後期のヘントの平均世帯構成数とされる4を掛けたものである[98]．しかし，他の6教区の場合では，同じ計算方法はとられておらず，会計簿の記載から知られる各教区の受禄者の数そのものを基礎として，それらに4を掛けた数が各教区の被救済者数として挙げられているのである．

私見では，14世紀のシント・ニクラース教区の被救済者数については，ドゥ・ヴィルデの推定値が妥当であると考えられる．会計簿の記載から判断する限り，被救済者が少なくとも2足の靴を受け取ったとするニコラスの推定は受け入れ難いからである．他方，15世紀後半の段階では，1459年以降特定の祝日（復活祭，聖霊降臨祭）に限って分配の対象者として定められている350人という受禄者の数は，そのまま年間を通じての恒常的な被救済者数と見做すことはできない．表4-9から知られるように，むしろ1459年以降毎日曜と水曜の週2回，定期的に分配の対象となっていた受禄者の数（50人ないし60人）がシント・ニクラース教区の恒常的な被救済者数として妥当な数字と思われる[99]．また，受禄者を一律に世帯主と見做すことも会計簿の記載からは判断し難いところである．したがって以上の点からすると，他の6教区の被救済者の推定値（表

---

98) De Wilde [1976] p. 97.
99) この点については，Blockmans / Prevenier [1975] p. 526; id. [1978] p. 46 の解釈にしたがう．ちなみに15世紀半ば（1440-60年）におけるブリュッセルの Sainte-Gudule 教区の被救済者は，400人と見積られている．De Geest [1969] p. 79.

表 4-13 教区ごとの被救済者数(推計)

年　代	教　区　名						
	S. Niklaas	OLV.S. Pieters	S. Jans	S. Maartens	Hl. Kerst	S. Jacobs	S. Michiels
1360–61	600	40	—	—	—	(85)	—
1475–76	350 (50/60)	60	120	50	—	—	(85)
1499–1500	350 (50/60)	60	120	—	—	—	—
1512–13	350 (50/60)	60	120	—	125	—	—

典拠：De Wilde [1976]

4-13)を加えた，15世紀後半におけるヘントの「貧者の食卓」の被救済者(受禄者)の総数は，575/585人(人口比約0.9パーセント)程度であったということになろう．

「貧者の食卓」の活動は，これまで見てきたようにその分配内容，分配量，分配の頻度などにおいて，14–15世紀を通じて絶えず変動しており，被救済者の数も一定ではありえなかった．シント・ニクラース教区をはじめとしてヘントの「貧者の食卓」全体による被救済者の実数の把握は，15世紀半ば以前については残念ながらなしえないと思われる[100]．

＊　　　＊

本章で検討してきたヘントのシント・ニクラース教区の事例から，「貧者の食卓」の活動について，以下のようにまとめることができるだろう．

（i）11世紀以降の南ネーデルラントにおける急速な都市的発展を背景として，教区の貧民を救済するために生まれた「貧者の食卓」は，もっぱら有力市民層により担われる救済組織として成立した．

（ii）「貧者の食卓」による救済の対象は，教区在住の家住み貧民という特定の範疇の者たちであり，都市に流入した非定住者をはじめとする真に

---

100) この点で，何よりもイタリア都市フィレンツェのオルサンミケーレ兄弟団(14–15世紀)とサン・マルティノ兄弟団(15世紀)が救済した貧民の数とその対象となった貧民の属性が詳細に記録に残されていることは誠に興味深い．Cf. Ch-M. De La Roncière [1974]; A. Spicciani [1981] [1987]; J. Henderson [1994]; 河原 [1997a] [1998a] および本書補論を参照．なおヘントの兄弟団による救貧活動については，次章を参照．

マージナルな貧民層をカバーする組織としては機能しなかった．

(iii) 「貧者の食卓」による救済は，貧民の現実の貧困状況に関わりなく，教会暦にしたがったきわめて典礼的な性格を保持し続けた．そのことは，同時に，「貧者の食卓」の活動において固有の貧民救済以上に寄進者の魂の救い——換言すれば富者にとっての必要性——という伝統的貧民観の重要性を示している．

(iv) 「貧者の食卓」による実際の分配は，個々の貧民にとって，決して十分な量ではなく，不十分な家計収入の補いとしての役割を果たしたにすぎない．その分配量は「貧者の食卓」の収入に応じて設定されたのであって，被救済者の数の変動に対応してはいなかった．

(ⅴ) 「貧者の食卓」は，明確な物資の購入政策をもつことはなく，経済的危機の時期にむしろその分配を切り詰める傾向にあったことから，その活動は貧民にとって十分効果的ではなかった．

このように，「貧者の食卓」による救貧活動が多くの限界をもっていたことは疑いないところである．とはいえ，未だ公的な社会福祉制度とは無縁であった中世社会において，小教区をベースとしたその活動は，施療院をはじめとする全市的な施設が，中世後期に貧民自体の受け入れよりむしろ，富裕市民の養老院的役割に傾斜していった傾向を鑑みるならば，少なくとも数百人単位での貧民救済を長期的に行いえた点で注目されるべき市民組織であり，都市有力者層により担われた貧民救済の体系の一環をなすものとして，ギルドや兄弟団の活動とともに重要な位置を占めたと評価されねばならない．

ところで，14世紀後半以降，伝統的貧民観の変容と，社会的秩序を脅かす大衆的貧困状況の出現を背景として，西欧各地で乞食行為の制限と禁止政策が現れる[101]．ヘントにおいても，1414年以来繰り返し，「貧者の食卓」の許可を得ない者の乞食行為が禁止されていった[102]．さらに1491年には，「貧者の食卓」の監督者（Heilige Geestmeesters）に対して，乞食行為の規制を通じて，以後働

---

101) M. Mollat [1978] pp. 348–350.

く意志のある「貧民」および身体に障害をもつ者に対してのみ援助を与えるよう義務づける法令が，都市参審人団によって発布された[103]．しかし，この問題は，各都市ごとの禁令のみでは解決されえず，地域的レベルで乞食対策が講じられた．フランドルでは，1459 年のブラーバントの法令に続き，1461 年に同様の法令が成立する[104]．

この時期以降，貧民救済は，意識的に救済の対象となる者を厳しく制限する方向へと向かう．と同時に，中世には多様でありえた救済組織自体もまた，公権力による一本化への道をたどるのである．都市当局による各教区の貧民調査と援助の限定，救済物資の一括管理と分配，乞食行為の規制と市外への追放処置など，1500 年代に入ると救貧組織の統合，集権化が推し進められていくことになる[105]．そうした方向は，1525 年の著名なイープルの都市条例や 1531 年のカール 5 世勅令を導くことになろう[106]．教区ごとに本来その独立性を保って機能していた「貧者の食卓」も，その過程で都市公権力の内に包摂されていったのである．

---

102) W. P. Blockmans / W. Prevenier [1978] p. 55.
103) A. E. Gheldolf [1868] *Coutumes de la ville de Gand*, t. I, LXXXIII, art 8, p. 677: 《... so es gheordonnert dat van nu voort an de helegheestmeesters of huere cnapen negheene aelmoesenen en gheven noch en distribueren van den goed van de heleghen gheest dan alleenlic onvermoghene, aerme, cruepele lieden of blende, of die zulc ghebrec hebben ..., als dat zi hun broot niet winnen en moghen.》前註 (46) 参照．
104) A. Vandenpeereboom [1874] *Le Conseil de Flandre à Ypres*, pp. XC-XCVII (4 septembre, 1461). Cf. Blockmans / Prevenier [1978] p. 55. 本書第 II 部第 7 章参照．
105) Cf. H. Soly [1975]; C. Lis / H. Soly [1979]; S. De Keyser [1968] pp. 139–238; 河原 [1988b]．
106) Cf. P. Bonenfant [1965] pp. 115–116; W. P. Blockmans / G. Pieters / W. Prevenier / R. W. M. Van Schaik [1980] p. 82; 田中 [1980] 36–37 頁．

第5章　兄弟団と貧民救済

1. 兄弟団研究をめぐって

　中・近世のヨーロッパにおいて兄弟団ないし信心会（*Confraternity; Bruderschaft; Confrérie*）と総称された主として俗人による自発的な宗教的社団の果たした社会的役割の重要性については，これまで多くの研究が積み重ねられてきた．兄弟団は特に中・近世の都市において，市民生活の霊的な側面のみならず，市民の間の人的・社会的絆の形成や市民の経済生活の側面などにおいても多様な貢献をなしたと考えられており，都市の社会構造の解明にとってもその存在形態の分析は不可欠なものといえよう．しかしながら，そうした兄弟団の在り方は，ヨーロッパの各地方において一様ではなく，近年ではそうした地域的多様性にも注意がはらわれながら，各国において個別研究が進められているといえるだろう[1]．

　兄弟団研究は，20世紀初頭以来，主として教会史の枠組みの中で行われ，G. M. モンティの研究をはじめとして宗教的，霊的諸局面を中心に兄弟団の創建，組織，活動が検討されてきた[2]．また M. ヴェーバーの宗教社会学の刺激を

---
1) 西欧中世の兄弟団に関する邦語文献としては，以下の論稿を参照．阿部謹也 [1979] [1980]；江川温 [1983] [1986]；服部良久 [1983]；坂巻清 [1991]；河原温 [1997b] [1998a]．
2) G. M. Monti [1927]; G. G. Meersseman [1977].

受けつつ，中世の社団形成史の枠組みの中で社会的，政治的局面における兄弟団の発展もG. ル・ブラを代表として研究がなされてきた[3]．これに対し，1970年代半ば以降とりわけ民衆の宗教的心性へ歴史家の関心が喚起される中で，兄弟団の多様な在り方を社会的絆(ソシアビリテ)の文脈において探ろうとする社会史的アプローチが盛んとなってきた．具体的には兄弟団と托鉢修道会との関係，慈善と貧民救済，葬儀と埋葬，聖人崇敬，都市の祭礼や儀礼的催しなどにおける兄弟団の活動と役割を個別都市の事例に即して扱った諸研究である[4]．A. ヴォシェによる1980年代の研究の総括では，14世紀から16世紀における兄弟団の儀礼的，社会的結合の在り方についての歴史人類学的アプローチによる研究の深化が今後の課題として挙げられ，またこれまで常に研究の1つの焦点をなしてきたフィレンツェの兄弟団研究を概観したR. ワイスマンも中世後期・ルネサンス期都市社会の秩序を映し出す鏡として兄弟団をとらえようとしている[5]．さらに近年，1990年代のイタリア中・近世都市の兄弟団研究の動向を展望したC. F. ブラックは，社団的組織としての兄弟団の都市におけるさまざまな芸術のパトロネージ活動や都市の祝祭・スペクタクルへの寄与を強調するとともに，都市の政治社会の秩序や慈善・社会福祉的領域の担い手としての兄弟団の役割を強調している[6]．また都市史の観点からは，中世後期のイングランド都市における宗教ギルド(=兄弟団)の政治的役割をめぐる議論が行われており，とりわけ都市政治とかかる宗教ギルドの構成員の密接な関わりが指摘されてきた[7]．

　以上のような研究動向をふまえながら，本章ではフランドル都市ヘントにお

---

3) G. Le Bras [1940].
4) J. Chiffoleau [1980]; R. Weissman [1982] [1989]; J. Henderson [1988] [1989a] [1994]; M. Flynn [1989]; C. F. Black [1989]; L. K. Little [1988]; P. Trio [1993]; C. Vincent [1994]; N. Terpstra [1995]; 関哲行 [2000] など．また論文集成として，*Le mouvement confraternel au moyen âge. France, Italie, Swisse. Actes de la table ronde*, Rome, 1987 およびN. Terpstra (ed.) [1999] *The Politics of Ritual Kinship*, Cambridge を参照．
5) A. Vauchéz [1989] pp. 476–477; R. Weissman [1991] p. 209.
6) C. F. Black [1999] pp. 9–29.
7) B. R. McRee [1992] pp. 69–97; 市川実穂 [1995].

ける兄弟団の在り方を検討する中で，とりわけ兄弟団がヘントの貧民救済の枠組みにおいていかなる位置を占めていたのかという視点を中心に見ていくことにしたい．すでに本書第 2 章以下で示したように，ヘントをはじめとする中世都市においては都市当局や教区組織，修道院などによるさまざまな救貧・慈善のための活動が見られるが，その中で兄弟団による救貧活動がとりわけイタリアや南フランスの都市において活発であったことは近年の諸研究が示すところである[8]．また中世中期以降の貧民救済の在り方が，単に宗教的，慈善的意識の発露によるのではなく，都市の政治・経済機構に関わった市民層や教会知識人層の現実的社会意識によっても支えられ，かつ改変されていったことにも注意しなければならない[9]．

　フランドル地方をはじめとする南ネーデルラント都市の兄弟団については，J. トゥセールの浩瀚な民衆宗教意識の研究(1963 年)で部分的に扱われて以後，十分な研究はなされてこなかったが，1980 年代に入ってリエージュに関して D. H. ディートリッヒの，ヘントに関して P. トリオの，そしてブルッヘに関して R. ストロームらの実証的研究が現れ，個別都市における兄弟団の実態が解明されてきた[10]．以下では，ヘントの兄弟団の貧民救済への関わりとその背景をなしていた都市政治と兄弟団の関係性を具体的に検討することで中世後期のフランドル都市において兄弟団の果たした政治社会的役割を明らかにしよう．

2. 中世ヘントの兄弟団

　兄弟団の起源についてはカロリング時代からの存続をめぐってさまざまな説があるが，本来特定の教会と兄弟盟約を結んだ祈禱者の団体であり，12 世紀以来小教区ないしより広範な地域共同体のために物故会員のための埋葬や祈禱，キリストや守護聖人の崇敬・賛美と罪の浄化，貧民・巡礼・病者などの救済，

---

8) B. Pullan [1988] pp. 183–187.
9) Cf. M. Boone [1990a] pp. 54–123.
10) J. Toussaert [1963]; D. H. Dieterich [1982]; P. Trio [1990] [1993] [1994]; R. Strohm [1983].

会員相互の親睦(定期的会合と宴会), 祭礼や宗教行列(プロセッション)などをその主要な活動とした組織であった. 中世の兄弟団のもつ多くの名称と多様な性格のため, 同時代の法学者らによる兄弟団の明確な定義はなされていないが, 多くの兄弟団に共通する特徴は, 家族や親族関係を越えたメンバー相互の義務によって結びつけられ, 儀礼的行為を通じて統合される枠組みの中でメンバーの福祉と安全を希求しようとした団体であったということであろう[11].

フランドル諸都市では, 12世紀後半からそうした兄弟団に関する史料が現れる. ヘントの場合, 1180年代から兄弟団(broederschap)の存在が知られ, 1500年以前に33の兄弟団が存在した[12]. 一般に兄弟団の類型は, 制度的, 地縁的, 人的構成といった諸側面から分類されようが, ヘントの場合, 4つのタイプに大別される. 第1のタイプは, ヘントの7つの小教区教会にそれぞれ所属する地縁的性格の強い教区兄弟団で, 全体の80パーセント[24団体]を占めている. その中でも聖母マリア(*Onze Lieve Vrouw*)に捧げられた聖母兄弟団(*Onze Lieve Vrouw broederschap*)の数の多さ[9団体]が目立っている. 第2に, 修道院や托鉢修道会に属する兄弟団[5団体], そして第3に小教区を越えた全市的兄弟団として注目されるのが聖ヤコブ兄弟団(Broederschap van Sint-Jacob)である. この兄弟団はサンティアゴ・デ・コンポステラへの聖地巡礼を行った者によって組織され, Sint-Jacobs hopsptaalとよばれた救済施設を運営していた. 第4に職業ギルドと直接結びついた兄弟団として, コルドバ皮革匠から構成されたElsenaars兄弟団, 石弓射手のSint-Joris兄弟団および射手のSint-Sebastian兄弟団の3つが知られており, 後2者はいずれも都市の有力者を中心としたエリートクラブ的性格をもっていた[13].

こうしたヘントの兄弟団の活動を知るための史料としては, 兄弟団規約

---

11) 兄弟団の定義についてはとりあえず, 江川[1983] pp. 86-88; 河原[1998a] pp. 176-177を参照.

12) Trio [1993] pp. 353-354; F. De Potter [1983-1933] vol. 3. P. トリオは, Elsenaars兄弟団, 射手の兄弟団であるSint-Joris兄弟団. Sint-Sebastian兄弟団を狭義の兄弟に含めていないが, 本稿ではその果たした機能からそれらを兄弟団に含めて考察する.

13) Trio [1993] pp. 75-93; P. Arnade [1996a] pp. 65-94, 159-188; 河原[1997b] p. 71.

(*Statuten*), 会員名簿 (*Ledenlijsten*), 会計記録 (*Rekeningen*), 財産目録 (*Inventarissen*) などが挙げられるが, その多くは 15 世紀後半から 16 世紀以降のものであり, また同一の兄弟団に関してこれらすべてのジャンルの史料がまとまって残されているわけではないため, 史料的制約は大きい. その中で比較的情報に恵まれているのが, いくつかの聖母兄弟団 (Sint-Jans 教区, Sint-Niklaas 教区, Sint-Michils 教区), 聖リーヴェン兄弟団 (Broederschap van Sint-Lieven), および聖ヤコブ兄弟団である. 以下では, 貧民救済に関する活動を中心にこれらの兄弟団の在り方を検討することにしたい.

まず聖母兄弟団は, 14 世紀前半にヘントの各教区で相次いで創建され, 初期の規約が Sint-Niklaas 教区, 聖母 (Onze Lieve Vrouw, 以下 OLV と略す) 教区などについて残されている. そうした規約は内容的に 3 つのカテゴリーに分けられる. 第 1 に, 宗教的儀礼に関わるミサ典礼と教区教会内の祭壇の維持に関する諸規定である. 第 2 に, 宴会を含む毎年の定期的会合についての規定で, 聖母の昇天の日 (8 月 15 日) に開かれること, その際 1 年任期の監督者 (*Bestuurder*) を複数選出することなどが規定されている. 第 3 には, 相互扶助としての物故会員の埋葬と弔いに関する規定で, 各会員がすべての他の会員の死亡に際して葬儀に出席し, 蝋燭をもって参列すべきことなどが定められている[14].

相互扶助に関わる具体的規定としては, 兄弟団内部の貧しい会員の死亡の際, 教区教会における葬儀の費用は当該兄弟団により負担されることが, 聖母兄弟団の他, 聖リーヴェン兄弟団 (1281/83 年) の規約および後述する聖ヤコブ兄弟団の規約 (1270 年頃) に見出される[15]. そうした規定は兄弟団一般に見られる会員同士の相互扶助の一環と見做しうるものであり, 特別な救済の意図があったとはいえないだろう. 事実, 同様の規定はネーデルラントやフランス, イタリア

---

14) Trio, [1989] Statuten, Nr. 3, pp. 301–302; A. Van Brabandt [1953] pp. 17–19.
15) Trio, [1989] Statuten, Nr. 3, p. 302: "Quintum statutum est quod quando aliquis de confraternitate predicta ad tantam devenerit inopiam quod de bonis proprijs non valet sepeliri, tunc de bones dicte gulde tradetur ecclesiatice (sic) sepulture."

など多くの兄弟団に共通して見出されるからである．しかし，ヘントの場合そうした規定が 13-14 世紀という兄弟団活動の比較的初期の時期に限られており，15 世紀以降の規約からは姿を消している，という事実にも注意しなければならない．P. トリオによればその変化には 2 つの理由が考えられるという．第 1 に，兄弟団の会員が 15 世紀に増加し，物故会員のための埋葬・儀礼的費用の増加を招いたこと，第 2 に，15 世紀後半以降顕著となったネーデルラント都市一般の貧困化現象の進行の中で，兄弟団の財政的危機が生じたことである[16]．

他方，15 世紀のヘントでは，他の兄弟団により新たな救貧活動が認められる．まずシント・バーフス（聖バヴォ）修道院に属していた聖リーヴェン兄弟団は，1425 年以来「聖リーヴェンの喜捨」（*aelmosene van Sente-Lievin*）を 2 名の「施与者」（*aelmozenier*）を任命して行っていた．その援助の対象は貧困に陥った当該兄弟団の男女会員のみならず，会員ではない特定の職業集団（船大工，水夫，魚匠など）にも向けられていたことが注目される．「施与者」は，兄弟団の会費から毎年パリ貨 60 スー（スヘリンゲン）を受領し，それをもとに彼らの裁断で毎年 1 回施与を行った．しかし，1455 年以降その活動はヘントの参審人委員会（*Schepenen van de Keure*）の管轄に統合され，その独自の性格は失われた[17]．

次に聖母=聖ピーテルス（*OLV-Sint Pieters*）教区の聖母兄弟団について見てみよう．1321 年の規約からこの兄弟団が男女の会員に毎週 1 ドゥニエの基金（*weekgeld*）を義務づけていたことが分かる[18]．この基金によって，会員の中で病や貧困に陥り，生活手段を欠くに至った者（*arme zieken*）に対して兄弟団の金庫から一定期間毎日 6 ドゥニエ（ペニンゲン）の現金が分配された．14 世紀のヘントの標準的な手工業者の日当は 16 ドゥニエ（夏季）から 18 ドゥニエ（冬季）であったことを考慮するならば，その金額は約 3 分の 1 に相当する．さらにこの基金から当該兄弟団の会員以外の 13 名ないしそれ以上の貧民に対して年に 1

---

16) Trio [1989] p. 184.
17) SAG (Stadsarchief Gent), reeks 301, Nr. 28, anno 1424-26; Nr. 43, anno 1454-55. Cf. Trio [1989] p. 184.
18) Trio [1989] p. 184; id. [1993] pp. 312-314.

回の分配が行われた[19]．無論このような救貧の形式はヘントに特有のものであったわけではない．例えば14世紀北フランスのシャロン・シュル・マルヌにおける「1ドゥニエ」コンフレリやノルマンディ地方の「慈善会」に共通する活動であったといえるだろう[20]．

さらに聖ヨハネ（Sint-Jans）教区の聖母兄弟団は，15世紀末以来毎年洗礼者聖ヨハネの記念日（6月24日）にパリ貨24スー相当のパンを教区の貧民に配り，また聖母教区（O.L.V parochie）のヤコブ兄弟団は，同様に彼らの守護聖人聖ヤコブの記念日（7月25日）にパリ貨36スーを貧民への喜捨として分配していたことがそれぞれの会計簿から知られる[21]．

このように史料的には限られてはいるが，ヘントの4つの兄弟団による特定の貧民救済活動が認められる．そうした救済の対象は決して広範な貧民を対象にしてはおらず，「キリストの貧者」に対する儀礼的配慮に起因する教区活動として現れたといえようが，14世紀後半から顕著となる都市の社会変動を背景にした兄弟団の社会的対応の1つの表現として位置づけることができよう．

ところで，14世紀以降のヘントの各教区では，第4章で検討したように「聖霊の食卓」（*Heilig Gheesttafel*）ないし「貧者の食卓」（*Armentafel*）とよばれた教区単位の貧民救済組織が別個に活動しており，物質の分配量や金額ではるかに小規模であった教区単位の兄弟団の救貧活動はそうした組織の補完的役割を担ったといえるかもしれない[22]．また兄弟団自身が教区内外のネットワークを形成して貧民救済のイニシアティブをとっていたイタリア都市とりわけフィレンツェのケースと比較するならば，ヘントの兄弟団による救貧活動はきわめて限られていたように見える．フィレンツェの場合，14世紀前半から教区の兄弟

---

19) A.Van Brabandt [1953] pp. 17–19.
20) 江川 [1983] p. 102. 中世後期フランドルの通貨単位については，奥西 [1989] pp. 60–61 を参照．
21) Rijksarchief te Gent (RAG), Sint-Baafsabdij en Bisdom, K 5228: *rekeningen* (1498–1513); SAG, reeks LXIV: *rekeningen* (1502–03).
22) 「聖霊の食卓」（*Heilig Geesttafel*）ないし「貧者の食卓」（*armentafel*）については，本書第4章の他，特に M-J. Tits-Dieuaide [1975] pp. 562–583; G. De Wilde [1980]; D. M. Nicholas [1987] pp. 41–56; 河原 [1986] [[1995b]] などを参照．

団による貧民の埋葬,病人・孤児および産褥の婦人に対する喜捨が組織的に行われる一方(例えば St. Frediano 教区の「焼き栗」兄弟団 *Compagnia di Brucciata*),全市的兄弟団として活動したオルサンミケーレ兄弟団 (*Compagnia di Orsanmichele*) やサン・マルティノ兄弟団 (*Buonomini di San Martino*) が,教区を越えたより広域的な救済活動を行いつつ,各教区レベルにおいてもヘントの「聖霊の食卓」の活動に相当する物資の分配と喜捨を貧民に対して行っていたことが知られているからである[23].

その点で兄弟団が施療院運営にも関わっていた聖ヤコブ兄弟団 (*Sint Jacobsbroederschap*) の活動について以下節を改めて検討し,ヘントにおける兄弟団の救貧活動の意義を問うことにしたい.

3. 聖ヤコブ兄弟団と施療院

(1) 聖ヤコブ兄弟団の成立

聖ヤコブ兄弟団は,本来聖地巡礼者の相互扶助を目的として13世紀から15世紀にかけてネーデルラントやフランスをはじめとしてヨーロッパ各地の都市で組織された[24].11世紀後半以来増加したサンティアゴ・デ・コンポステラへの巡礼は北部ヨーロッパからイベリア半島のルート上に多くの宿泊・救護施設を生み出していったが,聖ヤコブ兄弟団の活動もその一環をなし,ヘントでは最も古い兄弟団の1つとして成立したと考えられる[25].ヘントでは聖ヤコブに捧げられた礼拝堂は,11世紀末(1093年頃)以前に存在しているが,ヤコブの名

---

23) 「焼き栗」兄弟団については,J. Henderson [1988] pp. 247–272,オルサンミケーレ兄弟団については,Henderson [1989a] [1994],サン・マルティノ兄弟団については特に A. Spicciani [1981] [1987];Henderson [1994] pp. 388–397;および河原 [1997a] が主要な研究を紹介している.本書の補論を参照.
24) 近年の展望として,D. Pericard-Mea [1991] を参照.また聖ヤコブ崇敬とサンティアゴ巡礼については,関哲行 [1999] pp. 126–159 がまとまった紹介を行っている.
25) A. George [1971] によれば,フランスと南ネーデルラントにおいて 200 以上のヤコブ兄弟団が設立されたという.またパリの聖ヤコブ兄弟団 (confrérie de Saint-Jacques) は 1330 年代から 40 年代に 1,000 人の会員を有していた.

を冠した兄弟団の成立についての史料は，13世紀後半の規約書が初出である．この規約書は，Sint-Jans, Sint-Jacobs, Sint-Niklaas の3教区それぞれの規約の写しと会員リストを含む羊皮紙で綴じられた3つの文書からなっており，それらの文書を公刊した M. ヘイセリングは，会員名簿の一部が規約部分の書き手 (hand A) とは別の筆者 (hand B〜H) によって13世紀末までに加筆されていることをふまえながら，1260年から1270年の間に編纂されたものと見做した[26]．近年このテクストを再検討した P. トリオも基本的にはその見解に従いつつ，聖ヤコブ兄弟団によって運営された聖ヤコブ施療院 (Sint-Jacobshospitaal) の初出がヘント市民 Simon de Valle の遺言書 (1257年) であることからこの兄弟団の創建は，1250年代半ば前後に求められると考えている[27]．またこの規約の作成時期も，他の南ネーデルラント，北フランス諸都市における聖ヤコブ兄弟団の規約作成時期 (パリ：1298年；メヘレン：1319年；トゥールネー：1351年，1479年；アト：1421年；ベテュンヌ：1439年，リエージュ：1479年など) に比べてかなり早いものであったといえよう．以下，まずこの規約の内容を見ていきたい．

上述のヘントの3教区の規約 [Sint-Jans: Nr. 92; Sint-Jacobs: Nr. 93; Sint-Niklaas: Nr. 94) はいずれも同一人物の手になるものであり，その内容は細部の表現の異動と追加の項目をのぞけば基本的に同一のものである[28]．

まず前文では，この兄弟団 (sancte jacobs gulde es ene broederscep) が，ガリシアの聖ヤコブ信仰のためサンティアゴ・デ・コンポステラへの巡礼を果たした「良き者たち」(goede liede) によって構成されることが述べられている．次は，兄弟団の年集会の開催と組織に関する規定で，毎年聖ヤコブの祝日 (7月25日) の後の最初の日曜日に集会が開かれ，会員全員の出席が義務づけられた．欠

---

26) M. Gysseling [1977] *Corpus van middelnederlandse teksten*, reeks I-1, pp. 150–151（以下 *Corpus* と略記）．
27) Trio [1990] pp. 29–31; C. Vleeshouwers [1990] *De Oorkonden van de Sint-Baafs-abdij te Gent*, deel II, Nr. 367（September 1257), p. 398: "Hospitali Sancti Jacobi XL solidos, ..."
28) Gysseling, *Corpus*, Nr. 92, pp. 151–165; Nr. 93, pp. 165–173; Nr. 94: pp. 174–181. 以下規約のテクストはこのエディションによる．

席者には 6 ドゥニエの罰金が科せられている．この集会では，ヘントの 7 教区のうち 6 教区から 4 名ずつの代表 (*iiii goede liede*) が 1 年任期で選出され (*Hl. Kerst* 教区のみ 2 名の代表)，合計 22 名が兄弟団の管理運営にあたることになっていた．彼らはさらに各教区で 4 人ずつ教区担当の「管理者」(*meesters*) を 1 年任期で選出することが定められている[29]．後述するように，聖ヤコブ施療院はこれらの管理者の中から 5 名が選出されてその管理・運営をゆだねられたのである．

兄弟団への入会に関する規定としては，まず入会希望者でコンポステラへの巡礼行をまだ果たしていない者は 12 ドゥニエの会費を支払ったのち，1 年以内に巡礼に赴くことが義務づけられている．その義務を履行しない者には 100 スーの罰金の支払が科せられた．また女性の場合も 12 ドゥニエの会費支払と，1 年以内の巡礼行あるいは本人に代わる代理人による巡礼の履行(代参)，または代理人による代参の費用の半額を兄弟団に支払うことによって会員になることができた[30]．

死者追悼の規定について見ると，会員はまず他の会員の死亡時には物故者の魂の記憶と救いのために鈴を携えること，パーテル・ノステルを 100 回，アヴェ・マリアを 100 回，30 日以内に唱えることが義務づけられ，違反者には 2 ドゥニエの罰金が科された．また会員の死亡時には，当該教区の会員のみならず全市から会員が葬儀に参列して遺体を教会へ運び，埋葬に立ち会うこと，そして 2 ドゥニエを喜捨として兄弟団に納めることになっていた．死者の柩と蝋燭は兄弟団によって賄われた[31]．

相互扶助の規定についてはすでに言及したところであるが，非会員で貧困に陥った「良き者」(*goedeliede*) に対しても，その者が死亡した際，柩と 4 本の蝋燭が会員によって提供されることを定めている点が注目される[32]．

---

29) Gysseling, *Corpus*, Nr. 92, p. 152; S. Meersseman [1991] pp. 13–15.
30) Gysseling, *Corpus*, Nr. 92, *ibid.*
31) Gysseling, *Corpus*, Nr. 92, *ibid.*

以上のような規約内容からすると，聖ヤコブ兄弟団の活動は各教区を基盤としながらも，全市的組織として機能していたことが窺えよう．

会員数については，P. トリオによる集計によれば，1260年代から1470年代まで残されている初期の会員名簿から，14世紀半ば頃までおよそ60名から120名前後（女性はその約1割を構成していた）であり（図5–1参照），また1283年の聖ヤコブ施療院の礼拝堂建立祝いの集まりに400ないし500人が集まったという記述もあって[33]，ヘントにおける主要な兄弟団の1つであったといえよう．その後14世紀後半に会員数は一時160名を超えていたが，その後はゆるやかな

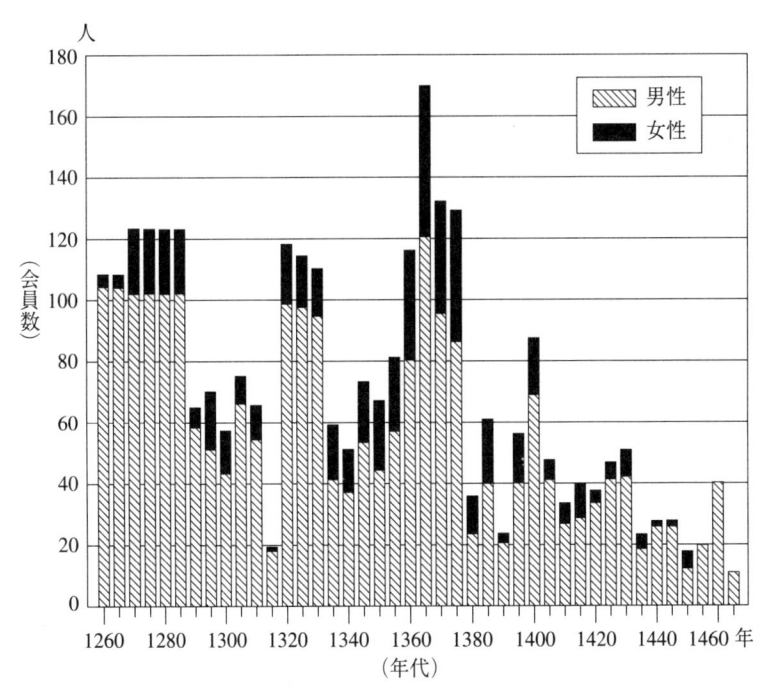

図5–1 聖ヤコブ兄弟団の会員登録数（1260–1470年）
典拠：P. Trio [1993] p. 177.

---

32) Gysseling, *Corpus*, Nr. 92, p. 153: "War hiemen die ten gulde niet nen borde/die ver/armt ware. wart man wart//wijf. die goedeliede ghewest (h) adden. be/ghersis de guldebroeders souden hem le/nen i cleet ende iiii kersen ute sancte jacobs/gulde inde here sgroots sancte jacobs".
33) SAG, reeks LXIV, Sint Jacobs Godshuis, Nr. 8a, *Register* (1432), fol. 8r.

減少の傾向が看取される[34]．

　会員の社会的属性についてはその名前から知られる限り，織布工，パン匠，靴屋，ビール醸造匠，船大工などヘントの主要な手工業の構成員からなっていたが，同時に Uten Hove 家や Wenemaer 家をはじめとする都市貴族家系や騎士層も含まれ，また女性も含めた広範な社会層からなっていたと考えてよいと思われる[35]．

　そうした聖ヤコブ兄弟団の救貧活動は，兄弟団が 13 世紀半ば以降運営していた施療院の実態を考察することによってより明確となるだろう．

(2) 聖ヤコブ施療院の創建と活動

　既述のごとく聖ヤコブ施療院の史料上の初出は 1257 年であるが，1283 年にトゥールネー司教によって礼拝堂と礼拝堂付司祭の設置を認可されることで施療院としての正式な機能を備えるに至った[36]．この施療院は，ヘントの北の市門のすぐ外側に位置し，巡礼をはじめとする訪問者が昼夜を問わず受け入れられた施設であった．ヘントは 13 世紀には北部ネーデルラントからパリ経由でサンティアゴ・デ・コンポステラへと向かう巡礼路上の重要な通過地点としての位置を占めており，この施療院の役割もそうしたヘントの地理的位置に対応するものであったといえよう．

　13 世紀後半以来，聖ヤコブ兄弟団は会員の中から各教区ごとに 4 名ずつの「監督者」(meester)［Heilig Kerst 教区のみ 2 名］を任命しているが，その中からさらに 5 名が当施療院の管理・運営の監督者 (deken) として選ばれた．deken 職の選出方法は互選方式であり，まず Sint-Michiels 教区の 4 人の meester と Sint-Jans 教区の 4 人の meester が相互に 1 名ずつ deken を相手の中から選出し，Sint-

---

34) Trio [1993] pp. 175–179. Cf. M. Daem [1985] p. 67.
35) Trio [1993] pp. 205–207. 本章第 4 節を参照．15 世紀後半のリエージュの聖母兄弟団の場合も，富裕市民層が中心メンバーであったことが指摘されている（D. Dieterich [1982] p. 103）.
36) Vleeshouwers (ed.) [1990] *De oorkonden van de Sint-Baafsabdij te Gent* (*819–1321*), deel II, Nr. 504 (2 oktober 1283).

Niklaas 教区と Sint-Jacobs 教区（および Heilig-Kerst 教区）の間でも同様にそれぞれ 1 名ずつの deken を互選した．そして最後にそれら 4 名の deken により残る O.L.V. Sint-Pieters 教区から最後の deken 1 名を選出するというやり方で構成されており，各教区間のバランスが考慮されていたのである（図 5–2 参照）．deken はその任につく際，実際にサンティアゴへの巡礼行を果たしたことを誓約することだけが求められている．彼らの任期は当初 1 年であったが，15 世紀初頭以降 3 年に延長された[37]．

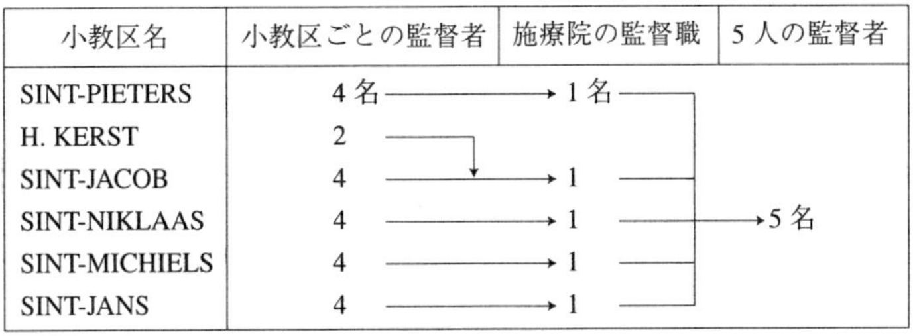

小教区名	小教区ごとの監督者	施療院の監督職	5 人の監督者
SINT-PIETERS	4 名 →	1 名	
H. KERST	2		
SINT-JACOB	4 →	1	
SINT-NIKLAAS	4 →	1	→ 5 名
SINT-MICHIELS	4 →	1	
SINT-JANS	4 →	1	

図 5–2　聖ヤコブ施療院の「監督者」の選出手続き
典拠：S. Meersseman [1991] p. 14.

13–14 世紀の史料では，当施療院は "Sente Jacopshuus" の他，"Godshuuse van Sente Jacopshuus" ないし "hospitale van Sente Jacopshuus" とよばれており，複数の機能を担った組織であったことが窺える[38]．

その第 1 の機能は，本来の創建目的であった巡礼者のための宿所である．通常，巡礼路上の宿所は 1 晩ないし 2 晩のみの宿泊しか巡礼者に認めていなかったが，ヘントの聖ヤコブ施療院ではブリュッセルの聖ヤコブ施療院とともに例外的に 3 泊することが許されていた．しかし，1418 年以降断続的に残されている当施療院の会計簿において巡礼者に関する支出の記録はきわめて少なく，15 世紀にはもはや巡礼の受け入れが必ずしも重要ではなかったように思われる[39]．

---

37) S. Meersseman [1991] pp. 13–14.
38) Meersseman [1991] p. 9.
39) Meersseman [1991] p. 9.

第2の機能は貧民の受け入れであり，1286年の文書では，ヘントのHeilig-Kerst教区の司祭が当施設の監督者に対して少なくとも12名の貧民を毎日受け入れる許可を与えている[40]．以後その数は14–15世紀を通じてほぼ一定していたようである．1413年の当施療院の財産目録には10床の寝台が記載されており，当時2人ないし3人で1台の寝台を共有するのが慣習であったとすると，後述する「受禄者」(*provenier*) を含め最大30名前後の収容能力があったと考えてよいだろう[41]．

第3のそして最も重要な機能は，「受禄者」(*provenier*) の受け入れであった．当施設の呼称の1つとして史料に現れる「神の家」(*godshuis*) というタームは，中世ネーデルラント語 (*Middel Nederlands*) では「老人のための施設 (= 養老院)」という含意をもっていた[42]．すでに1291年に当施設の監督者たちは20名の男女に「当該施設の禄を得る」(*die provende (t)hebbene van den huis*) 権利を与えているが[43]，その者たちは，少なくとも40歳以上で，「良い評判の」市民であることが条件とされており，日々のパンを乞わねばならないような貧民・病者ではなく，一定の資産をもつ高齢者 (*bijjaarden*) であったことが分かる．「受禄者」として受け入れられるには，本来サンティアゴ・デ・コンポステラへの巡礼行を果たした聖ヤコブ兄弟団の会員たることが必要条件であり，1329年の規定では少なくとも7年間当兄弟団の会員であった者とされている[44]．しかし，実際には会員以外の者も男性は36ポンド，女性はその半額の18ポンドを兄弟団に支払うことで受禄権を得ることができた．受禄者は，その他にも入所に当たって仲間の受禄者のため (*pitantiegeld*) として3ポンド，礼拝堂維持のため (*capellegeld*) 同じく3ポンドの負担を求められた．また彼らが当施療院で死亡した場合，彼らの財産の全額または一部が当施設の所有に帰属することに

---

40) SAG, *stadscharter*, Nr. 143.
41) Meersseman [1992] Enkele vijftiende eeuwse inventarissen uit het Sint-Jacobsgodshuis te Gent, texten, Nr. 1 (1413), p. 62: "Voert so es int gasthuus up Hollant III bedden ene beneden sevene bedden ...".
42) J. A. Smith [1976] pp. 12–13.
43) SAG, *stadscharter*, Nr. 162, fol. 2r; Geysseling, *Corpus*, Nr. 93, p. 168.
44) SAG, *stadscharter*, Nr. 161, fol. 10v.; Geysseling, *Corpus*, Nr. 94.

なっていた[45]．

　ヤコブ施療院の日常生活は，ヘントの他の救済施設と同様，かなり厳しい規約に基づいて営まれていたことは疑いない[46]．例えば寡婦（寡夫）は受録者である限り再婚することはできず，許可なく当施療院の外で外泊してはならなかった．また彼らは施設内で口論をしたり，嘘をついてはならないと定められている．そうした修道院規則にきわめて類似した諸規制が俗人である受禄者に課せられた点に半宗教施設としての当施療院の属性を認めることができるだろう．

　ヤコブ施療院の受録者の数について見ると，14世紀には20名，15世紀には例外的な年度を除き21名でほぼ一定していた．16世紀前半（1525–40年）になると30名ないし35名を受け入れている．S. メールゼマンのプロソポグラフィックな研究によると，1290年から1540年までの250年間に名前の記録されている受禄者は209名で，そのうち半数以上の116名（55.5パーセント）が女性であり，そのうち19名が寡婦であった．また受禄者の入所期間については，105名について判明する．その期間は短いケースで1年から長いケースで40年までと多様であった．すでに述べたように，入所資格が40歳以上とされていた受禄者の3人に1人は50歳前に死亡しているが，65歳以上の受禄者も20パーセント（22名）を占めていたのである[47]．

　それではヤコブ施療院の経済基盤はどのようなものであったか．以下では史料として1418年から断続的に16世紀まで残されている当施療院の会計帳簿（*rekeningen*）のうち，初期の帳簿として最も詳しいものの1つである1430–31年度の記録を取り上げて検討してみよう[48]．

　ヤコブ施療院の会計期間は，通常兄弟団の総会の開かれる日（7月25日の後の最初の日曜日）を期首・期末としていた．表5–1aに基づいて，まず収入内容について見ると，ヘント市内外の不動産保有から得られる定期金，地代，家屋賃

45）Meersseman [1991] pp. 10–11.
46）Cf. 河原 [1988a] p. 51.
47）Meersseman [1991] pp. 26–27.
48）SAG, reeks LXIV, Sint-Jacobs Godshuis, *rekeningen*: Nr. 15, 1430–31.

貸料が中心となっているが，特にヘント近郊の土地（Aalst, Nazareth, Waarschoot など）からの不動産収入が800ポンド以上あって全体の収入の約67パーセントを占めており，農村の所領と当施療院の密接な関係が窺える．またヘント市内にも家屋の他定期金収入を生み出した不動産から約400ポンドと全体の収入の約30パーセントを占めているが，全体としては施療院の経済基盤が，ヘント市内より都市近郊の農村の不動産に基づいていたことを指摘できよう．かかる傾向はヘントの他の施療院の場合にも確認しうるところである[49]．

表 5-1 聖ヤコブ施療院の収支記録(1430-31年度)
(a) 収　入

項　目	金　額	備考(所在地)
定期金（ヘント市内） 　　　　（市外） 終身定期金	53 lb.　2 s.　0 d. 28　　5　　3 35　　10　　11 63　　12　　3	Herleghem Aalst, Eeken, Sotteghem Waarscoot
現物地代 　［ライ麦］ 　［豆］ 　［玉葱］ 　［去勢鶏］ 地代 (pachte) 　（ヘント市内：25名） 　（　　市外：17名）	［3 halster］ ［6 halster］ ［1 halster］ ［5 羽］ 271　　12　　0 148　　1　　0	Aalst 近郊
家屋賃貸料 　（ヘント市内） 遺贈 (testament) 賃貸料・その他 　（ヘント市外）	81　　4　　3 13　　12　　0 568　　4　　0	Nazareth, Waarscoot
合　　計	1263 lb.　3 s.　8 d.　par.	
支出合計	1075　　8　　3	
前年度繰越	37　　6　　2	
収支バランス	+215　　9　　8	

典拠：SAG, reeks LXIV, Sint-Jacobs Godshuis, *rekeningen*: 1430-31.

---

49) Cf. 河原［1988a］p. 52.

(b) 支　出

項　　目	金　　額		
1) ミサ・典礼経費	82 lb.	6 s.	0 d.
（ドミニコ会士説教代：	3	0	0)
2) 定期金支払 (27 名)	24	16	1
3) Suvelghelde & Petansie	266	15	8
［ 8 月 15 日： ミサの葡萄酒，パン			3 lb. 12 s. 0 d.］
［ 9 月 3 日：	24　0　0　&　4　18　8］		
［10 月 18 日：	24　0　0　&　4　12　8］		
［11 月 25 日：	24　0　0　&　5　4　4］		
［12 月 8 日：	24　0　0　&　6　13　0］		
［ 3 月 20 日：	24　0　0　&　7　0　0］		
［ 4 月 5 日：	24　0　2　&　12　18　8］		
［ミサの葡萄酒，パン	2　10　0］		
［ 5 月 14 日	24　0　0　&　4　2　0］		
［ 6 月 25 日	24　0　0　&　5　0　0］		
［ 7 月 24 日	15　0　0　&　3　0　4］		
4) 穀物購入	155	13	6
［小麦：142 lb. 19 s. 6 d.；豆：27 s.；その他：11 lb. 7 s.］			
5) さまざまな経費	173	5	0
（施設修理費など）			
6) さまざまな経費	372	12	0
支出合計：	1075 lb.	8 s.	3 d. par.

典拠：表 5-1a に同じ

　次に支出を見てみよう．表 5-1b からいくつかの点を指摘しておきたい．まず第 1 に，記載されているミサ・典礼の経費について見ると，そこには聖職者(礼拝堂付司祭)とドミニコ会の説教師に対する手当の他，毎日曜日や聖カタリーナの祝日のミサをはじめとする祝祭日の各種のミサのための支出が含まれているが，その金額の全体の支出に占める割合は 8 パーセント程度と比較的少ない．それに比して受禄者に対して支払われた〈suvelghelde〉(zuvelgeld)とよばれている分配コストは全体の約 25 パーセントを占めている．そうした受禄者に対する分配は，年に 9 回定期的になされ，最後の時期(7 月)を除いては 24 ポンドの定額であり，それに加えて喜捨(pitantie)として 4 ポンドから 12 ポンドの不定

額が計上されている．また穀物購入をはじめとする食糧調達費を含めると当施療院の物資購入，分配のための経費が支出全体の半分近くを占めていたことが分かる．この点は後の時期の会計記録ともほぼ共通している傾向である[50]．

またさまざまな経費の項目には，建物の修繕の経費の他シーツ用の布地の経費やスタッフの経費などが含まれ，支出の中でかなりの比率を占めていたことが看取される．

以上のように，15世紀の第2四半期の段階でヤコブ施療院の活動は広範な不動産保有をその経済基盤とし，巡礼・貧民の受け入れを本来の理念としつつも，現実には高齢の受禄者を中心とする救済施設として営まれていたように思われる．

このような救済施設は同時代人にとってはどのように位置づけられていただろうか．近年 M. ボーネによって紹介された14世紀末(1389/96年)の作成とされる未公刊の史料（"*Memoire en declaracion des hopitaulx et maisonz Dieu estanz en la ville de Gand en qui les donne et gouverne*"）は，バイイの Dankaart van Ogierlande が同時期のヘントの各種の救済施設について簡潔に記述し，ブルゴーニュ侯の行政当局に対して提出した報告であり，そうした施設に対する同時代人の認識をかいま見ることができる．そこではヘントの10の救済施設がその管理主体に応じて区別され，記述されているのである（表5-2）．この史料において，聖ヤコブ施療院は聖ヨリス（Sint-Joris）施療院とともに，「兄弟団によって創建され，毎年選出される *doyen*（*deken*）と *proviseur*（*voogden*）により統括される施設」として記述され[51]，都市当局（参審人委員会）および有力家系によって管理される5つの施設（表5-2: Nr. 1–5）に続いて言及されている．第2章で示したように14世紀末までにヘントでは30以上の救済施設の存在が確認でき

---

50) Cf. SAG, Leeks LXIV. Sint-Jacobs Godshuis, *rekeningen*, Nr. 15（1416–44）; Nr. 16（1451–76年）; Nr. 17（1477–99年）．この会計帳簿は，我が国では15世紀フランドルの穀物価格史研究の文脈において，奥西孝至 [1989] [1993b] [1994] によっても取り上げられている．

51) ADN, *Cumulus* 1541: "l'ostel Saint Jaqueme, estanz sur Nieuland, lequel est fondet par une confrarie, contient en l'onneur de monseigneur Saint Jaqueme, et est gouvernet par doyen et proviseur que les bonnes gens y mettent a chacun an". Cf. Boone [1990a] p. 152.

表 5-2　1389/96 年の史料に現れるヘントの救済施設一覧

管轄	Nr.	施設名	対象	初出
都市当局	1)	Godshuis van Sint-Jans-ten-Dullen (L'ospital de Saint Jehan)	貧民・精神障害者	1196
	2)	Rijke Gasthuis (L'ospital appiellé gasthuis)	癩病者	1146
	3)	Beghinaigne Ter Hooie (Beghinaigne de le Hoyen)	女性	1284
有力家系	4)	Het kinderen Alijnshospitaal (L'ospital des enfants de diz Alins)	受禄者	1363
	5)	Wenemaerhospital (Wenemaers hospitael)	受禄者	1323
兄弟団	6)	Sint-Jacobshospitael (L'ostel Saint Jacqueme)	巡礼・貧民・受禄者	1257 以前
	7)	Sint-Jorisgodshuis (L'ostel Saint Joorge)	貧民	1453 以前
その他	8)	Sint Obrechtsbegijnhof (Beghinaige de Poortakker)	女性	1278
	9)	Sint-Elisabetbegijnnhof (Beghinaige de Saint Elisabet)	女性	1234
	10)	Bijloke hospitaal (Hospitael de Bijloke)	病者・旅行者	12 世紀

典拠：*Archiev Departmentale Du Nord* (*ADN*), Fonds, Cumulus 1541.
Cf., M. Boone, [1990a], pp. 142–156.

るが[52]，この文書で言及されているのはそのうち約 3 分の 1 の施設であり，手工業ギルドによる施設や小規模な施設は除外されていることに注意したい．すなわちバイイの眼にはヘントの主要な救済施設としてこれら 10 の施設が意識されており，そのうち 2 つが兄弟団によるものであったということである．

　以上検討してきたように，聖ヤコブ施療院は，中世後期のヘントにおいて多様な形式で運営されていた社会的救済のための代表的な組織の 1 つとして位置づけられよう．

　それでは，かかる救済施設を通じて，ヤコブ兄弟団は都市ヘント政治社会の枠組みといかなる関係を有していたのであろうか．

---

52) Cf. 河原 [1988a] p. 48; D. Nicholas [1987] pp. 59–63.

4. 都市, 兄弟団, 貧民救済

　中世後期のヘントの都市政治は，第1章で示したように，1301年以来確立された都市貴族と大小の手工業ギルドの連合体によって行われていた．すなわち市政を担った2つの参審人委員会（*Schepenen van de Keure* と *Schepenen van de Gedele*）はそれぞれ13名ずつの参審人から構成され，そのうち6名が都市貴族（*Poorterij*）から，10名が織布工ギルドを中心とする毛織物業ギルド（*Weverij en Draperiambachten*）から，残りの10名がパン匠，肉屋，ビール醸造匠など他の53の小ギルド（*Kleine neringen*）から選出されるシステムをとっていた．この体制は14世紀から16世紀前半までのヘントの都市政治を基本的に特徴づけるものであったといえよう[53]．

　そうした市政の担い手について1385年から1455年までの70年間についてプロソポグラフィックな研究を行ったM. ボーネによれば，参審人職を占めた者たちは，しばしば小教区レベルにおいても他の主要な役職に同時に関わっていた．とりわけ我々の関心を引くのは，小教区において重要な貧民救済組織として機能した「聖霊の食卓」の管理者（*Heilige-Geestmeesters*）で，この時期に名前の分かる151名のうち22.5パーセントにあたる34名が参審人リストに含まれており，また52パーセントがその他何らかの都市の政治的役職にも関わっていたことである[54]．

　それでは小教区レベルにおいて「聖霊の食卓」とともに重要な社会的結合の場として機能したと思われる兄弟団と都市の政治機構との関わりはどのようなものであっただろうか．M. ボーネは同じ時期について聖ヤコブ兄弟団を除く10の兄弟団の「監督者」（*bestuurder*）の経歴について検討を行っているが，記録されている120名の監督者のうち，都市貴族家系のメンバーをはじめとして54パーセントにあたる65名が書記や収入役といったヘントの市政役職にも関わっ

53）本書第1章第2節参照．14-15世紀のヘントの市政については，Boone [1984] pp. 71-114; id. [1990a] pp. 75-79; Nicholas [1987] pp. 1-16 を参照．
54）Boone [1990a] pp. 98-102.

ていたことを示した[55]．その比率は兄弟団により異なっているが，とりわけ都市貴族を含む〈*poortrij*〉出自の監督者が半数近くを占めていた聖母兄弟団（Sint-Jacobs 教区の聖母兄弟団では 8 名中 3 名，Sint-Jans 教区の聖母兄弟団では 18 名中 7 名，Sint-Niklaas 教区の聖母兄弟団では 30 中 15 名がそうであった）の場合，そうした市政役職への参与の傾向が著しいことが指摘されている[56]．またコルドバ皮革匠のギルドメンバーから構成されていた Elsenaar 兄弟団の場合も，記録の残されている監督者 11 名中 6 名（55 パーセント）が市政役職にも関わっていた[57]．さらに有力家系が兄弟団を含む小教区レベルの諸組織に広く人材を出していたことも見逃せないだろう．

ヤコブ兄弟団の場合はどうか．1270 年から 1540 年までの 270 年間に知られている 263 名の監督者（*deken*）について検討を加えた S. メールゼマンによれば，263 名中 31 パーセントの者が監督者の役職を 2 期（6 年間）以上にわたって務めていること，そして 55 パーセントにあたる 146 名が市政の最重要ポストであった参審人リストにも現れていることがまず注目される．また全体の半数近くにあたる 118 名についてはその所属する政治的（職業的）党派が確認できるが（表 5-3 参照），彼らのうち 60 パーセント近くが主として小ギルドのメンバーであったことが判明する[58]．

この割合は 14 世紀半ばのヘントの職業別人口構成をある程度反映していたといってよい[59]．実際ヤコブ施療院の 5 人の監督者が 14 世紀末から 15 世紀にかけてしばしば都市貴族（*poorterij*）家系のメンバーから 1 名，織布工ギルドから 2 名，小ギルドから 2 名という組み合わせで構成されていたことが確認されており[60]，都市の政治的勢力状況と施療院運営が無関係ではなかったことを示唆しているのである．さらにそうした監督者は，比率は下がるが参審人職の他，

---

55) Boone [1990a] p. 103.
56) Boone [1990a] p. 102.
57) Boone [1990a] p. 103.
58) Meersseman [1991] pp. 19-21.
59) 本書第 1 章参照．Cf. Nicholas [1987] pp. 17-40.
60) Meersseman [1991] p. 20 によれば，1398-1401 年，1429-35 年，1441-44 年，1447-50 年といった時期について確認される．

表 5–3 聖ヤコブ施療院監督者の政治的所属先 (1270–1540 年)

所 属 先	人数(人)	割合(%)
都市貴族 (poorterij)	17	14.41
織布工ギルド (weverrij)	34	28.82
小ギルド (kleine neringen)	67	56.77
合　　計	118	100

典拠：S. Meersseman [1991] p. 19.

表 5–4 聖ヤコブ施療院監督者の市政役職への関与 (1270–1540 年)

役　職	人数(人)	割合(%)
監督職 (overdekenschap)	23/263	8.74
書記 (stadsklerken)	7/263	2.66
収入役 (ontvanger)	17/263	6.46
役員 (commissarissen)	53/263	20.15

典拠：S. Meersseman [1991] pp. 20–21.

市政のさまざまな役職にも関与していた(表 5–4 参照).

また小教区の役職についても，教区教会の役員 (kerkmeester)，「聖霊の食卓」の監督者 (Heilig-Geestmeester)，他の兄弟団や施療院の管理者 (voogd) などを務めた者，小ギルド内部の監督者 (deken) や誓約人 (gezworene) としても活動した者が全体(263 名)の 10 パーセントないし 15 パーセントを占めていたことが確認できる．メールゼマンによれば，15 世紀以降そうした役職者を代々輩出した有力家系も存在しており[61]，兄弟団や施療院の管理職といった役職がヘントの市民層にとって無視しえない社会的意味を有していたことを窺わせるのである．かかる役職者の地位が求められた背景については，いくつかの理由が考えられるだろう．

中世後期の都市社会において，兄弟団は教区空間をベースとしつつ，共通の聖人への帰依を軸に親族，近隣者のみならず異なる職種の広範な市民層を互いに擬制的家族関係のうちに包摂していったが，とりわけ聖ヤコブ信仰の高まり

---

61) 例えば Van der Ziickelen 家は，1344 年から 1492 年までの約 150 年間に 5 人の「監督者」(deken) を出している．Meersseman [1991] p. 20.

を背景に全市的規模での活動を行ったヤコブ兄弟団の場合，兄弟団的結合とその重要な象徴的表現としての巡礼や貧者救済が具現される場として施療院は求められたのであり，その中枢を担った監督者 (deken) の社会的威信は単なる名誉職以上の意味をもつものであった[62]．したがってそうした監督者がしばしば教区レベルにとどまらず，都市全体に関わる市政役職とも密接に結びついていたという事実は，ヤコブ兄弟団(施療院)自体の都市ヘントにおける重要な社会的位置を示すものといえよう．

また兄弟団内部の人的構成が都市の職業構造を反映しており，兄弟団の管理運営組織においていわば都市の縮図を具現していた点も見逃せない．先述したように，5人の監督者 (deken) は各教区の代表であるとともに，しばしば都市の3大政治集団 (poorterij, 毛織物ギルド，小ギルド) の勢力を反映した構成をとっていたのであり，ヤコブ施療院の管理職はそれぞれの職業的・政治的集団にとっては参審人職にも繋がっていく都市の政治的キャリアの1つをなしていたように思われる[63]．

さらに中世後期における経済的貧困の増大を背景として，老後の生活の安定を希求した市民層にとってヤコブ施療院の受禄者となることは1つの救いであり，そうした施設の監督者が受禄者の受け入れにおいてイニシアティブを発揮しえたことは疑いえない．すなわち監督者自身を含め，一族縁者の老後の生活を確保しうる地位としてもかかる役職が求められたという私的利益に繋がる側面も否定できないであろう[64]．

都市と兄弟団の関係はまた，都市会計簿に記載された兄弟団に対する都市当局の支出からも見て取ることができる．14-15世紀のヘントでは，兄弟団の祝祭日の宴会のためビールや葡萄酒などが都市当局から提供されていた．1314年

---

62) 中世において都市内の諸勢力による対立抗争の際，紛争解決のための政治的交渉の場として施療院がしばしば使われたことにも注目すべきであろう．
63) パリのサン・ジャック(ヤコブ)コンフレリへの参加と都市役職における上昇との関係については，江川 [1983] p. 97 参照．
64) 実際に「監督者」の家系・親族が受禄者になっているケースは，全体の10パーセント程度であった．Meersseman [1991] p. 28.

から残されているヘントの都市会計簿には合計9つの兄弟団が記載されており，そのうち1360年代までほぼ毎年恒常的に援助の対象となっていたのは4つの聖母兄弟団（Sint-Jans 教区，Sint-Niklaas 教区，Sint-Jacobs 教区，Sint-Michiels 教区）と聖リーヴェン兄弟団および聖ヤコブ兄弟団である（表5–5参照）[65]．その分配は毎年一定しており，ヤコブ兄弟団の場合は1321年以降ほぼ毎年1 Vat（約900リットル）相当の葡萄酒と施療院の暖房用の燃料（泥炭）であり，都市にとって当兄弟団が常に意識されていたことを窺わせる[66]．第2章でも論じたように，都市当局にとってさまざまな救済施設への物的援助は本来教会暦に対応したきわめて儀礼的な性格をもつものであったが，まさにそうした都市の対応のうちに兄弟団や各種の救済施設の都市における象徴的位置づけが看取されるであろう[67]．

*　　　　*

以上検討してきたことをまとめておこう．聖ヤコブ兄弟団をはじめとするヘントの兄弟団は，教区生活を基本単位としていた中世の都市民が職業集団（ギルド）的結合とともに，都市全体の枠組みの中に政治社会的に統合されるプロセスの1つの要の機能を果たすものであったといえよう．

兄弟団による救貧活動自体は，実質的効果というよりもむしろその活動の儀礼的性格を通じて，生者と死者の関係を媒介とする市民相互の社会的絆（ソシア

---

65) P. Trio [1990] pp. 206–210; Nicholas [1992] p. 353. 例えば，初期の1321–22年度の都市会計簿における記載は次のようである．J. Vuylsteke (ed.) [1900], *Gentsche Stads-en Baljuwsrekeningen, 1280–1336*, stadsrekening 1321–22, p. 163: "Dit es de cost vanden fraiten. (. . .)
 Van wine, die de stede sendde in sente Joris gulde, 20 lib. [= 400 s.].
 Van ongelde van wine, die maen drank in Onser Vrouwen gulde sente Jans, 6 lib. [= 120 s.].
 Van ongelde van wine, die men drank in Onser Vrouwen gulde sente Niclaus, 4 lib. [= 80 s.].
 Van ongelde van wine, die men drank in Onser Vrouwen gulde s. Jacops, 40s.
 It(em). van wine in s(int). Ja(cobs) gulde, 6 lib. [= 120 s.].
 Van ongelde van biere in sente Lievins gulde, 30 s.
 ［以下略］
66) Cf. Nicholas [1987] pp. 59–61.
67) Cf. 河原 [1988a] p. 54.

表 5-5　14 世紀ヘントの都市会計簿に記載された兄弟団への支出

年　代	史料頁	OLVa	OLVb	OLVc	OLVd	OLVe	OLVf	Hkr	S. Jacobs	S. Lieven.
1314–15	84	128s.								
1315–16	欠									
1316–17	131								120	60
1317–18	欠									
1318–19	欠									
1319–20	断片									
1320–21	欠									
1321–22	163	120	80	40					120	30
1322–23	254, 258	120		40					120	20
1323–24	334	120	120	40					120	20
1324–25	欠									
1325–26	426	120							120	10
1326–27	527	120	90							20
1327–28	587	120	120	20	120				120	20
1328–29	643	120	120	40					120	20
1329–30	699	120	120	40	120				120	20
1330–31	755	120	120	40	120				120	40
1331–32	790–791	120	120	40	60				120	20
1332–33	825	120	120	40	90				120	20
1333–34	884	120	120	120	90				120	20
1334–35	952	120	120	40	120				120	20
1335–36	989	240	120	120	120				120	20
1336–37	37	240	120	120	120				120	20
1337–38	152–153	240	120	120	120				120	420
1338–39	274	200	120	120	120	1,200			120	420
1339–40	385–386	200	120	120	120	1,600			120	220
1340–41	22	120	120		110				240	420
1341–42	103–104	120	120	120	120				240	420
1342–43	192–193, 247	300	120	120	120				120	420
1343–44	289–290	240	120		120				120	
1344–45	367–368	240	240	120	120				120	400
1345–46	471	240		120	120	240			120	420
1346–47	37–38	240	240	120	120	240	120		120	420
1347–48	189			120?	120?		120	120	120	420?
1348–49	297, 354					120			120	420?
1349–50	断片									
1350–51	欠									
1351–52	断片									
1352–53	34–35					120		120		820
1353–54	100–101		120			120			120	820

1354–55	146–147	240	120	120	120		120		120	820
1355–56	記載なし									
1356–57	266									800
1357–58	349	240	120	120	120			120	120	20
1358–59	385									20
1359–60	断片/411			120						
1360–61	460					240				
1361–62										
1362–63	563	240		120	120					
1363–64	欠									

典拠：P. Trio [1990] pp. 207–208.
略号　OLVa = OLV. -broederschap van Sint Janskerk
　　　OLVb = OLV. -broederschap van Sint Niklaaskerk
　　　OLVc = OLV. -broederschap van Sint Jacobskerk
　　　OLVd = OLV. -broederschap van Sint Michielskerk
　　　OLVe = OLV. -broederschap van OLV. -Sint Pietersklerk
　　　OLVf = OLV. -gezelschap van bij de Karmelieten
　　　Hkr = gezelschap van het H. Kruis uit de Sint-Michielskerk
　　　S. Jacobs = Sint-Jacobsbroederschap uit het Sint-Jacobshospitaal
　　　S. Lieven = Sint Lievensbroederschap
貨幣単位　s. = schellingen groot.

史　　料

1314–1336年：Vuylsteke (ed.), *Gentsche stads-en baljuwsrekeningen* [1900]
1336–1350年：De Pauw & Vuylsteke (eds.), *Gentsche stads-en baljuwsrekeningen* [1874–85]
1351–1364：A. Van Werveke (ed.) *Gentse stads-en baljuwsrekeningen* [1970]

ビリテ)を促進するとともに，西欧中世社会に深く刻印されていた「慈善」ないし「慈愛」(*caritas*)のイデオロギーを具体化したのであった．よく知られているように，中世社会における貧民救済の理念と言語は，カトリックの教会イデオロギーの強い影響下で「キリストの貧者」を媒介としつつ，死に逝く者(特に富者)が彼岸へと導かれるための救済手段として都市民により希求されたが[68]，同時にそうした救済活動を通じて都市民ないし兄弟団構成員相互の現世の社会的，人的絆を強化する手段としても意識されていたように思われる．実際，聖ヤコブ施療院の事例からするならば，14世紀以降巡礼・貧民の受け入れという本来の理念的救済の対象以上に，受禄者としての老齢の市民の受け入れにその

---

68) L. De Mecheleer [1991] pp. 20–22; 河原 [1988a] pp. 49–50.

活動の重点が移っているのは，中世後期の都市生活の不安に対する市民意識を反映した兄弟団の社会的現実への対応の一面を示すものといえるだろう．

　R. ワイスマンの指摘するところによれば，中世末期のイタリア都市とりわけフィレンツェにおける兄弟団のさまざまな救済活動は，構成員相互の義務と内的統合を促進するものであり，その救済の対象は教会人(特に托鉢修道会士)によって理念として説かれたような都市共同体(コムーネ)の枠を越えた「他者」(strani)全体に向けられることなく，小教区を中心に兄弟団の構成員とその家族，親族，友人，知人からなる「兄弟と隣人たち」(fratelli e proximi vicini)に限定されていたという[69]．ヘントの兄弟団による救貧活動も，その対象において，またその実質的機能において限られたものでしかなかったことは否定し難い．しかし，小教区レベルでは聖母兄弟団の事例に見られるように「貧者の食卓」組織の活動の補完的役割を果たし，また聖ヤコブ施療院の場合には都市の主要な救済施設として全市的役割を果たすことで市民相互の絆の強化に貢献したといえるだろう．

　ヘントの兄弟団の監督者たちが有力家系や参審人職をはじめとするさまざまな市政役職にも密接に関わっていたという事実は，相互扶助の理念に基づく宗教的社団としての兄弟団の在り方ばかりでなく，都市政治への踏み台としての兄弟団の政治的位置を示唆するものであり，中世後期の都市社会の構造をさまざまな社会層の人的絆・結合の面からとらえていく上で重要な鍵を提供しているように思われる．もとよりヘントにおいても，兄弟団のメンバーであった市民が都市住民全体の数からすれば限られた割合でしかなかったことは確かであるが[70]，兄弟団が中世後期のヘント市民の政治社会的統合にとって一定の役割を演じたこと自体は否定しえないであろう．その点で，フランドル地方を含むネーデルラントの諸都市の場合，とりわけ15世紀から16世紀にかけて活動し

---

69) R. Weissman [1988] pp. 44–45.
70) 兄弟団の会員であったヘントの市民の総数については推測の域を出ないが，例えば中世後期(13–15世紀)に150以上の兄弟団の興隆を見たフィレンツェの場合では，1527年のセンサスにおいて当時の人口7万人のうち約28パーセント(1万9,705人)が何らかの兄弟団の会員であったという．Cf. J. Henderson [1994] p. 439.

た修辞家集団の兄弟団（*Rederijkkamers/Chambres de rhétorique*）や射手ギルド（*Schuttersgilden*）による都市のさまざまな祝祭儀礼(プロセッション，カーニヴァルなど)への積極的関わりが知られ，ブルゴーニュ侯家やハプスブルク家の支配に対するネーデルラントの都市と市民のアイデンティティ形成にそうした都市社団としての兄弟団が寄与したことが近年強調されていることを付け加えておきたい[71]。

---

71) P. Arnade [1996a] pp. 65-94, 159-188; F. De Potter [1883-1933] vol. 2, pp. 107-225, 520-543; vol. 3, pp. 246-307; vol. 5, pp. 470-492; vol. 7, pp. 58-95; 河原 [1997b] p. 71; [1999] p. 54. ブルッヘでは，15 世紀に「雪のノートルダム兄弟団」(*Onze Lieve Vrouw van der Sne* (*euw*))や「乾木の兄弟団」(Gilde Droghenboom) などがそうした都市の儀礼において重要な役割を演じている。Cf. R. Strohm [1983]; M. P. Martens [1992]. これらの兄弟団の役割と機能については別の機会に詳しく論じる予定である。

第 II 部

中世後期のフランドル都市と社会政策

第6章　孤児と孤児後見

はじめに

　西欧中世における子供の問題は，家族史研究の進展とともに近年とみに歴史家の関心をひきつけてきた．そうした関心の出発点をなした仕事が Ph. アリエスの『アンシャン・レジーム下の子供と家族生活』(1960年)であったことはよく知られている．この著作において彼が提示した18世紀以前の西欧社会における子供の位置づけをめぐる著名なテーゼについては，その後盛んな議論が行われてきた．とりわけ中世社会が一般に「子供」という観念をもたず，子供に対して関心を抱かなかったとする見解については，1970年代以降多くの批判的研究がなされてきたといえよう．そうした研究の多くは，中世の子供がアリエスの説いたような「小さな大人」と見做される側面をもちつつも，現実には養育され，保護されるべき存在として意識されていたという点を強調している[1]．

　本章では，そうした研究動向を前提としながら中世都市社会における子供の社会的位置の問題をフランドル都市の事例を中心として検討する．この問題は，

---

1) 近年のアリエス批判については，河原 [1990] pp. 23–26 で簡単な概観を行っている．その他以下の文献を参照．L. de Mause (ed.) [1974]; L. Milis [1980] pp. 377–390; A. Wilson [1980], pp. 132–153; K. Arnold [1980]; M.-F. Morel [1989] pp. 323–337.

都市における庶子や捨児に対する態度，子供の養育や教育の在り方などさまざまな視角から論じることが可能であろう[2]．ここではまず中世の都市当局による孤児後見制度の形成とその役割という視角からアプローチし，次いで孤児を受け入れた都市の施設であった孤児院の活動にもまなざしを向けることで，中世都市の社会政策の一環としての孤児問題を浮き彫りにしてみたいと考える．

孤児という現象 (*orphanhood*) は，中世盛期から後期の西欧社会において，頻繁に生じた疫病や飢饉を背景とした高い死亡率と低い平均寿命によりきわめて広範に生じていたと考えられる．例えば前近代のイギリスでは，およそ3人に1人の子供が未成年のうちに父親を失ったといわれている[3]．多くの都市民は，彼らの子供が成年に達するまで自分たちが生きていられるのは例外的な幸運であると認識せざるをえなかったのである．そうした状況下において親を失った市民の子供は，孤児として親族集団と都市共同体による後見の対象となった．以下では，近年の研究成果をふまえつつ，中世後期のヘントを主たる対象としてそうした都市共同体による孤児後見と孤児の保護に関わる政策の規範と実態を検討していこう[4]．

ところで本論に入る前に，「孤児」(*wezen; orphelin*) という語を定義しておきたい．本来孤児とは，まず未成年のうちに父母を両方失った子供を意味している．しかし，中世後期のフランドル都市では，父親ないし母親のいずれか一方を失った子供もまた孤児後見の対象とされており，広い意味で後者の場合を含めて孤児とよぶことができるであろう[5]．

---

2) 庶子については，F. Autrand [1982] pp. 289–303; M. Carlier [1987] pp. 161–175; 捨児については，L. Halkin [1940] pp. 1–53; J. Boswell [1988]; J. Jong [1996]. 子供の養育については，S. Shahar [1990]; M. Beer [1990]; B. Hanawalt [1993] などを参照．
3) 三好洋子 [1999] p. 202.
4) フランドル地方の子供の後見権一般については，J. Van Houtte [1930]; J. Gilissen [1963] Ph. Godding [1984] pp. 557–568; J-M. Cauchies [1984] pp. 672–673 を参照．
5) M. Danneel [1995] p. 23. この点で14–15世紀のイングランド都市ロンドンの孤児後見規定では，孤児は父親を亡くした（必ずしも母親を亡くしてはいない）未成年の子供と定義されている (E. Clark [1990] pp. 168–169; 三好 [1999] p. 200)．

孤児は中世初期以来一般に「キリストの貧者」(Pauperes Christi)に属する社会的弱者として老人，寡婦，貧民・病者とともに教会，修道院をはじめとする聖界領主や世俗の領主層の保護と後見の対象であった．しかしながら，12世紀以来の都市共同体の成立と発展の中で，市当局により都市の公的領域のみならず都市住民の私的領域への法的介入が行われ始める．近年，南ネーデルラントにおける都市と後見権の関わりを総括して論じたPh. ゴダンによれば，市当局による未成年者の後見権(voogdij; tutelle)への介入は，元来カロリング時代の伯権力に由来する領主的特権の都市共同体による漸進的継承・拡大にその主要な起源があるとされている[6]．孤児という現象は，そうした未成年者の後見権をめぐる伝統的社会の枠組みの中で，本来家族ないし親族集団という私的サークルの範疇に属していた事柄が都市当局の領域である「公的」局面にも関わる問題として意識されてくる過程において都市社会における無視しえない課題となっていったと考えられる．その背景には，都市共同体の主要な担い手となった商人や手工業者の社会的上昇の中で，家産の維持と次代へのその継承が彼らの重要な関心事となっていったことが指摘されよう．都市当局が親を失った市民の子供(孤児)の処遇に関わっていく過程には，そうした市民層の相続をめぐる利害関心が反映されていたと思われるのである[7]．

1. 史　　料

　中世都市における孤児後見を検討するに際し，我々は主として3つのタイプの史料を用いることができる．第1には，都市の慣習法や条例に見出される諸規定である．本章で扱うフランドル地方をはじめとする南ネーデルラント諸都市においては，13世紀末から16世紀初頭にかけて多くの都市でそうした法規

---

6) Ph. Godding [1984] p. 557; Danneel [1995] pp. 15-16.
7) 同様のモチーフは，遺言執行の問題として市民の孤児の財産管理を監督するために13世紀後半に「孤児裁判所」(Court of Orphans)が都市の機関の1つとして設置され，孤児の相続財産を保護する慣習が14世紀前半には成立していたというロンドン市の場合にも妥当するだろう．三好 [1999] pp. 203-204.

定が現れる。そのうち最も古い規定はヘントの1297年の慣習法（*coutume*）であるが[8]、その後まとまった慣習法や条例（*keur*）の多くが14世紀末から15世紀にかけて作成されている（表6-1参照）。

第2に、孤児に関する資産記録（*staten van Goed*）がある。これは市民の死亡によって未成年の子供（孤児）が後に残された時、都市当局（ヘントの場合は民事に関する参審人委員会〈*schepenen van de gedele*〉）のイニシアティブにより選定された後見人によって作成することが求められた当該孤児の相続すべきすべての財産（動産と不動産）の目録（*register*）であり、都市当局によって保存された。フランドル都市におけるこの種の最も古い史料としては、サン＝トメールの1343年から1356年までの断片的記録があるが[9]、よりまとまったものとし

表6-1 1500年以前に孤児後見・孤児資産記録をもつ主要都市
（南ネーデルラント）

都市名	孤児後見規定の年代	孤児資産記録（年）
Gent	1297 (keure)	1349-1795
	1413 (ordonnance)	
Ieper	1306 (keure)	――
Brugge	1491 (statut)	1540-1719
	1494 (ordonnance)	
Oudenaarde	――	1371-
Aalst	――	1421-
Saint-Omer	――	1343-1356（断片）
Lille	1388 (ordonnance)	――
	1474 (ordonnance)	
Kortlijk	1402 (keure & ordonnance)	――
Antwerpen	1428 (ordonnance)	――
	1496 (ordonnance)	
Mons	1428 (ordonnance)	――
Bruxelles	1445 (ordonnance)	――
Mechelen	1450 (ordonnance)	――

典拠: Ph. Godding [1987] pp. 126-127; M. Danneel [1989] pp. 33-34.

---

8) A. E. Gheldolf (éd.) [1868] *Coutume de la ville de Gand*, t. I, pp. 473-475 (art. 107-113).
9) J. De Pas [1929-37] pp. 339-374.

ては，ヘントの参審人レジスターのうちに含まれている記録が 1349 年から 1795 年まで 400 年以上にわたるきわめて長期的な史料系列として残されている点で注目に値する．この史料については，1349 年から 1400 年までの初期の孤児資産記録が L. ヴェイナント［1979; 1985］によって刊行されている[10]．その他の都市では，アウデナールデが 1371 年から，アールストが 1421 年から同様の記録を残している他は，多くの場合 16 世紀以降についてこのタイプの史料を残しているにすぎない[11]．ブルッヘでは，1397 年から孤児資産に関する記録簿 (*registers van wezengoederen*) が残されているが，実際の孤児資産の具体的な記録は 1540 年以降のことに属する(表 6–1 参照)[12]．この史料類型は，近年ようやく本格的な検討の対象となってきており，今後さまざまな観点からの分析が期待されるものである[13]．しかし同時に，この孤児資産記録の史料的限界も付け加えておかねばならないであろう．すなわち我々は，この史料から都市の下層市民の孤児については知ることができないということである．彼らは継承すべき家産をもたないか，あるいは僅かしかもちえなかったために，都市当局による当該孤児資産の目録に記載されなかったのである．したがって我々がこの史料から把握しうる孤児とは，一定の家産を残した都市の中・上層市民家系の事例に限られるということになろう．

　第 3 に，ヘントの参審人委員会の孤児に関する未刊行の 15 世紀の記録 (*handboeken van de schepenen van gedele*) と 14–15 世紀の都市会計簿 (*rekening der stad*) に見える孤児資産の運用をめぐる記録が孤児の財産保護の実態について若干の知見を提示してくれる．前者についてはこの史料を綿密に分析した M. ダネールの研究があり，また後者については D. ニコラス，M. ボーネらによって言及

---

10) Wynant［1979］Regesten van de Gentse Staten van Goed, Bd. I: 1349–1370; Wijnant［1985］Regesten, Bd. II: 1370–1400.
11) Wynant［1979］p. IX.
12) Danneel［1988］p. 32.
13) この史料類型の歴史人口学的，法史的，社会史的利用の有効性とその限界については，Wynant［1979］pp. XIII–XV; M. Boone［1988a］pp. 51–73 を参照．

されており，本論もそれらの研究に多くを負っている[14]．

2. 中世都市と孤児後見

(1) 孤児後見規定

孤児となった市民の子供を後見する制度は，北フランスからフランドル，ブラーバント地方の諸都市において広く見出されるが，その成立年代は明らかではない．この制度についての最初のモノグラフィーを著わしたL.マルシャンは，37都市を挙げているが，いずれの都市も制度の起源を伝える史料を欠いている[15]．知られている最古の事例は1273年にフランドル都市イープルで言及されている「孤児後見役」〈gard'orphenes〉の存在である．彼らはもっぱら未成年のうちに孤児となった者の権利保護を職務としており，都市参審人団体の管轄下におかれていた[16]．リルでも孤児後見役は，13世紀後半には出現している．いくつかの都市では，そうした後見権は直接参審人団体によって行使されたが，その場合孤児後見役は，参審人または前参審人が務めた．彼らはとりわけ孤児に残された資産の保護とその投資に責任を有していたのである[17]．

ところでそのような孤児の後見の具体的内容はいかなるものであったろうか．以下，ヘントの1297年の慣習法を中心とし，とりわけ孤児資産の管理について後により体系化された規定をもつにいたったリル（1388年：12ヵ条），コルトレイク（1402年：14ヵ条），ブリュッセル（1445年：34ヵ条）のケースについても言及することにしたい[18]．

---

14) 参審人委員会の孤児関係記録（*handboeken van de schepenen van de gedele*）は，M.ダネールによれば，1433年から1499年までをカバーしている．Cf. Danneel [1995] p. 19 [SAG, reeks 261bis: nr. 1 (1433–36)–nr. 18 (1499)]．また14–15世紀のヘントの都市会計簿に現れる孤児資産については，Nicholas [1987]; M. Boone [1990b] を参照．
15) L. Marchant [1902] p. 269.
16) Ph. Godding [1987] p. 126.
17) Marchant [1902] pp. 274–276.
18) 各都市の孤児後見（資産管理）規定のテクストは，Lille (1388年): J. Bartier / A. Van Nieuwenhuysen (éds.) [1965] *Ordonnances de Philipe le hardi, de Marguerite de Male*

まず後見人の選定と任命について見ていこう．ヘントでは，市民の子供が両親あるいは片親を亡くした時，「後見人」〈voghde〉を与えられた．後見人は，もし子供の両親が死亡した場合は，双方の親族集団のうちから選ばれる最も近しい年長者(しばしば伯父や叔父)であり，参審人によって承認されたしかるべき市民とされた[19]．その際もし適当な後見人が親族集団から見出せなかったときや，親族内部で対立があったような場合は，父親のギルド仲間のような血縁関係にない者を参審人が直接後見人として指名するケースもあった[20]．参審人はそこでは法的後見人の上級監督者としての役割を果たしていたといえよう．また父親であり母親であれ，片親が亡くなった場合，残された片親は法的後見人となりえた．しかし，それが母親の場合は，彼女の亡くなった夫側の親族による承認が必要とされ，また彼らは必要とあれば子供を母親から引き離すことができた．逆に母親が亡くなった場合，母親側の親族から後見人となった父親に対する同様の介入は認められていない．ただし，残された片親が後見人となっている場合，死亡した片親側の親族から「監督者」が選ばれて，後見人となった片親の恣意に対して一定の規制を加えることは認められていた[21]．こうした後見人の選定と任命をめぐっては，後のリル(第 1 条)，コルトレイク(第 1, 2 条)，ブリュッセル(第 10, 13, 16, 21–23, 15, 27 条)にも同様の規定が含まれており，とりわけブリュッセルの規定はより詳細となっている[22]．

実際に後見された孤児の事例としては，例えばヘントにおいて 1356 年，市民

---

et de Jean Sans Peur, t. I, 1381–1419, pp. 302–304; Kortrijk (1402 年): Th. De Limburg Stirum (éd.) [1905] Coutume de la ville de Courtrai, pp. 205–214; Bruxelles (1445 年): Ph. Godding [1983] L'ordonnance du magistrat bruxellois du 19 Juin 1445 sur tutelle, in: Liber Amicorum John Gilissen, pp. 162–174 に所収のものを用いる．

19) Gheldolf [1868] t. I, p. 474, art. 111: 《Ende de vorseide weesen es sculdech te vervoghdene een de naeste maech van's vader halven, ende een de naeste van der moeder halven, de outste ende van wetteliken bedde, (...) Ende de vogheden moeten wesen porters》. Cf. M. Danneel [1995] pp. 76–77. また 14 世紀ロンドンの事例について三好 [1999] pp. 207–208 参照．
20) Nicholas [1985] p. 113; Danneel [1995] pp. 80–81.
21) Nicholas [1985] p. 111.
22) Lille (1388): Bartier / Nieuwenhuysen [1965] p. 303; Kortrijk (1402): De Limburg Stirum [1905] pp. 205–206; Bruxelles (1445): Godding [1983] pp. 165–171.

Jan Van den Scake が妻を亡くし，後に9人の子供が残された．残された資産は家屋を含む不動産および金額にしてフランドル貨30ポンドであったが，9人の子供を養育するには十分ではなかった．そこで参審人委員会の承認により，父親の Jan が3人の子供を，亡くなった母方の祖父が一方の後見人として3人を引き取り，残りの3人は彼らの共同養育とすることが同意された，という記録が見える[23]．15世紀前半のイタリア，トスカーナ地方の都市世帯と同様，14世紀半ばに世帯構成が平均3.6人程度であったと推定されているヘントでは，このような多くの子供の養育は一般的ではなかったように思われるが，経済的な理由で孤児後見が分割されたケースといえよう．また，富裕と思われる市民においてさえ，多くの子供の養育が重荷であったことは，ヘントの著名な医師 Boudin de Groete の寡婦が，同じく医師であった彼女の兄 Jan Van den Woelpitte が「5人の小さい子供という重荷をもっており，神の恩寵によりまだそれ以上子供を授かるかもしれない」と記して，彼の5人の子供にそれぞれ8ポンドを遺贈し，さらに後から子供が生まれた場合の付加的な遺贈の可能性を付け加えているという事例から窺える[24]．

　孤児は，成人するまで養育がなされ，大人となるための訓練がなされなければならないと一般に認識されていたように思われる．いくつかの孤児資産の記録には，孤児の徒弟奉公についての言及の他に，孤児のためになされる養育の一部として学校についての記載が見られる．14-15世紀のフランドル都市では，オランダ語(フラマン語)の初等教育は広く普及していたといわれる．1490年の事例であるが，寡婦 Joosine De Kemel が3人の娘にも「学校に行かせ，読み書きを学ばせる」《ter scolen doen gaen, (…) te doen leerene, lesen ende scriven》ことを誓約している[25]．しかし，日常語としてのオランダ語の読み書きに加えて，フランス語を習得することが富裕な商人をはじめとする「良き」市民の条件と

---

23) Nicholas [1985] pp. 126-127.
24) Nicholas [1985] p. 127 (SAG, Ser. 330, registers van de sehepenen van gedele, 2,1, fol. 32v.) より引用．
25) Danneel [1995] p. 30 (SAG, Ser. 330. nr. 39, fol. 33 v, 30 okt. 1490) より引用．

なっていたように思われる．例えば，1371年に孤児となったヘント商人の息子 Annekin de Houveneere は，フランス語を学び，またドイツ語とフランス語を書くことを学ぶために学校に送られている．その教育は彼が商取引について学ぶことになった時期まで続けられたのである[26]．

(2) 孤児資産の管理

後見人は一般に孤児の保護に関する権利と義務を有していたが，その権限の中で最も重要であったのが孤児に残された財産(孤児資産)の管理であった．前述したように，本章で主に扱う孤児はそれぞれ一定の財産をもつ市民の子弟であった．ヘントでは，後見人は両親(ないし片親)の死後40日以内に，孤児となった未成年の子供の相続すべき財産の目録を作成し，それを参審人委員会(*scepenen van de gedele*)に提出し，登録しなければならなかった[27]．この規定は，両親のいずれかが少なくともヘント市民であるすべての子供の相続財産について適用されるものであった．その際，孤児の財産に関わる異議申し立ては親の死後1年と1日以内と定められている[28]．後見人は登録した孤児の財産を原則として彼らが婚姻可能な年齢(ヘントでは，男15歳，女12歳)に達するまで管理した．後見人は毎年1回当該孤児の資産状況について参審人委員会に報告し，その承認を得る義務があったが[29]，この規定は厳密なものではなく，他のフランドル，ブラーバントの都市でも知られているように，あまり順守され

---

26) Nicholas [1985] p. 128 (SAG, Ser. 330, registers van de schepenen van gedele, nr. 5, 2, fol. 1bis; nr. 1, 4, fol. 17v, 13r.) より引用．
27) Gheldolf [1868] p. 98, RUBRICA XXII (Van voochdyen ende hoe men daerof ontsleghen wert), art. 2:《De deelvocht (…) werdt ghelast te gadeen, inventorieren ende, by staete in bate ende commeren, (…) binnen veertich daghen naer zyn creatie up de boete daer toe staende…》．同様の規定は，Kortrijk (1402年) [De Limburg Storum, p. 208], art. 5 に見出される．
28) Gheldolf [1868] p. 472, art. 106.
29) Gheldolf [1868] p. 475, art. 112:《Ende voghede moeen eene warven't siaers rekenen van den voghedien vor scepenen…》．同様の規定は Kortrijk (1402年): De Limburg Stirum [1905] p. 213, art. 12, および Bruxelles (1445年): Godding [1983] pp. 170–171, art. 26.

てはいなかったようである．しかし，後見人が正確な孤児資産の記録を保持する必要があったことは明らかである．なぜならヘントでは，しばしば後見人による孤児の財産処理をめぐる疑念が参審人委員会から出されており，その際後見人側の主要な証拠となるものであったからである．しかし，孤児資産が減少しない限り，後見人の孤児資産に対するある程度の自由裁量は事実上認められていた[30]．したがってヘントの場合，後見人は孤児の養育と資産維持について，親族集団を代表しつつ，都市当局(参審人委員会)による上からの監督下におかれていたといえるだろう．

ところで1349年から1400年まで52年間に刊行されている孤児資産の登録数は4,178件であり，平均すると年に85件が登録されている．L. ヴェイナントの試算によれば，その数は14世紀半ばのヘントにおける年間の死者(大人)の概数(800/900人)の約10パーセントに相当するものであった[31]．孤児資産の登録数やその資産総額は年によって大きく変動しており，最も少ない年で7件(1349年)，最も多い年で193件(1369年)となっている．とりわけ増加している時期が，黒死病の流行期(1359–61年，1368–71年，1399–1400年)や，ヘント戦争(1379–85年)の後半期である1382–85年であることから，ヘントにおける孤児の増加が疫病・戦争の影響を反映していたことを窺わせる[32]．また15世紀後半の孤児資産登録の記録を検討したM. ダネールの研究においても，孤児となった子供で孤児資産が登録されているケースは年ごとに大きく変動していた．15世紀後半もヘントの歴史においては，黒死病のエンデミックな流行(1456–59年，1468–74年，1481–85年，1487–90年)や，ブルゴーニュ侯フィリップ・ル・ボンとの戦闘(1449–52年)などによる社会的危機の時代であり，孤児資産登録数の変動は，ほぼそうした社会的危機の時期と対応して増減しているのである[33] (表6–2参照)．

---

30) Nicholas [1985] p. 113.
31) Wynant [1979] pp. XV, XVIII–XXI.
32) Wynant [1979] p. XVI; Nicholas [1985] pp. 150–151; W. P. Blockmans [1980] pp. 839–840.
33) Danneel [1995] p. 43.

表 6–2 15 世紀後半に孤児後見の対象となった孤児件数

参審人記録年代	片親の喪失 父親の喪失	片親の喪失 母親の喪失	両親の喪失	合 計
1450–51 年	38	26	14	78
1455–56	274	74	207	555
1460–61	16	9	12	37
1465–66	19	18	9	46
1470–71	20	20	7	47
1475–76	59	33	17	109
1480–81	50	33	12	95
1485–86	105	55	35	195
1490–91	54	45	57	152
1495–96	27	22	12	61
合計	662 (人)	335 (人)	382 (人)	1375 (人)

典拠：M. Danneel [1995] pp. 26, 59.

孤児資産記録の形式は，まず登録された年月日，死亡した市民の名前(時に職業)，残された子供(孤児)の数の記載があり，そして「動産」⟨*roerend bezit*⟩（現金，家財道具，宝石，銀製品など），次に「不動産」⟨*onroerend bezit*⟩（所在地，広さ，土地・家屋の属性，評価額など）が記載されている[34]．死亡した市民の職業の記載は少ないため，孤児となった個々の子供の親の社会的属性は市民の子供であるということ以外は残念ながら分からない．

(3) 孤児資産の運用

後見人は原則としてこうした孤児資産を参審人委員会の承認を得ずに売却してはならなかったが，孤児資産から生み出される収入を孤児に代わって管理し，養育に必要な額以上の収入を投資や貸付によって運用することが認められていた[35]．この点で，ブルッヘ，イープル，リル，ドゥエ，サン＝トメール，カレーなど多くのフランドル，アルトワ地方の都市では都市への「孤児資産」(*bona orphanorum / weezegeld*) の供託が義務づけられていたことは興味深い．この制

---

34) Wynant [1979] p. XIV; Nicholas [1985] p. 111.
35) Nicholas [1985] pp. 130–131.

度は，ブルッヘにおいてもっとも早く1281–82年度から都市会計簿に記載されている[36]．J.マレシャルによれば，ブルッヘの「共同金庫」〈gemeentekas〉に供託された孤児資産は市長と参審人団によって管理され，投資された．そして毎年10パーセントの利子支払とともに，投資が満期に達すると孤児後見人に償還されたのである．供託された金額は毎年4,000ポンド以上，孤児への支払は5,000ポンド以上にのぼっており，都市財政の中で無視しえない項目をなしていた（表6–3参照）[37]．リルでは，この供託された孤児資産——「孤児の金」〈argent d'orphenes〉とよばれていた——は，通常10パーセントの利子で市民ないし都市共同体自身に貸し付けられた．4年有効とされた貸付証文は〈lettre d'orphenes〉とよばれ，都市の「孤児後見役」〈gard'orphene〉によって当該孤児名，後見人氏名，貸付額，借り手について登録した帳簿とともに保持されたのである[38]．

ヘントではこのような孤児資産の都市への強制的供託の制度は見られないが，実質的には同様の形式で後見人の手により孤児資産が運用されていた．D.ニコラスによれば，14世紀のヘントの孤児資産はその多くが短期的貸付（ローン）の形式をとっていたが，後見人が孤児資産によって都市内外の所領や定期金（レンテ）を購入するケースも少なからず認められる．貸付の対象は，当該孤児に関わ

---

36) C. Wyffels / J. De Smet (red.) [1965] *De rekeningen der Stad Brugge (1280–1219)*, Eerste deel: 1280–1302, p. 17, Stadsrekening van 15 oktober 1281 tot 14 oktober 1282, [2]《Receptum de orphanis. (...) Summa tocius huius recepti ab orphanis 6,464 lib. 9s. 3, 1/2d.》Cf. Ph. Godding [1984] p. 559; 平島照子 [1988] pp. 110–111.

37) J. Maréchal [1939] pp. 1–40. ロンドンにおいても，14世紀末に市当局が6人の孤児資産400ポンドを6ヵ月間金細工匠に貸し付け，その利益で飢饉の際の民衆のために穀物を購入していたケースが知られている（E. Clark [1990] 参照）．また，ブルッヘの13世紀末（1281–1299年）の都市会計簿において都市の総収入に占める孤児資産からの供託収入の割合は[表6–3]のようであり，年平均で10パーセント以上を占めていたことが分かる．ただし1302年以降になると都市会計簿の形式が変化し，「孤児資産からの収入」（*receptum de orphanis / wezengelden*）という項目は，収支の項目からは姿を消している．Cf. C. Wijfels / A. Wandewalle (red.) [1995] *De rekeningen van de stad Brugge (1280–1319)*, Tweede Deel (1302–1319), eerste stuk (1302–1306), p. IX.

38) Lille（1388年）: Bartier / Nieuwnhuysen [1965] pp. 303–304, art. 6, 7, 8, 9. Cf. J. Maréchal [1939] pp. 283–284.

表 6–3　ブルッヘの都市財政における孤児資産収入の比率（1281–99 年）

会計年度	孤児資産からの収入			都市の収入総額			収入総額に対する比率
1281–82	6,464	lib. 9s.	3,1/2d.	21,201	lib. 19s.	10d.	29.85%
1283–84	4,141	0	7	37,013	16	1/2	11.18
1284–85	6,044	16	8,1/2	55,043	19	7,1/2	10.98
1287–88	6,090	19	7	55,559	1	10	10.96
1290	4,406	8	4,1/2	43,159	17	11,1/2	10.20
1290–92	5,385	12	7,1/2	75,041	18	7	7.18
1292	6,129	16	3,1/2	51,785	1	8	11.83
1294	4,560	13	4	35,297	11	8,1/2	12.92
1297–98	12,208	15	8	69,137	2	3	17.66
1298–99	12,581	7	6	139,404	2	5,1/2	9.02
						平均	10.58%

典拠：C. Wijfels / J. De Smedt ［1965］*De rekeningen van de stad Brugge*（*1280–1319*），Eerste deel：（1280–1302），pp. 3–14.

りのある「親族や近しい者たち」（*vrienden en magen*）が中心となっており，商業的貸付というよりもむしろ個人的貸付の形をとっていた[39]．その理由として考えられるのは，ヘントの慣習では投資された孤児資産の利子は 6 ヵ月ごとに後見人に支払われ，後見人は投資によるすべての利益と損失の責任を有していたことから，後見人が確実な孤児資産の投資先や，信用するに足る確かな借り手を身近に必要としていたということである．

そうした孤児資産による貸付の事例を見ておこう．例えば 1376 年にヘント市民 Daneel de Coyere が孤児 Annekin Loete の資産に属する 12 ポンドを後見人から借用し，1 年後に 24 スー（スヘリンゲン）の「利子」〈*pensioen*〉を支払っている[40]．また 1372 年に 3 人の孤児を養育する後見人であった Willem Van den Vivere

---

39) Nicholas ［1987］pp. 205–209；フランドル都市における「親族と近しい者たち」〈*vrienden en magen*〉の概念については，Danneel ［1982］pp. 33–39；M. Carlier ［1997］pp. 71–91 を参照．
40) Nicholas ［1985］p. 235（SAG, Schepenen van gedele, nr. 6,1, fol. 30r.）より引用．

は，3人のうち1人を3ポンドの基金(その10パーセントの利子＝6スー)で，別の1人を孤児資産のうちの不動産からの収入で，そして残りの1人については「慈善として」自らの経費で養育している[41]．14世紀のヘント市民の生活水準を知ることは容易ではないが，ニコラスの示唆するところでは，4人家族で年に7ポンドが必要と推計されている[42]．子供の養育費用も個々人の社会的状況や財産状態により多寡はあったが，前述の Willem Van den Vivere のケースから知られる年6スーという金額はミニマムな生活水準であったと考えられる．

また孤児の資産に属する不動産については，それが参審人委員会の承認を得て売却される時，市の役人(erfscheeders)が要請に応じて当該不動産の価値を査定したが，その際孤児保護のために査定された市場価格よりも高い価格で売却することが許されていた[43]．1例を挙げるならば，1388年にヘント市民 Jan Van den Hecke が市内の家屋を24ポンドで購入したが，その際彼はその家屋の評価額の3分の1について2ポンド(25パーセント)の付加金を支払わねばならなかった．なぜならその家屋の3分の1はある孤児の権利に属していたからである[44]．この事例はヘントの慣習が孤児に属する資産(不動産)を市場価格の変動から保護することを意図していたことを窺わせる点で興味深いものである．

ところでヘントの孤児資産が後見人により年利10パーセントの貸付と定期金への投資に基づいて運用されていたことは先に述べた．カトリック教会による利子禁止令がこうした孤児資産からの貸付金に対する利子支払の慣行に適用されなかった事実は孤児にとって有利であったが，その正当化は子供(孤児)が本質的に自身の事柄を自ら処理しえない者であり，自己の財産を自ら増やすことができないという点で「無垢」な存在であり，それゆえに利子徴収という罪に関して神に対して責任を負うことはないと見做されていたからに他ならない[45]．この原則は他者の後見下におかれていた老人の資産について支払われた

---

41) Nicholas［1985］p. 134 (SAG, Schepenen van gedele, nr. 5,2, fol. 14r.) より引用．
42) Nicholas［1985］p. 134.
43) Nicholas［1985］p. 131.
44) Nicholas［1985］p. 131 (SAG, Schepenen van de Keure, K II, 2, fol. 47r.) より引用．
45) Nicholas［1985］p. 111.

利子にも適用されており，弱者としての老人と孤児が都市共同体による社会的「保護」の対象であったことを示している．その点で1384年のリルの参審人条例 (ordonance échvinale) が両替商を営む市民に市の孤児後見役につくことを禁じていることは示唆深い．リルの参審人団は上述したような孤児資産のもつ性格上それを金融業者の手にゆだねることには慎重であったと考えられるのである[46]．

以上のように，孤児資産の管理・運用には孤児の両親双方の親族集団の意志を反映した個々の後見人の役割が大きかったが，その背後で上級監督権を行使した都市当局(参審人委員会)の社会的配慮を窺うことができるであろう．

(4) 後見からの解放

14世紀半ばのヘントは人口5万6,000/6万4,000人と推計される大都市であり，その77パーセントが毛織物業を中心とする手工業者から構成されていた[47]．手工業者の子供は成人する以前から自ら自身の労働により生活の糧を稼いでいたと考えられる．孤児となった子供の場合も同様であり，彼らが自ら自身のパンを稼いでいた場合，本来養育費用に充てられるはずの彼らの孤児資産からの収入は後見人によって再投資された．たとえ主要な生計が，生存している片親ないし義理の親によって支えられていたとしても，働くのに十分な年齢と見做された子供(孤児)は，アリエスによって強調されたように「小さな大人」としての労働が期待されたのである．しかし，その労働に対して孤児資産からの補償がなされたことも事実である．1例を挙げるならば，1362年にMichiel Van den Colcteの寡婦は彼女の息子Annekinを4ポンドの孤児資産で養育することになったが，他方で彼女はAnnekinの姉Merkinに対しては，彼女がすでに母親のために働いているという理由で当該孤児資産の利子8スーをこ

---

46) *Ordonnance échevinale du mois de Juin 1384*:《Que dores en avant ne sera rechups ne puist estre, aucuns cangieres, oudit office desdites wardes d'orphenes》, cf. J. Marchant [1902] p. 278.
47) Nicholas [1987] p. 21; M. Boone [1984] p. 71.

の娘に支払うことになっていた[48]．このような孤児の労働は必ずしも当該家族の貧困を意味していたわけではない．前述の如く，ヘントの孤児資産は記録に記載されている事例はいずれも一定の資産を保持していた市民を前提としており，孤児の労働はむしろ補足的であって，投資やあるいは娘の場合には婚資のために用立てられたようである[49]．

ところで子供の労働は，後見状態からの子供の「解放」(ontvoogding; emancipatie) の問題と密接に関わっている．ヘントの慣習法では，法的成年 (meerderjarigheid) は 25 歳とされているが，その年齢は後見権からの実質的解放の時期とは必ずしも一致しておらず，しばしばその後まで親族集団(クラン)の後見下におかれていた事例が知られている[50]．M. ダネールによって確認された 15 世紀後半の 105 人の孤児(男 70 人，女 35 人)の「解放」年齢の記録(表 6-4 参照)からすると，その範囲は 17 歳から 36 歳にまでおよんでいる．その平均年齢は男 24.1 歳，女 24.7 歳であるが，19 歳以下ないし 30 歳以上で「解放」されているケースは少数で，男女とも 80 パーセント以上が 20 代に「解放」されている[51]．後見権からの子供の「解放」は，通常親族集団によりその者が成熟し，十分に自立したと見做された後，参審人団体により承認されることではじめて成立した．しかし，都市当局の参審人レジスターに残されている「解放」の正式な記録が 14, 15 世紀を通じて孤児資産の件数(孤児の数)と比べはるかに少ない(14 世紀後半の記録では年ごとに 20 人から 65 人まで変化している)ことから，ニコラスはこうした後見権からの「解放」が実質的にはインフォーマルな形でなされていたのでないかと示唆している[52]．

孤児にとってそうした後見権からの「解放」は重要な意味をもっていたが，上述のような正式な「解放」がなされる以外に，誓願を立てて修道院に入るか，

---

48) Nicholas [1985] p. 135.
49) Nicholas [1985] p. 135.
50) Gheldolf [1868] RUBRICA XX, art. 17, p. 350. Danneell [1995] p. 167; Nicholas [1985] p. 136.
51) Danneel [1995] pp. 225–226.
52) Nicholas [1985] pp. 137–138.

表 6–4　孤児の後見からの解放年齢(ヘント, 15 世紀後半)

年　齢	男　子	女　子
17 歳	1 人	—
18	1	1
19	2	3
20	5	5
21	3	2
22	11	2
23	5	1
24	11	3
25	10	3
26	3	5
27	5	1
28	6	3
29	2	1
30	1	2
31	—	—
32	1	1
33	1	—
34	1	—
35	1	—
36	—	2
合　計	70 人	35 人

典拠: Danneel [1995] p. 226 より作成

あるいは結婚することによって後見人の手を離れえた．我々はここで新たな問題に直面する．すなわち婚姻が孤児とりわけ孤児の女性にとっていかなる意味をもっていたのか，そしてそれに対して参審人委員会に代表される都市当局はいかなる態度をとったのかということである．

3. 孤児と婚姻

　12世紀以来婚姻は，教会法によって1組の男女の間の合意に基づき，教会が聖別する神聖な結合として定式化されていった．両者の家族の同意は，それを得ることが望ましかったにせよ，婚姻を有効なものとするためには要求されなかったのである．そこには原則として家族間の社会的利害関係は捨象されていたといえよう[53]．しかしながら貴族の場合と同様，中・上層の都市民 (*poorters*) にとって婚姻は単に2人の個人の結合である以上に婚資と相続を通じた2つの家系，家産の結合を意味していた．不都合な婚姻は，しばしば両者の親族集団や姻戚同士の反目へと導くとともに，嫡出子の相続をめぐる問題を引き起こしたからである．そうした状況において，両親ないし片親と死別した孤児の婚姻問題は，親族集団のみならず都市当局の強い関心をひいたように思われる．それでは孤児の婚姻は都市の他の子供の婚姻といかなる相違があったのだろうか．

　ヘントの慣習法では，婚姻により後見から解放された者は，すべての自己の資産をもち寄り，夫婦の部分的共有財産とした．夫婦は共有の財産の他にそれぞれ一定の財をもつことができた．それぞれが婚姻前に所有していた不動産は家屋以外個々人の所有と見做される一方，家屋の他動産と婚姻の継続中に購入されたすべての財は夫婦の共有財産となったのである[54]．この慣習はすべての新婚夫婦に適用されたが，両親を失った孤児の娘の場合，困難な問題を含んでいたと考えられる．

　それは未来の夫が未来の妻となるはずの当該孤児(娘)の所有する資産額を孤児資産記録の閲覧によってあらかじめ正確に知りえたという点である．ヘントの慣習法では夫は妻の不動産を彼女の承諾なしには自由に処分しえなかったものの，婚姻の継続中にその不動産を管理し，そこから得られる収入を使うこと

---

53) Cf., J. Gaudemet [1987] pp. 232–238; M. Greilsammer [1989] pp. 69–98; Id. [1990] pp. 13–43.

54) E. M. Meijers, [1936] *Het Ligurisch Erfrecht in de Nederalanden*, Bd. III, *Het Oost-Vlaamsche Erfrecht*, pp. 32–50.

ができた．また妻が先に亡くなった場合には，寡夫として亡き妻の所有財産からの収入の2分の1を生涯にわたって得ることができたのである[55]．したがって未来の夫の側にとっては，すでに確定された孤児資産を多く所有する孤児の娘との婚姻は，両親が健在で婚姻の際もちうる資産額が必ずしも確定されていない娘との婚姻よりはるかに安全かつ有利でありえたのである．孤児の娘との婚姻を強制的にあるいは力づくで実現することによって都市において経済的上昇を遂げることがその場合可能であったといえるであろう[56]．この点で孤児の娘の後見は，中産以上の市民層の利害にとって家財の維持と次代への財産継承に関わる重要な意味を含んでいたといわねばならない．

それでは孤児後見の上級監督者であった都市当局はそうした事態に対していかなる政策をとったのであろうか．ヘントでは，まず第1に秘密結婚（clandestine）や未成年の娘の誘拐（娘の同意の有無にかかわらず）とそれに基づく強制された婚姻は，正規の婚姻に反する行為として厳しく罰せられるべき犯罪とされ，投獄，鼻そぎ（de nues afsniden）および追放刑（bannen）の対象とされた[57]．

また親族集団によって孤児資産相続の権利剥奪が秘密結婚の当事者に対してなされたケースも15世紀に存在する[58]．ヘントの慣習法は他のフランドル都市とは異なり，相続において男女の区別なく平等に相続権を子供に与えるという均分相続の原則をとっており，また父親が遺言によって自由に処分しえたのは遺産の3分の1に限られていて，子供の相続権を恣意的に奪うことはできなかったのであるが[59]，その点でかかる相続剥奪という処置が罰として敢えてなされえたことは，都市当局が市民の婚姻における社会的，経済的利害を認識し，さまざまな法的措置により孤児にとって望ましくない婚姻を抑制しようとしたことを示唆していよう．

都市当局（参審人）はさらに，そうした孤児の婚姻が正式になされる以前に未

---

55) Meijers, *ibid.*
56) Danneel [1989] p. 103.
57) Gheldolf [1887] t. I, XXIII, p. 450, art. 59, 60, 61.
58) Danneel [1989] p. 105.
59) Meijers, *op. cit.*; Gheldolf [1887] t. I, XX, pp. 94–95; Nicholas [1985] pp. 140–141.

来の夫を召喚し,双方の「親族や近しい者」(*vrienden en magen*)と参審人委員会(*schepenen van de gedele*)の同意なしに婚姻を行わないことを誓約させていた.中世後期の市民にとって都市共同体への誓約行為は重要な意味をもっており,都市当局は市民の婚姻についてその有効性を左右しえなかったにせよ,そうした誓約を遵守させることでそれに対処したのである.また,孤児の娘の婚姻対象として挙げられた複数の候補者の間で誰を選ぶか対立が生じた場合,参審人委員会による審問が行われ,決定が下された[60].

以上のように孤児の婚姻に対して加えられたさまざまな規制は,何よりも孤児のもつ孤児資産の重要性との関わりにおいて理解されなければならない.都市当局と孤児の親族集団は,保護すべき存在として孤児を扱いつつ,その関心は現実には孤児資産という家産の維持とその適切な継承という問題に向けられていたといえるだろう.

4. 孤児院(weeshuis)の設立と活動

上述した孤児資産をもつ孤児の他に,相続すべき財産をもたず,また都市内に「親族や近しい者」(*vrienden en magen*)のいない孤児もまたヘントには存在した.そうした貧しい孤児のための施設としてヘントでは14世紀半ばまでに2つの孤児院(*weeshuis*)が都市によって建てられていたことにも注目しておこう[61].都市会計簿の支出記録から,我々は遅くとも1360年代にはそうした孤児院の存在を確認できる.その初出である1360–61年度の都市会計簿では,暖房・燃料用の泥炭が「ブルフ通りの孤児院」(*weesen huus in de Borchstrate*)と「シント・ミヒルス(教区)の孤児院」(*weesen Sente Michiels*)の2つの施設に供給されており,以後泥炭のほか,薪,鰊,布などの供給が両者に対して恒常的に都市会計簿に現れている[62].ブルフ通りの孤児院では参審人委員会(*schepenen*

---

60) Danneel [1989] p. 106.
61) Danneel [1995] p. 97.
62) A. Van Werveke (ed.) [1970] *De Gentse Stads- en Baljuwsrekeningen (1351–1364)*, p. 461. 本章第2章を参照.

van de keure) により院長 (*weesheer*) が任命され，孤児が 1 人受け入れられるごとに 2 ポンドが都市から支払われていた[63]．この施設の孤児のための年間経費や収容人数については記載がないが，院内の孤児のためのスープ (*potage*) の経費として，15 世紀の都市会計簿では毎年 4 ポンドが支出されている[64]．またこの孤児院は礼拝堂をもち，1479 年にはその礼拝堂の新たな装飾のための経費が都市から支払われている[65]．1498 年にこの孤児院は，同じブルフ通りの市民 Daneel Laephout から彼の亡くなった兄弟 Jan の魂のために複数のミサの読誦と引き換えに終身定期金 (*erfrente*) の贈与を受けている[66]．このことから，孤児院もまた施療院とともに都市の慈善施設の機能の一端を担っていたことが窺えるだろう．

　この施設は 7–8 歳までの年齢の孤児の他，捨児も受け入れていた[67]．著名な 15 世紀のフィレンツェのインノチェンティ捨児養育院もまた両者を受け入れていた点で，共通する役割を担っていたように思われるが，ヘントの場合は両親も，扶養可能な親族もいない孤児あるいは捨児に限られていた点がインノチェンティとは異なっている[68]．本来フランドル都市の慣習では，孤児は両親の家族・親族集団によって養育されるべきものとされており，孤児院はあくまでも第 2 の手段として意識されていたように思われる．

　また捨児については，フランドルの都市慣習法は一般に厳しく，例えば 14 世紀のイープルでは，7 歳に満たない子供を遺棄したかどで，Pierre de Grise なる人物が，5 年間のフランドル地方からの追放刑を科せられている[69]．ヘントにお

---

63) Danneel [1995] p. 98.
64) Danneel [1995] p. 98.
65) Danneel [1995] p. 98 (SAG, reeks 400, nr. 27: rekening, 1479–80, fol. 61 から引用).
66) Danneel [1995] p. 98 (SAG, reeks 128, nr. 1, gebuurte Burgstraat, renten, 1498–1666 から引用).
67) Danneel [1995] p. 98.
68) Danneel [1995] pp. 98–99．フィレンツェのインノチェンティ養育院の活動については，Ph. Gavitt [1990]；高橋友子 [2000] などを参照．
69) P. Pelsmaeker (éd.) [1914] *Régistres aux sentences des échevins d'Ypres*, nr. 751:《Pierre de Grise est banis V and hors de le pays de Flandre, sous se teste, pour ce qu'il laissa un petit enfant desous sept ans de derriere luy . . .》

いても子供の遺棄は 10 年間のフランドル地方からの追放刑と定められていた[70]。ヘントの 15 世紀の都市会計簿から若干ながら知られる捨児の数は年間 5 人程度であって，フィレンツェのインノチェンティのような数百人の規模で受け入れられることはなかった．16 世紀以降その数は漸増していくが，18 世紀においても年間 50 人を超えることはなかったとされている[71]．J. バブによれば 16 世紀前半(1527-36 年)のパリにおいても同様に，子供の遺棄は年平均 70 人ほどであったという[72]．そうした北の都市とイタリア都市(フィレンツェ)との捨児の受け入れ数の大きな差異は，残されている史料の多寡にも一因があろう．しかし，フランドル都市の場合についていえば，孤児のみならず捨児に関してもまず親族集団内部での解決がはかられたことによることが大きいのではないかと思われる．またいわゆる庶子(非嫡出子)の社会的地位に関する M. カルリエの研究が示唆しているように，フランドル都市では相続の権利を別にすれば，一般に庶子に対して寛容であり，庶子が捨てられるケースはイタリア都市に比して少なかったと考えられるのである[73]．

*　　　*

中世後期の都市社会において子供は明らかに保護され，養育されるべき存在であった．それは子供を取り巻く社会・経済的条件への後見者の配慮という形で現れるが，とりわけ社会的に弱い立場におかれていた孤児への態度において最も先鋭的な表現をとったといえるのではなかろうか．フランドル都市ヘントにおいて認められるさまざまな孤児保護の在り方は，その 1 つの事例を提供するものといえよう．13 世紀後半から知られる都市当局による孤児後見への介入は家族と家産の存続・発展を意図した中・上層市民のモチーフを間接的に支え，都市の公的領域と私的領域の交錯する場においてそのモチーフを実現すること

---

70) Danneel [1995] p. 100. パリでは，14 世紀末に子供の遺棄に対して 3 年間の都市追放が科されている (J. Bavoux [1979] pp. 365-366)．
71) Danneel [1995] p. 100; 中世の捨児一般については J. Boswel [1988] を参照．
72) Bavoux [1979] p. 367.
73) Carlier [1987] p. 192. 相続については，嫡出子と非嫡出子の間で明確な区別があり，非嫡出子に対する対応は必ずしも寛容とはいえなかった．

を目的としていた．そうした孤児後見システムは，15世紀後半以降フランドルをはじめとするネーデルラント諸都市ではしだいに Weeskamer / Chambre pupillaire とよばれる都市の一部局として発展していくことになる[74]．

14–15世紀の都市公権力が都市住民に対し，労働市場や貧困問題，奢侈の規制などさまざまな分野においてしだいに後見的性格を強めていったことは近年強調されているところであるが[75]，本章で検討した都市の孤児や捨児に対する態度もまたそのような都市共同体の意図を反映しており，本来私的な領域に公的な組織による保護が適用されていった事例といいうるであろう．

---

74) Cf., S. De Keyser [1968] pp. 139–238.
75) 本書第7章，相澤隆 [1988] などを参照.

第7章　中世末期の貧困と都市の社会政策
——イープル改革を中心として——

はじめに

　中世後期から近世にかけてヨーロッパの各地で大衆的貧困化の現象とそれに伴う浮浪の問題がクローズアップされたことはよく知られている．1960年代以降，ヨーロッパの歴史的諸局面における貧困現象について新たな関心の波が生じた中で，中・近世社会の宗教史的，心性史的文脈や，商業資本主義の勃興に即した経済史的文脈との関連において貧困と貧民をめぐる諸問題が取り上げられ，検討されてきた[1]．そうした貧困・貧民と社会の関係を探る上で16世紀前半に西ヨーロッパの各地の都市で行われた貧民救済組織の再編成の試みは，中世初期以来の伝統的貧民観と救貧システムの転換としてきわめて重要な意味をもっていたといえる[2]．近年，中世から近世にかけてのヨーロッパにおける貧民の歴史を包括的に論じたB.ゲレメクによれば，16世紀の前半こそ大衆的貧困化と社会的無秩序に対する社会政策および集合的態度の決定的変革が生じた時期であり，この時期に都市は先駆的な救貧組織改革条例の公布により，かかる社

---

1) 代表的研究として M. Mollat [1978]; C. Lis / H. Soly [1979]; B. Geremek [1980] [1987]; T. Riis [1981]; P. Christophe [1985–87]; R. Jütte [1981] [1994]; 田中峰雄 [1980]; 藤川徹 [1985] などを参照．
2) J-P. Gutton [1971] pp. 102–104.

会的規制の領域において後の「領域福祉国家」のミクロコスモスとしての役割を演じたと見做されているのである[3].

本章では，そうした近年の認識に基づきながら，1520年代を中心に制定された都市の救貧組織改革条例成立の背景とその意義に注目し，フランドル都市イープル（Ieper / Ypres）の著名な改革条例を主たる史料として中世末期から近世にかけての移行期における都市社会層の貧困化のプロセスと都市の対応について検討する．

以下では，まず前提として1520年代の都市の救貧政策をめぐる研究史を概観することから始めよう．

1. 1520年代の「救貧組織改革条例」をめぐる論争史

1520年代に始まる伝統的慈善の在り方と貧民救済組織の再編成は，1522年のニュルンベルク，ヴィッテンベルク，ネルトリンゲンの諸都市を嚆矢とし，1545年のトリエント公会議までにドイツ，ネーデルラントを中心に，フランス，スイス，北イタリアを含む62都市で実施された[4]．そのうち半数にあたる32都市が1530年以前に救貧組織改革条例を公布していた（表7-1参照）．

そうした貧民救済組織の再編成については，19世紀末以来プロテスタンティズムによる改革への貢献に焦点があてられ，プロテスタント，カトリック双方の立場から論争がなされてきた．ドイツでは，1880年代よりG. ウルホルンらプロテスタントの研究者が，ニュルンベルクの条例をはじめとするドイツ諸都市の救貧組織改革のプロセスを検討し，救済システムの改革がもっぱらマルティン・ルターを中心とするプロテスタントによるものと位置づけたのに対し，カトリックの側からエールらが，宗教改革以前にかかる救済システムを変換するプロセスが開始されていたこと，慈善組織の変容は貧民に対する社会的態

---

3) Geremek [1987] p. 14. 16世紀のヨーロッパにおける救貧組織改革一般について，近年の最も包括的な議論としてR. Jütte [1994] を参照．
4) C. Lis / H. Soly / D. Van Damme [1985] p. 55.

表7-1 救貧改革条例を公布した都市（1522-29年）

年代	ドイツ	ネーデルラント	フランス	スイス	北イタリア
1522	Nürnberg Wittenberg Nördlingen				
1523	Kitzingen Leisnig Altenburg Straßburg Breslau Regensburg Augusburg				
1524	Magdeburg Königsberg			Sankt-Gallen	
1525	Stralsund Danzig	Mons, Ieper		Zürich	
1526	Hall, Kassel				
1527	Hamburg		Lille		
1528	Braunschweig Esslingen, Ulm		Dijon	Bern	Venezia (-1529) Verona (-1529)
1529		Nieuwpoort Oudenaarde	Troys		

典拠：H. Soly［1975］pp. 591-592; Lis / Soly / Van Damme［1985］p. 211; R. Jütte［1984］p. 44 に基づいて作成．

度の変化と同様カトリック，プロテスタント双方の側から同時に生み出されたとする反論がなされ，その後40年近くにおよぶ論争が行われたのである[5]．

この問題は，1910年代に入ってカトリック都市イープルおよびモンスで1525年に公布された同様の救貧組織改革をめぐり，ベルギーの研究者によっても取り上げられることになった．まず，大著『ベルギー史』第3巻において H. ピレンヌは，イープル改革を「ルネサンス的」改革として捉え，ドイツ都市とは別個に新たな政策として生み出されたものであると論じた[6]．彼によれば，イ

---

5) この論争については，H. J. Grimm［1970］, pp. 222-223; C. Lindberg［1977］pp. 313-334; Geremek［1987］p. 16; O. Winckelmann［1914］pp. 187-228, 361-400 などを参照．
6) H. Pirenne［1912］t. III, p. 290.

プル改革は3つの社会思想的環境——エラスムス主義・法学者・資本家——に由来する政治的プロジェクトの産物であり,慈善施設の世俗化的傾向と社会の「近代化」過程の中に位置づけられる動きであったという. 1915年にイープル改革に関する基本史料を編纂したJ. ノルフもこの改革がニュルンベルクをはじめとするドイツ都市の改革の影響を受けたとする従来の見解に反対し,人文主義者(ユマニスト)の影響に基づく独自の地方的性格をもつ改革としてモンスの事例とともにそれを位置づけたのである[7]. これに対してP. ボナンファンは, 1531年のカール5世勅令に見える公的貧民救済の改革を検討した1927年の論文において,それに先立つイープル,モンスの改革とドイツ諸都市の改革との間の密接な関係を再び強調した[8]. 彼はカール5世勅令に改革モデルを提供したのはイープル改革であったとするピレンヌ,ノルフらの見解を再検討して,その改革の起源を在地の産物と見做した両者の解釈を否定し, O. ヴィンケルマンの研究に拠りながらルター派のプロテスタンティズムの影響下に行われたとされる1522年のニュルンベルク,さらには1523年のストラスブールの改革がカトリック都市イープルおよびモンスの改革,そしてカール5世勅令に影響をおよぼしたと論じている. またイープル改革に見える救貧事業の世俗化は,ピレンヌが論じたように16世紀の産物ではなく,すでに14–15世紀のうちに展開されており,それ自体は革新的なものではなかったが,イープル改革が示した〈物乞いの全面的禁止〉と〈救貧組織の一本化〉という2つの原則の確立にその意義が見出されるというのである. 以上のようなボナンファンの研究は,カトリック都市の救貧組織改革へのルター主義の貢献を強調する点で後代の研究者に多大な影響をおよぼしたといえよう. 例えば1528/29年のヴェネチアの救貧組織改革について論じたB. プッランもヴェネチアにおける改革がニュルンベルクを通じてもたらされたルター主義の衝撃の下で行われたと考えているのである[9].

---

7) J. Nolf [1915] pp. XIX–XXI.
8) P. Bonenfant [1926/27] pp. 115–117.
9) B. Pullan [1971] pp. 254–255.

これに対し1950年代以降，宗派的論争とは別の角度からカトリック都市における救貧組織改革へのユマニストの貢献を強調する研究が現れた．例えばM. バタイヨンは，『貧民救済について』《De subventione pauperum》(1526年)を著したスペイン人ユマニストのフアン・ルイス・ビーベスとエラスムスの思想の共通点を指摘する中でネーデルラント諸都市の救貧組織改革への両者の思想的貢献に注意を促した[10]．彼の研究が出発点となって，1960年代以後救貧組織改革においてユマニストを含む都市参事会員ら都市のエリート層の果たした役割に注意が向けられるに至ったのである．ストラスブールに関するM. U. クリスマン，リヨンに関するN. Z. デーヴィスらの研究はいずれもそれらの都市の救貧組織改革がさまざまな集団に属する都市指導層(市政担当者，商人など)による共通のプログラムに基づいていたことを明らかにした[11]．さらに1970年代以降のH. ソーリーやB. ゲレメクらの研究は，そうした救貧改革の問題をより根本的に中世後期以降の社会・経済構造変容の文脈の中で捉え直し，M. ヴェーバー以来論じられてきた資本主義の発展と救貧改革の接点を明らかにしてきた[12]．それらの研究では，1520年代を画期として宗教改革の有無を問わず，プロテスタントとカトリックの両地域の都市で，何故ほぼ同時期に貧民救済組織の再編成が行われたのかという点を問題とし，その背景となる中世後期から近世にかけての貧困と都市社会の変容との関わりが，地域ごとの特殊性を考慮に入れながら比較検討されてきたといえるだろう．

　以下，西ヨーロッパにおいて北イタリアとともに，都市化の最も著しい地域であったフランドル地方を中心とする南ネーデルラント都市の事例を通じてこの問題に接近し，イープル改革の歴史的位置づけを行うことにしたい．

---

10) M. Bataillon [1952] pp. 141–158. ビーベスについては次章で詳しく論じるが，とりあえず次の文献を参照．A.-J. Namèche [1841]; C. Noreña [1970]; C. van Bruwaene / F. Simon / A. Verbruggen-Aelterman [1985], pp. 53–67.
11) M. U. Chrisman [1967] pp. 275–283; N. Z. Davis [1968] pp. 217–275 (邦訳「貧民救済，ユマニスム，異端」成瀬駒男他訳『愚者の王国 異端の都市』平凡社，1987年，37–93頁)
12) Soly [1975] pp. 584–597; Lis / Soly [1979] pp. 26–29; Geremek [1987]; T. Fischer [1979]; O. P. Grell [1997] pp. 43–48.

2. 中世末期の貧困と南ネーデルラント都市社会

(1) 貧困化の諸相と貧民救済

　西ヨーロッパ経済は，14世紀後半以降一般に「危機」の時期を迎えたといわれる．南ネーデルラントでは，14世紀半ばから後半にかけて流行した黒死病（ペスト）の打撃は他地域に比して大きいものではなく，15世紀前半まで人口と経済的水準において有利な状況が継続したと考えられてきた．しかし，15世紀半ばを境に南ネーデルラントも毛織物工業の不振による経済的危機およびブルゴーニュ侯と諸都市の対立下におかれ，危機の時代を迎えることになった[13]．この時期の南ネーデルラント社会の経済的貧困状況は，フランドル，ブラーバント，エノー各地方についてなされた戸口調査 (*Dénombrements de foyers*) の記録からある程度窺うことができる．まず農村部において「貧民」(*indigentes*) と見做された階層は，1437年のブラーバント地方で農村人口の29.7パーセントを占め，またフランドル地方でも1469年に記録の残されているすべての農村教区における貧民の割合は，平均25パーセントと見積もられている[14]．他方，都市部ではデータは限られているが，フランドル3大都市から見ていこう．まず中世後期に北西ヨーロッパ有数の商業都市であったブルッヘでは，1394–96年の「租税帳簿」(*belastings registers*) から3,651世帯中83パーセントにあたる3,036世帯が3ドゥニエ以下の税を支払う最低の課税ランクに属していたこと，毛織物職人・徒弟の87パーセントがこのカテゴリーに含まれていたことが知られる．一方4段階に区分されていた課税ランクにおいて，上位2ランクに属していたのは全体のわずか3パーセント (106世帯) にしかすぎず，富の分極化の傾向が

---

13) E. Aerts / E. van Cauwenberghe [1984] p. 107; W. P. Blockmans [1984] p. 127; Lis / Soly [1979] pp. 34–35.

14) J. Cuvelier [1912] t. I.; J. De Smet [1935] pp. 105–150; Archives Générales du Royaume, *Trésor de Flandre*, nr. 1356 (*Dénombrement de foyers*, 1469); W. P. Blockmans / W. Prevenier [1975] pp. 515–517. この調査で「貧民」と定義されているのは，教区貧民救済組織（聖霊の食卓）の援助を受けている貧民〈*disarmen*〉および課税の対象となっている貧民〈*fiscale armen*〉の2つのカテゴリーの者たちである．

著しかった[15]．イープルでも，1431年の1つの街区の戸口調査記録によれば，記載されている850世帯のうち，救済組織の援助を受けていた貧民世帯は89世帯(10.5パーセント)であったが，その他に課税を免除された低所得世帯が583世帯(68.6パーセント)を占めていたことが分かる[表7-2参照]．当時のイープルの人口(約1万500人)に対する調査対象戸数の絶対数の少なさ(約3分の1程度)を考慮しなければならないとしても，課税対象外の世帯の割合の高さはこの都市の経済的衰退と貧困の度合いの深刻さを示していたといえよう[16]．ヘントでは，1492年に都市の7つの教区の1つであるシント・ヤコブ教区の租税台帳に記載されている971世帯すべてが課税の対象となっているが，その49パーセントは実質的に税の未払いの潜在的貧困者層であったと見做されている[17]．コルトレイクでは，15世紀半ばの貧困者層(免税者ないし最低額の税支払者)は，全人口の約10パーセントを占めていた[18]．フランドルの小都市の場合は，1469年の戸口調査に記載されている17の都市において「貧民」(aermen)と見做しうる世帯数の割合は，都市ごとに大幅な相違(2.6パーセントから40.7パーセント)を示すが，平均して26.1パーセントという比率が得られている[表7-3参照][19]．

表7-2 15世紀前半イープルの貧困状態（1431年）

区分	カテゴリー	戸数	比率(％)	援助の有無	備考
a	貧困と乞食	51	6	有	寡婦・盲人39戸を含む
b	救済組織所属の貧民	38	4.5	有	寡婦25戸を含む
c	その他の税免除者	583	68.6	無	――
d	課税対象者	178	20.9	無	――
合計		850	100		

典拠：Pirenne [1985] pp. 13, 27, 30-32.

---

15) I. De Meyer [1971] pp. 41-42.
16) H. Pirenne Les dénombrements de la population d'Ypres au XVe siècle, 1903, in: Pirenne [1985] pp. 470; 486-488; W. Blockmnans / W. Prevenier [1978] p. 34.
17) Blockmans / Prevenier [1978] p. 34.
18) Blockmans / Prevenier [1978] p. 35.
19) Blockmans / Prevenier [1975] p. 513.

表7-3 フランドル地方の小都市における貧民の割合(1469年)

都市名	「貧者の食卓」の援助を受けた貧民(人)(Disarmen)	課税された貧民(人)(Fiskale armen)	世帯数総計(戸)	貧民の割合(%)
Deinze	26		152	17.1
Diksmuide	225		553	40.7
Hazebroek	50		568	8.8
Kassel	60		229	26.2
Lo	40		147	27.2
Lombardsijde	77		102	75.0
Menen (Comine)	10		380	2.6
Mesen	[72]		280	25.7
Oostburg	29		164	17.7
Oostend	35	70	488	21.5
Oudenburg	80		266	30.1
Poperinge	41	259	900	33.3
Roeselare	[112]		348	32.2
Ronse	150		510	29.4
Steegers	100		300	33.3
Tielt	36		313	11.5
Veurne	161		552	29.2
総計	1120 + [184]	+ 329	6252	26.1

典拠：W. Blockmans / W. Prevenier [1975] p. 513.

表7-4 15-16世紀ブラーバント都市の貧困状況

| 都市名 | 貧困の割合(%) ||||
	1437年	1480年	1496年	1526年
レウヴェン	7.6	18.3	――	21.7
ブリュッセル	10.5	――	17.1	21.0
アントウェルペン	13.5	10.5	――	――
スヘルトーヘンボッス	10.4	――	――	14.3
4大都市(平均)	10.5	13.7	――	19.2
小都市(平均)	9.2	27.0	――	28.6

典拠：Blockmans / Prevenier [1975] p. 517.

またブラーバント都市では，1437年，1480年，1496年，1526年の4つの時期について得られる貧民層の割合は表7-4のようであり[20]，レウヴェン，ブリュッセル，アントウェルペン，スヘルトーヘンボッスの4大都市でも，他の小都市でも一様に15世紀から16世紀前半にかけて貧困化の度合いが高まっていったことが認められる．

もちろんこれらの数値が貧困の社会的現実をどれだけ反映していたかは，別個に検討を要すべき問題である．なぜなら，そうした戸口調査記録や租税台帳系の史料は当該都市・地域の全人口を必ずしも包括していたわけではなく，まさしく最も貧しいカテゴリーに属する者たち，とりわけ非定住の乞食・浮浪の者たちが除外されているからである[21]．したがって現実には，より多くの潜在的貧民層の存在がとりわけ人口流入の著しかった都市部において想定されるのである．そうした史料上の制約を考え合わせるならば，14世紀末から16世紀初頭にかけて南ネーデルラントの都市がいずれも恒常的な貧民層をかかえていたこと，そしてその割合は15世紀後半以降相対的な高まりを示すこと，また少数者への富の集中ないし富の分極化が著しいことなどを指摘することができるだろう．

そうした都市の貧困化の要因としてC. リスとH. ソーリーは，15世紀の南ネーデルラントで頻発した戦争，凶作，疫病といった外因の他，14世紀半ば以降農村工業の成長が一方で農民層の分解をもたらし，彼らの都市への流入を促進したこと，15世紀半ばより穀物生産の供給量を上回る割合で生じた人口増加，伝統的毛織物工業の特化による分業の促進が小生産者の織元(ドラピエ)＝企業家への従属を強化し，同時に未熟練手工業者ないし賃労働者層の構造的貧困化をもたらしたと説明し，ゲレメクも同様の見解を提示している[22]．またJ-P. ソッソンは14-15世紀のブルッヘの手工業者の経済状態に関する研究において建築業部門を中

---

20) J. Cuvelier [1912] t. I; Blockmans / Prevenier [1975] p. 517; Blockmans / Prevenier [1978] p. 35.
21) Cf. J. L. Goglin [1976] pp. 89-145; K. シュルツ(小倉欣一訳)[1969]「中世下層民研究の諸問題」を参照．
22) Lis / Soly [1979] pp. 47, 63; Geremek [1987] p. 87.

心に日雇い・未熟練手工業者層の収入の不規則性と不安定性を明らかにするとともに，相対的に富裕とされた親方職人の場合においてさえ，経済危機の時期（1437-39 年；1481-83 年）には彼らの収入がほとんど貧困ラインにまで低下したことを示した[23]．

以上のように 15 世紀の南ネーデルラントでは，都市手工業者層を中心に貧困化のプロセスが著しかったが，それに加え非定住の乞食・浮浪者を含む多様な「周縁人」(marginaux)が都市の下層民集団を構成していた[24]．そうした周縁集団は，都市社会の環境と治安の悪化の要因と見做されていくことになる[25]．中世末期において貧困とは少数者の運命ではなく，少なからぬ都市住民の生活様式となりつつあったのである．

これに対し，都市における救貧活動は本書の第 1 部でヘントについて検証したように，12 世紀以来大別して 2 つのタイプの組織により担われてきた．1 つは，修道院や市民によって創設された「施療院」(hospitaal)ないし神の家(Godshuis)などとよばれた貧民，病者，巡礼などの収容施設であり，いま 1 つは，教区在住の在宅貧民(huisarmen)やいわゆる「恥を知る貧民」(pauvres honteux)に対する物資分配のための扶助組織であった聖霊の食卓／貧者の食卓(Tafel van de Heiligen Geest / Armentafel / Tables des pauvres)である[26]．そうした救貧組織が「キリストの貧者」と見做された伝統的貧民にアジールの場を提供しつつも，その救済の内実においてはきわめて儀礼的，典礼的性格を保持し，貧民の現実的困窮に対して必ずしも十全な援助を与ええなかったことはすでに論じたところである[27]．しかし，中世後期になると，都市における救貧活動が

---

23) J-P. Sosson [1977] pp. 238-260.
24) 娼婦，魔術師，旅芸人など都市の多様な「周縁集団」の諸類型については各国で研究の進展が著しい．特に以下の文献を参照．J. Heers [1963/1982] pp. 337-349; J-C. Schmitt [1978] pp. 346; 356-357; F. Graus [1981] pp. 385-437; R. Muchembled [1978/1985] pp. 108-126; B-U. Hergemöller [1994] pp. 1-55; J. Van Gerven [1996]; G. Dupond [1997] pp. 93-103; id. [1998] pp. 221-240.
25) H. Van Den Eerenbeemt [1962] pp. 146-148.
26) 河原 [1986] [1988a].
27) 本書第 1 部 2-5 章参照．

より多様化していったことは事実であり，都市ごとにその位相は異なっていたとしてもいくつかの諸類型を示すことは可能である．W. P. ブロックマンスとW. プレヴニールは，かかる活動として［i］都市当局による援助，［ii］ギルド，兄弟団による相互扶助と分配，［iii］修道院による分配，［iv］新たなタイプの「聖霊の食卓」（「貧者の食卓」）による分配の4つを挙げている[28]．このうち［iv］は，15世紀後半にブラーバント都市［アントウェルペン：1458年；スヘルトーヘンボッス：1477年；メヘレン：1499年など］で組織されたもので，「家住み貧民の食卓」（Tafel van de Huisarmen）とよばれた．この新たな「貧者の食卓」の特徴は，従来の「聖霊の食卓」と比べ，はるかに選択的に救貧対象者を特定し，より効果的な物資の分配を行ったことにある．実際スヘルトーヘンボッスの「家住み貧民の食卓」では，収入の72パーセントが実質的な分配に向けられていた（同市の従来の「聖霊の食卓」の場合は，収入の21パーセントにすぎなかった）のである[29]．

他方，救済組織の多様化とともに，15世紀にはその専門化が顕著な現象となる．北イタリア都市と同様，南ネーデルラントでも都市当局によって，精神障害者用施設［ヘント：13世紀；ブルッヘ：1402年；モンス：1431年］，孤児院および捨児養育院［ヘント：14世紀半ば；ブルッヘ：14世紀末；ブリュッセル：1444年］，疫病患者用施設［ブルッヘ：1428年］などさまざまなカテゴリーの弱者のための専用の施設が設立されていったのである[30]．

しかし，そうした都市におけるさまざまな救済活動と対をなす形で，まさしくこの時期以降，救済の規制と救貧の対象者の選別化の動きが，都市当局の政策の中において現れてくることに注目せねばならない．

（2） 貧困と社会規制

近年の諸研究が明らかにしたことの1つは，中世社会において聖なる位置を

---

28) Blockmans / Prevenier [1978] pp. 40–44.
29) Blockmans / Prevenier [1978] pp. 58–59.
30) P. Bonenfant [1965] pp. 40–44; G. Maréchal [1984] pp. 519–520.

占めてきた貧困の称揚理念が14世紀半ば以降揺らぎ始め,経済史的次元での構造的貧困が都市プロレタリアートの創出という形で明瞭となっていくにつれ,貧困とそれに結びついた労働の価値観の変化というプロセスが生じたということである[31]．その際都市当局や王権などの公権力により選択された方策は,「良き貧民(＝身体不自由者)」と「悪しき貧民(＝身体壮健者)」という道徳的2分法による貧民の分類であり,後者の中に社会秩序にとっての危険性を認め,排除と抑圧の対象としたことであった．中世後期が都市共同体にとって秩序と統合の再編期であったとすれば,働かざる身体壮健者を「悪しき貧民」と見做す労働観の形成は,物乞い・浮浪の者の差異化を促し,都市共同体からの排除を導くことになったのである．

物乞い・浮浪行為に対する制限や労働の義務を明文化した条例は,イングランド,フランス,スペインなどの王権によって1350年前後より現れている．そうした条例の意図は,黒死病流行以後の人口減少のために生じた労働力不足とそれに伴う賃金の高騰に対する労働市場の安定化と低賃金水準の維持という支配層の利害にあったと見做されている[32]．また都市条例としては,南ドイツの帝国都市ニュルンベルクの「喜捨条例」(*Almosenordnung*)が1370年頃に発布されており,最も初期の条例の1つであった[33]．この10ヵ条からなる条例は,(i)乞食の記章をもたない者すべての物乞いの禁止,(ii)都市当局により任命された物乞い監督官(*Bettelrherr*)による取締まりと物乞いを必要とする貧民に対する乞食の記章の分配,(iii)乞食の登録と6ヵ月ごとの状況調査,(iv)他処者の乞食に対する3日間の市内滞在許可等を骨子とし,都市当局による救貧の対象の限定が明瞭に示されている．

南ネーデルラント都市でも15世紀初頭から同様に物乞い・乞食規制を中心とする一連の都市条例が現れる．そこでは都市当局ないし「聖霊の食卓」の許可

---

31) J.-P. Gutton [1974] pp. 93–96.
32) Geremek [1987] pp. 109–110, 133; LIs / Soly [1979] pp. 48–49; 田中峰雄 [1983] 27–35頁.
33) W. Rüger [1932] pp. 68–69.

なしに物乞いをすることの禁止［ヘント：1414年，1432年；ブリュッセル：1423年］，よそ者の乞食の規制［モンス：1403年，1409年，1438年；ヘント：1432年］，15歳以上の者の物乞いの禁止［ブリュッセル：1422年］，10〜60歳までの者の労働義務［ブリュッセル：1423年，1466年，1497年］；ブルッヘ：1497年］，身体壮健な乞食の逮捕と投獄［ブリュッセル：1433年］，乞食に対する救済（喜捨）の制限［レウヴェン：1460年；ブリュッセル：1461年，ヘント：1491年］といった諸条項が含まれ，都市当局による貧民の規制・管理の政策を見出すことができるだろう[34]．

そのような都市条例は，1459年にブラーバントで，1461年にフランドルで発布されたブルゴーニュ侯国のフィリップ善良侯（Philippe le Bon）による条例（*Ordonnance*）によって補強され，領邦全体に適用されたのである．ブラーバントの条例では，全34ヵ条のうちはじめの23条が領邦における暴力と無秩序化に対する諸規定であり，続く24条以下の物乞い規制条項の社会的背景をなしていたと考えられる[35]．そこではまず第1条において，この条例の発布後3日以内にすべての「無産の身体壮健者」《ledichgangers》は一所に定住して仕事を探さねばならない旨を規定した後，領邦内では，(i) 12歳以下の子供ないし16歳以下の徒弟，(ii) 60歳以上の老人，身体障害者ないし病の結果生計を立てられなくなった者以外の者による物乞いの禁止，(iii) 幼い子供の世話をする者以外の者の物乞いの禁止［24条］，[i] と [iii] のカテゴリーの者は物乞いをするために特定の記章を携帯すべきこと，そしてその記章は都市当局ないし，村落の「聖霊の食卓」の費用で分配されるべきこと［26条］，物乞いは彼らの居住地区に限定されること，巡礼者と「名誉ある」旅人は例外的に記章なしでも物乞いが許されること［29条］等が定められている．また条例の違反者には，投獄刑およびガレー船送りが科された［26条］．

その2年後に発布された全16条からなるフランドル地方に対する条例も罰則

---

34) G. Maréchal [1984] pp. 527–533.
35) *Ordonnance van Brabant* (14 Aug. 1459) in: Placcaerten van Brabant, Liv. IV, Bruxelles 1724, pp. 394–405.

がやや緩められている他は，同様の内容が盛り込まれている[36]．

これらの条例は何よりも現実との緊張関係において制定されたといえようが，条例自体の効果がきわめて限られたものでしかなかったことは，同様の条例が1500年代，1510年代にかけて再び繰り返し出されていることからも推測しうるところである[37]．とはいえ，これらの条例を通して統治者側が少なくとも公的負担を減らし，悪しき貧民を選別することで共同体内部の秩序と安定した人間関係の維持を意図していたことは疑いないであろう．この時期に南ネーデルラント都市が深刻な経済危機を迎え，貧困化のプロセスが著しく進行していたことを考慮するならば，そうした物乞い規制と労働市場への貧民の統合化政策は，慈善 (*caritas*) に対する中世的心性の変容を意味するものであったといわねばならない．しかし，それらの政策は都市の貧困問題にポジティブな解答を与えたものではなく，貧民救済をめぐる都市の伝統的枠組みを依然として残したままであった．

3. イープル改革の成立

1525年12月，イープル市参事会は，18ヵ条からなる新たな救貧組織改革のための条例 (*Ordonnancie van der Ghemmender buerze*) を公布した[38]．従来の都

---

36) *Ordonnance du Conseil de Flandre* (4 Sept.) [1461], in: A. Vandenpereboom (éd) [1874] *Le Conseil de Flandre à Ypres*, Nr. L, pp. XL–XCVIII.

37) ブラーバントの条例は1509年に，フランドルでは1506年，1508年，1515年，1517年，1518年に再び出され，身体壮健者の物乞いを厳しく規制している．Cf. L. Lameere (éd.) [1902] *Recueil des Ordonnances de Pays-Bas*, 2e ser. t. I. とりわけ1515年(12月22日付)のカール5世勅令では，すべての身体壮健な物乞いの追放を命じている．*Placcaet boecken van Vlaenderen*, Gand-Anvers, 1639, t. I, p. 5: "allans et venans de ville à aultre, et de villaige en villaige, ès foires, processions, dedicasses et aultres assamblees de gens, eulx habillans d'estranges, sortes: les aulcuns comme pelerins, maronniers, et les aultres faisans semblant d'estre affollez de leurs membres, abusans par ce moyen les bonne gens, lesquelz en sont fort vexez et traveillez. Et que plus et pis est, pillent, composent et destroussent ls povres gens, et quand ilz ne leur vuellent bailler argent, ou ce qu'ilz demandent, les menachent de brusler ou autrement mal traicter, et par ce moyen acquierent de nos sub-jectez beaucoup d'argent et aultres biens."

38) J. Nolf [1915] *Documents*, Nr. IV, pp. 20–26.

市における貧民救済組織の改変をもたらしたこの条例は，同年 1 月に公布されたことが知られているモンスの 12 ヵ条の規定 (Réglement de l'aumône)[39] とともに，きわめて注目すべき内容を含んでいた．以下，この条例の成立の背景，内容，および意義について検討しよう．

(1) 条例制定の背景

　フランドル 3 大都市の 1 つとして 13 世紀末には約 2–3 万人の人口を抱え，典型的なフランドル地方の毛織物工業都市として繁栄したイープルは，毛織物の多様化と高級品への特化により，14 世紀においてもその活力を維持したとされている．しかし，15 世紀に入ると高級品の需要低下をはじめとする国際毛織物市場の構造転換の中でイープルの地位の低下は進行した[40]．15 世紀前半のイープル市民の貧困状況については先述したが，15 世紀後半以降も毛織物工業を中心に手工業者層の没落は顕著であった．さらに 16 世紀初頭，2 度にわたる凶作 [1504–08 年；1513–15 年] による周辺農村の疲弊と農民の浮浪化を背景に，イープルは深刻な経済危機に直面し，あらゆる職種におよぶ失業の波を被ることになった．1516 年にイープルのある年代記者は，当時 8,000–1 万人にまで減少していた都市人口のうち 2,800 人が乞食となる運命にさらされていると記しているのである[41]．

　1520 年代に入ると南ネーデルラント全域は，神聖ローマ帝国とフランス王国の間の政治・軍事的紛争の舞台となり，アントウェルペン国際市場の危機と相俟ってきわめて困難な社会的状況におかれることになった．またそれと平行して 1521–22 年にかけて再び生じた凶作と疫病の大流行が，一方で手工業製品の需要低下による失業と小麦価格の上昇を，他方で民衆蜂起を引き起こすような社会の無秩序化をもたらしたのである[42]．イープル市当局が救貧組織の再編成

---

39) P. Heupgen [1926] *Documents*, Nr. II, pp. 334–339.
40) O. Mus [1974] pp. 4–6；藤井美男 [1988] 432, 438–439 頁．
41) Mus [1974] p. 6.
42) Geremek [1987] p. 184; Lis / Soly [1979] p. 85. この時期にブラーバント都市レウヴェンとメヘレンでは民衆蜂起が起こっている．

を決定したのはまさしくそうした社会・経済的危機の直後においてであったといえるであろう．

(2) 条例の内容

イープルの救貧組織改革条例は，先行するニュルンベルクやストラスブールの条例や同年のモンスの規定ときわめて類似した内容を含んでいる[43]．それらの条例に通底する理念は，イープル条例の制定者の1人であった市参事会員の次のような言説に示されている．

> より良き生活の利得へと粗野な多くの貧民たちを導くこと，彼らはこれまで規律を無視し，アウトローや放浪者として生きながら監督を逃れ，何の徳ももたず，噂と悪しき習慣を広めることによって我々の町の迷惑の原因となっているのである[44]．

そこには，貧民・浮浪者が，法と秩序そしてキリスト教的徳にとって脅威であるという意識が家父長的色彩に満ちたティスクールを通して表明されているといってよい．事実，イープル条例全体を通じて注目されるのは，貧民に対するきわめて道徳的ないし教化的文言なのである．

まず第1条の冒頭で市当局(市長，参審人，市参事会)は，条例制定の理由として，市内の「貧民」《de ghemmene aermen》のうちある者は十分に喜捨を得ている一方，他の者はわずかな喜捨しか与えられていないかあるいは全く喜捨を受けていない，という従来の救貧活動の不備を指摘し，貧民に対する分配がより確実になされるように市当局が努める必要があると述べ，貧民に対する都市公権力の後見的性格を明らかにしている[45]．以下具体的な条項が提示されてい

---

43) ニュルンベルクの改革条例については O. Winckelmann [1913] pp. 50–72. ストラスブールの改革条例については，T. Fischer [1979] pp. 266–270 を参照．

44) R. Jütte [1981] p. 28: "quam pauperum gregaria multitudo hactenus absque disciplina, ex lex, vaga, incustodita ac morum insolens quae clamoribus et pravis moribus civitatem turbant, ad meliorem vitae frugem redigeretur."

45) Norf [1915] *Documents*, Nr. IV, pp. 20–21. イープルの市参事会の構成については Norf [1915] p. XXVII を参照．

るが，その内容から大きく4つの政策に分類できるだろう．

(a) 救貧組織の集権化

第1-4条，9条，11条がそれに該当する．まず市当局は4名の「良き市民」を選び，彼らが貧民救済の任にあたること，その4名はさらに市内の教区ごとの貧民救済を担当する4名の者を各教区からそれぞれ召集する．かかる教区担当者の職務は「それぞれの教区で貧民の状況や彼らの職業，年齢，子供の数，病の状態，そして同様に生計の手段，あるいは彼らが穏当な人物か，大酒飲みか，不信心者か，怠け者か，乞食か否か，等を調査する」[46]ことであった［第1条］．各教区の担当者はその調査結果を冊子にまとめ［第2条］，それを4名の「良き市民」とともに検討した後，生活困窮者に対して毎週分配を行う［第3条］．各教区では，毎週貨幣，パン，その他貧民の状況に応じて他の物品が分配されるが，「無分別な者」《men de roukeloose》，「無法者」《men de ongheregehelde》，「大酒飲み」《dranckaers》には妻子を養うためであっても貨幣は与えられない．しかし，パンその他の必要品は与えられる［第4条］．4名の各教区担当者は，分配が誤ってなされないように注意するとともに，毎週2回各教区内の定められた場所で貧民側の苦情を聞くことになっていた［第11条］．さらに教区担当者は，上記の4名の「良き市民」に対して彼らが受け取り，分配したすべての財について毎月会計報告を行うこと，そして「良き市民」は，半年ごとに同様の会計報告を都市当局に対して行う義務が定められている［第9条］．

以上の諸条項から，都市が貧民救済の主体として現れ，貧民のスティグマ化と選別を行いつつ「貧民の後見者」の役割を演じていることが見てとれよう[47]．

(b) 救貧財源の一本化

第5-8条，および10条がそれに該当する．すなわち施療院，聖霊の食卓，ギ

---

46) Norf [1915] *Documents*, Nr. IV, p. 21: "zij zouden ondersouck doen, elc in zijn p(a)rochie, van den staet van den aermen, wat ambacht zij doen, hoe oud zij doen, wat last zij hebben van kindren, van ziecktren, item, wat winninghe zij doen, of zij payselic zijn, of dronckaerts, wijfelaers, leichganghers of broodbidders, etc."

47) Norf [1915] *Documents*, Nr. IV, pp. 21–24. Cf. Geremek [1987] p. 184; P. Brachin [1984] p. 4.

ルドその他の救貧施設および聖職者に対する喜捨を含めすべての都市内で集められた喜捨は，都市の「共同基金」《ghemeene buerse》に組み入れられること［第5条］，それを教区担当者が貧民の数に応じて分配するよう定めている．教区担当者は，市内の通りでも定期的に喜捨を集め［第6条］，毎週1回各教区内を戸別訪問して回り，貧民のための喜捨を募ること［第8条］が要請される一方，教区教会においても「共同基金」のための喜捨が求められ［第7条］，また教区司祭をはじめとする都市の聖職者には説教によって貧民のために活動することが要請された［第10条］のである[48]．

以上のような諸条項に見える「共同基金」へのさまざまな喜捨の統合は，都市貧民救済の財政的合理化のプロセスを示すものであったといえよう．

(c) 貧民規制

第12条，15-17条がこの政策に関わっている．まず市外の貧民が市内に移住する場合，今後援助を受けるためには3年間の居住を必要とすること［第12条］が定められ，流入貧民への援助を制限するとともに，子供を含む一切の物乞い行為が都市内外で禁止され，違反者に対しては段階的な罰（投獄）が加えられる［第15, 16条］．また市内すべての男女の乞食・浮浪者は市外に去ること，市内にとどまった者は投獄される旨が定められた［第17条][49]．

そうした条項においてはじめて年齢に関係なく物乞いの全面的禁止が打ち出され，労働せざる「悪しき貧民」への抑圧と排除が強化されたのである．

(d) 貧民の子弟教育

第13条，14条がそれに該当する．すなわち以前物乞いをしていた市内の貧民の子弟を学校へ送り，あるいは何らかの仕事につかせることが定められ，彼らが奉公人として他の市民の家に受け入れられる場合には新しい衣類を与え，不衛生な者に対しては洗濯その他彼らに必要とされる経費を市当局が負担すること［第13条］．また，しばしば貧困におちやすい若い娘には教育を受けさせ

---

48) Norf [1915] *Documents*, Nr. IV, pp. 22–23.
49) Norf [1915] *Documents*, Nr. IV, pp. 23–26.

るべきことが規定されている［第14条］[50]．

以上の諸条項は，怠惰が貧困の原因と見做されていく中で，教育と労働を重視する教化的救済の視点を打ち出したものといえるだろう．

(3) イープル改革の意義

近年，公権力による16世紀の一連の救貧政策について詳細な検討を加えたR. ユッテは，そうした政策を特徴づける要素として，貧民に対する社会的規律化の強化という点を強調した[51]．彼は社会的規律化の指標として，怠惰の否定と労働義務，監督とコントロール，調査，教育，そして罰則という5点を挙げているが，イープル条例において読み取れる主要な政策は，まさしくそうした指標の具体化を示すものであり，その意味ではきわめて「16世紀的」改革モデルであったといってよいだろう．とはいえ，P. ブラシンやG. マレシャルらによって指摘されているように[52]，イープルの救貧組織改革プログラムは都市当局による無からの創造ではなく，15世紀以来南ネーデルラント諸都市においてすでに部分的に試みられていたさまざまな改革の諸要素を補完し，体系化したものであったという点にも留意する必要があろう．先述したモンスをはじめとしてブルッヘ，アントウェルペン，レウヴェン，ブリュッセルといった諸都市の経験がイープルの改革に反映されていたのであり[53]，その意味ではイープルの改革とは，中世末期南ネーデルラント都市の社会的現実の集約がもたらした1つの帰結としての立法であったと考えられるのである．

イープル改革をパリおよびヴェネチアの事例と比較しつつ論じたB. ゲレメクは，都市社会の危機と変容が「悪しき」貧民集団に対する市当局の対応という

---

50) Norf [1915] *Documents*, Nr. IV, p. 24.
51) Jütte [1981] p. 34.
52) Brachin [1984] p. 6; Maréchal [1984] pp. 515–516.
53) 例えば救貧組織の集権化については，すでにモンス(1318年)，アントウェルペン(1458年)，ブルッヘ(1496年)などで，財源の一本化については，リル(1508年)で，貧民の子弟教育については，アントウェルペン(1495年)，ブルッヘ(1512年)などで先駆的規定が見出されるのである．Maréchal [1984] pp. 515–516, 523–524.

形で表現されたと考え，いずれの都市の場合も，貧民救済についての市当局の能力と義務が定義され，貧民の管理・抑圧，教化という社会政策の諸原則と救貧プログラムの財政的方法が練り上げられていったのが1525年前後であったことに注目している[54]．そのような改革条例の成立にさまざまな要因が働いていたことは疑いない．イープル改革の場合も，その直接の契機は都市と周辺地域の経済危機と社会層の広範な貧困化のうちに求められようが，それだけではなかった．

とりわけ近年注目されているように，新たな都市の社会政策の創出にあたって，当時の社会的現実に鋭い批判を加えていた一群の著作家たちの社会理論の影響を無視することはできないだろう[55]．そうした理論家の中で，ストラスブールの説教師ガイラー・フォン・カイゼルスベルクやパリ・ソルボンヌの神学教授ジョン・メジャーらがすでに15世紀末から16世紀初頭にかけて公的貧民救済の再編成を説き，物乞いを禁止して都市当局が救貧活動に対して責任をもつようにと論じていたことが注目される[56]．またトマス・モアやエラスムスらユマニスト（人文主義者）による労働の称揚と浮浪・物乞いの非難，貧しい婦女子のための教育プランの提示に見られる救貧理念[57]，マルティン・ルターやヨハネス・ブーゲンハーゲン（Johannes Bugenhagen）に代表されるプロテスタントのドイツ・スイス諸都市における実践的活動[58]などが1520年代初頭に重要な意味をもっていたことも否定しえないところである．

とはいえ，イープルの改革に対してそうした理論家たちがいかなる寄与をなしたか，という問題を検証することは研究の現段階では不可能である．またすでに言及したようにルター主義の影響下で成立したとされるニュルンベルクの改革条例や，ストラスブールの条例とイープル改革との直接的影響関係如何と

---

54) Geremek [1987] p. 172; R. M. Kingdon [1971] p. 53.
55) Geremek [1987] pp. 65, 231–233.
56) O. Winckelmann [1914] pp. 196–197; F. Rapp [1966] pp. 39–46; O. P. Grell [1997] p. 45.
57) Soly [1975] p. 589; Geremek [1987] pp. 237–239; N. Z. デーヴィス，前掲書68頁．
58) Grimm [1971] pp. 225–234; Kingdon [1971] pp. 61–64; Grell [1997] pp. 46–48.

いうボナンファン以来主張されてきた仮説の当否も，にわかには断じ難い[59]．むしろここで強調されるべきことは，イープル改革のシェーマが1520年代後半以降ネーデルラントのみならず西ヨーロッパ諸都市で広範に支持される一方，とりわけカトリック教会勢力の非難を呼び起こし，16世紀を通じて展開されることになった貧困と物乞いの是非，公的慈善の担い手などをめぐるイデオロギー的論争において重要な位置を占めたという事実である[60]．その際，イープル改革条例とほぼ同時期に執筆され，同条例の公布から3ヵ月後の1526年3月にブルッヘで刊行されたスペイン人ユマニスト，フアン・ルイス・ビーベス（Juan Luis Vives）による著作『貧民救済について』《De Subventione pauperum》がカトリック諸都市における救貧組織改革に理論的支柱を与えたということを付け加えておく必要があるだろう[61]．ビーベスはエラスムスやトモス・モアの友人であり，生涯の多くの時期をブルッヘを中心とする北西ヨーロッパで過ごし，このラテン語による著作をブルッヘ市長と市参事会に献じている[62]．この著作については次章で詳細に検討するが，その第1部では社会における貧困の原因，救貧の条件をはじめとする公的慈善の在り方について，第2部では個別都市における現実の救貧政策についての詳細な提案がなされている．彼はその中で，都市当局が貧民救済に対して公的責任を有すること，すべての物乞いの禁止，都市当局による救貧組織の集権化，貧民に対する道徳的教化と貧しい子女の教育の必要性への配慮などまさしくイープル改革と共通するプログラムを提示したが，それらはユマニストとしての彼の教養とともに，彼が居住していたフランドル都市ブルッヘの社会的現実の直視から生み出されたと考えられるのである[63]．この著作は1530年代以降，各国語に訳されてヨーロッパ各地に影響をお

---

59) Brachin [1984] p. 6; Kingdon [1971] p. 67.
60) Jütte [1981] p. 27; Brachin [1984] pp. 4–5. 例えば1530年にイープル市内の4大托鉢修道会によって，市当局の物乞いの全面的禁止令に対してなされた抗議と市当局側の反駁については，Nolf [1915] *Documents* Nr. VIII, pp. 40–76.
61) Gutton [1971] pp. 103–104; Van Bruwaene/Simon/Verbruggen-Aelterman [1985] pp. 53–62.
62) A. Saitta (ed.) [1973] J. L. Vives, *De subventione pauperum*, Firenze, pp. 3–4. および R. A. Casanova / L. Caby (trd.) [1943] J. L. Vives, *De l'Assistance aux pauvres*, Bruxelles.
63) Brachin [1984] p. 6.

よぼすことになった[64]．イープル改革条例とビーベスの著作は，その意味でいずれもフランドル都市社会の現実に基づきながら，そのローカルな枠組みを越えて「貧困」というヨーロッパ社会全体に共通のコードに対する可視的表現を与えたものといえるだろう．

1531年10月，神聖ローマ皇帝カール5世は，ブリュッセルにおいてネーデルラント諸邦に対する勅令を公布した[65]．この勅令は，公的貧民救済の領域への中央権力の介入の典型とされ，乞食行為の全面的禁止や貧民の監督・管理，世俗権力による救貧組織の財源と分配の一本化などの諸原則に基づいて公的秩序の確立を目指すものであった[66]．その際イープル（アウデナールデ）およびモンスの改革条例のコピーがこの勅令の準備のためにカール5世の依頼によって送付されたという事実は，少なくとも両都市の条例が同勅令の成立に一定の役割を果たしていたことを窺わせるものである[67]．

1531年のカール5世勅令は，公的救済の世俗化のプログラムとして都市当局に大幅なイニシアティブを与えた点に大きな意義を有するが，同時に貧民救済における伝統的な教会権威を否定するものではなく，あくまでも公的秩序にとって危険な度合いにまで達していた物乞いの体系的な規制の実現と伝統的慈善の維持という二面性によって特徴づけられていた[68]．そうした二面性は，イー

---

64) 仏訳（1530年），独訳（1533年），オランダ語訳（1533年），イタリア語訳（1545年）などが出版されている．またリヨンの1534年の救貧改革は，ビーベスの著作の影響を受けたとされる．デーヴィス，前掲書［1987］77頁；P. Slack ［1988］pp. 9-10, 116-117.
65) *Ordonnance de Charles-Quint* (*7 Oct. 1531*), *Recueil des Ordonnances de Pays-Bas*, 2ᵉ ser., t. III, Bruxelles, 1902, pp. 265-273.
66) 田中峰雄［1980］36-37頁；Geremek［1987］p. 190.
67) *Archives départementales du Nord, B 2363:* "(Envoi) aux gens des villes de Mons et Audemarde des lettres ordonnant que promptement ils envoyassent à Empereur copies auctentiques des ordonnances selon lesquelles ilz soustenaient et nourrissaient les povres anciens et débilles ou les jeusnes qui ne savaient gaigner leur vie, et les povres affolez qui ne se povoient aidier, pour par sa Majesté les veoir avant son prouchain portement, faire semblable ou autre ordonnance et l'envoyer es autres villes de par deça esquelles ladicte ordonnance ou semblables ne sont jusques alors introduictes...." Cf. Gutton ［1971］p. 105.
68) Geremek［1987］pp. 191-192; 194.

プル改革条例をはじめとする1520年代の多くの都市の救貧改革条例においても看取されるのであり，中世から近世への移行期における社会政策の過渡的性格を示すものであったと考えることができるだろう．

＊　　　＊

　以上，中世末期から近世における南ネーデルラント諸都市の貧困化に対して救済と規制という両面から試みられた都市の政策の分析を通して，都市と貧困の関わりを検討してきた．中世末期の都市の貧困とは，農村の貧困と同様，中世的社会・経済構造の変容のうちにその根を有していたといえよう．しかし，固定化されない多様な職種の可能性を追求し，農村住民をも引きつけた都市では，貧困それ自体は，結合と排除に基づく新たな社会諸関係の形成によって生じ，中世後期以降貧民は，それまでの理念的存在（「キリストの貧者」）としての伝統的貧民像から社会的存在（「良き貧民」と「悪しき貧民」の区分化）へと転化する過程で実体化されていったのである．

　14世紀以来都市当局は，貧困の問題に関して物乞いの規制を中心とするさまざまな条例の公布を通じ，伝統的救貧の制限と合理化を模索し始めていた．しかし，そうしたプロジェクトが体系化され都市の社会政策として成立するのは1520年代のことであり，イープル改革はその1つの里程標であった．その改革案は従来の救貧システムを合理化し，労働の義務と教育の重視による都市社会への貧民の統合とそれに同化しえない者の排除を意図したという点で，都市当局の後見的性格を示すとともに，中世末期から近世という資本主義の形成期における都市社会の変容に対する1つの応答として現れたのである．と同時にそれは，16世紀後半以降しだいに明瞭になっていく絶対主義諸国家による本格的な社会規制政策——無能力者の矯正と封じ込め——への道を準備したといえるだろう[69]．

---

69) Cf. Jütte [1994] pp. 138–139; 198–199.

第8章　フアン・ルイス・ビーベスの救貧論とフランドル都市社会

はじめに

　フアン・ルイス・ビーベス（Juan Luis Vives, 1492–1540）は，スペインの生んだ偉大なユマニスト（人文主義者）の1人である．彼は，48年の生涯においてアウグスティヌスの『神の国』の注解をはじめとするキリスト教の哲学・思想書，ラテン語文法論から教育論に至る多くの著作をラテン語で残したが，その中でも興味深い著作の1つにフランドルの都市ブルッヘにおいて刊行された『貧民救済について』（1526年刊）という論稿がある．本章では，この著作の内容とその成立の背景を探る中で，15世紀末から16世紀前半という中世末から近世への移行期ないし転換期にブルッヘを拠点として生きた1ユマニストの社会思想の今日的意義を提示してみたい[1]．ビーベスの同時代の貧困に対するまなざしを考察することにより，中世から近世へと転換しつつあったヨーロッパ都市社会の変容の一側面を検討したいと思う[2]．

---

1) ビーベスの救貧論を紹介した邦語文献としては，中村 [1954] と白沢 [1973] がある．また，ビーベスの社会思想に関する基本的研究として，V. Weitzman [1905]; M. Bataillon [1950]; S. A. Vosters [1964] などを参照．
2) Cf. R. Jütte [1994].

1. ビーベスの生涯

フアン・ルイス・ビーベスは，同時代のエラスムスやトマス・モアに比べて我が国では知られることの少ない思想家，ユマニストであろう．しかし，彼はエラスムスをはじめとする同時代の著名なユマニストや神学者たちによってその学識を称賛され，生涯に残した幾多の著作によって，16世紀以後のヨーロッパ社会思想に少なからぬ影響を与えた人物であった[3]．

ビーベスは，1492年3月にバレンシアで生を享けた．その年は奇しくもコロンブスの大西洋横断，そしてイベリア半島ではイスラーム勢力の最後の砦グラナダの陥落によるレコンキスタ(再征服運動)の終了とユダヤ人追放令が出された記念碑的年であった．ビーベスに関する最良の伝記(1970)を著したカルロス・ノレーニャによれば，彼はカトリックへ改宗したユダヤ人家系の生まれであった．両親は中世以来の商業都市バレンシアの富裕な改宗ユダヤ人として尊敬されており，その両親からビーベスは，教育，都市行政，裁判，条例など社会的現実への関心を受け継いだという[4]．

ビーベスは，生まれ故郷のバレンシアで初等，中等教育を受けた後，17歳からパリに出て，コレージュ・ド・モンテーギュで学び(1509–12年)，その後ブルッヘ［ブルージュ］(1512–17年および1525–26年)，レウヴェン［ルーヴァン］(1517–23年)，ロンドン，オックスフォード(1523–25年および1526–28年)などに滞在した．彼がその後もスペインには戻らず，北西ヨーロッパで生涯を過ごした背景には，豊かで開放的であった彼の家庭的環境とは裏腹に，異端審問をはじめとして16世紀前半のスペインのカトリック知識人たちを支配して

---

3) ビーベスの著作集のエディションとしては，*J. L. Vives Valentini Opera*, Basel, 1555 および *J. L. Vives Valentini Opera Omnia*, (ed.) G. Mayans y Siscar, 8 vols., Valencia, 1782 がある．最新のラテン語／英語対訳版の著作選集として，C. Matheeussen (ed.), Selected Works of J. L. Vives, 5 vols., Leiden, E. J. Brill, 1991 — があり，現在までに4巻刊行されているが，本稿で取り上げるテクスト(*De Subventione pauperum*) を収めた第4巻は未刊行であり，利用できなかった．

4) C. Noreña [1970] pp. 20–21.

いた宗教的，知的狭隘さがあったと考えられる．実際，ビーベスがイングランド滞在中の 1524 年に，彼の父親はバレンシアで異端審問にかけられて処刑され，また続いて母親も，彼女の死後ではあるが，異端の嫌疑で裁判にかけられ断罪されるという悲劇に直面した[5]．後の著作に示されるような知的自由と寛容，開かれた精神の持ち主であったビーベスにとって，当時のイベリア半島の知的風土は彼の終生の学問的活動の場とはなりえなかったのである．

他方，ビーベスは生涯を通じて中世末期以来の人文主義の一大中心地イタリアに赴くこともなく，主要な著作を，後述するように彼の第 2 の故郷となったフランドルの商業都市ブルッヘ，そして大学都市パリ，レウヴェンおよびオックスフォードで執筆している．15–16 世紀のアルプスの北のユマニストたちが総じてイタリア・ルネサンスの運動に魅かれ，イタリア行きをめざしたのに対して，スペイン生まれのビーベスが，ユマニストとして当時のイタリア・ルネサンスを過去の現象と見做し，とりわけルネサンス文化に内在した「異教的傾向」と「過度の形式主義」に対する嫌悪感をもっていたこと，そしてイタリアについて「あらゆる欲望の刺激とすべての我々の悪の原因」をなす国と見做していたことは興味深い[6]．彼はその生涯を通じてイタリアに足を踏み入れることはなかったのである．

彼は，ロッテルダム出身の著名なユマニストであったエラスムスと深い親交を結び，また彼の最も好んだ居住地であるブルッヘで，当時イングランドからネーデルラントを訪れていたユマニストで政治家でもあったトマス・モアと知り合っている．エラスムスを中心としたレウヴェンのユマニストの知的サークルの一員としてビーベスは狭隘な地方主義（プロヴィンシャリズム）やナショナリズムにくみすることなく，コスモポリタンなヨーロッパ人として生涯を過ごしたのである．と同時に彼が当時の知の追求の場であったはずの大学においてよりむしろ宮廷において彼の存在意義を見出していたことは，ユマニストとしての彼のまた別の側面であったといえよう．彼は終生大学の教授職のポストと

---

5) Noreña, [1970] p. 26.
6) Noreña, [1970] p. 25.

図 8-1　ビーベスの肖像
典拠：J. Estelrich, *Vives, 1492–1540*,
Paris, 1941（口絵）.

は無縁であったが，トマス・モアの知遇を得て，赴くことになったヘンリー 8 世のロンドンの宮廷は，彼にとってくつろぎの場所となった．ビーベスはヘンリー 8 世を優れた為政者として，また諸芸術のパトロンとして高く評価し，敬愛の念を抱いていたという．しかし，ビーベスにとってヘンリーの妃カトリーヌ（キャサリン）・ド・アラゴンはヘンリー 8 世以上に重要な存在であった．彼の著名な女性教育論である『キリスト教徒の女性の教育について』（1524 年刊行）は王妃カトリーヌに捧げられているが，彼女はビーベスと同じスペインの出身であり，当時のイングランド宮廷の知的生活に大きな影響をおよぼした女性であったのである．ヘンリー 8 世の宮廷で，同国人であった彼女とビーベスの交友関係は親密であった．1524 年 1 月にレウヴェンの友人に宛てた書簡で

ビーベスは，カトリーヌについて「時に私は王妃(カトリーヌ)と哲学に関する話をすることができます．彼女は私の知る限り最も純粋で真のキリスト教徒的な魂の持ち主の1人です」[7]と書き送っている．しかし，ヘンリー8世と王妃カトリーヌの離婚問題が生じた時，カトリーヌの側に立って動いた彼は，王の怒りを買い，王室からの給付金を断たれ，失意のうちにイングランドを去ることになったのである[8]．

ビーベスが最終的にイングランドを去って大陸に居を移したのは1528年のことであったが，それ以後の彼の生涯の最後の12年間については詳しくは知られていない．しかし，レウヴェンやブルッヘ，パリなどに滞在し，エラスムスをはじめとするネーデルラントのユマニストたちとの往復書簡から，彼が一連の著作を執筆していたことが窺われる．イングランド王室からの給付金を失ったため彼は経済的に困窮していたが，『平和論』(1529)，『学識について』(1531)，『魂と生について』(1538)，『ラテン語教程』(1538)などその後版を重ねたいくつもの著作を残し，またパリ大学やレウヴェン大学でも講義を行っていた．C. ノレーニャによれば，彼はこの最後の12年間において，16世紀のヨーロッパにおける最も重要な教育改革者の1人に，また16世紀の思想史上に残る哲学者になったのである[9]．

2. 時代背景

それではビーベスの生きた15世紀末–16世紀前半とはヨーロッパ史においてどのような時代であったのか．1500年前後のヨーロッパは，ポルトガル，スペインによる新大陸への冒険航海のさなかにあったが，経済的には都市や農村において，飢饉や凶作，疫病，移民や犯罪などにより急激に増大した貧困問題と富の分極化を経験しつつあった．前章において検討したように，経済的な先進

---

7) Noreña, [1970] p. 87.
8) Noreña, [1970] pp. 103–104.
9) Noreña, [1970] p. 113.

地域であったとされる南ネーデルラントの諸領邦においても, すでに15世紀後半の課税のための戸口調査で, 貧民と見做された世帯は多くの都市において平均25パーセントを超えており, また農村部において貧民の占める割合はさらに著しいものであった[10]. とりわけ1510年-20年代は, 未曾有の穀物危機や価格高騰を通じてヨーロッパ経済が危機に陥った時期であると見做されている[11]. ビーベスが『貧民救済について』(De subventione pauperum)をブルッヘで刊行したのは1526年3月であったが, その前年の12月には, フランドル都市イープルで都市内のさまざまな救貧施設の集権化, 物乞いの禁止と労働義務の強化などを骨子とする著名な救貧改革条例が出されており, その条例の体系性のゆえにその後の他の諸都市の改革条例にも大きな影響をおよぼしたとされているのである[12]. B. ゲレメクが指摘しているように, 1520年代はヨーロッパ全般にわたって都市の貧民救済システムの集権化を中心とする改革が行われた重要な時期であった(表8-1参照)[13]. 一連の救貧組織改革の動きは, 1522年のニュルンベルクの条例制定を手はじめとして以後トリエント公会議(1545年)までに62都市において実施されることになる[14].

そうした中世以来の伝統的な救貧組織改革推進の背景には, ドイツのM. ルター(1483-1546)やJ. ブーゲンハーゲン(Jonannes Bugenhagen: 1485-1558)をはじめとするプロテスタントの思想家とともに, ストラスブールのガイラー・フォン・カイゼルスベルク(Johannes Geiler von Kaysersberg: 1441-1510)やスペインのドミンゴ・ソトー(Domingo de Soto: 1494-1560)らカトリックの説教者・思想家(ユマニスト)の双方からの思想的貢献が近年指摘されており, 宗教改革に基づく宗教的境界線に関係なく, プロテスタント, カトリックの両地域

---

10) 河原 [1988b] pp. 37-38; B. Geremek [1987] pp. 149-150; C. Lis & H. Soly [1979] pp. 34-35.
11) B. Geremek [1987] pp. 182-184.
12) J. Norf [1915]; P. Brachin [1984] pp. 4-5. 本書第7章参照.
13) Geremek [1987] pp. 160-161; H. Soly [1975]; R. Jütte [1984].
14) Soly [1975] p. 590; C. Lis / H. Soly / D. Van Damme [1985] pp. 55-56. 本書第7章参照.
15) R. Jütte [1994] pp. 105-106; N. Z. デーヴィス [1987] p. 86.

表 8-1　1545 年以前に救貧改革条例を公布した都市(1522-45 年)

年代	ドイツ	ネーデルラント	フランス	スイス	北イタリア
1522	Nürnberg Wittenberg Nördlingen				
1523	Kitzingen Leisnig Altenburg Straßburg Breslau Regensburg Augusburg				
1524	Magdeburg Königsberg			Sankt-Gallen	
1525	Stralsund Danzig	Mons, Ieper		Zürich	
1526	Hall, Kassel				
1527	Hamburg		Lille		
1528	Braunschweig Esslingen, Ulm		Dijon	Bern	Venezia (1529) Verona (1529)
1529		Nieuwpoort Oudenaarde	Troys		
1530	Minden	Valenciennes			
1531	Lübeck Goslar	Bapaume, Hesdin Saint-Omer	Lyon (1534)		
1532	Soest		Paris (1544)		
1533	Würzburg		Amiens		
1534	Bremen		Rouen		
1535		Gent	Poitiers		
1536	Hannover	Breda			
1537				Basel	
1538					
1539		Brussels		Lausanne (1550)	
1540		Antwerpen			
1541		Leuven		Genève	
1542					
1543	Osnabrück Wolfenbüttel				
1544	Hildesheim Memmingen				
1545		Mechelen	Grenoble		
合計62	37	15	8	6	2

典拠: H. Soly, 1975; C. Lis / H. Soly / D. Van Damme, 1985; R. Jütte [1984] p. 44.

で，社会状況に適合した救貧組織の世俗化，合理化が追求されたのである[15]．その際注目すべき点は，かかる救貧組織改革に唯一のモデルというべきものは存在しなかったということであろう．実際，イープル改革より時期的にはわずかに先行して改革が実行に移された神聖ローマ帝国(ドイツ)の諸都市(ニュルンベルク，ウィッテンベルク，レイスニヒ，ストラスブールなど)の条例が直ちに南ネーデルラントやフランス，イタリアの諸都市の改革に適用されたとは考え難いからである．ゲレメクの解釈にしたがうならば，救貧組織改革の理念は確かに危機を迎えた諸都市を横断する共通の価値観に基づくものであったが，現実には地域ごとに異なっていた社会的位相により個別に構想され，1520年代半ばにヨーロッパ各地の都市で相前後して公にされたと考えられるのである[16]．

ところでビーベスの著作『貧民救済について』における救貧組織改革案とイープル都市当局により出された条例の内容とはきわめて似通っている．しかし，イープルにおける改革条例の立案にビーベスが直接的に参与したという証拠は知られていない．彼の『貧民救済について』は，ブルッヘにおいてトマス・モアや，当時神聖ローマ皇帝カール5世の政治的顧問をつとめていたブルッヘ出身の政治家で，ビーベスの友人でもあったルイ・ド・プラート(Louis de Praet: 1488–1555)らとのディスカッションを背景として構想され，イープルの近郊の都市ブルッヘでイープル条例の公布以前の1525年10月には執筆されていたと見られているが，著作として実際に刊行されたのはイープル改革条例の公布後3ヵ月をへた1526年3月であった．とはいえ，彼はイープルの市参事会員とも個人的つながりをもっていたと考えられており，両者の間に理念的交

---

16) Geremek [1987] pp. 161–162; Brachin [1984] pp. 6–7; デーヴィス [1987] p. 86. なお1520年代の救貧組織改革条例をめぐる論争史については本書第7章第1節を参照．
17) Noreña [1970] p. 96; A. Tobriner [1971] pp. 16–18; Brachin [1984] p. 8. ビーベスの著作のドイツ語訳者(1532年)であるストラスブールの説教師カスパール・ヘディオはビーベスの友人であり，イープル改革条例に先立って1522–24年の間に公布されていたニュルンベルクをはじめとするいくつかのドイツ都市の救貧改革条例の内容を，ビーベスがヘディオを通じて聞き知っていた可能性もO. P. Grellにより指摘されている．Grell [1997] p. 47.

流を読み取ることは可能であろう[17]．当時ビーベスの居住していたブルッヘは，中世後期において北西ヨーロッパ最大の国際商業都市であり，ヴェネツィアと並んでヨーロッパの「世界市場」の中心であった．ブルゴーニュ侯国の時代にはヘントとともに強力な都市共同体としてのプライドを保持し，イタリアの都市国家とも比肩しうる勢力を誇っていた．その繁栄は13世紀から15世紀後半まで続いたが，1480年代以降ブルッヘへの外港スライスの位置したズウィン湾が土砂の堆積により大型船の進入が不可能となる一方，ブルゴーニュ家からハプスブルク家へというネーデルラント支配の政治的転換によりイタリア商人をはじめとする多くの外国商人のアントウェルペンへの移動が生じて，ブルッヘの国際商業都市としての地位は失われていった．しかし，1500年代に入ってもブルッヘは経済的，文化的になお一定の地位を北西ヨーロッパにおいて占めていたということができる．確かに貿易・金融の中心はアントウェルペンに移ったが，ミニアチュール（細密画）や時禱書制作などを中心としたフランドル派の画家たちの工房は依然としてブルッヘを中心としており，美術工芸，奢侈品，印刷本の生産地としてブルゴーニュ時代の繁栄の名残をとどめていたからである[18]．とはいえ，都市内における貧富の格差は大きかった．ブルッヘの1490年の課税センサスによれば，全人口の2割にすぎない上層市民層が全体の6割の税額を負担しており，貧困問題は他のヨーロッパ諸都市と同様きわめて深刻な状態にあった[19]．ブルッヘの都市当局も，1496年に物乞いの禁止と乞食に対する労働の義務を規定し，また特定の貧民のみに援助を限定する政策を打ち出していた[20]．またブルッヘ市当局の厳しいギルド規制による保守的な経済政策も新興のアントウェルペンに対するブルッヘの地位の低下をもたらす要因となった．

　ビーベス自身，前述の如くイングランドの宮廷からの給付金の打ち切り以後，ブルッヘにおいて定職をもっておらず，家族を抱えて経済的に困窮状態におか

---

18) この時期のブルッヘについては，以下の文献を参照．W. P. Blockmans & W. Prevenier [1986]; V. Vermeersch [1992]．
19) J. P. Sosson [1977]．
20) G. Maréchal [1984] pp. 516, 529．

れていた．ノレーニャは，ビーベスの一家が当時ブルッヘ在住のスペインのユダヤ系商人のコロニーから援助を受けていたことを指摘しているが，彼にとって恐らく都市の貧困とその解決の提示とは，机上の空論としてではなく，貧民であることの惨めさを自身のうちに体験した者の切実な日常的実践としても意識されていたのである．

3. ビーベスの救貧論

ビーベスの著書『貧民救済について』は，全体で2部21章から成る[21]．第1部は，社会における貧困の生成と救貧に関する総論である．彼は，人間社会において悲惨な状態が生じる原因論から出発し，そうした状態はキリスト教的慈善（*caritas*）活動によってのみ克服されうると論じる．彼は当時のヨーロッパにおける労働の分化の進展とその結果としての富の分極化を認識する一方，ペストなどの疫病や戦争，火災その他の不慮の災厄による人々の経済的窮乏が日常的に生じていた当時の社会的現実を直視していた．この著作がドイツにおける農民戦争のもたらした多大な反響の直後に執筆されていることも偶然ではないであろう．彼にとって「貧困」（*paupertas*）とは，単なる経済的な貧困状態のみならず，さまざまな要因により社会的にハンディを負った人間の状態を意味したのであり，「貧民」（*pauperes*）とは広範な社会的弱者を包含する概念であった．

第2部では，10章にわたって都市を主体とする具体的な救貧事業のプログラムが提示される．彼の主要な主張は以下の諸点にまとめられよう．

（1）都市当局による救貧事業のイニシアティブの強調［第1章］，（2）都市当局による貧民の同定と登録による貧民管理［第2, 7章］，（3）都市による救貧活動の組織化と救貧の対象者の分類［第3, 4, 5章］，（4）救貧活動の財源の集約

---

21) 本章で用いたラテン語版は，A. Satta (ed.) [1973] Ludovico Vives, *De Subventione pauperum*, Biblioteca di studi superiori, vol. XIX, Firenze である．以下の引用では，Vives, SP と略記する．

[第6章], (5) 都市当局による救貧政策の是非とその意義 [第8, 9, 10章], の5点である. 以下それらの点について見ていこう.

まず第1章「都市統治者の貧民に対する義務」において, ビーベスはミクロコスモスとしての都市社会を多様な社会集団と階級の集合体として記述している. そして彼は身体メタファーを用いて, 都市を人体になぞらえる. すなわち都市の統治者たちは人体における〈頭〉と同様に都市の〈頭〉として機能することが求められる. この〈頭〉すなわち魂は身体の一部だけを活気づけるのではなく,〈共通善〉(publici commodi) に基づきながら身体組織全体に作用するものである. 同様に都市の統治者たちは都市の富裕層のみに関心を向けるべきではない. 都市の貧民層を蔑み, 彼らに配慮しない統治者は, 心臓から遠く離れているという理由で病人の手足に注意を向ける必要はないと考える医者に似ているというのである. そのような考えをもつ医師の処置に従えば病人の体全体が危機に陥るのと同様に, 都市においても貧民層への配慮の欠如により, 社会全体に「病」の危機が生じることになるとビーベスは主張する[22]. かかる身体メタファーに基づくビーベスの社会論は, ソールズベリのヨハネス (Johannes Saresberiensis) をはじめとする12世紀以来の西欧の思想家にとってなじみのあるスタイルであり, 彼の思想に内在する中世的理念の表象ともいえるだろう. しかし, 彼の主張は理念的な比喩としてではなく, 中世末期の都市社会の現実を踏まえた実践的政策論であったことに注意する必要がある. 彼は都市民や教会・修道院諸組織によって従来から行われていた慈善・救貧活動を否定しないが, 都市における救貧活動のイニシアティブを都市参事会 (senatus) を中心とする都市統治者層 (rectores) に求めている点で, 当時の多くのカトリック神学者とは異なり, むしろルターをはじめとするプロテスタント神学者たちと同じ方向を目指していたように思われるのである[23].

---

22) Vives, SP: "Nam qui divites solum curant, spretis pauperibus, perinde faciunt ac si quis medicus non multum censeret manibus subveniendum, aut pedibus, quod procul absint a corde; quod ut non fieret sine gravi damno totius hominis, sic nec in Republica tenuiores negliguntur citra periculum potentium." (I, p. 53).
23) H. Soly [1975] p. 590.

ビーベスにとって，救済の対象者たるべき「貧民」（*pauperes*）は多様なカテゴリーの者たちを含んでいた．彼は，救済されるべき貧民のカテゴリーとして，(a) 日々の生活のためのパンを欠く者(乞食を含む「構造的」貧民)，(b) 病のような突然の災厄のために貧困状態に陥った者(「家住み」貧民/「恥を知る」貧民)，(c) 難破，火事，借財，戦争などのため捕虜となったり，監獄に収容された者，捨児，娼婦に身を落とした若い娘，身体および精神障害の者などを挙げている［第2章，7章］[24]．

こうしたさまざまな「貧民」の実態を把握するために，彼は，都市の参事会員たちが都市内の施療院に収容されている者の名前や数，入所の理由などを調査し，都市参事会に報告すべきことを提言している．また家住みの者で貧困に陥った者（*Qui domi paupertatem tolerant*）については，都市当局に彼らの名前が登録され，家族構成，彼らの貧困の理由，それまでの生活態度，援助の必要性などについて，各教区ごとにそれぞれ2人の市参事会員による調査がなされるべきであるとする．他方，住所不定の身体壮健な乞食・浮浪者（*mendicis incertis domiciliis vagis, qui valent*）については，市参事会に彼らの名前と物乞いの理由を報告すること，病気の乞食に関しては，医師を同伴した市参事会員により，同様に彼らの名前と物乞いの理由を報告することを求めている［第2章，7章］．

ビーベスは，家住みの貧民は怠惰であってはならないとして，使徒パウロの有名な言説「働かざる者食うべからず」（*Si quis non vult operari, nec manducet*）や格言「人は無為により悪事をなすことを学ぶ」（*Homines nihil agendo discunt male agere*）を引用しつつ，それぞれの年齢，健康状態，技能などに応じた労働

---

24) Vives, SP: "hospitalia voco, ubi aegri aluntur, et curantur, et ubi certus inopum numerus susentatur, et ubi pueri ac ouellae educantur, et ubi expositi infantes nutriuntur, et ubi mente capti continentur, et ubi caeci degunt: haec omnia scant rectores civitatis ad curam suam pertinere." (II, p. 57); "Nec succurrendum modo pauperibus, qui iis carent quae in diem ad vitam pertinent, sed illis etiam, quibus subitus aliquis casus ingruit, velut captivitas in bello, carcer ob debita, incendium, naufragium, eluvies, multa morborum genera, denique innumera fortuita, quae honestas affligunt domos; his accedunt puellae tenues, quas saepenumero inopia ad abutendum pudore adigit:" (VII, p. 73.)

(荷運び人や奉公人など)を都市当局が割り当てること，またよそ者の乞食・浮浪者に対しては彼らに路銀を与えて出身地に送り返すよう主張する．他方，精神障害者に対しては，それが回復可能か否かを注意深く検討し，たとえ回復不能であっても彼らには特別な配慮がなされるべきだと述べる［第3章］．

　彼はさらに，捨児(6歳以下)のための養育施設と6歳以上の貧民の子弟のための学校を都市当局が設立する必要性を論じる．そこでは，子供達は読み書きを学ぶだけではなく，キリスト教徒としての義務と物事に対する正しい態度を教えられることになるのである．彼は女子教育の重要性を強調し，彼女たちもまた読み書きの基礎を学ぶとともに，糸紡ぎや裁縫，刺繍，料理など家事一般を習得し，それに加えて徳を備えた女性にふさわしい道徳(慎ましさ，良き作法など)を身につけることを勧める［第4章］．

　さらに都市におけるさまざまな救済活動の統合のため，ビーベスは市参事会員の中から2人の監督官（censores）を選び，彼らが都市の多様な社会グループの貧困状態を調査するよう主張する．その際彼が，魔術に長けているとされていた老女の状態についてとりわけ注意を払うよう示唆している点[25]は，16世紀以降ヨーロッパ各地で広がりつつあったように見える魔女裁判との関連で興味深い［第5章］．

　こうした貧民救済政策の実施のために必要とされる財源については，ビーベスはまず司教や修道院長など高位聖職者の義務を説く一方，都市民からの喜捨・遺贈によって成り立っていた施療院の財政管理・運営を市参事会が任命した監督官を通じて体系的に管理していくこと，そして財源不足を補うために，参内者の多い主要な教会には献金箱（arculae）を設けるよう提言する［第7章］．しかし，ビーベスは商業資本主義が勃興し，新大陸からの銀の流入などを背景とした価格革命のさなかにあった同時代のヨーロッパの経済的変容を鋭く知覚するセンスを欠いていたように思われる．都市ブルッヘのとっていた経済的保

---

25)　Vives, SP: "in vetulas accuratissime inquirant, primarias artifices lenocinii et veneficii;" (V, p. 66).

守主義の中で，彼の救貧のための財政プログラムは本書の中では最も具体性に乏しい理念的主張にとどまっているからである[26]．

他方，ビーベスはそうした新たな救貧政策への根強い反対を予想していた．すなわち都市の施療院の管理が全面的に都市当局の手にゆだねられること(世俗化)に対するカトリック聖職者たちの反対や，物乞いを否定され，労働の義務を課せられることになる者たちからの反発であった［第8章］．その中には，彼の著書が出版された後の1530年代になって明らかとなるように，とりわけドミニコ会やフランチェスコ会をはじめとする托鉢修道会が含まれていた．実際，托鉢修道会は「物乞い」と「浮浪」を否定し，可能な限りあらゆる乞食・貧民に労働を課そうとするビーベスの主張に対して自発的貧困と托鉢による生活を選択した修道会の立場から強く反発し，ビーベスの書物に先立ってイープル市当局により公布された同様の都市救貧改革条例における物乞いの無条件の禁止令の無効を主張して1530年にパリ大学神学部に訴えを起こし，争うことになったのである．1531年1月に出されたパリ大学神学部の裁定は，イープル都市当局に有利なものであり，1525年の同市の条例が福音の教えに反していないことを認めるものであったが，同時に物乞いの無条件の禁止は認めず，托鉢修道会には適用してはならないとする判断を下すことになる[27]．

ビーベスは，これらの問題に関して再び医師と患者のアレゴリーを用いて，熟練した医師が取り乱した患者を扱うように，たとえその処置に対する抵抗や非難があろうとも都市国家の統治者が〈共通善〉のために貧民に対する上記のような救貧政策を行う義務を強調する[28]．こうした新たな救貧政策のメリットとして彼が挙げるのは以下のような点である．第1にいかなる乞食も通りに見出されないような都市国家は大いなる名誉に値すること，第2に貧困は人々をあらゆる悪徳と悪しき慣習へと引き込むゆえに，それが除去されることで，窃

---

26) Cf. Noreña [1970] p. 51.
27) J. Nolf [1915] *Document*, Nr. VIII; Nr. IX; Nr. XVII; Jütte [1994] p. 112.
28) Vives, SP: "Itaque agimus nos, sicut ars medica, quae non adimit morbos hominum generi, sed quoad eius fieri potest, sanat:" (VIII, p. 77).

盗, 暴力行為, 強盗, 殺人, 売春, 魔術などさまざまな悪が都市から減少するであろうこと, 第3に都市の平和が享受され, 人々がより安全で健康的な生活を得るであろうこと, 第4に貧民が富者をうらやむことなく, むしろ恩恵者として尊ぶことになる一方, 富者は貧困から顔を背けたり, 貧民を不信の目で見るのではなく, 寛大で正当な慈善行為の対象として彼ら貧民を評価することになるであろうこと, 第5により多くの市民が有徳の者となり, 都市国家にとって有用な人材となるであろうというものである [第10章].

このようにビーベスの救貧論は, 中世末期・近世初期の都市生活における避けがたい社会問題としての貧困を直視し, 後のいわゆる福祉国家のミクロコスモスとしての都市が自ら貧民救済のシステムを秩序化する必要性を体系的に説いたものであった. 彼自身が都市行政の実際の担い手としての役割を演じることはなかったとはいえ, その救貧システムにあっては, 救貧対象の明確化と労働の義務の強調に見て取れるモラル改革, 都市当局による具体的援助(分配)の原則の確立, そして都市当局に集権化された救済組織の活動方法がきわめて具体的に提示されていたのである[29].

4. ビーベスの救貧論と16世紀前半のヨーロッパ社会

ビーベスの『貧民救済について』は, ブルッヘの市参事会への献辞を付してラテン語で刊行されたが, 1530年代以降相次いでフランス語, スペイン語, オランダ語, ドイツ語, イタリア語版が出て広く読まれるに至る. R. ユッテによれば, 16世紀前半はヨーロッパ社会における「社会的規律化」のシェーマが理論化された時期であった. そのシェーマは, 貧民に対する監督と管理, 調査と分類, 教育と罰令により特徴づけられ, 貧困と労働に関する中世的価値観の変容を示唆していた[30]. ビーベスの救貧論はまさしくかかるシェーマの具体化を

---
29) Noreña [1970] pp. 221–222; Geremek [1987] p. 240; Jütte [1994] p. 113; J-P. Gutton [1974] p. 104.
30) Jütte [1981] pp. 35–41. 本書第7章第3節 (3) を参照.

説いた最初の著作の1つであったといえよう。もとよりユマニストとして物乞いの規制や労働の義務・称揚をビーベスに先立って説いていたエラスムス（『乞食達の対話』[1524]）やトマス・モア（『ユートピア』[1516]）らの著作や M. ルターをはじめとする 1520 年代前半の宗教改革者たちの議論などがビーベスに思想的影響をもたらしたであろうことは想像するに難くはない[31]。また都市による具体的な貧民政策においてもすでに 15 世紀以前から，彼の主要な提言を部分的に先取りする形で，物乞いの規制や貧民調査，貧民の子弟教育，個別的な救貧活動の合理化などがフランドルやイタリアの都市において進行していた点にも留意しなければならないであろう[32]。たとえば 15 世紀のフィレンツェでメディチ家を有力なパトロンとしつつ，経済的に没落した手工業親方や零落した貴族など特定の限定された貧民世帯にではあるが継続的に食料を分配し，援助を行ったサン・マルティノ兄弟団の活動は，まさしく合理化された救貧事業の体をなしていたからである[33]。

しかし，B. ゲレメクが正当にも指摘しているように，1525 年のイープル改革条例と並んで，ビーベスの著作のもたらした知的インパクトは，その後 1531 年に発布される神聖ローマ皇帝カール 5 世の勅令[34]やヘントなどフランドル諸都市における救貧部局（*armenkamer*）の設置などの制度改革[35]，イングランドにおける 1530 年代以降の一連の救貧立法[36]の内容などに反映されており，16 世紀前半という危機の時代に一都市の枠を越えた普遍的な社会政策の規範提示と

---

31) エラスムスの救貧思想については，Geremek [1987] pp. 237-239; ルターの救貧思想については，Geremek [1987] pp. 232-235, H. J. Grimm [1970] pp. 225-233, Jütte [1994] p. 108 を参照. またカルヴァンとビーベスの相関関係については，A. Alves [1989] を参照.
32) 河原 [1988b] p. 42; G. Maréchel [1984] pp. 515-516, 519-529.
33) 河原 [1997a]; A. Spicciani [1981]; A. Zorzi [1991] および本書補論を参照.
34) Ordonnance de Charles-Quint (7 oct. 1531), *Recueil des Ordonnances de Pays-Bas*, 2e série, t. III, Bruxelles, 1902, pp. 265-273. この条例の内容については Geremek [1987] pp. 189-192 を参照.
35) C. Van Bruwaene / F. Simon / A. Verbruggen-Aelterman (ed.) [1985], pp. 94-97; De Keyser [1968], pp. 152-158; Maréchal [1984] p. 517; 河原 [1988b] p. 43.
36) Cf., P. Slack [1988] pp. 116-119.

しての意義を有していたのである．

*　　　*

　21世紀を迎えつつある現代社会において，貧困問題は依然として解決されるべき課題であり続けているが，有効な解決策は未だ提示されてはいないように思われる．中世から近世への転換期のヨーロッパ社会においてユマニストとしてのビーベスが示した救貧の思想は，今日また新たに読み直され，問い直されるべき価値をもっているといえよう．彼の救貧理念の本質は，「富裕な者から盗まれるものは金にすぎないが，貧民から盗まれるものは生そのものなのである」[37]という彼の簡潔な言葉に集約されているといってもよいであろう．

　彼が没してから5年後の1545年に開かれたトリエント公会議を節目として，M. フーコー(『監獄の誕生』)がかつて示したように，以後西欧の都市社会における救貧事業は，物乞いと怠惰を否定し，身体壮健な貧民を敵視し，社会的規律化を促進して，矯正院をはじめとする諸施設への「閉じ込め」ないし「封じ込め」の政策へと向かうことになる．「慈善」をキイ・ワードとした中世社会の伝統的貧民救済から近世社会の新たな社会政策へのシフトを我々はそこに見出すことになるであろう[38]．

---

37) Vives, SP: "in furto enim diviti aufertur pecunia, pauperi vita;" (VIII, p. 80)
38) Maréchal [1984] pp. 538–539; Jütte [1994] pp. 138–139.

むすび

　フランドル地方は，北イタリアとともに中世中期から後期においてヨーロッパで最も都市化された地域の1つであった．中でもヘントは，14世紀にパリについでアルプス以北の都市では最も多い人口を擁し，施療院をはじめとする多様な慈善・救済施設の成立と展開を見た．毛織物工業で栄えたヘントでは，強力な共同体精神が都市住民を統合していた12世紀から13世紀初頭にかけてさまざまな救済施設が，数と規模そして機能において発展を遂げたのである．しかし，病と貧困の問題は，富裕市民にとって彼ら自身の死後の魂の救済という目的を通じて意識されたのであり，貧者とはあくまでも善行の対象としての存在でしかなかった[1]．その中で感染の危険から，唯一対象として実体的に見据えられざるをえなかった癩者のための癩施療院が，まず都市当局の主導により成立した．

　また，12-13世紀のヘントでは，聖ヨハネ施療院をはじめとする各種の施療院設立にあたって，トゥールネー司教をはじめとするカトリック教会の役割は，司教の裁治権が貫徹していた北フランスなど他の西欧地域におけるほど強力ではなかったことも指摘しておきたい．12-13世紀の施療院設立の制度的プロセスがもっぱら教会諸組織に負っており，世俗の都市当局はその役割を後に引き継いだにすぎないと見做すいわゆる「世俗化」（Kommunalisierung）理論は，G.

---

1) 田中 [1980] p. 18; Mollat [1978].

マレシャルがブルッヘについて指摘したように[2]，必ずしもすべての西欧都市に妥当するものではなかったといえよう．本書第 1 部で扱った事例から，施療院設立における世俗の有力市民と都市当局（参審人団体）の当初からの主導的役割がヘントについても確認できるからである．

とはいえ，ブルッヘとは異なり，ヘントは都市内にシント・ピーテルス修道院とシント・バーフス修道院という 2 大修道院を抱えており，両修道院によってそれぞれ設立された施療院の活動（特にヘベレヒツ施療院）やシント・ピーテルス修道院による伝統的な不特定の貧者のためのパンや衣類の分配は，13 世紀以降も行われ続けたことに注意しなければならない[3]．そうした聖界組織による活動もまた都市ヘントにおける貧民救済活動の一翼を担い続けたことは，無視しえないからである．その意味で，中世ヘントのケースは，都市社会における財の再分配のネットワークを構成する聖俗の諸組織の並立した複合的な慈善活動システムとして位置づけられるだろう．

13 世紀の間に都市社会内部における経済的，社会的格差が広がっていく中で，富裕市民層は彼ら自身の保身を意識し始めた．癩施療院（Rijke Gasthuis）は，もっぱら富裕市民の患者が限定的に受け入れられる施設となり，他の多くの癩者は，「野の癩者」として物乞いをしつつ市外で暮らすことを余儀なくされたのである．また多くの施療院が，受禄権（プレベンデ）を販売することで，貧民とともに，健康な市民で老後の安寧を願う者たちを受け入れる「養老院」的施設となっていったことも指摘されなければならない．他方，教区ごとに在宅貧民の物質的援助を行った「貧者の食卓」の組織の成立は，ヘントにおいて，少なくとも数百人単位での直接的な救貧活動を展開した点で注目に値する．本論中で検討したように，その救貧活動の実質的効果は年間を通じて必ずしも十全なものではなかったが，南欧都市における兄弟団の救貧活動に匹敵する機能を有

---

2) Maréchal [1978a] p. 309.
3) Blockmans / Prevenier [1978] pp. 40–44. また，歴代のフランドル伯およびブルゴーニュ侯による不特定の貧民のための現金の施与（*aumône*）が，12 世紀後半から 15 世紀末まで四旬節の時期などを中心に行われたことも付け加えておきたい Cf., Prevenier [1981] pp. 97–120.

していたといえるだろう[4]．そうした慈善組織の管理運営を担った役職者が，近年のプロソポグラフィックな研究により実証されているように，ヘントやブルッヘにおいてもっぱら参審人団体を構成した都市貴族と毛織物業をはじめとする主要なギルドの有力者たちの家系から輩出していたことは偶然ではない．かかる慈善組織は，中世都市政治の掌握にとって欠かすことのできない領域であり，G. マレシャルの表現を借りるならば，それは「富者による貧者抑圧システムの一過程」であったからである[5]．都市エリートにとっては，ギルドや兄弟団，教区組織など都市社会の社会的結合関係(ソシアビリテ)の要をなした役職と同様，慈善組織の役職は，社会的上昇のために，また都市社会秩序の維持のためにも保持されるべき名誉職であったのである．

　こうした慈善組織の運営と並んで，都市当局が意を用いたのが孤児後見制度を通じての未成年の子供の保護であった．その目的が，孤児院による貧しい孤児の保護とは別個に，資産をもつ市民家系の家産の適切な継承にあったとはいえ，中世都市の「社会政策」の一環としての意義をもつものであったといえよう．

　14世紀以降，ヘントでは，ギルドや有力市民家系による小規模な慈善施設が増加するが，それらはもはや貧者一般を受け入れる施設ではなく，同職のメンバーや視覚障害者，改悛した娼婦，捨児などより限定された特定のカテゴリーの人々を対象とするものとなる．そうした救済施設の専門化という傾向は，14-15世紀にフランドル地方をはじめとする南ネーデルラント諸都市や，フィレンツェを筆頭とした北イタリア都市国家においても指摘されているところである[6]．

　また，貧困自体が貧民個人の宿命と見做されていく中で，貧民に対する都市民の意識の変容を背景に，物乞いや浮浪行為の否定と貧民のカテゴリーの限定がこの時期に進行したことも忘れられてはならないであろう[7]．援助の対象と

---

4) 本書，補論(英文)を参照．そこでは，ヘントとフィレンツェにおける救貧組織の比較史的検討を行っている．
5) Maréchal [1976a] p. 26; Id. [1982] p. 280; Boone 〈in: W. Prevenier (dir.) [1998]〉pp. 351-354.
6) Bonenfant [1965] p. 40; Henderson [1994] p. 347.
7) Mollat [1978] pp. 245-248. 田中 [1980] pp. 27-35.

なった貧民の数もまた15世紀には，貧民に対する都市当局の規制が強化される中で，逆説的ながら，以前の時期に比べ著しく減少したのである．

15世紀後半から16世紀初頭にかけて，相次ぐ凶作や飢饉の波と，それに伴った食糧品の価格上昇は，南ネーデルラント諸都市の多くの社会層を貧困ラインへと押しやることになった．実質賃金の下降と都市毛織物工業の構造転換による失業者の増加，農村からの貧しい農民の都市への移動もまたそうした都市における貧民の増加に拍車をかけた[8]．この時期には，領邦単位で乞食行為の制限条例が打ち出されるとともに，12世紀以来の多様な救貧組織の併存に代わって，貧民の規制をより容易にする慈善組織の集権化への動きが見られるようになる．富裕市民にとって善行の対象であった貧民は今や実体として直視されざるをえなくなったのである．かかる意識の具体化された試みがフランドル地方においては，1525年のイープルにおける救貧改革条例に他ならなかった．しかし，世俗都市当局主導の慈善組織の改編は，修道院とりわけ「物乞い」を是とし，施しを禁ずることは個々人の罪の贖いの機会を奪うものであると主張した托鉢修道会や司教を中心とするカトリック教会人の反発なしには遂行しえなかった．1530年代以降相次いだ賛否両論の議論の流れをへて，この問題は1545年のトリエント公会議で教会側の巻き返しを見ることになろう[9]．

本書がめざしたのは，以上のような「中世的慈善」から社会秩序維持のための社会政策としての「近世的慈善」への変化のプロセスの様相を，フランドル都市ヘントを中心的事例としつつ，「慈善」の社会史として描き出すことであった．特定の救済施設の意義だけではなく，中世フランドル都市社会が生み出した多様な救済組織と，都市当局による対応の在り方の検討を通じて西欧中世の都市社会が近代に先立って経験した貧民・弱者をめぐる社会的保護と規制の特質がそこには現れていたといえるのである．

---

8) Lis / Soly [1979] pp. 47–48.; Geremek [1987] p. 87.
9) Geremek [1987] p. 252 (前掲邦訳, 270頁).

補 論 Confraternal Charity in Florence and Ghent during the Late Middle Ages: A Comparative Sketch*

Introduction

In the late Middle Ages, Florence in Toscana and Ghent in Flanders were both arguably great cities, both of which had more than 50,000 of population during the fourteenth century. Such a big city, with its monetized marketplace, was inherently a place of constant economic and social change and uprootedness. The fact that Toscana and Flanders were highly populated and urbanized area brought more restless and acuter social problems than any other place in Europe. Above all the problem of poverty was growing serious during the fourteenth and fifteenth centuries[1]. Florence was a city mainly living off woolen industry in the late Middle Ages as well as Flemish cities, and roughly one third of the total population (30,000) was engaged in this industry. Detailed study of Ch.-M. De La Roncière on the economic condition of Florentine artisans and wage earners has shown that the majority of them in 1340s could not earn enough to live on. Throughout the fourteenth century and even in the fifteenth century they were always vulnerable to accidents and economic circumstances. Besides it is pointed out that the situation of the families [households with some children] and widows were much worse. They were constantly in a state of severe chronic need[2].

Thus fourteenth and early fifteenth century Florence saw increasingly a new category of working poor who were clearly distinguished from the traditional poor whose

---

1) For the problem of poverty in the late Middle Ages, see C. Lis/H. Soly [1979] pp. 26–52.
2) Ch-M. De La Roncière [1974] pp. 661–745; I. Chabot [1988] pp. 291–311.

poverty was the consequence of inability to earn a living due to age or infirmity, or from those who chose to follow Christian teaching by living in voluntary poverty (*pauperes Christi*).

Similar situation can be observed in fourteenth and fifteenth century Flemish cities as well. Though the economy of Flanders was not so declining during the fourteenth and fifteenth centuries, structural poverty was already widely going on. In fifteenth century Ghent tax census shows that almost half of the inhabitants were the working poor (fiskale armen) who *de facto* did not pay any amount of tax[3]. Though one should not conclude the high incidence of poverty only from the fact of largier number of tax-exempt persons in the population, it can't be denied that poverty was not more the minority's fate, but became major mode of living in such urban society during the late Middle Ages.

How did the elite citizens then react to such a structural mass poverty and the poor? It is known that thirteenth century witnessed a spectacular augmentation and extension of charitable institutions on the basis of two major corelated factors of economic development and evangelism (exaltation of voluntary poverty). According to the ecclesiastical thought, the poor (*pauperes*) were considered as agents of a spiritual salvation of the alms-givers and for the latter charity (*caritas*) functioned as an 'investment in the hereafter' or 'mortgaging the future'. But an important point in this context was that the act of charity functioned not only in the spiritual aspect, but also functioned in the social one by guaranteeing the continued maintenance of a social equilibrium and the communal harmony[4].

Almsgiving ritually reenacted the lives of Christ and the saints, and this imitation of religious images formalized relief to the poor. The church presented the virtue of charity in the form of Seven (corporal) Acts of Mercy based on Matthew: 25 to the lay people.

In the following part I would like to examine some comparative aspects of the assistance to the poor by the lay citizens of Florence and Ghent in the fourteenth and fif-

---

3) M. Boone/M. Dumon/B. Reusens [1981] p. 233. See also W. P. Blockmans/W. Prevenier [1975] p. 569; D. M. Nicholas [1987] pp. 57–58.
4) Lis/Soly [1979] pp. 21–23; M. Rubin [1987] pp. 9–10.

teenth centuries, especially by focusing on the confraternal and parish-based activity.

1. Florence: aspects of confraternal charity

In the fourteenth and fifteenth century Florence, more than one hundred and sixty religious confraternities were founded. Though not all of them were active in the institutional charity, their services were fundamental to the care for the poor[5]. In religious terms, confraternities were associations intended to prepare for death and to pursue the hope of eternal life through the performance of good works, including eating commemorative meals, praying for the dead, as well as the direct assistance to the poor [see Table 1].

In Florence most of the confraternities are classified in two types of *laudesi* (singing) company and *disciplinati* (flagellant) company, according to the devotional form. Recent studies have shown that several companies were active in poor relief during the fourteenth and fifteenth centuries[6]. Most of the companies had fairly similar procedures for giving sibsides to their members and for determining who were the needy. Usually the captains of the company were to visit and to take care of the sick and dying members so that the patient could get their sacrament and do confession to the priest. In additon, some money was given to the patient family by the company. For those companies such almsgivings were almost confined to their own members, and in early surviving *laudesi* statutes no regular payment of sums of money for poor outsiders is mentioned. Thus the amount of the charitable relief was relatively in lower level, normally only less than 5 per cent of their expenditure. Instead, their main cost was spent for the service for devotional ceremony for the dead members, including splendid funeral, anniversary Masses and so on[7].

On the other hand, some exceptional group of companies had more active interest in direct assistance to the poor. Among those companies in the fourteenth century the most important role for the poor relief was played by the company of Orsanmichele

---

5) J. Henderson [1994] pp. 33–73. As for the general survey of the assistance by the hospitals in Late Medieval Florence, see L. Sandri [1990] pp. 237–257.
6) Henderson [1994] pp. 71–73.
7) Henderson [1994] pp. 101–108.

Table 1: Charity given by major confraternities in Florence

Name	Payment of the funeral	Almsgiving	Hospital	Statute
A: *Laudesi* (City-Wide)				
Compagnia di San Zanobi	X	X	—	1326
Compagnia di S.M. Novella	X	X	—	1323
Compagnia di S. Agnese	X	X	—	1584
Compagnia di S. Spirito	X	—	X	1332
Compagnia di S. Frediano	X	X	—	1323, 1488
Compagnia di S. Pier Martire	X	X	—	[1427]
*Compagnia di Orsanmichele	—	X	X	1294, 1297 1329, 1333
Compagnia della Misericordia	X	X	—	1348
Compagnia del Bigallo	X	X	X	[15th c.]
B: *Disciplinati* (City-Wide)				
Compagnia di S. Giovanni Battista	X	X	—	1363
Compagnia della notte	X	X	—	1490
Compagnia di San Paolo	X	X	—	1478
C: Parish				
*Compagnia delle Brucciate	X	X	—	1323
D: Other (City-Wide)				
*Buonomini di San Martino	—	X	—	1442

Source: J. Henderson [1988] [1989a] [1994].

(Compagnia della Madonna d'Orsanmichele). This confraternity was founded in 1291 as *lauda*-singing lay company for the cult of Virgin Mary, and by the mid-fourteenth century it had become the wealthiest lay religious organization in Florence. In 1324 nearly 3,000 members belonged to this company, including the well known chronicler and merchant G. Villani who served as a captain in 1335 and 1342. Some interesting aspects of this company's activity can be seen during the fourteenth and first half of the fifteenth century[8].

In the first period of this company before the Black Death (1291–1347), earliest surviving account books indicate that most of the expenditure was spent for charity. Compared with other comtemporary companies' expenditure, this amount was exceptionally enormous. What was then the idea of this company toward the poor and what

---

8) De La Roncère [1974]. For the most detailed analysis of the poor relief by the company of Orsanmichele, see Henderson [1994] pp. 241–410.

differentiated this company from the other? Several features could be pointed out for these questions.

First the company had a dual system of distribution. One for all anonymous poor who came for begging (*poveri a minuto*), and the other for a regular group of indigents and their families (*limosina per la città*). Each anonymous poor got maximum 4 deniers each week, and also received bread. In the earliest account of 1324, nearly 1,000 *pauperes* were served in October. In 1347 these numbers of assisted anonymous poor are supposed to have reached 6,600. The preference of the company, however, was clearly the second category of the few hundred indigent families in particular need, whose heads' names, adresses and the reasons of assistance were recorded on the company's list as regular clients. They were identified by receiving tickets from the company captains, who were erected from each quarter and could control the clients' numbers and substantial aid towards them throughout the city and *contado*, because selection was always necessary in fourteenth century Florence. They received two or three times each 5 soldi in average in a four month period[9].

In June 1347, the year of the serious famine, Orsanmichele distributed money to more than 3,300 named poor (68 per cent of the expenditure) and nearly 6,600 anonymous poor (9 per cent), and another 4,000 poor (22 per cent) fed with loaves of bread were assisted. Before the Black Death the work of Orsanmichele was thus already clearly active and it can be said that their eyes were at least turned to the indigent laity unlike most of the contemporary preachers and theologians[10].

Second important character of Orsanmichele's charity during the fourteenth centuy was that the majority of the named poor were women rather than men. Almost 70 per cent of its charity went to women throughout the fourteenth century. Their necessary condition for assistance was various, but some reasons of having many children and being sick were mentioned as important factors before 1350, and after that it was more to be emphasized to help the needs of female orphans, women with children, widows and the elderly. These categories were seen by the officials of this company as the most

---

9) Henderson [1994] pp. 252–258.
10) Henderson [1994] pp. 292–296; As for the opinion of the contemporary preachers and theologians, see R. Manselli [1974] pp. 637–659.

helpless among the contemporary poor. Besides it's remarkable that after the Black Death largier proportion of the company's distribution was occupied by dowries for the poor girls. This tendency reflected the result of the high mortality rate for the plague and social encouragement of marriage in earlier age after that crisis. In the latter half of the fourteenth century the cost of charity occupied in total expenditure of Orsanmichele gradually declined, while the amount of distribution itself increased and the scope of the assistance became wider[11].

In addiion, the examination of the pattern of charity to the city shows that the Orsanmichele had especially strong concern with the six poor parishes in the quarters of San Spirito and San Giovanni, but the assistance was not only confined to within the city wall, but also covered whole city's *contado*. After 1380s, the distribution to the named poor in *contado* in particular occupied an important part of this company's charity because of the economic and social crisis including Ciompi rebellion and a series of plague between 1380 and 1400. After 1400 the main activity of Orsanmichele shifted from charity to other one, as the commune managed to establish a hold over this company by intervening in its policy. Especially most of the cost was spent to the construction of its expensive oratory. As a result charity ceased to be an important concern in early fifteenth century. In 1412 the number of the named poor who got assistance from this company was only 500 people, whose profession was mostly small master craftsmen or shopkeepers. They were in fact not from the lowest level of the society. In the *catasto* record of 1429, Orsanmichele was still biggest confraternity, but the propotion of charity in the expenditure occupied no more than 5 per cent, as well as the case of the other *laudesi* companies. Those companies had also spent much more cost for liturgical services and festivals in this period[12].

In the middle of the fifteenth century Orsanmichele became a center of the public cult and city-wide festival for guilds, while the company's charitable activity towards the poor was not more active as the counterparts of the previous century.

In short, it could be said that Orsanmichele's charitable function before the Black Death had been to identify and assist the really needy sections of the Florentine popu-

---

11) Henderson [1994] pp. 367–373.
12) Henderson [1994] pp. 297–353; 382–387.

lation, but from the latter half of the fourteenth century the assistance was given to more selected and specialised people like orphans and dowerless girls, etc. With this change of policy, distribution was limited to much smaller clientele, and the significance of this company in total charitable context of Florentine society was gradually decreasing.

Except Orsanmichele there existed some other type of confraternities which played an important role in relief of poverty during the fourteenth century. Among these the Company of the Roast Chestnuts (Compagnia delle Brucciate) should be mentioned[13]. This parish confraternity was established in 1323 in order to support the living poor and the dead in the parish of St. Frediano. Before the Black Death this company was active in almsgiving widely to the parish residents who were especially the sick and women in child-bed. As for the dead this comapny buried almost 500 bodies (of which 44 per cent were women, and 36 per cent were children) for ten years before 1348. After the Black Death its attention was turned to help more women than before (76 per cent of the total amount of assistance in 1360s–70s) and its priority of the assistance was much more concentrated to the living poor than the dead to provide the cash.

Interestingly, though such a type of assistance in a parish is thought to have been unusual in Florence, this confraternal charity has particular significance to understand a form of Florentine poor relief at the very local level. In fact its activity in the parish was half-way between city-wide charity of Orsamichele and the more informal help provided by neighbours and kinsmen, and it suggests the existence of the local support networks in parish level in combination with Orsanmichele during the fourteenth century[14].

Fifteenth century Florence saw the expansion or foundation of companies with more specialized functions. Especially one of the most crucial confraternities was Buonomini di San Martino, which was founded in 1442 on the initiative of San Antonino. This company seeks, through assistance to the *"poveri vergognosi"* (shamefaced poor), to secure the sanctification of its twelve members, who were composed from bankers, silk

---

13) Henderson [1988] pp. 247–272.
14) Henderson [1988] p. 272.

merchants, and the Consoli dell'Arte della Lana and those of Arte di Calimala[15].

This confraternity helped the certain poor called *"poveri vergognosi"* (shamefaced poor), who had in the past some assets and through some misfortune slipped into indigence[16]. In the middle of the fifteenth century they were mainly composed of small master craftsmen (*artigiani* and *lavoranti*). In addition, the assistance was also to the women with various conditions including widows, women in childbed, and repentant prostitutes. From the account books one can see each year different numbers of the poor family got assistnce, from 33 families in 1442 to 221 families in 1466 in a city-wide level [see Table 2]. From 1487 to 1498 the Buonomini adopted dual system of the assistance. Over one thousand families in total were supported during these periods, and 25 per cent of the assisted were rather upper class family who slipped into poverty. They were given support repeatedly through rather long period. The rest was mainly composed of master craftsmen who got assistance less frequency in shorter period[17].

Table 2: Families assisted by the Buonomini in 1466–72

Categorie	Number of households	Rate (%)
Maestri or master craftsmen with their own bottega	52	23.53%
Purgatori, tintori, tiratori	7	3.19
Filatori, tessitori	26	11.76
Ciompi	14	6.33
Other lavoratori	23	10.40
Widows	48	21.72
Unclassifiable	51	23.07
Total	221	100.00%

Source: A. Spicciani [1981] p. 150.

---

15) For the activity of this confraternity, see P. Bargellini [1972]; A. Spicciani [1975] pp. 427–436; id. [1981] pp. 119–182; id. [1987] pp. 321–346; O. Z. Pugliese [1991] pp. 108–120; D. Kent [1992] pp. 49–67. As for the notion of *"poveri vergognosi"* (shamefaced poor), see G. Ricci [1979] pp. 305–337; id. [1983] pp. 158–177; R. C. Trexler [1974] pp. 75–76; B. Pullan [1988] p. 185; A. Kawahara [1997b] pp. 143–150.
16) Spicciani [1981] pp. 129–130.
17) Spicciani [1987] pp. 321–346.

Distribution was made once a week on Wednesday and recipients with tickets received normally bread and wine, and occassionally lamb meat at before Easter, or at Christmas Eve but money was given only exceptionally.

Some particular aspects of this Buonomini's assistance can be seen. First, the emphasis is on the family or heads of households, not on the single people. The account books of 1442–72 show that the family with average six small children were mainly received help, while Orsanmichele had tended to give substantial sums of money to singles, in particular poor widows and orphans. This suggests that the Buonomini functioned just within the context of the Florentine social change of the fifteenth century, in which family was more firmly established.

Secondly, the assisted people were especially intermediate social stratum with master craftsmen at its top and assistant workers at its bottom. They were temporarily poor, had not always been poor. Among them it's remarkable that textile workers like weavers were assisted in largier numbers, just characterlizing the economic structutre of Florence. A. Spicciani suggests that San Antonino's opinion on economic problems of his time might have been reflected on this Buonomini's policy[18].

Thirdly, despite of some difference in above mentioned policy Buonomini and Orsanmichele shared in one main trend of charity all over Italian cities after the Black Death. That is the idea that charity should be more specific and should be given to more selected people, instead of giving alms to a large number of anonymous poor. In addition, both institutions had minute records on assisted people for selection, and it gives us the idea that these administrators were very conscious on their own work. Especially, as a recent study of the statute of Buonomini in 1442 points out, it's important to see that the Buonomini's activity was based on the solid pragmatism and realism for administrative management, by drawing its members exclusively from the upper middle class with good fame (*Cittadini e di buone famiglie*)[19]. Their priority in selection was, actually given more to neighbors (*proximi vicini*) or acquaintances than to the strangers. As is discussed by R.F. Weissman recently, Florentine devotional confraternities

---

18) Spicciani [1981] pp. 157–159.
19) O. Z. Pugliese [1991] pp. 108–120; Henderson [1994] pp. 388–397.

might have used the language of charity to justify their attention to family, friends and self, instead of accepting straightly San Bernardino's emphasis on the universality of charity[20].

Quattrocento was a very significant period in Florentine poor relief and social welfare. As well as confraternal charity discussed above, the development of other foundations of a number of big hospitals with much care for medical treatment and specialized institutions for the orphans, foundlings and other weak persons shows wider process of charity[21]. Besides, the foundation of the *Monte delle Doti* in 1425, as a dowry fund for the middle and upper strata, and the *Monte di Pietà* as the Christian pawn bank in 1495 would be simbolical products of this period[22].

2. Ghent: aspects of parish-based charity

Comparing with the Florentine case, Flemish urban charity was managed by much more parish based organizations. Among them there were Tables of the Holy Spirit (*Mensae Spiritus Sancti*/Heilig-Geesttafels) or Tables of the poor (Armentafels/Tables des pauvres) in Ghent from the latter half of the thirteenth century. These foundations, goverened by the laity, supported the poor at home in the parish, instead of providing shelter for them[23]. The expression "the poor table" referred to a table placed next to or back of the parish church door for the purpose of alms-giving to the poor[24]. It is known that the role of the poor tables became increasingly important in the last hundred and fifty years of the Middle Ages, especially in the Law Countries, Northern France and Catalonia[25]. In Ghent rather comprehensive account books have survived in Sint Niklaas parish throughout the fourteenth to sixteenth century and some more fragmentary records

---

20) See R. W. Weissman [1988] p. 45.
21) See J. Henderson [1989] pp. 69–74; K. Park [1991] pp. 26–45; P. Gavitt [1990]; T. Takahashi (高橋友子) [1994] [2000].
22) Henderson [1994] pp. 406–407; J. Kirchner [1977] pp. 177–258; C. B. Menning [1993].
23) As a basic study on the poor table in general, see M-J. Tits-Dieuaide [1975] pp. 562–583; G. Maréchal [1982] pp. 273–277; As for the case of Ghent, see G. De Wilde [1980] pp. 49–58; A. Kawahara [1986] pp. 42–71.
24) M. Mollat [1978] p. 170.
25) Mollat [1978] pp. 171–173.

in Sint Jans, Sint Jacobs, Onze-Lieve-Vrouw = Sint Pieters parishes during these periods[26].

Although the assisted poor by the Tables of the Holy Spirit is not clearly defined in documents, they were mostly parish-living poor called *huisarmen* (house poor), *scamele huusweken* (shamefaced poor), or *disarmen*, who fell into poverty for some reasons. From the documents of Ghent and Bruges it's clear that the poor workers, the elderly, widows, women in child-bed, sick and poor priests were included in these categories. It seems likely that the poor table was conscious on women as is the case of Orsanmichele and Buonomini, and any beggers, vagabonds and strangers (*vleemdlingen*) were not considered.

Administrators or masters (*Heilige-geestmeesters*) of the Table of the Holy Spirit selected these people, and distribution was done in return for lead token (tickets), just like Orsanmichele and Buonomini, which was given previously to the poor. The account books of the Holy Spirit Table in Sint Niklaas parish show that the amount of distribution in kind to the poor changed according to the period. Basic distribuion was bread in nearly whole period, while other materials like pork, herring, shoes, linen and peat were given less frequently. One can also observe that the distribution in kind is substituted by money after the latter half of the fifteenth century. Besides, careful examination about the yearly distribution shows that per capita support to the poor was in reality, just as in Florence, only a supplement for insufficient family income [see Table 3].

The account books also show that before 1380s rather higher percentage of the expenditure was spent for the distribution (more than 60 per cent of the expenditure), while after 1380s the proportion decreased less than 40 per cent.

On the other hand, it's remarkable that the cost for the Masses increased from the

---

26) RAG, Bisdom Reeks S, Sint Niklaasdis, Rekeningen (1311–1531): S. 496–522, S. rol 119–138, S. N rol 157–160, S. 169–212, S. 11–21; Fonds van de Onze Lieve Vrouw-Sint Pietersdis, boeken, IA (1358–68, 1466–99); Fonds van de Sint Jansdis, Rekeningen (1471–1500): K 1258–62; Sint Maartensdis, Rekeningen (1472–87): Nr. 120; Hl. Kerstdis, Rekeningen (1472–87): Nr. 258; Fonds van de Sint Michielsdis, Rekeningen (1476–77): Nr. 424; Archief van de Sint Jacobskerk (ASJ), Rekeningen (1360–61; 1506–09). Cf., A. Kawahara [1986] pp. 42–71.

Tabel 3: Distribution by the Holy Spirit Tables

Parish/Year	Bread	Ale/Wine	Pig	Herring	Shoes	Money	Linen	Peat
St. Nikaas								
1317–18	—	—	X	—	X	—	—	X
1336–37	X	—	X	—	X	—	X	X
1346–47	X	—	X	—	X	—	X	X
1361–62	X	—	X	X	X	—	X	—
1371–72	X	—	X	X	X	X	X	X
1392–93	X	—	X	X	X	X	X	—
1430–31	X	—	X	X	X	X	X	—
1478–79	X	—	—	X	—	X	—	X
1484–85	X	—	—	X	—	X	X	X
1491–92	X	—	—	—	—	X	X	X
O.L.V. St. P								
1478–79	X	X	—	X	—	X	—	—
St. Jan								
1491–92	X	—	—	X	—	X	—	X

Source: RAG, SNK; Fonds OLVSPK, Boeken: Fonds SJK, K1262

early fifteenth century, and especially in 1450s it had occupied nearly half of the total expenditure. Like in Florence, distribution was done for special days of the week (Sunday/Wednesday) and on major church holidays. In Sint Niklaas parish the distribution days were rather limited before 1450, yearly 12 days, suggesting that the Table of the Holy Spirit was following the liturgical system of the church[27].

As for the numbers of the assisted people by the poor table, considered attention has been paid by Belgian scholars. Judging from the numbers of the shoes distributed by the Table in Sint Niklaas parish, it could be concluded that the assisted poor were about between 150 to 500 before 1450, and after that time regularly 50/60 for each year[28]. From the analysis of the surviving accounts we can assume that almost same type of the activity by the Table of the Holy Spirit was practiced in each parish of Ghent during the fourteenth and fifteenth centuries. Therefore, totally the assisted people in city-wide level can be estimated nearly 600–1,000 during the fourteenth century and less in the

---

27) See A. Kawahara [1986] pp. 57–62.
28) The number of the assisted poor in Sint Niklaas parish is in fact still in discussion. Cf., Blockmans/Prevenier [1975] p. 526; G. De Wilde [1980] pp. 53–54; D. Nicholas [1987] p. 52; id. [1992] p. 271.

Table 4: Assisted people by The Holy Spirit Table in St. Jacobs parish from the tax register in 1492

Gender	Households	Percentage
Women (Widows)	42 (13)	46.15% (14.28)
Men	49	53.85
Total	91	100.00
Total Hoseholds 971		Total population of the parish 4,700

Source: W.P. Blockmans. [1973] pp.141-198.

fifteenth century.

These observations give us the impression that the function of the Table of the Holy Spirit was much similar to the act of Buonomini in the fifteenth century, rather than that of Orsanmichele in the fourteenth century. However, some differences can be found. First, in Ghent any minute description on the assisted poor does not survive, while Orsanmichiele and Buonomini had rather precise records on their choice. Thus in Ghent's case we can't know exactly the reason of selection of the assisted people by its administrators, and whether or not they were conscious of the poverty in family or in households level as that of Buonomini. Only in the end of the fifteenth century, rather minute tax records can be available in Sint Jacobs parish[29]. From this tax record one can see that 91 households or 9.3 percent of the total households in this parish were assisted by the Table. But interestingly, not all of them belonged to the lowest taxed rank in this register. In fact 11 households of 91 assisted by the Table were on the second lowest taxed rank, while other 16 households including widows which had belonged to the lowest rank did not receive any assistance from the Table. This fact suggests that this Table of the Holy Spirit was for some reason selectively giving assistance [see Table 4].

Secondly, the assistance was clearly limited to the parish area during the fourteenth and fifteenth centuries. Each Table of the Holy Spirit was independently working, and it seems less likely that the Tables of the Holy Spirit were cooperating one another. So the policy of the Tables was not necessarily to be united as in the Florentine counter-

---

29) W. P. Blockmans [1973] pp. 141-198.

parts. In addition, we don't have any description of the parish poor relief in Ghent during these periods. The question still remains how far lay administrators accepted the idea on poverty and charity from the Mendicant preachers or other church Fathers.

Thirdly, recent prosopographical study on Ghent's aldermen's (*schepenen*) list shows that many elite families in Ghent occupied the administrator's posts of The Table of the Holy Spirit as well as alderman's position in the city councils[30]. Therefore, it seems to be important that the activity of the Tables should be considered more in connection with the communal policy in these periods.

As for the confraternal charity in Ghent, recent study of P. Trio shows that four of nearly thirty confraternities up to 1500 were at least concerned with the poor relief in fourteenth and fifteenth centuries[31]. Just like most of the *Laudesi* companies of Florence, these parish confraternities were mainly performing a whole series of ritual act of charity rather than giving the material distribution to the poor. Among these, the case of the confraternity (*broederschap*) of Sint Jacobs should be emphasized for its wider activity of the hospital management for pilgrims, the sick and the aged (*prebendaries*)[32]. In any case, their activity was rather limited in quantity not so much as in the case of Florence, and constituted only a part for the assistance to the poor in late medieval Ghent.

*   *

During the fourteenth and fifteenth centuries, Florence and Ghent reacted to the poverty problem in various ways as is discussed above. But charity in both cities at its best merely saved the recipient from immediate starvation, partly because poverty as social problem was reduced to a moral question in donor's mind, and partly because the perception of the poor was still staying in spiritual aspects by the administrators of the charitable institutions, though one might see certain perspicacity from the act of Florentine confraternity. On the other hand it should be noticed that social attitudes towards the poor had changed gradually from the middle of the fourteenth century. It was the idea that some people who through no fault of their own are unable to live by

---

30) M. Boone [1990a] pp. 98–100.
31) P. Trio [1993] pp. 312–314.
32) As for the Sint Jacobshospitaal, see S. Meersseman [1991] pp. 5–32.

the fruits of their labor, deserve charity while able-bodied beggars should be suppressed. As is well known, begging was made subject to various regulations in all over European secular authorities from this period[33]. Poor relief increasingly took on a controlling function, therefore confraternal/parish-based charity itself had become more and more selective institution to preserve political and social authority, partly by maintaining the honor of the elite in late medieval and Renaissance period[34].

So it could be said that the case of Florence and Ghent would show common but in part different perception on the way of assistance to the poor in the late Middle Ages.

---

33) M. Tanaka (田中峰雄) [1980] pp. 27–41; B. Geremek [1987].
34) R. C. Trexler [1974] pp. 64–109; J. Henderson [1994] pp. 407–408.

* This paper was first presented to the Annual Meeting of The Medieval Association of the Pacific, held at the University of Hawaii at Manoa, on March 15, 1997. I'm very grateful to the participants at the session.

史料・文献目録

〈略号一覧〉
ADN： Archives Départementales du Nord (Lille).
ASJ： Archief Sint-Jacobskerk (Gent).
RAG： Rijksarchief Gent (Gent).
SAG： Stadsarchief Gent (Gent).

AESC： Annales. Economies, Sociétés, Civilisation.
AGN： (Nieuw) Algemene Geschiedenis der Nederlanden.
AHN： Acta Historiae Neerlandicae.
APAE： Anciens Pays et Assemblées d'États (= Standen en Landen).
ASBHH： Annales de la Société Belge d'Histoire des Hôpitaux
ASEB： Annales de la Société d'Émulation de Bruges.
AvM： Appeltjes van het Meetjesland
BCRH： Bulletin de la Commission Royale d'Histoire.
BSFHH： Bulletin de la Société Française d'Histoire des Hôpitaux.
HMGOG： Handelingen der Maatschappij voor Geschiedenis en Oudheidkunde te Gent.
JMH： Journal of Medieval History.
MA： Le Moyen Age.
MKASK： Mededelingen van de Koninklijke Academie voor Wetenschappen, Letteren en Schone Kunsten van België, Klasse der Schone Kunsten.
MSH： Méssager des Sciences Historiques.
PCEEB： Publication du Centre Européen d'Études Bourguignonnes (XIVe-XVIe siècles).
RH： Revue Historique.
RBPH： Revue Belge de Philologie et d'Histoire.
SHG： Studia Historica Gandensia.
TvG： Tijdschrift voor Geschiedenis.
TvRG： Tijdschrift voor Rechtsgeschiedenis
TvSG： Tijdschrift voor Sociale Geschiedenis.
VSWG： Vierteljahrsschrift für Sozial- und Wirtschaftsgeschichte.

I 史 料

[1] 未刊行史料

GENT

A. ヘント国立文書館 (Rijksarchief Gent)
 Bisdom, Reeks S
  Sint-Niklaasdis
   Cartularium   S. N 118; S. 168
   Rekeningen van H. Geesttafel S. 496–522 (1311–56 年)
            S. rol 119–138 (1358–97 年)
            S. N rol 157–160 (1392–97 年)
            S. 169–212 (1397–1485 年)

	S. 11–21 (1486–1531 年)
Renteboeken van H. Geesttafel	S. 146–164 (1295–1442 年); S. 535 (1397 年)
O. L. Vrouw-St. Pietersdis	
Rekeningen	boeken IA, a24–25 (1358–60 年)
	a29–30(1361–63 年)
	a32 (1365–67 年) a35 (1367–68 年)
	IA, nr. 1 (1466–76 年); nr. 2 (1478–85)
	nr. 3 (1487–99 年)
St. Jansdis, Rekeningen	K 1258–1262 (1471–1500 年)
St. Maartensdis, Rekeningen	Nr. 120 (1472–87 年)
H. Kerstdis	Nr. 258 (1513–28 年)
St.Michielsdis	Nr. 424 (1476–77 年)
St. Veerle Kapitel, Rekeningen van H. Geesttafel S484 (1353–54 年)	
St. Janskerk, charter	Nr. 539; Nr. 442
St. Michielskerk, charter	Nr. 381 (1308 年); Nr. 387 (1371 年)

Rijke Gasthuis
    Dozen Nos. 1–4: Charters
Fonds Assenede kerk, Register (Renteboek van de Tafel van de H. Geest van Assenede) Nr.113bis
        (1475 年)
Sint Pietersabdij, *Hebberechtshospiaal*

Reeks I : Rekeningen	Nr. 1027–1052 (1401–73 年); Nr. 1111 (1473–74)
	Nr. 1053–1057 (1482–97 年)
Diversen van de aalmoezenij	Nr. 644 (1328–31 年); Nr. 645–707 (1491–95 年)
Reeks II : Cartularium	Nr. 1699–1700

B. ヘント市立文書館 (Stadsarchief Gent)
  Reeks LIV : *Wolweverskapel en Wolweversgodshuis*
    Charters, Dozen Nos. 1–2.
    Rekeningen, 1457–99 年
  Reeks LV : *Volderskapel en Voldersgodshuis*
    Cartularium, 1304–1499 年
    Land- en renteboeken, 1387–
    Rekeningen, 1477–99 年
  Reeks LXIV : *Sint-Jacobshospitaal*
    Land- en renteboeken, 1282–
    Charters,   Nr. 1–4 (1305–1500 年)
    Rekeningen, Nr. 15 (1416–44 年) *1423–27 年欠
        Nr. 16 (1451–76 年) *1456–57, 1458–61, 1467–75 欠
        Nr. 17 (1477–99 年) *1478–84, 1485–86, 1492–96 欠
    Ledenboek van de gildebroeders en -zusters, 1493 年
  Reeks LXV : *Sint-Janshospitaal (Sint Jan ten Dullen)*
    Charters,   Nos. 1–86.
    Reglementen, 1404 年; 1547 年
    Rekeningen, A 18 (1425–40 年); A 19 (1441–54 年); A 20 (1455–96 年)
  Reeks LXVI : *Godshuis van St. Jan en St. Pauwel*
    Cartularium, 1343–1499 年

Charters,　　　Nr. 16–22（1365–1522 年）
Rekeningen, Nr. 27（1473–90 年）*1474–79, 1480–81; 1484–86 年欠
　　　　　　　 Nr. 28（1490–99 年）*1492–93 年分欠
Reeks LXVII : *Sint Jorishospitaal*
　Charters, 1453–99 年
Reeks LXIX : *Wenemaerhospitaal*
　Charters,　　 1269 年
　Rekeningen, 1383–1499 年
　Land- en renteboeken, 14 世紀–
Reeks LXX : *Alijnshospitaal*
　Charters,　　 1294–
　Reglementen, 14 世紀
Reeks LXXI : *Rijke Gasthuis*
　Cartularium, 1236–
　Charters,　　 1291–
Reeks LXXIII : *Hebberechtsgodshuis*
　Charters,　　 1239–1499 年
Reeks LXXV : *Bijlokehospitaal*
　Charters, Dozen, No. 1–4.
　Land- en renteboeken, 14 世紀
　Rekeningen, 1469–99 年
C.　シント・ヤコブ教会付属文書館（Archief van Sint Jacobskerk）
　Sint Jacobskerk
　　Nr. 505 : Rekening van Heiliggeest tafel, 24 Dec. 1360–24 Dec. 1361
　　Nr. 647 : Renteboek van Heiliggeest tafel, 1370
　　Nr. 649 : Renteboek van Heiliggeest tafel, 1436
　　　　　　BRUGGE
D.　ブルッヘ市社会福祉センター文書庫（*Archief Openbaar Centrum voor Maatschappelijk Welzijn, Brugge*）［*OCMW*］
　Sint Jans hospitaal, Rekenningen: Register 149–160 rol 1（1200 年）
　　　　　　　　　　　　　　　　　　　　　　　 rol 2–261（1278–1530 年）
　　　　　　　　　　　Charters: Register 2（1188 年）
　Dis van Onze-Lieve-Vrouw, Rekeningen: Register 1–9　（1417–98 年）
　Dis van Sint-Jacobs,　　　　 Rekeningen: Register 1–4　（1473–1500 年）
　Dis van Sint Salvators,　　　Rekeningen: Register 1–18（1402–1500 年）
　Dis van sint-Walburga,　　　Rekeningen: Register 1　　 （1491–1510 年）
E.　ブルッヘ国立文書館（Rijksarchief Brugge）
　Fonds Kasselij Ieper, I reeks : Rekeningen van de dis de Roeselare（1461–83 年）
　　　　　　　　　BRUXELLES（BRUSSEL）
F.　ブリュッセル国立総合文書館（*Algemeenrijksarchief Brussel*）
　Fonds van Archief van Openbare Onderstand te Leuven
　　Tafel van H.Geest, Rekeningen, Nr. 1255–1263（1409–49 年; 1460–88 年; 1491–1502 年）
　　　　　　　　Charter, Nr. 1712（testament : 1404 年）
　　　　　　　　Charter, Nr. 1817（testament : 1486 年）

[2] 刊行史料

Bartier, J./A. Van Nieuwenhuysen (éd.) [1965] *Ordonnances de Philippe le Hardi, de Marguerite de Male et de Jean Sans Peur*, 1381-1419, Bruxelles.

Béthune, J. (éd.) [1883] *Cartulaire du Béguinage de Sainte-Elisabeth à Gand*, Bruges.

Béthune, J./A. Van Werveke (eds.) [1902] *Het godshuis van St.-Jan en St.- Pauwel, bijgenaamd de Leugemeete*, Gent.

Bonenfant, P. (éd.) [1953] *Cartulaire de l'hôpital Saint-Jean de Bruxelles*, Bruxelles.

Caenegem, R. C. Van./L. Milis (ed.) [1977] Kritische uitgave van de "Grote Keure" van Filips van de Elzas, graaf van Vlaanderen, voor Gent en Brugge (1165-1177), *BCRH*, 143, 207-257.

Cuvelier, J. [1912] *Les dénombrements de foyers en Brabant. XIV$_e$-XVI$_e$ siècles*, t. I, Bruxelles.

—— [1939] Documents concernant la réforme de la bienfaisance à Louvain au XVIe siècle, *BCRH*, t. CV, 37-115.

De Keyser, S. [1968] Dokumenten over de stichting en de inrichting van de armenkamer te Gent, 1535-78, *BCRH*, t. CXXXIV, 139-238.

De Limburg Stirum, Th. (éd.) [1905] *Coutume de la ville de Courtrai*, Bruxelles.

De Smet, J. J. (éd.) [1837-65] *Corpus Chronicorum Flandriae*, 4 vols., Bruxelles.

De Smet, J. [1935] Le dénombrement des foyers en Flandre en 1469, *BCRH*, t. XCIX, 105-150.

Des Marez, G./E. De Sagher [1913] *Comptes de la ville d'Ypres*, 2 vols., Bruxelles.

Despars, Nicolaes. [1837-40] *Cronijcke van den lande ende graefscepe van Vlaenderen van de jaeren 405 tot 1492*, (ed. J. De Jonghe), 4 vols., Brugge.

De Spiegeler, P. [1987] Documents relatifs à la léproserie de Cornillon et à l'hôpital Saint-Christophe de Liège, *BCRH*, t. CLIII, 109-126.

Devillers, L. [1878] *Cartulaire de hospices et fondation de charité de la ville de Mons*, Mons.

—— [1897] *Bans de Police de la ville de Mons au XV$_e$ siècle*, Mons.

Dubois, A. (éd.) [1867] *Documents relatifs à l'hospice Saint-Laurent à Gand, (1323-1867)*, Gent.

Gheldolf, A. E. (éd.) [1868] *Coutume de la ville de Gand*, Bruxelles, 2 vols.

Gilliodts-Van Severen, L. (éd.) [1871-76] *Inventaire des archives de la ville de Bruges*. Section première, *Inventaire des chartes*, 6 vols., Bruges.

—— [1874] *Coutume de la ville de Bruges*, t. I, Bruxelles.

Gysseling, M. (ed.) [1963] De statuten van de Gentse leprozerie van 1236, *SHG*, V, pp. 9-43.

Gysseling, M./W. Pijnenburg (eds.) [1977] *Corpus van Middelnederlandse teksten (tot en met het jaar 1300)*, 9 vols., 's-Gravenhage.

Heupgen, P. [1925-27] Réglementation de la prostitution à Mons du XIII$_e$ au XV$_e$ siècle, *Bulletin de la Commission Royale des Anciennes Lois et Ordonnances*, XII, 202-209.

—— [1926] La commune Aumône de Mons du XIII$_e$ au XVII$_e$ siècle, *BCRH*, XC, 319-372.

—— [1929] *Documents relatifs à la Réglementation de l'assistance publique à Mons du XV$_e$ au XVIII$_e$ siècle*, Bruxelles.

Hinnebusch, J. F. (ed.) [1972] *The Historia Occidentalis of Jacques de Vitry*, Fribourg,

Joris, A. [1959] Documents relatifs à l'histoire économique et sociale de Huy au Moyen Age, *BCRH*, t. CXXIV, pp. 213-265.

Lameere, L. (éd.) [1902] *Recueil des Ordonnances des Pays-Bas*, 2e sér., t. I-III, Bruxelles.

Laurent, Ch./J. Lameere (éd.) [1893-1922] *Ordonnances des Pays-Bas. Régne de Charles-*

Quint (*1506–1555*), 2ᵉ séries, Bruxelles, 6 vols.
Le Grand, L. (éd.) [1901] *Statuts d'Hôtels-Dieu et de léproseries. Recueil de textes du XIIᵉ au XIVᵉ siècle*, Paris.
Lokeren, A. van, (éd.) [1868–71] *Chartes et documents de l'abbaye de St. Pierre à Gand* (*630–1599*), 2 vols. Gent.
Meijers, E. M. [1936] *Het Oost-Vlaamsche erfrecht*, Haarlem.
Murray, J. M. (with the collaboration of W. Prevenier & M. Oosterbosch) (eds.) [1995] *Notarial Instruments in Flanders between 1280 and 1452*, Bruxelles.
Mus, O. (ed.) [1950-53] *De leprozerij, genaamd het godshuis der Hoge Zieken te Ieper, oorkunden*, 4 vols, Ieper.
Mus, O. (ed.) [1965] *Het Cartularium van het O.L. Vrouw Gasthuis te Ieper*, Ieper, 5 vols.
Nicholas, D./W. Prevenier (ed.) [1999] *Gentse stads- en baljuwsrekeningen* (*1365–1376*), Bruxelles.
Nolf, J. [1915] *La réforme de la bienfaisance publique à Ypres au XVIᵉ siècle*, Gent.
Pauw, N. de & J. Vuylsteke (ed.) [1874-75] *Rekeningen der stad Gent. Tijdvak van Jacob van Artevelde* (*1336-49*), 3 vols., Gent.
Pauw, N. de. (éd.) [1920] *Cartulaire historique et généalogique des Artevelde*, Bruxelles.
Pelsmaeker. P. de. (éd.) [1883] *Coutumes de Pays et Comté de Flandre: Quartier d'Ypres*, Bruxelles.
—— (éd.) [1914] *Registres aux sentences des échevins d'Ypres*, Bruxelles.
Potter, F. de (éd.) [1885] *Petit cartulaire de Gand* (*1178–1753*), Gent.
Potter, F. de (éd.) [1887] *Second cartulaire de Gand* (*1245–1807*), Gent.
Saitta, A. (ed.) [1973] *Ludovico Vives, De subventione pauperum*, Firenze.
Serrure, C. P. (éd.) [1836-40] *Cartulaire de St. Bavon à Gand* (*655–1255*), Gent.
Vandenpereboom, A. [1874] *Le Conseil de Flandre à Ypres*, Ypres.
Van Nieuwenhuizen (ed.) [1976] *Oorkondenboek van het Sint-Elizabeth hospitaal te Antwerpen, 1226–1355*, Bruxelles.
Vleeshouwers, M. (ed.) [1990] *De oorkonden van de Sint-Baafsabdij te Gent* (*819–1321*), 2 vols., Bruxelles.
Vuylsteke, J. (ed.) [1900] *Gentsche stads- en baljuwsrekeningen, 1280–1336*. Gent.
Vuylsteke, J. (ed.) [1893] *De rekeningen der stad Gent. Tijdvak van Philips van Artevelde, 1376–1389*, Gent.
Werveke, A. van, (ed.) [1970] *Gentse Stads- en Baljuwsrekeningen* (*1351–1364*), Bruxelles.
Wijfels, C./J. De Smet (eds.) [1965] *De rekening en van de stad Brugge* (*1280–1319*), Eerste deel: (1280–1302), 2 vols., Bruxelles.
Wijfels, C./A. Vandewalle (eds.) [1995] *De rekeningen van de stad Brugge* (*1280–1319*), *Tweede deel* (*1302–1319*), eerste stuk: 1302–1306, Bruxelles.
Wijnant, L. (ed.) [1979] *Regesten van de Gentse Staten van Goed, Eesrte Reeks: 1349–1400*, Bd. I: 1349–1370, Bruxelles.
—— [1985] *Regesten van de Gentse Staten van Goed, Eerste Reeks: 1349–1400*, Bd. II: 1371–1400, Bruxelles.

[3] 史料目録

Algemeen Rijksarchief en Rijksarchief in de Provincien [1969] *Archieven van westvlaamse kerkfabrieken* [*Oud Regime*], Deel I, Brussel.

Algemeen Rijksarchief en Rijksarchief in de Provincien [1976] *Archieven van oostvlaamse kerkfabrieken [Oud Regime]*, Deel III, Brussel.

Augustyn, B./E. Palmboom [1983] *Bronnen voor de agrarische geschiedenis van het middeleeuwse graafschap Vlaanderen. Een analytische inventaris van dokumenten betreffende het beheer en de exploitatie van onroerende goederen (tot 1500)*, deel I: *Dokumenten bewaard in het Rijksarchief te Gent*, Belgisch Centrum voor Landelijke Geschiedenis, nr. 72, Gent.

Augustyn, B./H. Rombaut/M. Vandermaesen [1990] *Bronnen voor de agrarische geschiedenis van het middeleeuwse graafschap Vlaanderen*, deel II: *Dokumenten bewaard in de Rijksarchiven te Beveren, Brugge, Doornik, Kortrijk, Ronse*, Belgisch Centrum voor Landelijke Geschiedenis, nr. 95, Gent.

Bautier, R-H./J. Sornay [1984] *Les sources de l'histoire économique et sociale du Moyen Age. Les États de la maison de Bourgogne*, vol. I. *Archives des principautés territoriales. 2. Les principautés du Nord*, Paris.

Decavele, J./J. Vannieuwenhuyse (ed.) [1983] *Archiefgids*, deel I : Oud archief, Stadsarchief van Gent, Gent.

Maréchal, G. [1972] *Inventaris van het Archief van het Onze-Lieve-Vrouw- hospitaal te Aalst*, (Algemeen Rijksarchief), Brussel.

―― [1984] *Inventaris van de rekeningen van de Sint-Pietersabdij te Gent*, (Algemeen Rijksarchief), Brussel.

Rombaut, H. [1991] *Bronnen voor de agrarische geschiedenis van het middeleeuwse graafschap Vlaanderen*, deel III : *Dokumenten bewaard in de stadsarchieven te Aalst, Brugge, Gent, Hulst, Menen, Oudenaarde, Tielt, Veurne en de O.C.M.W.- archieven te Brugge, Damme, Ieper, Oudenaarde*, Belgisch Centrum voor Landelijke Geschiedenis, Nr. 106, Gent.

Vandewalle, A. [1979] *Beknopte inventaris van het Stadsarchief van Brugge*, deel I : Oud archief, Brugge.

II 研究文献

〈欧文文献〉

Aerts E./E. Van Cauwenberghe [1984] Die Grafschaft Flandern und das sogenannte spätmittelalterliche Depression, in : F. Seibt/W. Eberhard (eds.), *Europa 1400. Die Krise des Spätmittelalters*, Stuttgart, 95–116.

Alberdingk-Thijm, P. [1883] *De gestichten van liefdadigheid in België van Karel den Grote tot aan de XVI_e eeuw*, Bruxelles.

Albes, A. [1989] The Christian Social Organism and Social Welfare : The Case of Vives, Calvin, and Loyola, *Sixeenth Century Journal*, 20, 3–22.

Arikx, V. [1950] De armendis te Pittem tussen 1486 en 1498, *Biekorf*, LI., 169–79.

Arnade, P. [1991] Secular Charisma, Sacred Power: Rites of Rebellion in the Ghent Entry of 1467, *HMGOG*, Neuwe Reeks, vol. 45, 69–94.

―― [1994] Crowds, Banners and the Marketplace: Symbols of Defiance and Defeat during the Ghent War, 1452–53, *Journal of Medieval and Renaissance Studies*, 24, 471–497.

―― [1996a] *Realms of Ritual. Burgundian Ceremony and Civic Life in Late Medieval Ghent*, Ithaca.

―― [1996b] Writing and Social Experience : Narratives of Urban life in the Burgundian Netherlands, L. Milis e.a. (ed.) *Verhalende Bronnen*, (*SHG*, 283), Gent, 95–118.

―― [1997a] Urban Elites and the Politics of Public Culture in the Late-Medieval Low Countries, in : M. Carlier/A. Greve/W. Prevenier/P. Stabel (eds.), *Hart en marge in de laatmiddeleeuwse stedelijke maatschappij*, Leuven, 33–50.

—— [1997b] City, State and Public Ritual in the Late-Medieval Burgundian Netherlands, *Comparative Studies in Society and History*, 39, 300–318.

Arnold, K. [1980] *Kind und Gesellschaft im Mittelalter und Renaissance*, München.

Autrand, F. [1982] Naissance illégitime et service de l'état : les enfants naturels dans le milieu Parisien. XIVe–XVe siècles, *RH*, t. 542, 289–303.

Avril, J. [1981] Le IIIe concile du Latran et les communautés de lépreux, *Revue Mabillon*, 21–76.

Bagliani, A. P. (préf.) [1987] *Le mouvement confraternel au Moyen Age. France, Italie, Suisse. Actes de la table ronde 1985*, Rome.

Baillieul, B./A. Duhameeuw (eds.) [1989] *Een stad in opbauw. Gent vóór 1540*, Tielt.

Barber, M. M. [1981] Lepers, Jews and Moslems : The Plot to Overthrow Christendom in 1321, *History*, vol. 66, 1–17.

Bargellini, P. [1972] *I Buonomini di San Martino*, Firenze.

Barnes, A. [1991] Poor Relief and Brotherhood, *Journal of Social History*, 24–3, 603–611.

Bassereau, M-T. [1958] *Hôtels-Dieu, hospices, hopitaux et infirmeries au Moyen Age*, Paris.

Bataillon, M. [1952] J. L. Vives, réformateur de la bienfaisance, *Bibliothèque d'Humanisme et Renaissance*, t. XIX, 140–59.

Bautier, R.-H./F. Maillard [1979] Les aumônes du roi aux maladreries, Maisons-Dieu et pauvres établissements du royaume, in : *Assistance et assistés jusqu'à 1610. Actes du 97e congrès national des sociétés savantes*, Nantes, 37–105.

Bavoux, P. [1979] Enfants trouvés et orphelins du XIVe au XVI siècle à Paris, in : *Assistance et assistés jusqu'à 1610. Actes du 97 congrès national des sociétés savantes*, Nantes, 1972, Paris, 359–370.

Beek, H. H. [1969] *Waanzin in de middeleeuwen*, Antwerpen.

Beer, M. [1990] *Eltern und Kinder des späten Mitellalters in ihren Briefen. Familienleben in der Stadt des Spätmittelalters und der frühen Neuzeit mit besonderer Berücksichtigung Nürnbergs (1400–1550)*, Nürnberg.

Belder, J./W. Prevenier/C. Vandenbroeke (eds.) [1983] *Sociale mobiliteit en sociale structuren in Vlaanderen en Brabant van de late Middeleeuwen tot de 20de eeuw*, Gent.

Belker, J. [1994] Aussätzige, "Tückischer Feind" und "Armer Lazarus", in : B-U. Hergemöller (hrsg.), *Landgruppen der spätmittelalterlichen Gesellschaft*, Warendorf, 253–83.

Beriac, F. [1985] 'Mourir au monde'. Les 'ordines' de séparation des lépreux en France aux XIVe et XVIe siècles, *JMH*, 11, 245–268.

—— [1987] La persécution des lépreux dans la France méridionale en 1321, *MA*, 93–2, 203–221.

—— [1988] *Histoire des lépreux au Moyen Age. Une société d'exclus*, Paris.

—— [1989] Connaissance médicales sur la lèpre et protection contre cette maladie au Moyen Age, in : *Maladie et société (XIIe–XVIIIe siècles). Actes du colloque de Bielefeld, 1986*, Paris, 145–163.

—— [1990] *Des lépreux aux cagots*, Bordeaux.

Bériou, N./F.-O Touatti [1991] *Voluntate dei leprosus. Les lépreux entre conversion et exclusion aux XIIe et XIIIe siècles*, Spoleto.

Bienvenue, J.-M. [1966–67] Pauvreté, misères et charité en Anjou aux XIe et XIIe siècles, *MA*,

t. 72, 389-424; t. 73, 5-34; 189-216.

Black, C. F. [1989] *Italian Confraternities in the Sixteenth Century*, Cambridge.

—— [1999] The Development of confraternity studies over the past thirty years, in : N. Terpstra (ed.), *The Politics of Ritual Kinship. Confraternities and Social Order in Early Modern Italy*, Cambrdge, 9-29.

Blazy, J-P. [1979] Hôpitaux et léproseries du pays de France pendant la guerre de Cent-Ans, *Bulletin de la société d'histoire et d'archéologie les amis de Gonese*, t. 7, 7-40.

Blok, D. P./W. Prevenier e.a. (eds.) [1980] (*Nieuw*) *Algemene Geschiedenis der Nederlanden*, deel IV, Haarlem.

Blockmans, F. [1938] *Het Gentsche Stadspatriciaat tot omstreeks 1302*, Antwerpen.

Blockmans, W. P. [1973] De vermogensstruktuur in de St. Jacobsparochie te Gent in 1492-94, in: W. P. Blockmans/C. Pauwelyn/L. Wijnant, *Studiën betreffende de sociale strukturen te Brugge, Kortrijk en Gent in de 14 de en 15 de eeuw*, vol. 3, Standen en Landen, 63, Kortrijk, 141-198.

—— [1974] Revolutionaire mechanismen in Vlaanderen van de 13de tot de 16de eeuw, *Tijdschrift voor Sociale Wetenschappen*, XIX, 128-131.

—— [1976] Armenzorg en levensstandaard te Mechelen vóór de hervorming van de openbare onderstand (1545), *Hand. van de Koninklijke kring voor oudheidkunde te Mechelen*, 141-173.

—— [1978a] *De volksvertegenvoordiging in Vlaanderen in de overgang van middeleeuwen naar nieuwe tijden, 1384-1506*, Bruxelles.

—— [1978b] A Typology of Representative Institutions in Late Medieval Europe, *JMH*, vol. 4, 189-215.

—— [1980] The Effects of Plague in the Low Countries, 1349-1500, *RBPH*, t. 58, 833-869.

—— [1983a] Vers une société urbanisée, in : E. Witte (éd.), *Histoire des Flandre, des origines à nos jours*, Bruxelles, 43-103.

—— [1983b] Verwirklichungen und neue Orientierungen in der Sozialgeschichte der Niederlande im spätmittelalter, in : *Niederlande und Nordwestdeutschland. Festschrift F. Petri*, Köln-Wien, 41-60.

—— [1984] Niederland vor und nach 1400 : eine Gesellschaft in der Krise? in : F. Seipt & W. Eberhard (hrsg.), *Europa 1400. Die krise des Spätmittelalters*, Stuttgart, 117-132.

—— [1985] Corruptie, patronage, makelaardij en venaliteit als symptonen van een ontluikende staatsvorming in de Bourgondische-Hapsburgse Nederlanden, *TvSG*, 11, 231-247.

—— [1987a] Finances publiques et inégalité sociale dans les Pays-Bas aux XIV$_e$-XVI$_e$ siècles, in : J.-Ph Genet/M. Le Mene (éd.), *Genèse de l'état moderne, Prélèvement et redistribution, Actes du colloque de Fontevraud*, Paris, 77-90.

—— [1987b] Mobiliteit in stadsbesturen 1400-1550, in : *De Noordelijke Nederlanden in de late middeleeuwen*, Utrecht, 236-260.

—— [1988] La répression de révoltes urbaines comme méthode de centralisation dans les Pays-Bas bourguignons, *PCEEB*, Nr. 28.

—— [1995] The Social and Economic Context of Investment in Art in Flanders around 1400, in : M. Smeyers/B. Cardon (eds.), *Flanders in European Perspective*, Leuven, 711-720.

—— [1996] The Burgundian Court and the Urban Milieu as Patrons in 15th Century Bruges, in : M. North (ed.), *Economic History and the Arts*, Köln, 15-26.

Blockmans, W. P./W. Prevenier [1974/76] Openbare armenzorg te 's-Hertogenbosch tijdens een

groeifase, 1435–1535, *ASBHH*, t. XII, 21–78.
——— [1975] Armoede in de Nederlanden van de 14de tot het midden van de 16de eeuw : bronnen en problemen, *TvG*, 88, 501–538.
——— [1978] Poverty in Flanders and Brabant from the Fourteenth Century to the Mid-Sixteenth Century: Sources and Problems, *AHN*, X, 20–57.
——— [1988] *In de ban van Bourgondië*, Houten.
——— [1997] De Bourgondiërs. De Nederlanden op weg naar eenheid, 1384–1530, Amsterdam/ Leuven.
——— [1999] *The Promised Lands : The Low Countries under Burgundian Rule, 1369–1530*, Philadelphia.
Blockmans, W. P./I. De Meyer/J. Mertens [1971–73] *Studiën betreffende de sociale structuren te Brugge, Kortrijk en Gent in de 14de en 15de eeuw*, Kortrijk.
Blockmans, W. P./G. Pierers/W. Prevenier/R.W.M. Van Schalk [1980] Tussen crisis en welvaart : sociale veranderingen, 1300–1500, *AGN*, deel IV, 42–86.
Blockmans, W. P./M. Boone/Th. de Hemptinne (eds.) [1999] *Secretum Scriptorum. Liber aluminorum Walter Prevenier*, Leuven-Apeldoorn.
Bonenfant, P. [1926–27] Les origines et le caractère de la réforme de la bienfaisance publique aux Pays-Bas sous le règne de Charles-Quint, *RBPH*, t. 5, 887–904; t. 6, 207–230.
——— [1930] *L'ancienne léproserie Saint-Pierre à Bruxelles : Notice Historique. Commission d'Assistance Publique-annexe au Rapport annuel*, Bruxelles.
——— [1934] *Le problème du paupérisme en Belgique à la fin de l'Ancien Régime*, Bruxelles.
——— [1965a] Les hôpitaux en Belgique au Moyen Age, *ASBHH*, t. III, 3–44.
——— [1965b] Les origines de l'hôpital Saint-Jean. Son imoportance, *ASBHH*, t. III, 57–78.
——— [1965c] L'ancienne léproserie Saint-Pierre Bruxelles, *ASBHH*, t. III, 85–98.
Bonenfant-Feytmans, A.-M. [1980a] Les organisations hospitalières vues par Jacques de Vitry (1225), *ASBHH*, t. XVIII, 17–45.
——— [1980b] Aux origines du Grand Hôpital de Namur, *Annales de la Société archéologique de Namur*, t. 60, 23–65.
Boone, M. [1984] Openbare diensten en initiatieven te Gent tijdens de late middeleeuwen (14de–15de eeuw), in : *L'initiaitive publique des communes en Belgique. Fondements historiques, Actes de colloque Spa 1982*, Bruxelles, 71–114.
——— [1988a] De Gentse staten van goed als bron voor de kennis van de materiële cultuur: mogelijkheden en beperkingen (late middeleeuwen-vroege moderne tijden), in : F. Daelemans (ed.), *Bronnen voor de geschiedenis van de materiéle cultuur: staten van goed en testamenten*, Bruxelles, 51–73.
——— [1988b] Dons et pots-de-vin, aspects de la sociabilité urbaine au bas Moyen Age. Le cas de gantois pendant la période bourguignonne, *RN*, 278, 471–487.
——— [1990a] *Gent en de Bourgondische hertogen ca. 1384–ca. 1453. Een sociaal-politieke studie van een staatsvormingsproces*, Bruxelles.
——— [1990b] Geld en macht. De Gentse stadsfinanciën en de Bourgondische staatsvormingsprocess, Gent.
——— [1990c] Zur einer integrierten Sozialgeschichte der Niederländischen Städte. Das Beispiel Gent und die burgundischen Staatsbildung, 14.-16. Jahrhundert, *Rheinischen Vierteljahrsblätter*, 54, 78–94.
——— [1991] Gestion urbain, gestion d'entreprises : l'élite urbaine entre pouvoir d'Etat, solidarité

communale et intérêts privés dans la Pays-Bas méridionaux à l'époque bourguignonne (XIV_e-XV_e siècles), S. Cavaciocchi (ed.), *L'impresa. Industria, commercio, banca, sec. XIII-XVIII*, Firenze, 839–862.

—— [1992] Les Gantois et la grande procession de Tournai : aspects d'une sociabilité urbaine au bas moyen âge, in : J. Dumoulin & J. Pycke (éds.), *La grande procession de Tournai (1090–1992)*, Tournai/Louvain-la-Neuve, 51–58.

—— [1994a] Les métiers dans les villes flamandes au bas moyen âge (XIV_e-XVI_e siècles): Images normatives, réalités socio-politiques et économiques, in : P. Lambrechts & J-P. Sosson (éds.) *Les métiers au Moyen Age. Aspectes économiques et sociaux. Actes du Colloque intertational de Louvain-La-Neuve 1993*, 1–21.

—— [1994b] Städtische Selbstverwaltungsorgane vom 14. bis 16. Jahrhundert. Verfassungsnorm und Verwaltungswirklichkeit im spätmittelalterlichen flämischen Raum und Beispiel Gent, in : W. Ehbrecht (ed.), *Verwaltung und Politik in Städten Mitteleuropas*, Köln/Weimar/Wien, 25–46.

—— [1995] Brügge und Gent um 1250: die Entstehung der flämischen Städtelandschaft, in : W. Hartman (ed.), *Europas Städte zwischen Zwang und Freiheit. Die europäischen Stadt um die Mitte des 13. Jahrhunderts*, Regensburg, 97–110.

—— [1996a] Les gens de métiers à l'époque corporative à Gand et les litiges professionnels (1350–1450), in : M. Boone & M. Prak (éds.) *Statuts individuels, statuts corporatifs et statuts judiciaires dans les villes européennes (moyen âge et temps modernes)*, Leuven-Apeldoom, 23–46.

—— [1996b] Droit de brugeoisie et particularisme urbain dans la Flandre bourguignonne et habsbourgeoise (1384–1585), *RBPH*, 74, 707–725.

—— [1996c] State Power and Illicit Sexuality : The Persecution of Sodomy in Late Medieval Bruges, *JMH*, 22, 1–17.

—— [1997] Destroying and Reconstructing the City. The Inculcation and Arrogation of Princely Power in the Burgundian-Habsburg Netherlands (14th–16th Centuries), in: M.Gosman e.a. (eds.), *The Propagation of Power in the Medieval West*. Selected Proceedings of the International Conference, Groningen,1996, 1–33.

—— [1999a] Sources juridiques, sources littéraires : reflets de la vie politique et sociale dans le comté de Flandre à l'époque bourguignonne, in : E. Rassart-Eeckhout et al. (éds.), *La vie matérielle au Moyen Age, Actes du Colloque international de Louvain-La-Neuve 1996*, Louvain-la-Neuve, 11–28.

—— [1999b] De discrete charmes van het burgerbestaan in Gent rond het midden van de vijftiende eeuw. Het financieel handboek van Simon Borluut (1450–1463) in : *Liber Amicorum R. van Uytven*, Antwerpen, 99–113.

—— [1999c] La domesticité d'une grande famille patricienne gantoise d'après le livre de comptes de Simon Borluut (1450–1463), J-P. Sosson e.a. (éds.), *La niveaux de vie au Moyen Age*. Louvain-la-Neuve, 77–90.

Boone, M./M. Dumon/B.Reusens [1981] *Immobiliënmarkt, fiscaliteit en sociale ongelijkheid te Gent, 1483–1503*, Kortrijk.

Boone, M./M. Prak [1995] Rulers, patricians and burghers : the Great and the Little traditions of urbain revolt in the Low Countries, in : *A Miracle Mirrored. The Dutch Republic in European Perspective*, Cambridge, 99–134.

Boshof, E. [1984] Armenfürsorge im Frühmittelalter : Xenodochium, matricula, hospitale

pauperum, *VSWG*, Bd. 71, 153-174.
Bosl, K. [1963] Potens und Pauper, in : *Festschrift für O. Brunner*, Göttingen, 60-87.
Boswell, J. [1988] *The Kindness of Strangers : an Abandonment of Children in Western Europe from the Late Antiquity to the Renaissance*, New York.
Bourgeois, A. [1972] *Lépreux et maladreries du Pas de Calais* (X_e–XVIII_e *siècles*). *Psychologie collective et institutions charitables*. Arras.
Bousmar, E. [1994] Des alliances liées à la procréation. Les fonctions du mariage dans les Pays-Bas bourguignons, *Mediaevistik*, VII, 11-69.
―― [1997] Du marché aux bordiaulx. Hommes, femmes et rapports de sexe (gender) dans les villes des Pays-Bas au bas moyen âge. Etat de nos connaissances et perspectives de recherche, in : *Hart en marge in laat-middeleeuwse stedelijke maatschappij*, Leuven, 51-70.
Brachin, P [1984] *Van Hout et Coornhelt. Bienfaisance et répression au XVI$_e$ siècle*, Paris.
Braunstein, Ph. [1999] La pauvreté au quotidien: apports et limites des sources médiévales, in: J-P. Sosson e.a. (éds.), *Les niveaux de vie au Moyen Age*, Leuvain-la Neuve, 91-103.
Briod, A. [1926] *L'assistance des pauvres dans le pays de Vaud*, Lausanne.
Brody, S. N. [1974] *The Disease of the Soul. Leprosy in Medieval Literature*, Ithaca.
Brodman, J. W. [1998] *Charity and Welfare. Hospitals and the Poor in Medieval Catalonia*, Philadelphia.
Brown, A. [1997] Civic Ritual : Bruges and the Counts of Flanders in the Later Middle Ages, *English Historical Review*, 112, 277-299.
Cabestany, Joan-F. & S. Claramunt [1973] El « Plat dels pobres » de la parroquia de Santa María del Pi de Barcelona (1401-1428), in : *A pobreza e a assistência aos pobres na península ibérica durante a idade média*, I, Lisbon,17-181.
Caille, J. [1978] *Hôpitaux et Charité publique à Narbonne au Moyen Age de la fin du X$_e$ siècle à la XV$_e$ siècle*, Toulouse.
Candille, M. [1970] Les Statuts de la Masion-Dieu de Vernon, *BSFHH*, 24, 11-33.
―― [1974] Pour un précis d'histoire des institutions charitables, *BSFHH*, 30, 79-88.
Carlier, M. [1987] De sociale positie van de bastaard in het laat-middeleeuwse Vlaanderen, *TvSG*, 13, 173-197.
―― [1997] Solidariteit of sociale controle? De rol van vrienden en magen en buren in een middeleeuwse stad, in : M. Carlier/A. Greve/W. Prevenier/P. Stabel (eds.), *Core and Periphery in Late Medieval Urban Society*, Leuven, pp. 71-91.
―― [1999] Paternity in Lae Medieval Flanders, in : *Secretum Scriptorum. Liber alumnorum Walter Prevenier*, 235-258.
Carmichael, A. G. [1986] *Plague and the Poor in Renaissance Florence*, Cambridge.
Casanova, R. A. [1947] Vives et la politique, *Revue des langues vivantes*, 83-94.
Cauchies, J-M. [1984] Services publics et législation dans les villes des anciens Pays-Bas. Question d'heursitique et de méthode, in : *L'initiative publique des communes en Belgique, 11$_e$ collque International Spa*, 639-688.
Chabot, I. [1988] Widowhood and poverty in late medieval Florence, *Continuity and Change*, vol. 3-2, 291-311.
Chiffoleau, J. [1978] Charité et assiatance en Avignon et dans le Comtat Venaissin (fin XIIIe-fin XIVe siècle), *Cahiers de Fanjeaux*, 13, 59-85.
―― [1980] *La comptablité de l'au-delà. Les hommes, la mort et la religion dans la région*

d'Avignon à la fin du moyen âge, (vers *1320–vers 1480*), Rome.
Chrisman, M. U. [1967] *Strasbourg and the Reform. A Study in the Process of Change,* New-Haven.
Christophe, P. [1985-87] *Les pauvres et la pauvreté, des origines à nos jours,* Paris, 2 vols.
Clark, E. [1990] City Orphans and Custody Laws in Medieval England, *American Journal of Legal History,* vol. 34-2, 168-187.
Clay, R. M. [1909] *The Medieval Hospitals of England,* London.
Coopmans, J. A. [1964] *De Rechtstoestand van de Godshuizen te 's-Hertogenbosch vóór 1629, Stande en Landen,* XXXI, Leuven-Paris.
Coppejans-Desmedt, H. [1980] Renteboek van de Tafel van de Heilige Geest van Assenede, 1475, in : *Bronnen voor de historische geografie van België, Hand. van het colloquium,* 11-14.
Coppin, Ch. [1947] Statuts de l'Hôpital Gantois à Lille (1467), *RN,* 26-42.
Cornelis, E. [1987] De kunstenaar in het laatmiddeleeuwse Gent, I : Organisatie en Kunstproduktie van de Sint-Lucasgilde in de 15de eeuw, *HMGOG,* 41, 97-128.
—— [1988] De kunstenaar in het laatmiddeleeuwse Gent, II, *HMGOG,* 42, 95-138.
Coulet, N. [1978] Hôpitaux et oeuvres d'assistance dans le diocèse et la ville d'Aix-en-Provence. XIIIe-mi XIVe siècle, *Cahiers de Fanjeaux,* 13. 213-237.
Courteaux, F. [1970] De Kapel van de H. Geest en de Armenzorg te Aalst, *Het Land van Aalst,* 22, 49-78.
Courtenay, W. J. [1972] Token Coinnage and the Administration of Poor Relief during the Late Middle Ages, *Journal of Interdisciplinary History,* vol. 3, 275-295.
Couvreau, G. [1961] *Les Pauvres ont-ils des droits? Recherches sur le vol en d'extrême nécéssité depuis la "Concordia" de Gratien (1140) jusqu'à Guillaume d'Auxerre* (+ 1231), Rome-Paris.
Coyecque, E. [1889-91] *L'Hôtel-Dieu de Paris au Moyen Age,* Paris.
Cubero, J. [1998] *Histoire du Vagabondage du Moyen Age à nos jours,* Paris.
Cullum, P.H. [1993] Poverty and Charity in Early Fourteenth-Century England, in: N. Rogers (ed.), *England in the Fourteenth Century,* Stamford.
Daem, M. [1985] De broederschap van St.-Jacob in Compostella te Gent, *Oost vlaamse Zanten,* 60, 63-74.
—— [1989] Het Sint-Jacobsgodshuis te Gent, in : *Oostvlaamse Zanten,* 64, 113-128.
Danneel, M. [1982] Vrienden en magen in de bronnen van de laat-middeleeuwse Brugse weeskamer, *Handelingen der Koninklijke Zuidnederlandse Maatschappij voor Taal- en Letterkunde en Geschiedenis,* 33-39.
—— [1986] Quelques aspects du service domestique féminin à Gand d'après les registres et les manuels échevinaux des Parchons (2 ème moitié du XVème siècle), in : W. Prevenier e.a. (eds.) *Structures sociales et topographie de la pauvreté et de la richesse aux 14e et 15e siècle,* Gent, 51-72.
—— [1988] De Brugse wezenboeken als bron. Mogelijkheden en beperkingen, *Archief- en Bibliotheekwezen in België,* extranummer, 25, 31-41.
—— [1989] Orphanhood and marriage in fifteenth-century Ghent, in : W. Prevenier (ed.), *Marriage and social mobility in the late Middle Ages. SHG,* 274, 99-111.
—— [1995] *Weduwen en Wezen in het laat-middeleeuwse Gent,* Leuven.
—— [1999] Gender and the Life Course in the Late Medieval Flemish Town, in: W. Blockmans/

M. Boone/Th. de Hemptinne (eds.), *Liber alumnorum W. Prevenier*, Leuven, 225–233.
Davis, B. B. [1986] *Poverty and Poor Relief in Toulouse, ca. 1474–ca. 1560 : The Response of a Conservative Society*, Ph. D. Dissertation, University of California, Berkeley, 1986.
Davis, N. Z. [1968] Poor Relief, Humanism and Heresy : The Case of Lyon, *Studies in Medieval and Renaissance History*, vol. 5, 215–75 (邦訳「貧民救済，ユマニスム，異端」『愚者の王国　異端の帝国』平凡社，1980 年所収)
De Cavele, J. [1981] De Gentse poorterij en buienpoorterij, in : *Recht en instellingen. Liber amicorum J. Buntinx*, Leuven, 63–83.
Declercq, G. [1939] De kerkelijke instellingen te Gent in verband met de oudste stedelijke geschiedenis, *Nederlandsche Historiebladen*, 3, 117–135.
De Coninck, C. & W. P. Blockmans [1967] Geschiedenis van de Gentse leprozerie "Het Rijke Gasthuis" vanaf de stichting (ca. 1146) tot omtreeks 1370, *ASBHH*, VI, 4–44.
De Flou, K. [1895] Cartularium van kerk en armendisch van Sint-Michiels, *ASEB*, XLV, 263–375.
De Geest, G. [1969] Les distributions aux pauvres assurées par la paroisse Sainte-Gudule à Bruxelles au XVe siècle, *ASBHH*, t. VII, 43–86.
De Jong, M. [1996] *In Samuel's Image. Child Oblation in the Early Medieval West*, Leiden.
De Keyser, W. [1974] La léproserie Saint-Ladre de Mons et ses statuts de 1202, *ASBHH*, XII, 3–8.
De Keyser, W. e.a. (ed.) [1989] *Lepra in de Nederlanden (12de–18de eeuw)*, Bruxelles.
Demaitre, L. [1985] The Descriptions and Diagnosis of Leprosy by Fourteenth Century Physicians, *Bulletin of the History of Medicine*, 59, 327–344.
De Mecheleer, L. [1991] Aux temps de la « Mendiance », in : L. De Mecheleer (éd.), *La pauvreté dans nos régions du moyen âge à nos jours, Archives Générales du Royaume, Dossier de l'exposition*, Bruxelles, 9–41.
De Meyer, I. [1971] De sociale strukturen te Brugge in de 14de eeuw, in : *Studien betreffende de sociale strukturen te Brugge, Kortrijk en Gent in de 14e en 15e eeuw*, deel I, Heule, 9–78.
Demuynck, R. [1951] De Gentse oorlog (1379–1385). Oorzaken en karakter, *HMGOG*, 5, 305–318.
De Pas, J. [1929–37] La tutelle des orphelins à Saint-Omer à XIVe siècle. Fragments d'un "Registre des orphelins" (de 1343 à 1356), *Bulletin de la Société des Antiquaires de la Morinie*, t. XV, 339–374.
De Ridder-Symoens, H. [1991] Prosopografie en middeleeuwse geschiedenis : een onmogelijke mogelijkheid? *HMGOG*, 45, 95–117.
―― [1992] Prosopographical Research in the Low Countries in the Middle Ages and the Sixteenth Century, *Medieval Prosopography*, 14–2, 27–120.
De Smet, E. [1976] De bezittingen van het Rijke Gasthuis te Eeklo, *AvM*, 27, 200–223.
De Speigeler, P. [1980] La léproserie de Cornillon et la Cité de Liège (XIIe–XVe siècle), *ASBHH*, XVIII, 3–16.
―― [1981] Les statuts de la confrérie de Saint-Jacques (23 mai 1479), *BCRH.*, CXLVII, 205–215.
―― [1987] *Les hôpitaux et l'Assistance à Liège (Xe–XVe siècles) : Aspects institutionnels et sociaux*, Liège.
De Vocht, A.-M. [1981] Het gentse antwoord op de armoede : de sociale instellingen van wevers en volders te Gent in de late middeleeuwen, *ASBHH*. XIX, 3–32.

De Wilde, G. [1976] *De parochiale armenzorg te Gent van de XIV_{de} tot het begin van de XVI_{de} eeuw*, (onuitgegeven licentiaatsverhandeling, RUG), Gent.

—— [1980] De parochiale armenzorg te Gent in de late middeleeuwen, *ASBHH*, XVIII, 49–58.

Dewilde, M./A. Ervynck/A. Wielemans (eds.) [1998] *Ypres and the Medieval Cloth Industry in Flanders*, Ieper.

De Witte, A. [1974] Gegevens betreffende het muziekleben in de voormalige Sint- Donaaskerk te Brugge, *ASEB*, CXI, 129–174.

Dewulf, J. [1981] *Visie op en maatschappelijke positie van de krankzinnige in de middeleeuwen. Toetsing aan de hand van St.-Jans-ten-Dullen te Gent, 13_e tot 16_e eeuw*, (onuitgegeven licentiaatverhandeling, RUG), Gent.

Dhaenens, E. [1987] De Blijde Inkomst van Filips de Goede in 1458 en de plastische kunsten te Gent, *MKASK*, 48–2, 53–89.

Dickstein-Bernard, C. [1977] Pauperism et secours aux pauvres de Bruxelles au XV_e siècle, *RBPH*, 55, 390–415.

Diericx, C. L. [1814–15] *Mémoires sur la ville de Gand*, 2 vols. Gent.

Dieterich, D. [1982] *Brotherhood and Community on the Eve of the Reformation: Confraternities and Parish Life in Liège, 1450–1540*, Ph.D. Diss. Univ. of Michigan, An Arbor.

Dols, M. [1983] The Leper in Medieval Islamic Society, *Speculum*, 58, 891–916.

Duby, G. [1966] Les pauvres des campagnes dans l'occident médiéval jusqu'au XIII_e siècle, *Revue de l'histoire de l'église de France*, t. LII, 25–32.

Dumolyn, J. [1997] *De Brugse opstand van 1436–1438*, Kortrijk.

Dumoulin, J. [1997] La paroisse urbaine à la fin du moyen âge. Le cas de quatre villes de l'ancien diocèse de Tournai, Bruges, Gand, Lille et Tournai, in : *La paroisse en questions. Des origines à la fin de l'ancien régime*, Ath, pp. 95–108.

Dupond, G. [1996] *Maagdenverleidsters, hoeren en speculanten. Prostitutie in Brugge tijdens de Bourgondische periode (1385–1515)*, Brugge.

—— [1997] Des filles de legiere vie. De draaglijke lichtheid van het bestaan als prostituee in het laat-middeleeuwse Brugge, in : *Hart en marge in de laat-middeleeuwse stedelijke maatschappij*, Leuven, 93–103.

—— [1998] Qu'est-ce que la marginalité? Marginale groepen in de stedelijke samenlevingen in de Late Middeleeuwen: definities en problemen, in : D. Heirbout/D. Lambrecht (éds.), *Van oud en nieuw recht. Handelingen van het XV_e Belgisch-Nederlands rechtshistorisch congres. RUG, 16–17 April, 1998*, Antwerpen, 221–240.

Ehrle, F.S.J. [1888] Die Armenordnungen von Nürnberg (1522) und von Ypern (1525), *Historisches Jahrbuch*, IX, 450–479.

Elaut, L. [1976] *Het leven van de Gentse ziekenhuizen vanaf hun ontstaan tot op heden*, Gent.

Fiero, G. K. [1984] Death ritual in fifteenth century manuscript illumination, *JMH*. 10–4, 271–294.

Fischer, T. [1979] *Städtische Armut und Armenfürsorge im 15. und 16.Jahrhundert*, Göttingen.

Fischer, W. [1982] *Armut in der Geschichte*, Göttingen.

Flood, D. (ed.) [1975] *Poverty in the Middle Ages*, Paderborn.

Flynn, M. [1989] *Sacred Charity : Confraternities and Social Welfare in Spain*, Ithaca.

Fobe, E. [1971] *De huisarmen van de parochie Sint-Jacob-op-de-Koudenberg te Brussel in de XV_e eeuw*, (onuitgegeven licenciaatsverhandeling, RUG) Gent.

Fosseyeux, M. [1934] La taxe des pauvres au XVIe siècle, *RHEF*, t. XX, 407-432.
Fris, V. [1913] *Histoire de Gand*, Bruxelles.
Fujii, Y. [1990] Draperie urbaine et draperie rurale dans les Pays-Bas méridionaux au bas moyen âge : une mise au point des recherches après H. Pirenne, *JMH*, vol. 16, 70-97.
Garnier, F. [1987] Figures et comportements du pauvre dans l'iconographie des XIIe et XIIIe siècles, in : H. Dubois e.a. (éd.) *Horisons marins, itinéraires spirituels, Ve-XVIIIe siècles*, Paris, vol. I, 303-318.
Gaudmet, J. [1987] *Le mariage en Occident. Les moeurs et le droit*, Paris.
Gauthier, B. [1984] Les "aveugles" médiévales (XIe-XVe siècles), *Cahiers d'histoire*, t. 29, 97-118.
Gavitt, P. R. [1981] Poverty, Charity, and Economy in Florence, 1300-1450, in: T. Riis (ed.) *Aspects of Poverty in Early Modern Europe*, Firenze-Stuttgart.
—— [1990] *Charity and Children in Renaissance Florence : The Ospedale degli Innocenti, 1410-1536*, An Arbor, Michigan.
Geert, K. [1987] *De spelende mensen in de Burgondische Nederlanden*, Brugge.
Génicot, L. [1977] Sur la nombre des pauvres dans les campagnes médiévales, *RH*, 522, 273-288.
George, A. [1971] *Le pélrinage à Compostelle en Belgique et dans le nord de la France suivi d'une étude sur l'iconographie de Saint-Jacques en Belgique*, Bruxelles.
Geremek, B. [1970] La lutte contre le vagabondage à Paris aux XVIe et XVIIe siècles, *Richerche storiche ed economische, In Memoria di C. Barbagallo*, 2 : 211-236.
—— [1974] Criminalité, vagabondage, paupérisme: La marginalité à l'aube des temps modernes, *RHMC*, XXI, 337-375.
—— [1976] *Les marginaux Parisiens aux XIVe et XVe siècles*, Paris.
—— [1980] *Truands et misérables dans l'Europe moderne (1350-1600)*, Paris.
—— [1987] *La potence ou la pitié. L'Europe et pauvres du Moyen Age à nos jours*, Paris. (早坂真理訳『憐れみと縛り首 ヨーロッパ史のなかの貧民』平凡社, 1993年)
—— [1991] *Les fils de Caïn. L'image des pauvres et des vagabonds dans la littérature européenne du XVe au XVIIe siècle*, Paris.
Geudens, E. [1898] *Le compte moral de l'an XIII des hospices civils d'Anvers*. Antwerpen.
Gilisen, J. [1963] De houdenisse in het oud-Vlaamse recht, *TvRG*, 31, 346-402.
Gilliodts-Van Severen, L. [1874-75a] Le premier règlement de l'hôpital Saint-Jean à Bruges, *La Flandre*, VI, 55-90.
—— [1874-75b] Encore l'hôpital Saint-Jean à Bruges. Les premiers comptes, *La Flandre*, VI, 265-288; 353-368.
Ginatempo, M/L. Sandri (eds.) [1990] *L'Italia della città: Il Popolamento urbano tra Medioevo e Rinascimento (Secoli XIII-XVI)*, Firenze.
Godding, Ph. [1983] L'ordonnance du magistrat bruxellois du 19 Juin 1445 sur tutelle, in : *Liber amicorum J. Gilissen*, Antwerpen, 162-174.
—— [1984] Le controle des tutelles par le Magistrat urbain dans les Pays-Bas méridionaux, in : *L'initiative publique des communes en Belgique. Actes du 11e colloque international, Spa 1982*, Bruxelles, 557-573.
—— [1987] *Le droit privé dans les Pays-Bas méridionaux du 12e au 18e siècle*, Bruxelles.
—— [1990] La pratique testamentaire en Flandre au 13e siècle, *TvRG*, 58, 281-300.
—— [1995] Les ordonnances des autorités urbaines au Moyen Age. Leur apport à la technique

législative, in : J-M. Duvosquel/E. Thoen (eds.), *Peasants and Townsmen in Medieval Europe. Studia in Honorem Adriaan Verhulst*, Gent, 185-201.

Goglin, J. L. [1976] *Les miserables dans l'Occident médiéval*, Paris.

Gonon, M. [1968] *La vie quotidienne en Lyonnais d'après les testaments XIV_e-XVI_e siècles*, Paris.

Gonthier, N. [1978a] Les hôpitaux et les pauvres à la fin du Moyen Age : l'exemple de Lyon, *MA*, 84, 279-308.

—— [1978b] *Lyon et ses pauvres au Moyen Age* (1350-1500), Lyon.

González, E. G. [1998] Vives : un humanista judeoconverso en el exilio de Flandes, in : *The Expulsion of the Jews and their Emigration to the Southern Low Countries* (*15th-16th centuries*), Leuven, 34-81.

Graus, F. [1961] Pauvres des villes et pauvres des campagnes, *AESC*,16, 1053-1065.

—— [1981] Randgruppen der städtischen Gesellschaft im Mittelalter, *Zeitschrift für Historische Forschungen*, 8, 385-437.

Greilsammer, M. [1988] Rapts de sérduction et rapts violents en Flandre et en Brabant à la fin du Moyen Age, *TvRG*, 56, 49-84.

—— [1990] *L'envers du tableau. Mariage et maternité en Flandre médiévale*, Paris.

Grell, O. P. [1997] The Protestant imperative of Christian care and neighbourly love, in : O. P. Grell/A. Cunningham (eds.), *Health Care and Poor Relief in Protestant Europe, 1500-1700*, London, 43-65.

Greve, A. [1997] Vreemdelingen in de stad: integratie of uitsluiting? in : M. Carlier e.a. (eds.), *Hart en marge in de laat-middeleeuwse stedelijke maatschappij*, Leuven, 153-164.

Greve, A./J. Strorjohann [1995] Inkeepers, brokers and moneychangers in Bruges during the 14th century, in : *Prosopography and Computer*, Leuven, 167-183.

Grimm, H. J. [1970] Luther's Contributions to Sixteenth-century Organization of Poor Relief, *Archiv für Reformationsgeschichte*, LXI, 222-235.

Gueslin, A. & P. Guillaume (sous la dir.) [1992] *De la charité médiévale à la sécurité sociale. Economie de la protection sociale, du moyen âge à l'époque contemporaine. Actes du colloque de Paris, 1991*, Paris.

Gutton, J-P. [1971] *La société et les pauvres. L'exemple de la géneralité de Lyon, 1534-1789*, Paris.

—— [1974] *La société et les pauvres en Europe* (*XVI_e-XVIII_e siècles*), Paris.

Halkin, L. [1940] La maison des Bons-Enfants de Liège, *Bulletin de l'Institut Archéologie Liégeois*, t. LXIV, 1-53.

Hanawalt, B. [1993] *Growing up in Medieval London*, London.

Hanawalt, E. A. & L. Lindberg (eds.), [1994] *Through the Eye of a Needle: Judeo-Christian Roots of Social Welfare*, Kirksville, Missouri.

Hands, A. R. [1968] *Charity and Social Work in Greece and Rome*, Ithaca.

Hankart, R. [1966-67] L'Hospice de Cornillon à Liège, *La vie Wallonie*, t. XL, 5-49; 93-134, t. XLI, 79-112.

Hartung, W. [1986] Gesellschaftliche Randgruppen im Spätmittelalter. Phönomen und Begriff, in : *Städtische Randgruppen und Minderheiten, Sigmaringen*, 49-114.

—— [1989] Armut und Fürsorge : eine Hinausforderung der Stadgesellschaft im Übergang vom Spätmittelalter zur Frühen Neuzeit, in : *Oberdeutsche Städte im Vergleich : Mittelalter und Frühen Neuzeit*, 158-181.

Heers, J. [1963] *L'occident aux XIV$_e$ et XV$_e$ siècles*, Paris.
Henderson, J. [1988] The parish and the poor in Florence at the time of the Black Death: the case of S. Frediano, *Continuity and Change*, 3-2, 247-272.
—— [1989a] Charity in Late Medieval Florence : the role of the religious confraternities, in : *Florence-Milan : Comparisons and Relations*, vol. II, Florence. 67-84.
—— [1989b] The hospitals of late-medieval and Renaissance Florence : a preliminary survey, in : Granshaw, L./R. Porter (eds.), *The Hospital in History*, London, 63-92.
—— [1994] *Piety and Charity in Late Medieval Florence*, Oxford.
Hergemöller, B-U. (hrsg.) [1994] *Randgruppen der spätmittelalterlichen Gesellschaft*, Warendorf.
Hippel, W. V. [1995] *Armut, Untersichten, Randgruppen in der Frühen Neuzeit*, München.
Hohenberg, P. M./L. H. Lees [1985] *The Making of Urban Europe, 1000-1950*, Cambridge (Mass.).
Horden, P. [1985] The Byzantine Welfare State : Image and Reality, *Society for the History of Medicine Bulletin*, 37.
—— [1988] A Discipline of Relevance : The Historiography of the Later Medieval Hospital, *Social History of Medicine*, vol. 1, 359-374.
Howell, M./M. Boone [1996] Becoming Early Modern in the Late Medieval Low Countries, *Urban History*, 23-3, 300-324.
Hurlbut, J. D. [1990] *Ceremonial Entries in Burgundy : Philip the Good and Charles the Bold (1419-1477)*, Ph. D. Diss. Indiana Univ.
Huyttens, G. [1861] *Recherches sur les corporations Gantois au Moyen Age*, Gent.
Imbert, J. [1947a] *Les hôpitaux en droit canonique : Histoire des hôpitaux français*, Paris.
—— [1947b] Le régime juridique des établissements hospitaliers du Nord de la France au Moyen Age, *RN*, 29, 195-204.
Imbert, J./M. Mollat (dir.), *Histoire des hôpitaux en France*, Toulouse.
Jeanselme, E. [1931] Comment l'Europe au Moyen Age se protégea contre la lèpre. *Bulletin de la société française d'histoire de la medicine*, XXV, 1-155.
Jetter, D. [1966] *Geschichte des Hospitals*, Bd. I : *Westdeutschland von den Anfängen bis 1850*, Wiesbaden.
Joris, A. [1977] Le testament de Pierre Starameris, oppidain de Huy (ca.1263), *Annales du Circles Hutois des Sciences et des Beaux Arts*, t. 31, 9-18.
Jütte, R. [1981] Poor Relief and Social Discipline in Sixteenth-Century Europe, *European Studies Review*, vol. 11, 25-52.
—— [1984] *Obrigkeitliche Armenfürsorge in deutschen Reichstädten der frürhen Neuzeit: Obrigkeitliches Armenwesen in Frankfurt am Main und Köln*, Köln-Wien.
—— [1994] *Poverty and Deviance in Early Modern Europe*, Cambridge.
Karras, R. M. [1989] The Regulation of Brothels in Later Medieval England, in : *Sisters and Workers in the Middle Ages*, 100-134.
Kawahara, A. [1990] Charity and Social Work in Medieval Europe, in : *Proceedings for the International Congress of the Urbanity in Islam*, Tokyo, 47-52.
—— [1992] Marginal Groups in Late Medieval Urban Society : A Case Study of Lepers and Prostitutes, *Jinbungakuho : The Journal of Social Sciences and Humanities*, vol. 229, 1-26.
—— [1995] Imagining Medieval Charity : Social Ritual and Poor Relief in Late Medieval Ghent, *Jinbungakuho*, vol. 257, 1-32.

Kent, D. V. [1992] The Buonomini di San Martino : Charity for the "glory of God, the honor of the city, and the commemoration of myself", in : F. Ames-Lewis (ed.), *Cosimo 'il Vecchio' de' Medici, 1389–1464*, Oxford, 49–67.

Kingdon, R. M. [1971] Social Welfare in Calvin's Geneva, *AHR*, 76, 50–69.

Kipling, C. [1998] *Enter the King. Theatre, Liturgy and Ritual in Medieval Civic Triumph*, Oxford.

Kirschner, J. [1977] Pursuing Honor While Avoiding Sin : the Monte delle Doti of Florence, *Studi Senesi*, 89, 177–258.

Koch, E. [1987] De positie van vrouwen op de huwelijksmarkt in de middeleeuwen, *TvSG*, vol. 12, 150–172.

Kossmann-Putto, J. A. [1985] Armen- en ziekenzorg in de middeleeuwen : verschillen tussen oost en west, *Overijsselsch Historische Bijdragen*, 100, 7–22.

Lacroix, M.-Th. [1977] *L'Hôpital Saint-Nicolas du Bruille à Tournai (1230–1611)*, Louvain.

Laenen, J. [1912] De Tafels van den Heiligen Geeest, *Bulletin du Diocèse de Malines*, t. VI, 489–505.

Laharie, M. [1991] *La folie au Moyen Age. XIe–XIIIe siècles*, Paris.

Lallemand, L. [1906] *Histoire de la charité*, t. III, Paris.

Lambert, V. [1993] *Chronicles of Flanders 1200–1500*, Gent.

Larmat, J. [1994] *Les pauvres et la pauvreté dans la litterature françaises au Moyen Age*, Nice.

La Roncière, Ch.-M. de, [1974] Pauvres et pauvreté à Florence au XIVe siècle, in : M. Mollat (éd.) *Etudes sur la pauvreté*, 661–745.

Le Bras, G. [1940–41] Les confréries chrétiennes. Problèmes et propositions, *Revue d'histoire de droit français et étranger*, 310–363.

Le Brévec, D. [1999] Fondations et oeuvres charitables au Moyen Age, in : J. Dufour/H. Platelle (dir.), *Fondations et oeuvres charitables au Moyen Age*, Paris, 7–22.

—— [2000] *Le part du pauvre. L'assistance dans les pays du Bas-Rhône du XIIe au milieu du XVe siècle*, 2 vols., Rome.

Leclère, J. [1967] La Charité des bourgeois de Douai envers les pauvres au XIVe siècle, *RN*, t. 48, 139–154.

Le Goff, J. [1957] Les Archives des monts-de-piété et des banques publiques d'Italie, *Rev. Banque*, Bruxelles, 21–46.

—— [1977] *Pour un autre Moyen Age*, Paris.

—— [1979] Les marginaux dans l'Occident médiéval, in : *Les marginaux et les exclus dans l'histoire*, Paris, 18–28.

—— (dir.) [1980] *Histoire de la France urbaine*, t. 2 : La ville médiévale, Paris

—— [1981] *La Naissance de Purgatoire*, Paris (邦訳『煉獄の誕生』法政大学出版局, 1988 年).

Le Grand, L. [1896] Les Maisons-Dieu : Leurs statuts au XIIIe siècle, *Revue des questions historiques*, t. XVI, 95–134.

—— [1898] Les Maisons-Dieu. Leur régime intérieur au Moyen Age, *Revue des questions historiques*, t. XIX, 99–147.

—— [1930] Comment composer l'histoire d'un étalbissement hospitalier. Sources et méthodes, *Revue d'histoire écclésiastique de France*, t. XVI, 161–239.

Lempereur, J. [1969] Les aspects juridiques de la bienfaisance à Dinant jusqu'au XIVe siècle,

ASBHH, t. VII, 21-39.

Leppink, G. B. [1996] *Het Sint Catharinae Gasthuis in Arnhem in de eerste vier eeuwen van zijn bestaan (1246-1636)*, Verloren.

Leroy, M. [1999] The Thieteenth-Century Middle Dutch Charters (1272-1300) of Saint John's Hospital in Bruges : A Diplomatic and Paleographic Approach, in : W. Blockmans/M. Boone/ Th. de Hemptinne (eds.), *Sectretum Scriptorum. Liber alumnorum W. Prevenier*, Leuven, 93-128.

Leuridan, Th. [1885] La Table des pauvres à Roubaix, *Mémoire de la Société d'Emulation de Roubaix*, 2e série, 5-91.

Liese, W. [1922] *Geschichte der Caritas*, 2 vols., Freiburg.

Ligtenberg, C. [1908] *De armenzorg te Leiden tot het einde van de 16de eeuw*, Den Haag.

Lindgren, U. [1980] *Bedürftigkeit, Armut, Not : Studien zur Spätmittelalterlichen Sozialgeschichte Barcelonas*, Münster.

Lis, C./H. Soly [1979] *Poverty and Capitalism in Preindustrial Europe*, London.

Lis, C./H. Soly/D. Van Damme [1985] *Op vrije voeten? Sociale politiek in West-Europa (1450-1914)*, Leuven.

Little, L. K. [1971] Pride Goes before Avarice : Social Changes and the Vices in Latin Christendom, *American Historical Review*, vol. 76, 16-49.

―― [1978] *Religious Poverty and Profit Economy in Medieval Europe*, London.

―― [1988] *Liberty, Charity, Fraternity. Lay Religious Confraternity at Bergamo in the Age of the Commune*, Bergamo/Northampton.

Lokeren, A. van [1840] Histoire de l'hôpital de la Biloke et de l'abbaye de la Viërge Marie à Gand, *MSH*, 188-226.

Luyckx-Foncke, E. [1939] De lattste Wetten van het Wenemaershospicie te Gent, *Oostvlaamse Zanten*, 14, 124-135.

―― [1942] Het krankzinnigengesticht Sint-Jan-ten Dullen te Gent, *Hospitalia*, maart, 189-194; 210-212.

―― [1943] Het Sint-Aubertus Gesticht op Poortakker, *Bijdragen tot de Geschiedenis en Oudheidkunde te Gent*, 77-96.

Mackay, D. L. [1922] *Les hôpitaux et la charité à Paris au XIIIe siècle*, Paris.

Made, R. van der. [1960] Le Grand Hôpital de Huy : organisation et fonctionnement (1263-1795), *APAE*, XX, Louvain, 1-244.

Maes, M. [1986] Kledij als teken van marginaliteit in de late middeleeuwen, *SHG*, 267, 134-156.

Manselli, R. [1974] De Dante à Colussio Salutati. Discussions sur la pauvreté à Florence au XIVe siècle, in : M. Mollat (éd.) *Etudes sur l'histoire de la pauvreté*, t. II, Paris, 637-659.

Marchant, L. [1902] Les gard'orphènes à Lille, *Revue d'historique de drois français et étranger*, t. 26.

Maréchal, G. [1966] Het Sint-Anna hospitaal te Sint-Baafs te Gent, *ASBHH*, IV, 31-50.

―― [1976a] Motieven achter het ontstaan en de evololutie van de stedelijke hospitalen in de XIIe en XIIIe eeuw, in : *Septingentisumum iubilaeum hospicii dicti belle*, Ieper, 11-34.

―― [1976b] Het Sint-Janshospitaal in de eerste eeuwen van zijn bestaan, in : *800 Jaar Sint-Janshospitaal te Brugge*, Brugge, 41-75.

―― [1976c] Lepra-onderzoek in Vlaanderen (XIV$_{de}$-XVI$_{de}$ eeuw), *ASBHH*, XIV, 27-66.

―― [1978a] *De sociale en politieke gebondenheid van het Brugse hospitaalwezen in de mid-*

deleeuwen, Kortrijk.

―― [1978b] Het personeel in de Brugse leprozerie tot 1500, *Biekorf*, LXXVIII, 257–273.

―― [1979] De leprozen in de kwartieren van Brugge en het Brugse Vrije. Nieuwe cijfers, in : *ASEB*, 116, 147–162.

―― [1980] Lepra in Vlaanderen, *Spiegel Hisotiael*, XV.

―― [1982] Armen- en ziekenzorg in de Zuidelijke Nederlanden, *AGN*, deel. II, 268–280.

―― [1984] Het openbaar initiatief van de gemeenten in het vlak van de openbare onderstand in het noorden van het land tijdens het Ancien Régime, in : *L'initiative publique des communes en Belgique. Fondements historiques. 11e Colloque International Spa 1982*, Bruxelles, 1984, 497–539.

―― [1986] Ziekte en hospitaal tijdens het Oude Regime, in : *Tentoonstellingscatalogus "Van Sint-Jansgasthuis tot Riethove"*, Oudenburg, 15–20.

―― [1988] Steden en hun sociale zorg, in : *Steden en huur verleden*, 's Gravenhage, 249–272.

Maréchal, J. [1939] Het wezengeld in de Brugsche stadsfinanciën van de Middeleeuwen, *ASEB*, t. LXXXII, 1–40.

Martens, M-P. [1992] *Artistic Patronage in Bruges Institutions, ca. 1440–1482*, Ph. D. Diss. Univ. of California, Santa Barbara.

―― [1994] De cliënteel van de kunstenaar, in : R.Van Schoutte/B. De Patoul (eds.), *De Vlaamse Primitieven*, Leuven, 144–171.

Martz, L. [1983] *Poverty and Welfare in Hapsburg Spain : the Example of Toledo*, Cambridge.

Marx, W. J. [1936] *The Development of Charity in Medieval Louvain*, New York.

Mause, L. de. [1974] *The History of Childhood*, New York.

McDonnell, E. [1954] *Begines and Begards in Medieval Culture, with Special Emphasis on Belgian Scene*, New Brunswick.

McIntosh, M. K. [1988] Local Response to the poor in Late Medieval and Tudor England, *Continuity and Change*, vol. 3–2, 209–245.

McRee, B. R. [1992] Religious Gilds and Civic Order : the Case of Norwich in the Late Middle Ages, *Speculum*, 67, 69–97.

―― [1993] Charity and Gild Solidarity in Late Medieval England, *Journal of British Studies*, vol. 32, 195–225.

Meersseman, G. G. [1977] *Ordo Fraternitatis : Confraternite e pietà dei laici nel medioevo*, 3 vols., Rome.

Meersseman, S. [1991] Het "Sente Jacopshuus up Nieuwland" te Gent. Godshuis of politieke instelling (ca. 1257–1540), *HMGOG*, 45, 5–32.

―― [1992] Eenkele vijfteende eeuwse inventarissen uit het Sint-Jacobsgodshuis te Gent, *BCRH*, CLVIII, 51–74.

Mellinkoff, R. [1993] *Outcasts. Signs of Otherness in Northern European Art of the Later Middle Ages*, 2 vols., Berkeley.

Menning, C. B. [1993] *Charity and State in Late Renaissance Italy: The Monte di Pietà of Florence*, Ithaca.

Mens, A. [1947] *Oorsprong en betekenis van der Nederlandse begijnen- en begardenbeweging*, Antwerpen.

Mertens, J. [1981] De Brugse ambachtsbesturen (1363–74) : een oligarchie? in: *Liber amicorum J. Buntinx*, Leuven, 185–198.

Milis, L. [1980] Het kind in de middeleeuwen, *TvG*, 94-3, 377-390.
—— [1989] The Medieval City, 1100-1300, in : J. Decavele (ed.), *Ghent. In Defence of a Rebellious City*, Antwerpen, 61-79.
Miller, T. S. [1978] The Knights of Saint John and thd Hospitals of the Latin West, *Speculum*, 53, 709-733.
—— [1985] *The Birth of the Hospital in the Byzantine Empire*, Baltimore.
Miramon, C. De. [1999] *Les donées au Moyen Age. Une forme de vie religieuse läique (v. 1180-v. 1500)*, Paris.
Mollat, M. [1966] La notion de pauvreté au Moyen Age : Positions des problèmes, *Revue de l'histoire de l'église de France*, LII, 5-23.
—— (dir.) [1974] *Etudes sur l'histoire de la pauvreté. Moyen Age-XVIe siècle*, Paris, 2 vols.
—— [1975] Hospitalité et assistance au début du XIIIe siècle, in : D. Flood, (ed.), *Poverty in the MIddle Ages*, Franziskanische Forschungen, 27, 37-51.
—— [1978] *Les pauvres au Moyen Age. Etude sociale*, Paris.
—— [1979] Assistance et assistés, in : *Actes du 97e Congrès. Assistance et assistés jusqu' à 1610*, Paris, 7-27.
—— [1983a] L'hôpital dans la ville au Moyen Age, *BSFHH*, t. 47, 6-17.
—— [1983b] Richesse et pauvreté, in: J. Favier (éd.), *La France médiévale*, Paris, 85-99.
Monti, G. M. [1927] *Le confraternite medievale dell'alta e media Italia*, 2 vols., Venezia.
Moore, R. I. [1987] *The Formation of a Persecuting Society : Power and Deviance in Western Europe, 950-1250*, London.
Moreau, E. de [1945-52] *Histoire de l'église en Belgique*, 7 vols., Bruxlelles.
Morel, M-F. [1989] Reflections on some recent French literature on the history of childhood, *Continuity and Change*, vol. 4-2, 323-337.
Moritz, W. [1983] *Das Hospital im späten Mittelalter : Ausstellung des Hessischen Stattsarchivs Marburg*, Marburg.
Moselmans, N. [1991] Les villes face au prince : l'importance réele de la cérémonie d'entrée solennelle sous le règne de Philippe le Bon, in : *Villes et campagnes au Moyen Age. Mélanges G. Despy*, Liège, 533-548.
Muchembled, R. [1985] *Popular Culture and Elite Culture in France, 1400-1750*, London.
Mundy, J. H. [1955] Hospitals and Leproseries in Twelfth and Early Thirteenth-Century Toulouse, in : *Essays in Medieval Life and Thought. Presented in Honor of A. P. Evans*, New York, 181-205.
—— [1967] Charity and Social Work in Toulouse, 1100-1250, *Traditio*, 22, 203-287.
Munro, J.H.A. [1977] Industrial Protectionism in Medieval Flanders : Urban or National? in : H. Miskimin/D. Herlihy/A. L. Udovitch (eds.), *The Medieval City*, London-New Heaven, 229-267.
—— [1983] Economic Depression and the Arts in the Fifteenth-Century Low Countries, *Renaissance and Reformation*, 19, 235-250.
Murray, J. M. [1986] Failure of Corporation: notaries public in medieval Bruges, *JMH*, vol. 12, 155-166.
—— [1988] Family, marriage and moneychanging in medieval Bruges, *JMH*, vol. 14, 115-125.
—— [1990] Cloth, banking and finance in Medieval Bruges, in : E. Aerts/J. Munro (eds.), *Textiles of the Low Countries in European economic history (Tenth International Economic*

History Congress), Leuven, 24-31.

—— [1993] The Profession of Notary Public in Medieval Flanders, *TvRG*, 61, 3-31.

—— [1994] The Liturgy of the Count's Advent in Bruges, from Galbert to Van Eyck, in : *City and Spectacle in Medieval Europe*, 137-152.

Mus, O. [1974] Godshuizen en economie. Motieven en achtergronden bij de stichting van het godshuis Belle te Ieper, in : *Septingentesimum iubilaeum hospicii dicti belle*, Ieper, 55-95.

—— [1976] Rijkdom en armoede. Zeven eeuwen Leven en Werken te Ieper, in : *Prisma van de Geschiedenis van Ieper*, Ieper, 1-27.

Namècche, A-J. [1841] Mémoire sur la vie et les Ecrits de Jean-Louis Vives, in : *Mémoires couronnées par l'Academie Royale des Sciences et belles lettres de Bruxelles*, t. XV, 3-126.

Nicholas, D. M. [1970a] Crime and Punishment in Fourteenth Century Ghent, *RBPH*, t. 48, 289-334; 1141-1176.

—— [1970b] The Population of Fourteenth Century Ghent, *HMGOG*, n.s. 24, 97-111.

—— [1971] *Town and Countryside: Social, Economic, and Political Tensions in Fourteenth Century Flanders*, Bruges, 1971.

—— [1976] Economic Reorientation and Social Change in Fourteenth Century Flanders, *Past and Present*, vol. 70, 3-29.

—— [1978a] The Scheld Trade and the Ghent war of 1379-1385, *BCRH*, CXLIV, 189-359.

—— [1978b] Structures du peuplement, fonctions urbaines et formation du capital dans la Flandre médiévale, *AESC*, 33, 501-527.

—— [1985] *The Domestic Life of a Medieval City. Women, Children and Family in Fourteenth Century Ghent*, Lincoln.

—— [1987] *The Metamorphosis of a Medieval City. Ghent in the Age of Arteveldes, 1302-1390*, Leiden-Lincoln.

—— [1988] *The van Arteveldes of Ghent : the Varieties of Vendetta and the Hero in History*, Ithaca-London.

—— [1990] The Governance of Fourteenth-Century Ghent : The Theory and Practice of Public Administration, in : *Lyon Essays*, 235-260.

—— [1992] *Medieval Flanders*, London.

—— [1994] In the Pit of the Burgundian Theater State. Urban Traditions and Princely Ambitions in Ghent, 1360-1420, in : B. Hanawalt/K. Reyerson (eds.), *City and Spectacle in Medieval Europe*, Minneapolis, 271-295.

—— [1995] Child and Adorescent Labour in the Late Medieval City: A Flemish Model in regional Perspective, *English Historical Review*, 439, 1103-1131.

—— [1997] *The Later Medieval City, 1300-1500*. London.

Niederer, F. J. [1972] Early Medieval Charity, *Church History*, XXI, 285-295.

Nirenberg, D. [1996] *Communities of Violence: Persecution of Minorities in the MIddle Ages*, Princeton.

Norenã, C. G. [1970] *Juan Luis Vives*, The Hague.

—— [1990] *A Vives Bibliography*, Lewiston.

Nucé de Lamothe, M.-S. De. [1964] Piété et charité publique à Toulouse de la fin du XIII_e au milieu du XV_e siècle d'après les testaments, *Annales du Midi*, t. 86, 5-39.

Oexle, O. G. [1986] Armut, Armutsbegriff und Armenfürsorge im Mittelalter, in : C. Sachsse/ F. Tennstedt (eds.), *Soziale Sicherheit und soziale Disziplinierung. Beiträge zu einer historischen Theorie der Sozialpolitiek*, Frankfurt a.M.

Okunisi, T. [1994] Hospital Purchase Records containing Grain Price Information in fifteenth century Ghent, *Kobe University Economic Review*, vol. 39, 57–75.
―― [1996] Grain Price fluctuation in fifteenth century Ghent, *Kobe University Economic Review*, vol. 41, 31–57.
Oost, A. van, [1975] Sociale Stratifikatie van de Gentse opstandelingen van 1379–1385. Een Kritische benadering van konfiskatiedokunenten, *HMGOG*, 29, 59–92.
Orme, N. & M. Webster [1995] *The English Hospital 1070–1570*, New Haven.
Otis, L. L. [1985] *Prostitution in Medieval Society : the History of an Urban Institution in Languedoc*, Chicago.
Pairon, E. [1982] De Financiën van de Sint-Baafsabdij in de 14e–15e eeuw, *HMGOG*, 35, 61–79.
Pandelaers, J. [1966] *De heilig Geesttafel van de Sint-Niklaasparochie in Gent (14$_{de}$ eeuw)*, (onuitgegeven licentiaatsverhandeling, Rijks Universiteit Gent), Gent.
Park, K. [1985] *Doctors and Medicine in Early Renaissance Florence*, Princeton.
―― [1991] Healing the Poor : Hospitals and medical assistance in Renaissance Florence, in : J. Bary & C. Jones (eds.), *Medicine and Charity before the Welfare State*, London, 26–45.
―― [1992] Medicine and Society in Medieval Europe, 500–1500, in : A. Wear (ed.), *Medicine in Society*, Cambridge, 59–90.
Park, K. & J. Henderson [1991] "The first hospital among Christians" : the Ospedali di Santa Maria Nuova in early sixteenth-century Florence, *Medical History*, vol. 35.
Parmentier, C. [1983] Evolution et gestion du patrmoine foncière du Grand Hôpital de Huy pendant la dépression du bas moyen âge (1263–1477), *Annales du Cercles de Hutois des Sciences et Beaux-Arts*, t. 37, 191–257.
Pegg, M. C. [1990] Le corps et l'autorité : la lèpre de Badouin IV, *Annales ESC*, 45–2, 265–287.
Péricard-Mea, D. [1991] Confréries médiévales de Saint-Jacques, *Campus Stellae*, t. 1.
―― [2000] *Compostelle et cultes de Saint Jacques au Moyen Âge*, Paris.
Perroy, M. E. [1937–39] L'Hotel-Dieu de Montbrison aux XIII$_e$ et XIV$_e$ siècles. Essai d'intreprétation économique, *Bulletin de la Diana*, t. 26, 103–135.
Petré, H. [1948] *Caritas. Etude sur le vacabulaire latin de la charité chrétienne*, Spicilegium Sacrum Lovaniense, Louvain.
Philippen, L.J.M. [1926] De oudste statuten van het St.-Elizabethgasthuis te Antwerpen, *Bijdrage tot de geschiedenis*, XVII, 171–228.
Philips, G. [1969] Brugse armenzorg in de 16de eeuw, *Spiegel Historiael*, IV, 18–24.
Pichon, G. [1984] Essai sur la lépre du Haut Moyen Age, *MA*, 90–3/4, 331–356.
Pinto, G. (éd.) [1989] *La società del bisogno. Povertà e assistenza nella Toscana medievale*, Firenze.
Pirenne, H. [1903] Les dénombrements de la population d'Ypres au XV$_e$ siècle (1412–1506). Contribution à l'histoire statistique sociale au moyen âge, *VSWG*, 1, 1–32. Repr. in : Mus, O. & J. van Houtte, *Prisma van de geschiedenis van Ieper*, 359–390.
―― [1909–1932] *Histoire de Belgique*, 7 vols., Bruxelles.
Platelle, H. [1966] Esquisse de la vie riligieuse de Lille au XV$_e$ siècle, *ASEB*, CIII, 125–177.
Potter, F. de. [1883–1901] *Gent van den oudensten tijd tot heden : Geschiedkundige beschriving der stad*, 8 vols., Gent.
Pourrière, J. [1969] *Les Hôpitaux d'Aix-en-Provence au Moyen Age, XIII$_e$, XIV$_e$, et XV$_e$ siècles*,

Aix-en-Provence.

Prevenier, W. [1961] *De Leden en de Staten van Vlaanderen (1384-1405)*, Bruxelles.

—— [1964] Quelques Aspects des comptes communaux en Flandre au Moyen Age, in : *Finances et comptabilités urbaines du XIII_e au XVI_e siècle. Colloque international, Blankenberge 1962*, 111-151.

—— [1965] Les États de Flandre depuis les origines jusqu'en 1790, *Anciens Pays et Assemblées d'États*, 33, 17-59.

—— [1969] Financiën en boekhouding in de Bourgondische periode. Nieuwe bronnen en resultaten, *TvG*, 82, 469-481.

—— [1974] Officials in Town and Countryside in the Low Countries. Social and Professional Developments from the Fourteenth to the Sixteenth Century, *AHN*, VII, 1-17.

—— [1975] Bevolkingscijfers en professionele strukturen der bevolking van Gent en Brugge in de 14de eeuw, in : *Album Charles Verlinden*, Gent, 269-303.

—— [1978] La Bourgeoisie en Flandre au XIII_e siècle, *Revue de l'Université de Bruxelles*, 407-428.

—— [1981] En marge de assistance aux pauvres: l'aumônerie des comtes de Flandre et des ducs de Bourgogne (13_e-début 16_e siècle), in : *Liber Amicorum J. Buntinx*, 97-120.

—— [1983] La démographie des villes du comté de Flandre aux XIV_e et XV_e siècles. État de la question. Essai d'interprétation, *RN*, 257, 255-275.

—— [1986a] Sociale spanningen rond leprozen en akkerzieken in 15de eeuws Vlaanderen, in : *Bewogen en Bewegen. De historicus in het spanningsveld tussen economie en cultuur. Liber amicorum H.F.J.M. Van den Eerenbeemt*, Tilburg, 232-248.

—— [1986b] Henri Pirenne et les villes des anciens Pays-Bas au moyen âge, in : *La fortune hitoriographique des thèse d'Henri Pirenne. Actes du colloque 1985*, Bruxelles, 27-50.

—— [1988] Huwelijk en clientèle als sociale vangnetten, in : *Varia Historica Brabantica L. Pirenne*, Boi-le-Duc, 83-91.

—— [1989] Quelques réflexions sur la situation de l'individu face au pouvoir dans les Pays-Bas de l'Ancien Régime, in : *Recueil de la Sociiété Jean Bodin*, XLVIII, 349-365.

—— [1994] Court and city culture in the Low Countries from 1100-1530, in : E. Kooper (ed.), *Medieval Dutch Literature in its European Context*, Cambridge, 11-29.

—— [1996] Culture et groupes sociaux dans les villes des Anciens Pays-Bas au Moyen Age, in : *Les Pays-Bas Bourguignon. Histoire et Institutions. Mélanges A. Uytebrouck*, Bruxelles, 349-359.

Prevenier, W., W. P. Blockmans, e.a. [1980] Tussen crisis en welvaart : Sociale Veranderingen, 1300-1482, *AGN*, vol. IV, 42-86.

Prevenier, W./W. P. Blockmans [1986] *The Burgundian Netherlands*, Cambridge.

Prevenier, W./R. van Uytven/E. van Cauwenberghe (eds.), *Sociale Structuren en topografie van armoede en rijkdom in de 14_{de} en 15_{de} eeuw*, Gent.

Prevenier, W./M. Boone [1989] De stadstaat-droom (14_{de} en 15_{de} eeuw), in : J. Decavele (ed.), *Gent. Apologie van een rebelse stad*, Antwerpen, 81-105.

Prevenier, W./J.-P. Sosson/M. Boone [1992] Le réseau urbain em Flandre (XIII_e-XIX_e siècle): composantes et dynamique, in : *Le réseau urbain en Belgique dans une perspective historique (1350-1850). Une approche statistique et dynamique. Colloque International Spa 1990*, 157-200.

Prevenier, W./M. Boone [1993] Les villes des Pays-Bas méridionaux au bas moyen âge : identité urbaine et solidarités corporatives, *Bulletin trimestiel du Crédit Communal de Belgique*, 47, 25-42.

Prevenier, W./J. M. Murray/M. Oosterbosch [1997] Les notaires publics dans les anciens Pays-Bas du XIIIe au XVIe siècle, in : *Estudios sobre el notariado Europeo (siglos XIV-XV)*, Sevilla, 55-71.

Prevenier, W./B. Augustyn (eds.) [1997] *De gewestelijke en lokale overheidsinstellingen in Vlaanderen tot 1795*. Algemeen Rijksarchief, Bruxelles.

Prevenier, W. (dir.) [1998] *Le prince et le peuple. La société du temps des ducs de Bourgogne*, Antwerpen.

Pugliese, O. Z. [1991] The Good Works of the Florentine "Buonomini di San Martino", in : *Crossing the Boundaries : Christian Piety and the Arts in Italian Medieval and Renaissance Confraternities*, Kalamazoo, 108-120.

Pullan, B. [1971] *Rich and Poor in Renaissance Venice, the Social Institutions of a Catholic State to 1620*, Oxford.

—— [1988] Support and Redeem : Charity and Poor Relief in Italian Cities from the Fourteenth to the Seventeenth Century, *Continuity and Change*, vol. 3-2, 177-208.

—— [1994] *Poverty and Charity : Europe, Italy, Venice, 1400-1700*, Aldershot.

Puyvelde, L. van. [1925] *Un hôpital du moyen âge et une abbaye y annexee, la Biloke de Gand*, Gent.

Rapp, F. [1966] L'Eglise et les pauvres à la fin du moyen âge : l'exemple de Geiler de Kaisersberg, *Revue d'histoire de l'Eglise de France*, 1966, 39-46.

Ratzinger, G. [1884] *Geschichte der Kirchlichen Armenpflege*, Freiburg.

Rawcliffe, C. [1984] The Hospitals of Late Medieval London, *Medical History*, XXVIII, 1-21.

—— [1999] *Medicine for the Soul. The Life, Death and Resurrection of an English Medieval Hospital*, Stroud.

Raynaud, Chr. [1992] Le pape, le duc et l'hôpital du Saint-Esprit de Dijon, *Médiévales*, t. 22-23, 71-90.

Redon, O. [1986] Autour de l'Hôpital Santa Maria della Scala à Sienne au XIIIe siècle, *Ricerche Storiche*, XV, 17-34.

Reicke, S. [1932] *Das deutsche Spital und sein Recht im Mittelalter*, Stuttgart, 2 vols.

Reitzel, J. M. [1980] The Medieval Houses of Bons-Enfants, *Viator*, XI, 179-207.

Reyckaert, M. [1984] Brandbestrijding en overheidsmaatregelen tegen brandgevaar tijdens het Ancien Régime, in : *L'initiative publique des communes en Belgique, Coloque International Spa 1982*, Bruxelles, 247-256.

Ricci, G. [1979] Povertà vergogna e povertà vergognosa, *Società e storia*, 5, 308-338.

—— [1983] Naissance du paurve honteaux : Entre l'histoire des idées et l'histoire sociale, *Annales ESC*, 38, 158-177.

Richards, J. [1990] *Sex, Dissidence and Damnation. Minority Groups in the Middle Ages*, London.

Richards, P. [1977] *The Medieval Leper and his Northern Heirs*, Cambridge.

Riis, T. (ed.) [1981] *Aspects of Poverty in Early Modern Europe*, Stuttgart-Firenze.

Risse, G. B. [1999] *Mending Bodies, Saving Souls. A History of Hospitals*, Oxford.

Roberts, U. [1891] *Les signes d'infamie au Moyen Age, Juif, Sarrasins, Heretiques, Lepreux, Cagots et Filles publiques*, Paris.

Roberts, S. F. [1978] Les consulas du Rouergue et l'assistance urbaine au XIIIe et au début du

XIVe siècles, in : Assistance et charité, *Cahiers de Fanjeaux*, 13, Toulouse, 131-146.

Roch, J.-L. [1993] Le jeu de l'aumône au Moyen Age, *Annales ESC*, t. 44, 505-528.

Rogghe, P. [1960] De Gentse Klerken in de XIVe e n de XVe eeuw : Trouw en Verraad, *AvM*, 11, 5-142.

—— [1965] Het Alinshospitaal te Gent, *AvM*, 16, 132-145.

Rommel, H. [1914] L'hôpital Saint-Jean à Bruges, notes et documents, *ASEB*, LXIV, 146-200.

Rosenthal, J. T. [1972] The Purchase of Paradise: Gift Giving and the Aristocracy, 1307-1485, London.

Rosenwein, B. & L. K. Little [1974] Social Meaning in the Monastic and Mendicant Spiritualities, *Past and Present*, vol. 63, 4-32.

Rossiaud, J. [1976] Prostitution, jeunesse et société dans les villes du sud-est au XVe siècle, *Annales ESC*, t. 31, 289-325.

—— [1988] *Medieval Prostitution*, London (阿部謹也/土浪博訳『中世娼婦の社会史』筑摩書房, 1992).

Rubin, M. [1987] *Charity and Community in Medieval Cambridge*, Cambridge.

—— [1989] Development and change in English hospitals, 1100-1500, in : L. Granshaw & R. Porter (eds.), *The Hospital in History*, London, 41-59.

—— [1991] Imagining Medieval Hospitals : Considerations on the Cultural Meaning of Institutional Change, in: J. Bary & C. Jones (eds.), *Medicine and Charity before Welfare State*, London, 14-25.

Rubio Vela, A. [1984] *Poverza, enfermedad y asistencia hospitalaria en la Valencia del siglo XIV*, Valencia.

Rucquoi, A. [1991] Hospitalisation et charité à Valladolid, in : *Les sociétés urbaines en France méridionale et en Péninsule Ibérique au Moyen Age. Actes du Colloque de Pau 1988*, Paris, 393-408.

Rüger, W. [1932] *Mittelalterliche Almosenwesen. Die Almosenordnungen der Reichsstadt Nürnberg*, Nürnberg.

Safley, T. M. [1997] *Charity and Economy in the Orphanages of Early Modern Augsburg*, N.J.

Saint-Denis, A. [1983] *Institution hospitalière et société de Laon aux XIIe et XIIIe siècles*, Nancy.

Saint-Genois, J.de. [1850] Origine de l'hospice de Sainte-Catherine, dit Kinderen Alyn's Hospitael; histoire d'un proces criminel au XIVe siècle, Gand, *MSH*, 98-138.

—— [1853] Arnoud vander Leene, chirurgien de la ville de Gand au XIVe siècle, *MSH*, 64-89.

—— [1854] Hospice de Wenemaer, dit de Saint-Laurent, *MSH*, 169-189.

Sandri, L. [1982] *L'Ospedali di S. Maria della Scala di S.Gimignano nel Quattrocento. Contributo alla storia dell'infanzia abbandonata*, Firenze.

—— [1990] Aspetti dell'assistenza ospedaliera a Firenze nel XV secolo, in : *Città e servizi sociali nell'Italia dei secoli XII-XV*, Pistoia, 237-257.

Saunier, A. [1993] *"Le Pauvre Malade" dans le cadre hospitalier médiéval : France du Nord, vers 1300-1500*, Paris.

Schmitt, J-C. [1978] L'histoire des marginaux, in : J. Le Goff (éd.), *La Nouvelle Histoire*, Paris.

Schubert, E. [1985] Gauner, Dirnen und Gerichter in deutschen Städten des Mittelalters, in : *Mentalität und Alltag im Spätmittelalter*, Göttingen, 97-128.

Shahar, S. [1982] Des lépreux pas commes les autres. L'ordre de Saint-Lazare dans le royaume latin de Jérusalem, *RH*, 267, 19-41.
―― [1990] *Childhood in the Middle Ages*, London.
Simons, W. [1986] Bedelordenvestiging en middeleeuwse stadswezen. De stand van zaken rond de hypothese-Le Goff, *TvSG*, 12, 39-52.
―― [1987a] *Stad en Apostolaat. De vestiging van de bedelorden in het graafschap Vlaanderen (ca. 1225-ca. 1350)*, Bruxelles.
―― [1987b] *Bedelordekloosters in het Graafschap Vlaanderen. Chronologie en topografie van de bedelordenverspreiding vóór 1350*, Brugge.
―― [1989] The Beguine Movement in the Southern Low Countries : A Reassessment, *Bulletin van het Belgisch Historisch Instituut te Rome*, 59, 63-105.
Slack, P. [1988] *Poverty and Policy in Tudor and Stuart England*, London.
Smith, J. A. [1976] *Through the eye of the needle : charity and charitable institutions in Medieval Ghent, 1150-1400*, Doctoral Diss. Brown Univ.
Soly, H. [1975] Economische ontwikkeling en sociale politiek in Europa tijdens de overgang van middeleeuwen naar nieuwe tijden, *TvG*, 88, 584-597.
―― [1984] Plechtige intochten in de steden van de Zuidelijke Nederlanden tijdens de overgang van middeleeuwen naar Nieuwe Tijd : communicatie, propaganda, spektakel, *TvG*, 97, 341-361.
Sosson, J-P. [1977] *Les Travaux publics de la ville de Bruges, XIV$_e$ et XV$_e$ siècles. Les matériaux. Les hommes*, Bruxelles.
―― [1979] Corporation et pauperisme aux XIV$_e$ et XV$_e$ siècles. Le salariat du bâtiment en Flandre et en Brabant, et notamment Bruges, *TvG*, 92, 557-575.
―― [1987] Les XIV$_e$ et XV$_e$ siècles : un âge d'or de la main-d'oeuvre? Ouelques réflextions à propos des anciens Pays-Bas méridionaux, *Publ. du centre européen d'études burguignonnes* (*XIV$_e$-XVI$_e$ s.*), Louvain-La-Neuve. 17-38.
―― [1990] Les métiers : norme et réalité. l'exemple des anciens Pays-Bas méridionaux aux XIV$_e$ et XV$_e$ siècles, in : *Le travail au Moyen Age. Une approche interdisciplinaire*, Louvain-La-Neuve, 339-348.
―― [1995a] Les petites villes du Zwin (XIV$_e$ et XV$_e$ siècles) : des espaces urbain "inviables", in : Ph. Contamine (éd.), *Commerce, finance et société (XI$_e$-XVI$_e$ siècles). Recueil de travaux d'histoire médiévale offert à H. Dubois*, Paris, 171-184.
―― [1995b] Finances communales et dette publique. Le cas de Bruges à la fin du XIII$_e$ siècle, in : J-M. Duvosquel/E. Thoen (eds.), *Peasants and Townsmen in Medieval Europe. Studia in Honorem Adriaan Verhulst*, Gent, 239-257.
―― [1996] Métiers, artisans, « commun », « unterschichten ». Quelques réflexions, in : *La ville et la transmission des valeurs culturelles au bas moyen âge et aux temps modernes, colloque international Spa*, Bruxelles, 177-191.
―― [1999] Les niveaux de vie au bas Moyen Age : en guise d'introduction, in: Sosson, J-P. e.a. (éd.), *Les niveaux de vie au Moyen Age*, Louvain-La-Neuve, 9-29.
Spicciani, A. [1975] L'archivio fiorentino dei Buonomini di San Martino : fonti per lo studio della povertà nella seconda parte del XV secolo, *Bollettino storico pisano*, 44/45, 427-436.
―― [1981] The "Poveri vergognosi" in Fifteenth-century Florence, in : T. Riis (ed.), *Aspects of Poverty in Early Modern Europe*, 119-182.
―― [1987] Aspetti finanziari dell'assistenza e struttura cetuale dei poveri vergognosi fiorentini

al tempo del Savonarola (1487-1498), in : *Studi di storia economica toscana nel Medioevo e nel Rinascimento in Memoria di F. Melis*, Pisa, 321-346.

Stabel, P. [1992] Van schepenen en ontvangers politieke elite en stadsfinanciën in Axel en Hulst (15de-16de eeuw), *TvsG*, 18, 1-21.

—— [1995] *De Kleine Stad in Vlaanderen (14de-16de eeuw)*, Bruxelles.

—— [1997a] *Dwarfs among Giants. Flemish Urban Network in the Late Middle Ages*, Leuven.

—— [1997b] Social Reality and Artistic Image : The Urban Experience in the Late Medieval Low Countries, in : M. Calier et al. (eds.), *Hart en marge in de laat-middeleeuwse stedelijke maatschappij*, Leuven, 11-31.

—— [1997c] Stedelijke instellingen (12de eeuw-1795), in : W. Prevenier/B. Augustyn (eds.), *De gewestelijke en lokale overheidsinstellingen in Vlaanderen tot 1795*, Bruxelles, 247-276.

—— [1999] Women at the Market. Gender and Retail in the Towns of Late Medieval Flanders, in : W. Blockmans/M. Boone/Th. de Hemptinne (eds.), *Secretum Scriptorum. Liber alumnorum Walter Prevenier*, Leuven, 259-276.

Strohm, R. [1983] *Music in Late Medieval Bruges*, Oxford.

Sydow, J. [1970] Spital und Stadt in Kanonistik und Verfassungsgeschichte des 14. Jahrhunderts, in : *Der Deutsche Territorialstaat im 14. Jahrhundert*, Sigmaringen, 175-195.

Terpstra, N. [1995] Apprenticeship in Social Welfare : From Confraternal Charity to Municipal Poor Relief in Early Modern Italy, *Sixteenth Century Journal*, vol. 25, 101-120.

—— (ed) [1999] *The Politics of Ritual Kinship. Confraternities and Social Order in Early Modern Italy*, Cambridge.

Térroine, A. [1978] Le roi de ribauds de l'Hôtel de roi et les prostitutes Parisiennes, *Revue historique de droit*, 4th ser. 56, 253-267.

Thomson, J.A.F. [1965] Piety and Charity in Late Medieval London, *Journal of Ecclesiastical History*, vol. 16, 178-195.

Thoen, E. [1988] *Landbouwekonomie en bevolking in Vlaanderen gedurende de middeleeuwen en het begin van de moderne tijden (13de-begin 16de eeuw)*, Gent.

—— [1994] Immigration to Bruges during the Late Middle Ages, in : *Le Migrazioni in Europa sec. XIII-XVIII*, Prato, 335-353.

—— [1995] Historical Demography in Late Medieval Rural Flanders : Recent Results and Hypotheses, in : J-M. Duvosquel/E. Thoen (eds.), *Peasants and Townsmen in Medieval Europe. Studia in Honorem Adriaan Verhulst*, Gent, 573-582.

Tierney, B. [1959] *Medieval Poor Low : A Sketch of Canonical Theory and Its Application in England*, Berkeley.

Tits-Dieuaide, M.-J. [1965] L'assistance aux pauvres à Louvain au XVe siècle, *Hommage au Prof. Paul Bonenfant*, Bruxelles. 423-439.

—— [1975] Les tables des pauvres dans les anciennes principautés belges au Moyen Age, *TvG*, 88, 562-583.

Tobriner, A. [1971] *J. L. Vives : On Assistance to the Poor. A Sixteenth Century Urban Report*, Chicago.

Touati, F-O. [1988] Histoire des maladie, histoire totale? l'exemple de la lèpre et de la société au Moyen Age, *Sources. Travaux historiques*, 13, 3-14.

—— [1993] Cartulaires de léproserie dans la France de nord (XIIIe-XVe siècles, in : O. Guyotjeannin et al. (éd.), *Les Cartulaires*, Paris, 467-501.

—— [1998] Maladie et société au Moyen Age. La lèpre, les lépeux et les léproseries dans la

province ecclésiastique de Sens jusqu'au milieu du XIVe siècle, Paris-Bruxelles.
—— [1999] Un dossier à rouvrir : l'assistance au Moyen Age, in : *Fondations et oeuvres charitables au Moyen Age*, Paris, 23–38.
Toussaert, J. [1963] *Le sentiment religieux, la vie et la pratique religieuse des laics en Flandre maritime et au West Hoeck de langue flamande aux XIVe, XVe et début du XVIe siècle*, Paris.
Trexler, R. C. [1974] Charity and the Defense of Urban Elites in the Italian Communes, in : F. C. Jaher (ed.), *The Rich, the Well Born and the Powerful : Elites and Upper Classes in History*, Urbana, 54–109.
—— [1981] La prostitution Florentine au XVe siècle : patronages et clienteles, *Annales ESC*. 36, 983–1015.
Tricot = Royer, J. [1929] Les signes distinctifs des lepreux en Belgique. *Yperman. Bulletin de la Société Belge d'Histoire de la Médicine*, II, 5–20.
Trio, P. [1989a] Armenzorg te Gent. Een onderzoek naar de steuverlening aan armen bij de broederschappen in de late middeleeuwen, in : *Liber Amicorum A.de Vos*, 181–187.
—— [1989b] Statuten van laatmiddeleeuwse broederschappen. Enkele Gentse voorbeelden, *BCRH*, t. CLVI, 279–308.
—— [1990] *De Gentse broederschapen (1182–1500). Ontstaan, naamgeving, materiële uitrusting, structuur, opheffing en bronnen*, Gent.
—— [1991] Middeleeuwse pelgrimsbroederschappen te Oudenaarde, *Hand. van de Geschied.- en Oudheidkunde. Kr. van Oudenaarde*, 28, 131–152.
—— [1993] *Volksreligie als spiegel van een stedelijke samenleving. De broederschappen te Gent in de late middeleeuwen*, Leuven.
—— [1994] Middeleeuwse broederschappen in de Nederlanden. Een balans en perspectieven voor verder onderzoek, *Trajecta*, 3–2, 97–109.
Uhlhorn, G. [1882] *Die christliche Liebestätigkeit*, Band. I, Stuttgart.
Uyttebrouck, A. [1966] La date de fondation de la läproserie de Terbank, *ASBHH*, IV, 3–30.
—— [1968] Séquestration ou retraite voluntaire? Quelques réflexions à propos de l'hébergement des lépreux à la léproserie de Terbank-lez-Louvain, in : *Mélanges offerts à G. Jacquemyns*, Bruxelles, 615–632.
—— [1972] Hòpitaux pour lépreux ou couvent de lépreux? Réflexions sur le caractère des premières grandes léproseries de nos régions à leur origines, *ASBHH*, X, 3–29.
Vanbossele, J. [1982] *Het Onze-Lieve-Vrouwehospitaal in Kortrijk*, Kortrijk.
Van Brabant, A. [1953] De beroemde broederschap van O. L. Vrouw ter Rive te Gent, *Mariaal tijdschrift over Lourdes en onze Vlaamse Maria Heiligdommen*, 24.
Van Bruwaene, A-L. [1998] *De Gentse memorieboeken als spiegel van stedelijke historisch bewustzijn (14de tot 15de eeuw)*, Gent.
Van Bruwaene, C./F. Simon/A. Verbruggen-Aelterman [1985] *Sociale Politiek, Proletarisering en Armoede. Een aanzet tot didactische verwerking*, Gent.
Van Cauwenbergh, E. [1922] *Les pèlerinages expiatoires et judiciaires dans le droit communal de la Belgique au moyen-âge*, Leuven.
Van den Bussche, J. [1957] De oudste statuten van het leprozenhuis 'Ter Zieken' buiten Mechelen, in : *Handelingen van de Koninklijke Kring voor oudheidkunde, letteren en kunst van Mechelen*, 61, 129–144.
Van den Eerenbeemt, H. J. [1962] Sociale spanningen en overheidsbeleid. Bestrijding der bedelarij in het Noorden van Brabant in de 15de en 16de eeuw, *Varia Historica Brabantica*,

I, 145–192.
Van den Kerkhove, A./Y. Hollebosch-Van Reck [1973] Het abdijhospitaal van de Bijloke, in : *Stad Gent. Oudheidkundig Museum van de Bijloke. Tentoonstelling 1973*, 7–22.
Van den Neste, E. [1996] *Tournois, joutes, pas d'armes dans les villes de Flandre à la fin du Moyen Age (1300–1486)*, Paris.
Van Der Wee, H. [1966] Les archives hospitalières et l'étude de la pauvreté, au Pays-Bas du XVe au XVIIIe siècle, *RN*, 42, 5–16.
—— [1975] Structural changes and specialization in the Industry of the Southern Netherlands, 1100–1600, *Economic History Review*, 28, 203–221.
Van Driessche, T. [1991] *Het Hebberechtshospitaal in het Sint-Pietersdorp te Gent van de stichting tot omstreeks 1500*, (onuitgegeven licentiaat verhandeling, RUG), Gent.
—— [1992] Het Hebberechtshospitaal in het Sint-Pietersdorp te Gent : functie en ontwikkeling van een middeleeuwse proveniershuis, *HMGOG*, vol. 46, 47–79.
Vandewalle, P. [1964] Het onze-Lieve-Vrouwhospitaal van Geraardsbergen, een mikroekonomische studie (1413–1500) met een inleiding over zijn ontstaan en inrichting, (onuitgegeven Licentiaat Verhandling, RUG).
Van Gerven, J. [1996] Marginaliteit en sociale segregatie in de Brabantse steden tijdens de laatmiddeleeuwen, *Bijdragen tot de Geschiedenis*, 79, 3–25.
Van Heddeghem, A. [1978] *Een middeleeuws abdijhospitaal. De Oude Bijloke. Gentse hospitalen en ziekenversorging. 1146–1797*, Antwerpen.
Van Houtte, J. [1930] *De voogdij over de minderjarigen in het oud-Belgische recht*, Gent.
Van Houtte, J. A. [1977] *An Economic History of the Low Countries: 800–1800*, London.
—— [1982] *De Geschiedenis van Brugge*, Tielt.
—— [1983] Herbergswesen und Gastlichkeit im mittelalterlichen Brügge, in : H. C. Peyer (hrsg.), *Gastfreundschaft, Taverne und Gasthaus im Mittelalter*, 177–187.
van Leeuwen, M.H.D. [2000] *The Logic of Charity : Amsterdam, 1800–1850*, London-New York.
Van Schevensteen, A. [1927] De reglementeering der leproosdij te Antwerpen, *Antwerpsch Archievenblad*, II, 116–135.
Van Uytven, R. [1961] La Flandre et le Brabant, "terres de promission" sous les ducs de Bourgogne?, *RN*, 43, 281–317.
—— [1967] Bronnen en methoden voor de studie van de vermogensgroepen in de steden (14e– 16e eeuw), *Handelingen XXVIe Vlaams Fillologencongres*, 377–393.
—— [1980] Stadsgeschiedenis in het Noorden en Zuiden, in : *AGN*, deel II, 188–253.
—— [1983a] Scènes de la vie sociale dans les villes des Pays-Bas du XIVe au XVIe siècles, in : *La sociabilité urbane en Europe du Nord-Ouest du XIVe au XVIIIe siècle, Actes du Colloque à Douai 1983*, Douai, 11–32.
—— [1983b] L'approvisionnement des villes des anciens Pays-Bas au Moyen Age, in : *L'approvisionnement des villes de l'Europe occidentale*. Flaran, 5, 75–116.
—— [1984] Rood, Wit en Zwart. Kleursignalen en kleursymbolen in de Middeleeuwen, *TvG*, 97, 447–469.
—— [1986] De korte rokken van de jaren dertig : mode en conjuctuur in de 14de eeuw, in : *Bewogen en Bewegen. Liber amicorum Prof. H.F.J.M. van den Eerenbeemt*, Tilburg, 219–231.
—— [1992] Splendour of wealth : art and economy in the Burgundian Netherlands, in : *Trans-*

actions of the Cambridge Bibliographical Society, 10, 101-124.
—— [1995a] Architectuale vormen en stedelijke identiteit in de middeleuwen, in : J. C. Dekker (ed.), *Sporen en Spiegels. Beschouwingen over geschiedenis en identiteit*, Tilburg, 17-21,
—— [1995b] Stages of Economic Decline : Late Medieval Bruges, in : J-M. Duvosquel/H. Thoen (eds.), *Peasants and Townsmen in Medieval Europe. Studia in Honorem Adriaan Verhulst*, Gent, 259-269.
—— [1996] La conjoncture commerciale et industrielle aux Pays-Bas bourguignons: une récaptulation, in : *Les Pays Bas bourguignons. Mélanges A. Uyttebrouck*, Bruxelles, 435-468.
—— [1998] *De Zinnelijke Middeleeuwen*, Leuven.
Van Uytven, R./W. P. Blockmans [1971] De Noodzaak van een geïntegreede sociale geschiedenis. Het voorbeeld van de Zuidnederlandse steden in de late Middeleeuwen, *TvG*, 90, 276-290.
Van Werveke, H. [1934] *De Gentsche Stadfinanciën in de middeleeuwen*, Bruxelles.
—— [1947] *Gent. Schets van een sociale geschiedenis*, Gent.
—— [1950] *De zwaarde dood in de Zuidelijke Nederlanden (1349-1351)*, Bruxelles.
—— [1959] La Famine de l'an 1316 en Flandre et dans les régions voisines, *RN*, 5-14.
Van Zeir, P. [1960a] De armenzorg te Brugge, *Biekorf*, LXI, 357-378.
—— [1960b] De inrichting van de armendissen van de oude Brugse stadsparochies vóór 1526, *Biekorf*, LXI, 104-153.
Vauchez, A. [1978] Assistance et charité en Occident, XIIIᵉ-XVᵉ siècles, in V. Barbagli Bagnoli (ed.), *Domanda e Consumi : Livelli e Strutture (nei secoli XIII-XVIII)*, Prato-Firenze, 151-162.
—— [1986] Les confrérie au Moyen Age : esquisse d'un bilan historiograhique, *RH*, 558, 467-477.
Verhulst, A. E. [1959] Twee oorkonden van Filips van de Elzas voor het leprozenhuis bevattende nieuwe gegevens betreffende de geschiedenis van Gent in de 12de eeuw, *HMGOG*, 13, 3-34.
—— [1984] Die Niederland, in : *Handbuch der Europäischen Wirtschafts- und Sozial Geschichte*, Stuttgart.
—— [1989] The Origins of Towns in the Low Countries and the Pirenne Thesis, *Past and Present*, 122, 3-35.
—— [1999] *The Rise of Cities in North-West Europe*, Cambridge.
Vermeersch, J. (ed.) [1992] *Bruges and Europe*, Antwerpen.
Verstraten, F. [1976] *De Gentse Sint-Jacobsparochie*, deel I : 1100-1500, Gent.
Viaene, A. [1961-62] Leprozen en Leprozerijen in het oude graafschap Vlaanderen, Algemene inleiding, bibiografisch overzicht, *Collationes Brugenses et Gandavenses*, VII, 289-314; 551-561; VIII, 122-127.
—— [1966] Marktgeld voor stedelijke hospitalen in Vlaanderen 1200-1849, *Biekorf*, LXVII, 65-75.
Vicaire, M.-H. (introd.) [1978] *Assistance et charité, Cahiers de Fanjeaux*, 13.
Vincent, C. [1988] *Des charités bien ordonnées : les confréries normandes de la fin du XIIIᵉ siècle au début du XVIᵉ siècle*, Paris.
—— [1992] Pratiques de l'assistance dans la vie associative professionnelle médiévale : aumônes ou secours mutuels? in : A. Gueslin/P. Guillaume (dir.), *De la charité médiévale à la sécurité sociale*, Paris, 23-30.
—— [1994] *Les confréries méidévales dans le royaume de France. XIIIᵉ-XVᵉ siècle*, Paris.

Vives, J. L. [1943] *De l'assiatance aux pauvres.* (trad. par R.A. Casanova & L. Gaby), Bruxelles.
Vosters, S. A. [1964] Juan Luis Vives en de Nederlanden, in : *Vorslagen en Mededelingen van de Koninklijke Vlaamse Academie voor Taal- en Letterkunde,* nieuwe reeks, 65–201.
Walters, J. [1929] *Geschiedenis der zusters der Bijloke te Gent,* 2 vols. Gent.
Weissman R.F.E. [1982] *Ritual Brotherhood in Renaissance Florence,* New York.
────[1988] Brothers and Strangers : Confraternal Charity in Renaissance Florence, *Historical Reflections,* 15–1, 27–45.
────[1991] Cults and Contexts : In Search of the Renaissance Confraternity, in : *Crossing the Boundaries : Christian Piety and the Arts in Italian Medieval and Renaissance Confraternities,* Kalamazoo.
Weitzman, V. [1905] *Die soziale Bedeutung des Humanisten Vives,* Leipzig.
Westerink, K. [1984] Zorg voor leprozen in de middeleeuwen, *Spiegel Historiael,* XIX, 530–533, 578.
Wilson, A. [1980] The infancy of the history of childhood : an appraisal of Philippe Ariès, *History and Theory,* vol. 19, 132–153.
Winckelmann, O. [1913] Die Armenordnungen von Nürnberg (1522), Kitzingen (1523) Regensburg (1523) und Ypern (1525), *Archiv für Reformationsgeschichte,* X, 34–72.
────[1914] Über die ältesten Amenordnungen der Reformationszeit (1522–1525), *Historische Vierteljahrschrift,* XVII, 187–228, 361–400.
Withof, J. [1927-28] De tafels van de Heilige Geest te Mechelen, *Hand. van Mechelse Kring voor Oudheidkunde, Lett. en Kunst,* vol. 32, 85–134; vol. 33, 34–89.
Zias, J. [1989] Lust and leprosy : confusion or corelation? *Bulletin of the American Schools of Oriental Research,* vol. 275, 27–31.

〈邦語文献〉
相澤 隆 [1988]「奢侈条例と中世都市社会の変容──南ドイツ帝国都市の場合」『史学雑誌』97-6, 1–38 頁.
阿部謹也 [1979]「中世ドイツの fraternitas exulum」『一橋論叢』81-3.
────[1980]「中世ハンブルクのビール醸造業と職人」『一橋論叢』83-3.
────[1981]『中世の窓から』朝日新聞社.
荒井英子 [1996]『ハンセン病とキリスト教』岩波書店.
市川実穂 [1995]「中世後期イングランドの都市と宗教儀礼──ノリッジの聖ジョージ・ギルドの祝祭──」(樺山紘一編『西洋中世像の革新』刀水書房, 所収), 303–322 頁.
池上俊一 [1995]「13-14 世紀シエナの社会的結合関係」(樺山紘一編『西洋中世像の革新』刀水書房, 所収), 279–301 頁.
江川 温 [1983]「中世末期のコンフレリーと都市民」(中村賢二郎編『都市の社会史』ミネルヴァ書房, 所収), 86–112 頁.
────[1986]「都市宗教劇の時代」(中村賢二郎編『歴史の中の都市──続都市の社会史──』ミネルヴァ書房, 所収), 238–260 頁.
奥西孝至 [1985]「中世末期低地地方における穀物取引」『史林』〈京都大学〉68-3, 421–457 頁.
────[1989]「15 世紀フランデルンにおける穀物価格──シント・ピーテルス修道院会計帳簿を中心に──」『西洋史学』152, 56–70 頁.
────[1990]「1437-39 年のネーデルラントにおける穀物価格高騰」『国民経済雑誌』〈神

戸大学〉167-1, 79-104頁.
── [1993a]「15世紀低地地方における穀物流通と価格変動」『国民経済雑誌』167-1, 101-112頁.
── [1993b]「15世紀末期ヘントにおける'穀物市場'と'市場価格'」『国民経済雑誌』168-3, 104-127頁.
── [1994]「15世紀ヘントにおける都市の穀物市場とホスピタール」(関西中世史研究会編『西洋中世の秩序と多元性』所収), 311-331頁.
── [1995]「ベルギーにおける中世価格史研究の動向」『国民経済雑誌』171-3, 99-125頁.
── [1997]「中世末期フランデレンにおける穀物供給」『国民経済雑誌』175-4, 45-63頁.
── [1999]「15世紀イーペルの穀物価格変動」『国民経済雑誌』180-4, 91-107頁.
上條敏子[1990]「中世のベギン──敬虔な女たちの軌跡──」『一橋研究』15-3, 81-102頁.
──[1994]「ベギン運動の理解における聖俗二分法の限界」『一橋論叢』111-2, 133-151頁.
川口　博[1995]『身分制国家とネーデルランドの反乱』彩流社.
河原　温[1986]「中世後期南ネーデルラントにおける教区貧民救済──ヘントの聖霊ターフェルについて──」『史学雑誌』95-9, 42-71頁.
──[1988a]「中世都市ヘントの貧民救済──施療院を中心に──」『山梨大学教育学部研究報告』38, 46-57頁.
──[1988b]「中世末期における貧困と都市の社会政策──イープル改革を中心として──」『歴史学研究』587, 36-46頁.
──[1989]「中世後期南ネーデルラント都市の公証人──その社会的役割をめぐって──」『比較都市史研究』4-2, 15-30頁.
──[1990]「西欧中世の子供史へ向けて」『創文』312, 23-26頁.
──[1991]「中世都市の子供観──ヘントの孤児後見規定を中心に──」(比較都市史研究会編『都市と共同体』名著出版社, 所収), 71-90頁.
──[1995a]「中世都市ヘントの兄弟団と貧民救済──聖ヤコブ兄弟団の活動を中心に──」(樺山紘一編『西洋中世像の革新』刀水書房, 所収), 255-278頁.
──[1995b]「都市の貧困と福祉」(朝治啓三/江川温/服部良久編『西欧中世史』下, ミネルヴァ書房, 所収), 157-180頁.
──[1995c]「歴史学から見た都市──歴史的都市論の諸相──」『都市問題研究』47-11, 32-43頁.
──[1997a]「15世紀フィレンツェにおける兄弟団と貧民救済──マルティヌス兄弟団を中心に──」(『ヨーロッパの歴史を読む』国際教育課程統合研究プロジェクト報告書, 東京学芸大学海外子女教育センター), 143-150頁.
──[1997b]「中世ネーデルラントの兄弟団について」『日蘭学会会誌』22-1, 69-83頁.
──[1998a]「フラテルニタス論」(岩波講座　世界歴史8『ヨーロッパの成長』所収, 岩波書店), 175-200頁.
──[1998b]「中世フランドルにおける都市会計簿について」(『西洋中世史資料の総合研究』平成7-9年度科学研究費補助金研究成果報告書), 70-76頁.
──[1999a]「中世後期フランドル都市史研究の動向」『比較都市史研究』18-1, 49-65頁.

—— [1999b]「中世ローマ巡礼」(歴史学研究会編『巡礼と民衆信仰』地中海世界史 4, 所収,青木書店),94–125 頁.
—— [1999c]「中世後期南ネーデルラントの都市とブルゴーニュ侯権力——ブルゴーニュ侯による〈ブルッヘ入市式〉を中心に——」(『中世ヨーロッパにおける権力構造の比較史的研究』平成 8–10 年度科学研究費補助金研究成果報告書),33–38 頁.
—— [2000]「J. L. ビーベスと中世末期の貧民救済論」(木村尚三郎編『学問への旅——ヨーロッパ中世——』山川出版社,所収),239–256 頁.
小西(高橋)陽子 [1982]「フランドル自己商業 Eigenhandel の衰退,13 世紀のガンに関して」『史泉』57 号.
斎藤絅子 [1986]「ベルギー学界における中世都市概念の再検討——G. デスピィの都市論——」『史潮』新 19,80–85 頁.
—— [1992]『西欧中世慣習法文書の研究』九州大学出版会.
—— [1998]「中世フランドル伯領」(『岩波講座　世界歴史 8』岩波書店,所収)
坂巻 清 [1991]「中世末期ロンドンの教区フラタニティ」(比較都市史研究会編『都市と共同体』名著出版社,所収)
佐藤彰一 [1984]「教会登録貧民考」『社会史研究』5,49–84 頁.
ジェニコ, L. [1983](森本芳樹監訳)『歴史学の伝統と革新』九州大学出版会.
清水廣一郎 [1975]『イタリア中世都市国家研究』岩波書店.
—— [1989]『中世イタリアの都市と商人』洋泉社.
—— [1990]『イタリア中世の都市社会』岩波書店.
白沢久一 [1973]「J. L. Vives の貧民救済制度論 (1526) について」『北星論集』10.
シュルツ, K. (小倉欣一訳)[1969]「中世下層民研究の諸問題」『史学雑誌』78-12.
関 哲行 [1999]「中世のサンティアゴ巡礼と民衆信仰」(歴史学研究会編『巡礼と民衆信仰』地中海世界史 4,青木書店,所収),126–159 頁.
—— [2000]「14–16 世紀の巡礼路都市アストルガの兄弟団」(田北廣道編著『中・近世西欧における社会統合の諸相』九州大学出版会,所収),427–460 頁.
高橋清徳 [1981]「中世におけるパリのコンフレリ——パリ同業組合規約の資料的研究——」『千葉大学法経研究』10,53–78 頁.
高橋友子 [1991]「中世末期フィレンツェにおける捨児とその社会的背景——サン・ガルロ病院の事例を通して——」『西洋史学』159,19–34 頁.
—— [1994]「中世後期トスカーナ地方における病院施設——フィレンツェを中心として」(関西中世史研究会編『西洋中世の秩序と多元性』法律文化社)269–290 頁.
—— [2000]『捨児たちのルネッサンス——15 世紀イタリアの捨児養育院と都市・農村——』名古屋大学出版会.
田北廣道 [1987]「中世都市史の研究方法としての中心地論の意義と限界——ドイツ学界を中心に——」『商学論叢』〈福岡大学〉32-3.
—— [1997]『中世後期ライン地方のツンフト「地域類型」の可能性——経済システム・社会集団・制度——』九州大学出版会.
田中峰雄 [1980]「中世都市の貧民観」(中村賢二郎編『前近代の都市と社会層』所収,京都大学人文科学研究所),1–49 頁.
田中 優 [1994]「中世後期,近世ドイツにおける貧民救済と社会的規律化」『紀要』(鹿児島女子短期大学)29,215–229 頁.
東丸恭子 [1983]「西欧中世における救済施設」(橋口倫介編『西洋中世のキリスト教と社会』所収).
—— [1984]「中世社会と癩」『上智史学』29,96–105 頁.

中村幸太郎［1952］「ビーベスの救貧論」『社会福祉評論』3号.
西村由美子［1998］「12世紀フランドル伯領の伯役人と都市」『比較都市史研究』17-1, 15-27頁.
バーク, P. (森田義之, 柴野均訳)［1992］『イタリア・ルネサンスの文化と社会』岩波書店.
畑奈保美［1994］「ブルゴーニュ時代初期(14世紀末-15世紀初頭)におけるフランドル四者会議」『西洋史研究』新23, 65-87頁.
―――［1996］「1408年フランドルにおける租税割当比率の改定」『歴史』87, 50-79頁.
―――［1998］「15世紀初頭フランドルにおける高等バイイ「追放」事件」『比較都市史研究』17-1, 29-42頁.
服部良久［1983］「中世リューベックの兄弟団について」(中村賢二郎編『都市の社会史』ミネルヴァ書房, 所収), 113-138頁.
平嶋照子［1988］「13世紀末ブルージュの会計簿について」『経済論究』(九州大学), 70, 99-129頁.
藤井美男［1985a］「中世後期南ネーデルラント毛織物工業における都市と農村――H. ピレンヌ以降の研究史を中心として――」『社会経済史学』50-6, 49-66頁.
―――［1985b］「南ネーデルラント'市外市民'制に関する一考察」『経済論究』〈九州大学〉, 61, 145-172頁.
―――［1987］「中世後期南ネーデルラントにおける都市=農村関係の研究――1960年以降ベルギー学界の動向を中心に――」『商経論叢』〈九州産業大学〉27-4, 259-296頁.
―――［1988］14世紀フランドル毛織物工業における都市と農村――イープルとポーペリンゲの対立を中心に――」(森本芳樹編著『西欧中世における都市=農村関係の研究』九州大学出版会, 所収), 425-447頁.
―――［1998］『中世後期南ネーデルラント毛織物工業史の研究』九州大学出版会.
―――［2000］「近代国家形成過程における都市エリートの学説史的検討――対象と方法をめぐって――」『経済学研究』〈九州大学経済学会〉66-5・6, 43-65頁.
藤川 徹［1985］「中世末期西ヨーロッパにおける浮浪行為と不労働の抑圧について(試論)」『上智史学』30.
三好洋子［1999］「14世紀ロンドン市民の孤児と未亡人」(イギリス都市・農村共同体研究会編『巨大都市ロンドンの勃興』刀水書房, 所収), 200-233頁.
森本芳樹［1978］『西欧中世経済形成過程の諸問題』木鐸社.
―――［1987］(編・訳)『西欧中世における都市と農村』九州大学出版会.
―――［1988］(編・著)『西欧中世における都市=農村関係の研究』九州大学出版会.
山田雅彦［1986］「北フランス中世盛期の都市=農村関係に関する研究――1960年以降のフランス学界――」『史学雑誌』95-1, 62-88頁.
―――［1989］「フランドル年市初期史の再構成に向けて――研究史とヘントの事例研究――」『市場史研究』6, 1-20頁.
―――［1990］「中世フランドルの小都市メーセンの発展と年市」『比較都市史研究』9-2, 13-27頁.
―――［1991］「中世都市ヘントの流通地理――流通税表が語る都市史――」『市場史研究』9号, 1-28頁.
―――［1997］「中世中期における市場と権力――12世紀フランドル伯領を中心に」『社会経済史学』63-2.
―――［1998］「ヨーロッパの都市と市場」(佐藤次高／岸本美緒編『市場の地域史』〈地

域の世界史 9〉所収）53–89 頁．
—— [1999]「中世中期フランドル伯領における魚介流通——流通税表を素材としてみたスヘルデ河流域部のニシン流通を中心に——」（中村勝編『市と鑓』，中央印刷出版部，所収），367–384 頁．
米田潔弘 [1997]「ルネサンス・フィレンツェの音楽生活（VII）——〈大天使ラッファエッロ兄弟会〉の歴史的背景——」『桐朋学園大学研究紀要』23，1–25 頁．
—— [2000]「メディチ家と兄弟会——コジモからロレンツォへ——」『イタリア学会誌』50 号，116–142 頁．

初 出 一 覧

　本書は，書き下ろしの章と既発表の論文に大幅に手を加えた章とから構成されている．各章のもとになった既発表の論文の原題は以下の通りである．括弧内は本書における当該文献の表示である．

序章　新稿
第1章　「中世後期フランドル都市史研究の動向」『比較都市史研究』18-1, 1999年, 49-65頁．（河原［1999a］）
第2章　「中世都市ヘントの貧民救済——施療院を中心に——」『山梨大学教育学部研究報告』第38号, 1988年, 46-57頁．（河原［1988a］）
第3章　新稿
第4章　「中世後期南ネーデルラントにおける教区貧民救済——ヘントの聖霊ターフェルについて——」『史学雑誌』95-9, 1986年, 42-71頁．（河原［1986］）
第5章　「中世都市ヘントの兄弟団と貧民救済——聖ヤコブ兄弟団の活動を中心に——」樺山紘一編『西洋中世像の革新』刀水書房, 1995年, 255-278頁．（河原［1995a］）
第6章　「中世都市の子供観——ヘントの孤児後見規定を中心に——」比較都市史研究会編『都市と共同体』名著出版社, 1991年, 71-90頁．（河原［1991］）
第7章　「中世末期における貧困と都市の社会政策——イープル改革を中心として——」『歴史学研究』587, 1988年, 36-46頁．（河原［1988b］）
第8章　「フアン・ルイス・ビーベスと中世末期の貧民救済論」木村尚三郎編『学問への旅——ヨーロッパ中世』山川出版社, 2000年, 239-256頁．（河原［2000］）
補論　Confraternal Charity in Florence and Ghent during the Late Middle Ages: A Comparative Sketch, 『人文学報』第296号, 1999年（東京都立大学人文学部）所収, 25-46頁．（太平洋中世史学会［1997年3月, 於ハワイ大学マノア校］での口頭報告に基づく）．（Kawahara［1999］）

あ と が き

　本書は，著者が 1983 年から 1985 年にかけて，ベルギー政府給費留学生としてヘント大学（Rijksuniversiteit Gent）文学部の歴史学科（中世史）に学んで以来着手し，その後紆余曲折を経ながら，今日に至るまで行ってきたヘントを中心とする中世フランドル（フランデレン）都市の慈善・救済組織をめぐる社会史的研究を集成したものである．

　これまで，私は前近代ヨーロッパの都市社会の在り方に興味をもって勉強してきた．今から 20 年以上も前になるが，1970 年代後半に西洋史学科の学部学生であった時に聴講した，樺山紘一先生の「西洋中世の知識人」，教養学科で行われていた木村尚三郎先生の「フランス中世史」や，当時非常勤講師として来られていた阿部謹也氏の「刑吏の社会史」（のち中公新書，1978 年として刊行された）などの講義は，いずれも新鮮で中世ヨーロッパ世界への私の関心を深めてくれた．その後大学院で，樺山，城戸，木村諸先生の御指導を受け，まがりなりにも研究者の道を選択することになった．

　博士課程進学後，ベルギーの中世都市について学ぶべく，森本芳樹先生（久留米大学教授）のご紹介をいただいてベルギーに留学し，ヘント大学の中世社会経済史研究の泰斗フルヒュルスト（Prof. Dr. A. E. Verhulst）教授や，古文書学および中世後期フランドル史の大家プレヴニール（Prof. Dr. W. Prevenier）教授の講義とゼミナールに参加した 2 年間は，いろいろなハプニングに見舞われながらも私にとって至福の時代となった．ベルギーのムーズ地方の中世都市貴族を扱った修士論文から対象地域をフランドル地方に移し，留学前に本書のテーマとなる問題に取り組むことを決めてはいたが，どの程度史料があり，研究が進められているかについての見通しは，ベルギーに滞在するまでまだ得ていなかった．

　ヘント大学では，受け入れ教授であったフルヒュルスト先生の他，当時プレ

あとがき 299

ヴニール教授の助手で自身ブルゴーニュ侯国時代のヘント史について博士論文を準備中であったマルク・ボーネ（Prof. Dr. Marc Boone）氏からもヘントの施療院や「聖霊の食卓」などの救貧組織についての史料や研究状況についていろいろと教示をうけ，私の研究はスタートしたといえるだろう．留学の1年目は，フルヒュルスト教授の助言もあって，パレオグラフィーやディプロマティックの講義を受けつつ，実際の史料をどのように解釈していくかというフルヒュルスト，プレヴニール両教授の合同演習などに出席し，その傍ら文献史料の収集に時間を費やすことになった．2年目に入って，オランダ語にもいくらか慣れ，ヘント，ブルッヘ，ブリュッセルなど数箇所の文書館で本書のテーマに関する原史料に触れ，分からないながらも少しずつその文字を読み解いていくという作業に着手した．史料は膨大で，数世紀にわたって残されている施療院関係の文書や会計帳簿にすべて目を通すことは，ヘントだけでも不可能であることは直ちに了解されたが，ともかくも限られた時間の中で文書館通いに専心した1年であった．

　留学2年目に私は，最初住んだヘント大学の学生寮の1つから大学で知りあった哲学や考古学専攻の友人たちの住む学生アパートへ移っていたが，そこは大学の研究室や大学図書館までわずか5分，主に通っていたヘント国立文書館（Rijksarchief）や市立文書館（Stadsarchief）まで15分足らずで歩いていける格好の場所にあった．昼食や夕食時にはアパートに戻り，友人たちと交代で料理を担当して皆で食べるというまさにCompagnie（パンをともにする仲間）の共同生活を送ることができた．イープルやアントウェルペンから来ていた彼らとの共同生活は，私にフランドル地方のさまざまな言葉と慣習を体験するまたとない機会を与えてくれた．その仲間の1人で，中世ネーデルラント語史料の読みを正してくれた畏友ヨハン・ベックマン（Johan Veeckman）は，現在中世考古学者としてアントウェルペン市の考古局のチーフを務め，市内の教会などの発掘・修復事業を行っている．またヘントの文書館で，しばしば顔を合わせたM.ボーネ氏や中世史専攻のクラスメートたちに文書解読上の問題でいろいろ助けてもらったことや，以前東京でお会いしていたレウヴェン大学のファン・デ

ル・ヴェー（Prof. Dr .Van Der Wee）教授にも大学の研究室やシント・パウエルの斬新な御自宅によんでいただき，ブラーバント諸都市の救貧組織の史料についていろいろとご教示いただいたことなどが懐かしく思い出される．

　留学を終えて帰国した後も，夏に1，2ヵ月ベルギーに滞在する機会を得て，断続的ながら文書館での仕事を数年間継続することができた．1988年の9月だったかと記憶しているが，ブルッヘ社会福祉局（O.C.M.W.）所蔵の施療院文書を閲覧に行った折に偶然出会ったのが，アメリカのブルッヘ史研究者ジム・マレー（Prof. Dr. J. M. Murray）氏である．社会福祉局の事務所の中にある事務机の前に座ってオランダ語で流暢に話をしていたのでてっきりそこの職員と思っていたところ，中世ブルッヘの公証人文書を研究していた彼もまたそこで(机を借りて)聖ヨハネ施療院の文書を調べていたのであった．マレー氏には，外国人研究者としてフランドル史を研究する上でのいろいろなアプローチの方法について懇切な示唆を受けた．

＊　　　＊

　いろいろと寄り道をしつつ，本書をまとめるまでの私の長い勉学の過程では，多くの方々からのご教示とご支援をいただいた．とりわけ，大学院時代の恩師樺山紘一，城戸毅，木村尚三郎の諸先生，また修士論文作成の時や，ベルギー留学の際にご尽力いただき，その後も研究会や御著書・論文などでたえず新たな知的刺激をいただいている森本芳樹先生の学恩にも深く感謝申し上げたい．九州で開かれてきた森本先生を中心とする研究会には，ほとんど参加しえなかったが，中世ベルギー研究において，同学の士である斎藤絅子氏(明治大学教授)をはじめとする何人かの研究会のメンバーの方々のお仕事にも刺激を受けつつ，私なりに森本先生の学問の精神に学んできたつもりである．

　また，直接ご指導いただく機会はなかったが，ヨーロッパ中世都市社会の研究を進めていく上で私が最も刺激を受けたのは，故清水廣一郎氏のお仕事であったことも付け加えておきたい．中世イタリア都市史を専門とされた清水氏とは，ベルギーから帰国後『史学雑誌』に発表したヘントの「聖霊の食卓」に関する拙稿に対して懇切なコメントを頂戴したのが氏との最初にして最後の接

触であったが，それ以前から私は清水氏の御研究によって中世都市史研究の方法に関するさまざまな示唆を受けたと考えている．氏の論稿における的確な分析，明晰な文体は，私にとって論文執筆時における1つのモデルであった．さらにまた，本書の扱ったテーマにおいて最も刺激的であったのは，ポーランドの中世史家ブロニスワフ・ゲレメク（B. Geremek）氏の一連の著作である．氏の中世パリを中心的フィールドとした「マルジノー」研究には，触発されるところが多かった．

　私見では，東京では研究者は，それぞれ個別の研究に従事し，互いの研究にあまり関心をもたない傾向が見られるが，私の場合，比較都市史研究会や歴史学研究会の中近世史部会の例会などで，何度か本書の一部をなす論稿の報告を聞いていただき，多くの方々から有益な示唆をいただいたことも記しておきたい．

　東京都立大学大学院生の小沼明生氏には，本書の索引作成という面倒な作業で大変お世話になった．また，本書をまとめる機会をくださった，中央大学出版部にも深く感謝したい．

　最後になったが，本書の原稿ができあがるまでの約1年半の間，辛抱づよく見守っていてくださり，細かい図表や引用の多い，面倒な本書の刊行のために御尽力いただいた中央大学出版部の川合直子さんにも厚く御礼を申し上げる．

2001年2月　東京　吉祥寺にて

河　原　　温

索　引

* 以下の索引は，本文・補論・脚注を対象範囲とし，それ以外の箇所は原則として含んでいない．ただし，脚注で引用された史料原文は対象外としている．
* 人名・地名索引はアルファベット順，事項索引はあいうえお順で配列した．
* 各項目の欧語表記は，英語・フランス語・オランダ語・ドイツ語・イタリア語で固有に表記できるものを除き，必要に応じて複数言語で表記している．

人名索引

A
Adornes, Anselm　92
Alyn/Alijn　家　54, 56
　Alyn, Hendrik　54, 55
　Alyn, Siger　55
　Alyn, Simon　55, 57
Anselm（トゥールネー司教）　84
Ariès, Ph.　アリエス　175, 189
Arnulphus dictus miles　65
Artevelde, Jacob van　25
Artevelde, Philippe van　25
Augustinus　アウグスティヌス　223

B
Baraet, Lieviin　52
Bataillon, M.　バタイヨン　203
Bavoux, J.　バブ　196
Benedictus　ベネディクトゥス　30
Bernadeten, Kateline　62
Bertenghem, Eustatius de　65
Bette　家　56, 108
Black, C. F.　ブラック　146
Blockmans, W. P.　ブロックマンス　4, 126, 209
Bonenfant, P.　ボナンファン　4, 202, 219
Boone, M.　ボーネ　10, 17, 25, 79, 107, 113, 162, 164, 179
Borluut　家　23, 56
Bourgeois, A.　ブルジョワ　92
Brachin, P.　ブラシン　217
Bruwere, Jan de　60

Bugenhagen, Johannes　ヨハネス・ブーゲンハーゲン　218, 228
Burke, P.　バーク　19
Bücher, K.　ビューヒャー　40

C
Caesarius von Arles　アルルのカエサリウス　82
Calkine, Philios van　52
Canevelt, Jan　50
Canevelts, De vrouw　50
Carlier, M.　カルリエ　196
Catherine de Aragon　カトリーヌ（キャサリン）・ド・アラゴン　226, 227
Charlemagne　シャルルマーニュ　102
Charles le Téméraire　シャルル突進侯（ブルゴーニュ侯）　119
Charles V.　シャルル5世　95
Chrisman, M. U.　クリスマン　203
Christ　イエス・キリスト　82, 246
Christaller, W.　クリスターラー　12
Colcte, Michiel Van den　189
Columbus（Colombo）コロンブス　224
Coyere, Daneel de　187
Cuyper, Jan de　ヤン・ド・キュイペル　122

D
Damman　家　23, 108
Danneel, M.　ダネール　179, 184, 190
Davis, N. Z.　デーヴィス　203, 218
De Brune　家　54

De Brune, Margareta 53
De Brune, Willem 62
De Grutere 家 105, 108
　De Grutere, Ghiselbrecht 110
　De Grutere, Janne 107
De La Roncière, Ch-M. ドゥ・ラ・ロンシエール 245
De Marez, G. デ=マーレ 17
De Pape 家 24, 56, 105
　De Pape, Cornelis 94
De Vocht, A. ドゥ・ヴォホト 60, 72
De Wilde, G ドゥ・ヴィルデ 100, 137, 139, 140, 141
Dewulf, J. ドゥ・ヴルフ 42
Dieterich, D. H. ディートリッヒ 147
Donaet, Walter 65
Dufay, G. デュファイ 19
Dullekende, Arend 111
d'Amman 家 56, 108

E

Edward III. エドワード3世(イングランド王) 95
Ehrle, F. エールレ 200
Erasmus エラスムス 202, 218, 219, 224, 225, 227, 238
Espinas, G. エスピナ 17
Eustache Deschamps ユスタッシュ・デシャン 25
Everdeus II. エヴェルデウス2世 40

F

Ferrand フェランド 43
Foucault, M. フーコー 239
Fuji, Y. 藤井美男 9

G

Geiler von Kaysersberg, Johannes ガイラー・ヴォン・カイゼルスベルク 218, 228
Geremek, B. ゲレメク 4, 15, 199, 203, 207, 217, 228, 230, 238
Gerhoch von Reichersberg ライヒェルスベルクのゲルホッホ 31
Geudens, E フーデンス 100

Gheroudze, Pieter ute 63
Godding, Ph. ゴダン 177
Goglin, J-L. ゴグラン 30
Gregorius IX. グレゴリウス9世(教皇) 74
Groete, Boudin de 182
Guy de Montplier ギィ・ド・モンプリエ 103
Gysseling, M. ヘイセリング 153

H

Habsburg ハプスブルク 172, 231
Hansen, G.H.A. ハンセン 37, 81
Hecke, Jan Van den 188
Hedio, Caspar カスパール・ヘディオ 230
Heers, J. エルス 14
Hendrik (Sint-Veerle 教会の助祭) 48, 61
Henry VIII. ヘンリー8世 226, 227
Herywardus ヘリワルドゥス 32
Hieronimus ヒエロニムス 82
Honnere, Willem Van den 111
Houveneere, Annekin de 183

I

Innocentius III. 教皇インノケンティウス3世 43

J

Jacob (シント・ピーテルス教会の聖職者) 64
Jacques de Vitry ジャック・ド・ヴィトリ 32
Johanna ヨハンナ(フランドル女伯) 43
Johannes Saresberiensis (John of Salisbury) ソールズベリのヨハネス 233
Jütte, R. ユッテ 217

K

Karl V. カール5世 58, 144, 202, 212, 220
Kemel, Joosine De 182
Kerkhove 家 56

L

Laenen, J. ラーネン 100, 102
Laephout, Danneel 195
Lanchakere, Jan van (礼拝堂付司祭) 63

人名索引 305

Langhe, Jan de 60
Lazaro ラザロ 31, 32
Le Bras, G. ル・ブラ 146
Le Goff, J. ル・ゴフ 10, 43
Lederne, Boudin van 52
Leene, Arnoud van der 75
Leyen, Pieter van der 60
Lis, C. リス 5, 207
Loete, Annekin 189
Louis de Male ルイ・ド・マール(フランドル伯) 74, 118
Louis de Nevers ルイ・ド・ヌベール(フランドル伯) 54, 55
Luther, Martin マルティン・ルター 200, 202, 218, 228, 233, 238

M

Machline, Mergriete van 63
Major, John ジョン・メジャー 218
Marchant, L. マルシャン 180
Marguerite マルグリット 15
Maria (Virgin Mary) 聖母マリア 85, 248
Maria Magdalena マグダラのマリア 85
Maréchal, G. マレシャル 4, 48, 65, 73, 87, 91, 100, 242, 243
Maréchal, J. マレシャル 186
Medici メディチ家 238
Meersseman, S. メールゼマン 159, 165, 166
Mergriete (Pieter van der Leyen の妻) 60
Mollat, M. モラ 1, 3, 4, 5, 15, 29, 58
Monti, G. M. モンティ 145
More, Thomas トマス・モア 218, 219, 224, 225, 226, 230, 238
Mousnier, R. ムーニエ 10
Murray, J. M. マレー 21

N

Nicholas, D. M. ニコラス 27, 131, 139, 140, 141, 179, 186, 188, 190
Nolf, J. ノルフ 202
Noreña, C. ノレーニャ 224, 227, 232

O

Oesterzele, Willem van 52

Ogierlande, Dankaert Van (バイイ) 54, 86, 162

P

Pandelaers, J. パンデラルス 100, 109
Paulo 使徒パウロ 234 (→ 聖パウロ)
Petro 使徒ペテロ 31, 32
Philipe le Hardi フィリップ豪胆侯(ブルゴーニュ侯) 118
Philippe d'Arbois フィリップ・ダルボワ (トゥールネ司教) 74
Philippe d'Arsace フィリップ・ダルザス (フランドル伯) 23
Philippe le Bon フィリップ・ル・ボン/善良侯(ブルゴーニュ侯) 118, 184, 211
Philippe le Hardi フィリップ豪胆侯(ブルゴーニュ侯) 15, 118
Philippe V. フィリップ5世(フランス王) 97
Piltre, Wilhem de 92
Pirenne, H. ピレンヌ 9, 13, 17, 201, 202
Plonghere, Hughe de 52
Praet, Louis de ルイ・ド・プラート 230
Prevenier, W. プレヴニール 4, 11, 27, 98, 139, 209
Pullan, B. プッラン 202

R

Rothar ロタール王 82
Rym 家 54
  Rym, Gossuin 54
  Rym, Simon 54

S

San Antonino 聖アントニーノ 251, 253
San Bernardino 聖ベルナルディーノ 254
Scake, Jan Van den 182
Scheene, Gillis de 52
Sint Anna 聖アンナ 44
Sint Baerbale 聖バルバラ 122
Sint Jacob 聖ヤコブ 152
Sint Jan 福音者ヨハネ 52
Sint Jan 聖ヨハネ 35
Sint Leonardus 聖レオナルドゥス(レオナール) 74

Sint Loye（St. Eloi）聖エロワ　122
Sint Pauwel　聖パウロ　35, 52
Smith, J. A.　スミス　102, 103
Soly, H.　ソーリー　5, 203, 207
Sosson, J-P.　ソッソン　17, 207
Soto, Domingo de　ドミンゴ・ソトー　228
Spicciani, A.　スピチアーニ　252
Stabel, P.　スターベル　11, 16, 17, 19
Strohm, R.　ストローム　147

T
Takita, H.　田北廣道　22
Tanaka, M.　田中峰雄　31, 83, 86
Tits-Dieuaide, M-J.　ティッツ゠デュエイド　4, 100, 113, 116
Torre, Kateline van den　51
Toussaert, J.　トゥセール　147
Trio, P.　トリオ　15, 147, 150, 153, 155, 258
Turner, V.　ターナー　21

U
Uhlhorn, G.　ウルホルン　200
Utendale 家　23
Utenhove 家　23, 42, 43, 56, 105, 156
　Utenhove, Baudin　109
　Utenhove, Ermentrude　42
　Utenhove, Fulco　43
　Utenhove, Jan　110
　Utenhove, Lijsbette　109
Uyttebrouck, A.　アイトゥブルック　95

V
Valle, Simon de　153
Van den Huus 家　24

Van den Kerkhove 家　24
Van der Zickele 家　56
　Van der Zickele, Jean　55
　Van der Zickele, Simon　56
　Van der Zickele(n)　166
Van Driessche, T.　45–47, 49, 50
van Quaebeke　50
Van Uytven, R.　ファン・アイトフェン　10
Van Werveke, H.　ファン・ヴェルフェケ　17, 27, 139
Vauchéz, A.　ヴォシェ　146
Verglorie（Jan Coelin の妻）　62
Viaene, A.　ヴィアネ　91
Villani, G.　ヴィッラーニ　248
Vivere, Willem Van den　188
Vives, Juan Luis　フアン・ルイス・ビーベス　203, 219, 223–28, 230–38

W
Wachtbeke, Wouter Van　110
Wackene 家　56
Walter de Marvis（トゥールネー司教）　85
Weber, M.　ヴェーバー　145, 203
Weissman, R.　ワイスマン　146, 171, 253
Wenemaer　ウェネマール家　53, 54, 156
　Wenemaer, Willem　53
Winkelmann, O.　ヴィンケルマン　202
Withof, J.　ヴィトホフ　102
Woelpitte, Jan Van den　182
Wynant, L.　ヴェイナント　179, 184

Z
Zacbroeders 家　59
Zelverberchs, Catherine　55, 57

地名索引

A
Aachen アーヘン 30
Aalst アールスト 11, 62, 96, 160
Antwerpen アントウェルペン 13, 102, 112, 124, 206, 207, 209, 217, 231
Arras アラス 30
Artois アルトワ地方 185
Ath アト 153
Axel アクセル 18, 63

B
Basel バーゼル 3
België (Belgique) ベルギー 2, 4, 99, 100, 201
——都市 15
Béthune ベテュンヌ 153
Bologna ボローニャ 95
Bourgogne ブルゴーニュ 43
——侯国 14, 15, 20, 25
Brabant ブラーバント 99, 104, 112, 144, 180, 183, 204, 211, 212
——侯領 13, 23
——都市 95, 116, 135, 206, 207, 209
Brugge (Bruges) ブルッヘ(ブルージュ) 3, 9, 10–20, 64, 73, 85, 87–89, 91–93, 97, 100, 102, 104, 105, 107, 108, 112, 123, 127, 135, 147, 172, 179, 185–187, 204, 209, 211, 217, 219, 223–225, 227, 228, 230, 231, 237, 242, 243, 255
Brugse vrij ブルッヘ周辺村落地域 3–7, 14
Bruxelles (Brussel) ブリュッセル 4, 32, 100, 102, 104, 105, 108, 127, 135, 141, 157, 180, 181, 206, 207, 209, 211, 217, 220
Byloke ベイロック 43

C
Calais カレー 185
Cambrai カンブレー 19, 33
Cambridge ケンブリッジ 3
Catalonia カタロニア 99, 254

Châlons-sûr-Marne シャロン・シュル・マルヌ 151
Chartres シャルトル 60
Clairvaux クレルヴォー 43
Cluny クリュニー 30
Comines コミーヌ 101

D
Deutschland ドイツ 2, 200, 201, 228–230
Dinant ディナン 102
Dixmuide ディクスマイド 11, 13
Douai ドゥエ 185

E
Eeken 160
Eeklo エクロー 87
England イングランド(イギリス) 2, 24, 25, 74, 176, 210, 225–227, 231
Erdenbodegem 62
Espagne (Spain) スペイン 99, 203, 210, 223, 224, 227, 232
Europe ヨーロッパ 1, 145, 199, 200, 220, 227, 228, 230, 235, 237, 239
西—— 203, 204, 219
北西—— 224, 231

F
Firenze (Florance) フィレンツェ 3, 100, 123, 135, 142, 146, 151, 171, 195, 196, 243, 245–259
Flandre (Vlaanderen) フランドル(フランデレン) 16, 17, 19, 66, 180, 183, 185, 197, 204, 205, 211, 212, 223, 225, 238, 245
——地方 1, 15, 23, 36, 73, 85, 88, 91, 93, 97, 116, 139, 171, 176, 177, 196, 204, 241, 243, 244
——都市 4–6, 10, 11, 13, 16–21, 23, 34, 36, 65, 73, 75, 85, 92, 116, 125, 147, 148, 175, 176, 178, 182, 183, 185, 187, 193, 195, 200, 213, 219, 228, 238, 244, 246
——伯領 3, 9–11, 14, 15, 18, 22, 23

東── 116
France フランス 1, 2, 100, 149, 152, 200, 201, 210, 230
──王国 83, 213
──北── 36, 99, 151, 180, 241, 254
──北──地方 92
──北──都市 153
──南── 97, 99, 147
Freiburg i. B. フライブルク・イム・ブライスガウ 3

G
Granada グラナダ 224

H
Hainaux (Henegouwen) エノー 204
──地方 13
──伯領 23
Heilige Römische Reich (Das) 神聖ローマ帝国 213, 230
Herleghem 160
Holland ホラント
──伯領 11, 23
Hulst ヒュルスト 18, 110
Huy ウイ 102

I
Iberia イベリア
──半島 224
Ieper/Ypres イープル 3, 4, 9, 11–14, 16, 91, 93, 144, 180, 185, 200–202, 205, 212–214, 217–219, 228, 230, 236, 244
Italia イタリア 11, 19, 21, 24, 147, 149, 182, 225, 230, 231, 238
──都市 19, 100, 123, 142, 151, 171, 196, 253
──北── 201, 203, 241, 243
──北──地方 3
──北──都市 95, 209

K
Köln ケルン 22, 64
Kortlijk (Courtrai) コルトレイク(クールトレー) 10, 11, 97, 178, 180, 205

L
Laon ラン 3
La Rochelle ラ・ロシェル 58
Law Countries (the) 低地地方 254
Leie レイエ河(川) 23, 43, 55
Leisnig レイスニヒ 23
Leuven (Louvain) レウヴェン(ルーヴァン) 32, 95, 100, 102, 104, 105, 127, 135, 206, 207, 211, 213, 217, 224–227
Liège リエージュ 3, 147, 153, 156
──司教領 13, 103
Lille リル 85, 180, 181, 185, 186, 189, 217
Lincoln リンカーン 74
Lo ロー 125
Lokeren 111
London ロンドン 60, 95, 176, 177, 181, 224
Lübeck リューベック 43
Lyon リヨン 3, 203, 220

M
Mechelen メヘレン 100, 102, 104, 112, 127, 153, 209
Mons モンス 102, 108, 201, 202, 209, 211, 213, 217, 220
Montpelier モンプリエ 3

N
Namur ナミュール 102
Nazareth 160
Nederlanden ネーデルラント 11, 19, 21, 35, 36, 51, 85, 149, 152, 200, 201, 219, 220, 225, 227, 229, 236
──都市 150, 171, 197
──北部── 156
──南── 30, 32, 33, 99, 103, 104, 112, 142, 177, 178, 204, 207–209, 213, 228
──南──地方 3, 4, 9, 11
──南──都市 4, 15, 82, 101, 147, 203, 210, 212, 217, 243, 244
Nivelles ニベル 30
Nördlingen ネルトリンゲン 200
Normandie ノルマンディ地方 151
Norwich ノリッジ 30
Nürnberg ニュルンベルク 200, 202, 210,

214, 218, 230

O
Onderbergen 42
Oostend オステンド 125
Oudenaarde アウデナールデ 11, 97, 179, 220
Oxford オックスフォード 224, 225

P
Padua パドヴァ 95
Paris パリ 28, 95, 152, 153, 167, 196, 218, 224, 225, 227, 241
――司教管区 83
――大学 236
Pas-de-Calais パ・ド・カレ地方 92
Poland ポーランド 24
Poperinge ポーペリンゲ 11
Portugal ポルトガル 227

R
Rhein ライン（ラント） 15, 23
Roma ローマ 55
Rotterdam ロッテルダム 225

S
Saint-Omer サン=トメール 178, 185
Santiago de Compostela サンティアゴ・デ・コンポステラ 55, 156, 157
Schelde（Escaut） スヘルデ（エスコー）河 23
Schweiz（die） スイス 200, 201, 218

Sens サンス 94
's Hertogenbosch スヘルトーヘンボッス 100, 206, 207, 209
Sint-Pietersdorp 67
Sluis スライス 231
Sotteghem ゾッテヘム 160
Strasbourg（Straßburg） ストラスブール（シュトラスブルク） 3, 202, 203, 214, 218, 228, 230

T
Toledo トレド 3
Tonnerre トネル 43
Toscana（Toscane） トスカーナ 245
――地方 11, 182
Toulouse トゥールーズ 3
Tournai トゥールネー 42, 84, 153, 241

V
Valencia バレンシア 3, 224, 225
Venezia（Venise） ヴェネツィア 3, 58, 95, 202, 217, 231

W
Waarschoot（Waerscoot） 160
Waelbrugghe 52
Wittenberg ヴィッテンベルク 200, 230

Z
Zwin ズウィン 18
――湾 231

事項索引

あ行

アヴェ・マリア ave maria 154
アウグスティヌス会則 75
イープル改革 4, 199, 201–203, 212, 217–219, 221
イープル(改革)条例 212, 214, 217, 220, 230
医師 chirurgien 75, 93
石工 136
石弓射手 148
イタリア学界 5
異邦人 strangers / vleemdlingen 123, 253, 255
インノチェンティ(捨児)養育院 La spedale di Santa Maria degli' Innocenti 5, 195, 196
疫病患者用施設 209
親方職人 208
親方織布工(織元, ドラピエ) 13, 24, 25
織元(ドラピエ) 24, 25

か行

カーニヴァル 172
会員名簿 Ledenlijsten 149
街区 quarter / quartier 10, 18
会計記録 Rekeningen 115, 118, 119, 137, 149
会計(帳)簿 comptes / rekeingen / account book 19, 41, 45–47, 50, 54, 56, 66, 67, 69, 72, 99, 101, 105, 110–112, 114, 122, 127, 131, 134, 141, 159, 252, 254, 255
解放
　後見状態からの子供の——ontvoogding; emancipatie 189, 190
価格史 9
　穀物—— 162
カトリック 200, 201, 228
　——教会 219, 241
寡婦 widow / veuve / weduwe 2, 14, 29, 30, 32, 50, 81, 123, 126, 159, 177, 182, 205, 249, 252, 255
ガラガラ rattle 97
カロリング期 46, 102
カロリング時代 29, 147, 177
慣習法 coutume 177, 178, 190, 192
監督官 censores 235
監督者(管理者) provisores / gouverneres / meesters / Heilige-Geestmeester / bestuurder / deken 44, 56, 105–112, 124, 125, 154, 156, 157, 164–167, 171, 255
　教区教会の——kerkmeester 27, 108
　兄弟団・施療院の——voogd 166
　兄弟団の——deken / Bestuurder van het Bruderschap 18, 27, 108
　ギルドの——dekene / doyen / assesseurs 18, 55
　聖霊の食卓の——Heilig-Geestmeester 166, 255
　施療院の——magister / provisor / meester / deken / gouvernuers / voogden / huismeesters / decanus 18, 27, 41, 45, 52–54, 59, 62, 64, 73
　貧者の食卓の——Heilige-Geestmeester / provisor 27, 105, 106, 108, 111–113, 124
　貧者の食卓の上級——upperregeerders van alle Disen 112
　盲人施設の——provisores 60
　癩施療院の——magister / deken 26
　癩施療院の上級——magister superior / overmeester 85
飢饉 famine 118, 249
騎士 milites 31, 156
喜捨条例 Almosenordnung 210
貴族 noblesse 20
宮廷 cour / court
　ブルゴーニュ—— 16
救貧(組織)改革条例 Ordonnancie van der Ghemmender buerze 199, 200, 212, 213, 228, 244
救貧組織改革 219
教会参事会 32, 33
教会暦 78, 137, 143, 168

事項索引　311

(小)教区　paroisse / parish / parochie　18, 36, 99, 101, 102, 134, 135, 137, 139, 142, 143, 171, 247, 251, 254, 256, 257
　――司祭　92, 109
　――組織　3
　――貧民救済　parish poor relief　15
　――救済組織　36, 102
　――教会　parish church　74, 102, 103, 109, 111-113, 123, 127, 149, 254
　――組織　147, 243
兄弟団(信心会/兄弟会/宗教ギルド/Confraternity / Confrérie / Bruderschaft / broederschap)　2, 15, 18, 19, 40, 143, 145-153, 164-172, 209, 242, 247, 248, 251, 252, 258
　Elsenaars――　148, 165
　オルサンミケーレ――Compagnia di Orsanmichele / company of Orsanmichele　142, 152, 248-251, 253, 255, 257
　乾木の――Gilde Droghenboom　172
　教区――　148
　修辞家集団の――Rederijkkamers / Chambres de rétorique　172
　Sint-Sebastian (聖セバスティアン)――　148
　Sint-Joris (聖ヨリス)――　148
　聖母――　148-151, 156, 165, 168
　聖マルティノ――Buonomini di San Martino　135, 142, 152, 251-253, 257
　聖ヤコブ――Sint Jacobsbroederschap　87, 148, 149, 151-153, 155, 156, 158, 163-165, 167, 168, 258
　サン・ジャック(聖ヤコブ)――(パリの)　167
　聖リーヴェン――Broederschap van Sint-Lieven　149, 150, 168
　聖霊――Broederschap van den Heilig Geest / Confrérie de Saint-Ésprit　103
　全市的――　148, 152
　「焼き栗」――compagnia delle Brucciati / Company of the Roast Chestnuts　152, 251
　雪のノートル・ダム――Onze Lieve Vrouw van der Sne (euw)　172
　――規約　Statuten　149
「兄弟と隣人たち」fratelli e proximi vicini　171
共通善　publici commodi　233, 236
共同基金　ghemeene buerse　216
『キリスト教徒の女性の教育について』　226
キリストの貧者　Pauperes Christi　31, 34, 151, 170, 177, 208, 221, 246
ギルド(同職組合)　guild / ambacht　2, 16-19, 24, 25, 27, 35, 58, 143, 209, 216, 243
　織物工業――weverij　17, 24-26, 28
　――規約　18
　射手――Schuttersgilden　20, 172
　縮絨工――volders guild　24, 25
　手工業――ambachten　40, 55, 58, 79, 163, 164
　小――kleine neringen　17, 24, 25, 28, 87, 164-166
　織布工――　wevers guild　24, 25, 74, 87, 164, 166
近世都市　10
靴屋　156
クリエンテリズム(愛顧関係)　14, 50
毛織物　draperie　12, 16, 23
　――(工)業　3, 58, 189, 204, 207, 213, 241, 244
　――工業史　9
　――会館　Lakenhalle　53
後見権　voogdij; tutelle　176, 177, 180
後見人　voghde　181, 183-185, 188, 189
公証人　notaire publique　21
　――文書　21
穀物価格　116
戸口調査　dénombrement de foyer　11, 27, 139, 204, 205, 228
　――記録　207
孤児　wezen / orphelin / orphan / enfant abandonée　14, 29, 30, 32, 35, 81, 152, 176-180, 182-189, 192, 194, 249, 251
　――院　Weesenhuis　40, 60, 194, 195
　――後見　176, 177, 180, 191, 197
　――後見規定　176, 180, 181
　――後見制度　243
　――後見役　gard'orphenes　180, 186, 189
　――資産　bona orphanorum / weezegeld / argent d'Orphenes　183, 185-189

――資産記録 178, 179, 184-186
――担当局 Weeskamer / Chambre pupillaire 197
――という現象 orphanhood 176
――の保護 176
乞食 bedelaers / beggers 31, 79, 123, 143, 144, 210, 211, 255
乞食行為制限条例 79
『乞食達の対話』 238
コルドバ皮革匠 148, 165
婚姻 marriage 183, 191-194

さ行

財産目録 Inventarissen 149
39人会(参審人団体) Negenendertig 24
参審人(団体／委員会)(都市当局／都市参事会) schepenen 6, 17, 23, 24, 33, 40, 54, 56, 73-75, 79, 85-88, 93, 94, 112, 144, 162, 164, 180, 181, 183-185, 190, 191, 193, 194, 242, 243
　schepenen van de gedele 24, 164, 178, 183, 194
　schepenen van de keure 24, 60, 150, 164, 194
――条例 ordonance échvinale 189
――職 107, 164, 171
――文書 21, 53
――リスト aldermen's (schepenen) list 164, 165, 258
3大政治集団 de drie leden 25
市外市民制 bourgeois foraines 14
司教 évêque 240, 244
　évêque de Cambrai カンブレー―― 103
　évêque de Tournai トゥールネー―― 73, 74, 84, 91, 156, 241
司祭 Kapelaan 107, 109
死者記憶 122
慈善(慈愛) caritas / charit / charity 1, 2, 34, 83, 85, 102, 146, 147, 170, 212, 232, 233, 239, 244, 246, 248-250, 253, 254, 256, 257
――会 151
市庁舎 hôtel de ville / stadhuis 19
市民 bourgeois / poorter / Bürger 22, 40, 97
――軍 militia 27
社会構造史 10

社会的規律化 217, 237, 239
社会的結合 146, 168
社会的結合関係(社会的絆／ソシアビリテ) sociabilité 14, 146, 168, 243
射手 148
周縁集団(周縁人／マルジノー) marginaux / marginal group 3, 4, 14, 22, 97, 208
宗教行列(＝プロセッション) 148
修道院 147, 209, 244
　シント・バーフス―― 39, 44, 74, 150, 242
　シント・ピーテルス――Sint Pieters 46, 50, 66, 67, 136, 242
修道会
　アウグスティヌス会 63
　シトー会 43
　聖霊修道会 De orde van de Heilig Geest 103
　托鉢修道会 34, 63, 64, 78, 146, 236, 244
　ドミニコ会 43, 161, 236
　フランチェスコ会 34, 63, 236
　ベネディクト会 44
修道会士
　シトー会士 32
　托鉢修道会士 Mendicant preachers 32, 161, 258
　フランチェスコ会士 123
収入役 ontvanger 44, 45, 53, 55, 59, 66, 107, 109-111, 166
祝祭 146
縮絨工 Volders 58
手工業者 master crafsmen 13, 17, 22, 250, 252
受禄権 64, 242
受禄者 proveniers / prebendarii / prébendiers 41, 42, 44-52, 56, 57, 59, 65-67, 71, 72, 124, 125, 127, 141, 142, 158, 159, 170, 258
巡礼(者) pilgrimage / pilgrims / peregrinus 2, 29, 30, 32, 35, 41, 52, 102, 162, 167, 170, 208, 258
　サンティアゴ―― 148, 152-154, 156, 157
　聖地―― 152
　――路 156
娼婦 meretrices publice / Fille-de-Dieu 97,

243
鐘楼 beffroi 19
書記 klerken 26, 166
贖罪 34
「食卓」
　家住み貧民の――Tafel van de Huisarmen 209
　聖霊の――Mensae Sancti Spiritus/Heilig-Geest tafels/Table des Saint-Esprit 36, 63, 99, 151, 164, 166, 208, 209–211, 254–258
　貧者の――Armentafel/Table des pauvres/the poor table 15, 36, 99–109, 111–117, 119–129, 132–134, 139–144, 151, 171, 208, 242, 254, 255
織布工 Webers 58, 59, 74, 156
庶子 bastard 14, 176
女性労働 14
自立主義 particulalism 18
親族や（と）近しい者（たち） vrienden en magen 187, 194
身体メタファー 233
Sint-Veerle 教会 39, 61
人文主義者（ユマニスト） 11, 202, 203, 218, 219, 223–225, 227, 228, 237
出納役（伯の） ontvanger van Grave van Vlaenderen 55, 107
スティグマ 93, 96
捨児 foundlings 2, 176, 195, 196, 235, 243, 254
捨児養育院 209
スペクタクル 146
聖人 saints 246
　守護―― 20, 35, 74, 122, 147
　――崇敬 146
　――への帰依 166
精神障害者用施設 209
清貧理念 34
聖ミヒルス教会 Sint Michiels 42
誓約行為 194
誓約人 gezworene 166
聖ヤコブ信仰 152, 166
「聖霊」Heilige Geest/Saint-Esprit 103
「世俗化」（Kommunalisierung）理論 241
世俗財 temoralia 74

施与 aalmoezenij 67, 123
　――者 aelmozenier 150
　――役 aalmoezenier 66
施療院(救済施設/神の家/救貧院/病院施設) hospitaal/godshuis/hôpital/Hôtel-Dieu/hospice 2, 3, 11, 32, 35–59, 61–76, 78, 79, 81, 99, 143, 156, 157, 160, 194, 208, 215, 234, 235, 241, 242
アリン――Het Alyns hospitaal 54, 56, 163
ウェネマール――Wenemaers hospitaal 40, 53, 66, 69, 74, 163
「神の家」 godshuis 158, 208
　――規約 statute 40, 73
縮絨工ギルドの――Voldersgodshuis 59, 66, 72
織布工ギルドの――Weversgodshuis 59, 66, 72, 74
シント・アンナ―― Sint Anna Hospitaal 35, 40, 44, 69
聖母―― Heilig Maria hospitaal 42, 43
聖ヤコブ――Sint Jacobs godshuis/Sint Jacobshospitaal 62, 66, 67, 115, 156–163, 165, 167, 170
聖ヨハネ――Sint-Jans hospitaal/Het godhuis Sint-Jans-ten-Dullen 27, 40, 41, 42, 163, 241
聖ヨハネと聖パウロ――Godshuis van Sint Jan en Sint Pauwel 52, 66, 74, 75
聖ヨリス――Sint-Jorisgo dshuis 162, 163
ベイロック―― Byloke/Bijlokehospitaal 42, 43, 63, 66, 75, 163
へベレヒツ―― Hebberechts hospitaal 44–52, 61, 64–68, 70, 71, 115, 242
租税台帳 205
租税帳簿 belasting registers 204

た行

第3ラテラノ公会議 83
他者 strani 171
「力ある者」 potens 29
地代 pachten 67, 115, 159, 160
「中心地」理論 12
中世都市 ville médiévale 4, 9, 10, 15, 23
徴税簿(租税帳簿/租税台帳) Belasting lijst/

belasting registers/tax records　125, 126, 205, 207, 257
定期金(レンテ)　66, 67, 71, 115, 116, 160, 161, 186
　終身——erfrente/ijfrenten　48, 61, 62, 64, 65, 119, 160
　——収入　55, 160
　世襲——redditus perpetuos/erflijke renten 62, 65, 111, 115, 119
　——帳簿(レンテ・ブック)　renteboek 47, 67, 110, 113, 114, 116
泥炭　turf/peat　59, 68, 70, 71, 76–79, 128, 132–134, 136, 138, 168, 194, 256
都市化　urbanisation/urbanization　10, 11, 27
都市会計(帳)簿　compte de ville/stadsrekeningen　75, 76, 167, 168, 179, 180, 186, 194, 195
都市貴族(都市エリート)　patricien/patriciat/poorterij　13, 17, 23–25, 40, 42, 87, 107, 156, 164, 166, 243
　leliaerts(百合派)　24
　viri hereditarii/erfachtige lieden　23
　——家系　156, 164, 165
都市共同体(コミューヌ/コムーネ)　commune　92, 171, 176, 177, 186, 189, 210, 231
都市国家　231, 236, 237
都市参事会　senatus/city coucils　214, 219, 233, 235
　——員　234
都市社団　17, 22, 172
都市修辞家集団(レトリシャン)　Chambre de rétoric/Rederijkerskamer　20
都市条例　Statute　6, 210, 211
都市政治　146, 147, 164, 171, 243
都市当局　167, 184, 189, 190, 193, 194, 221, 242
　(都市)入市式　joyeuse entrée/ceremonial entry　20
都市ネットワーク(都市網)　11, 14, 16, 22
　——モデル　le modéle réseau　12
都市(の)アイデンティティ　identité de la ville　19, 20, 23
都市=農村関係　10, 22

都市の儀礼　172
トリエント公会議　200, 228, 239, 244

な行

7つの愛徳　seven (corporal) Acts of Mercy　246
肉屋　164
鰊　herring　78, 127, 131, 132, 194, 256
布　194
年代記　Annales/chronique　21
農民戦争　232

は行

バイイ　Bailli/Baliju　86, 97
パーテル・ノステル　pater noster　57, 154
パトロネージ　146 (→ クリエンテリズム)
パン匠　156, 164
バンマイル(banmijl)　23, 88
ビール　167
ビール醸造匠　156, 164
ビザンツ帝国　30
百年戦争　Hundred Years War　13
貧困　paupertas/pouvret/poverty　1, 3–5, 15, 29–31, 34, 101, 199, 204–210, 212, 213, 217, 219–221, 223, 232, 234–237, 239, 241, 243, 245, 246, 257, 258
　——問題　231
貧者の皿　Plats dels pobres　99
貧者の鉢　Bassins des pauvres/Questeurs des pauvres　99
貧民(貧者)　pauperes/les pauvres/the poor/de ghemmene aermen　1, 3–5, 29–37, 43, 44, 48, 52, 54, 64, 99–102, 108, 119, 123, 125–128, 130, 135–137, 139, 140, 142–144, 205–208, 212, 214–221, 232–234, 236, 239, 243, 244, 246, 250, 255, 258, 259
　disarmen (教区貧民救済組織の援助を受けている——)　125, 204, 206, 255
　fiscale armen (課税の対象となっている——)　125, 204, 206, 246
　huisarmen/pauperes domestici/disarmen/pauvres domestiques (家住み——)　36, 123, 208, 234, 254
　indigentes　204

事項索引　315

pauperes　232, 234, 246
恥を知る──　pauvres honteux / verecundi pauperes / scamele huusweken / shame faced poor　123, 208, 234, 251, 252, 255
悪しき──　210, 212, 221
良き──　210, 221
──救済組織　199
『貧民救済について』De Subventione pauerum　219, 223, 228, 230, 232, 237
富者　31, 143
葡萄酒　76, 78, 127, 134, 168, 253
船大工　156
フランク王国　102
フランス学界　5
フランドル伯 comte de Flandre　13, 18, 20, 23, 26, 53–55, 107, 118, 11, 242
ブルゴーニュ侯 duc de Bourgogne　15, 18, 20, 118, 162, 172, 204, 231, 242
プレヴォ prévôt　95
浮浪行為　210
浮浪者 landloopers / vagabonds　79, 123, 126, 208, 255
プロセッション（宗教行列）procession　20, 21, 172
プロソポグラフィー prosopography　14, 17, 258
プロテスタント　200, 201, 228
ベギン会 Beguine / Begijnen　11, 15, 38, 39, 50, 63
　Beghinaigne Ter Hooie　163
　Sint-Elisabetbegijnnhof　163
　Sint-Obrechtsbegijnhof　163
ペスト（黒死病）the Black Death　13, 28, 47, 97, 184, 204, 210, 248–251
「別離の儀式」separatio leprosorum　83
ベルギー学界　4, 5, 10
法的成年 meerderjarigheid　190
ホスピタール hospitaal　35

ま行

『マタイによる福音書』（新約聖書）　82
マートリクラ matricula pauperum　102–104
民衆的福音主義　33
メダル（バッジ / チケット）token / tickets

127, 249, 253, 255
盲人　35, 205
──施設　Blindenhuis / Godshuis Onze Lieve te Nood Gods　60
物乞い begging　210–212, 216, 219, 220, 249
──監督官 Bettelherr　210
──規制　211, 212, 221
モンテ・ディ・ピエタ Monte di Pietà　254
モンテ・デル・ドッティ（婚資基金）Monte delle Doti　254

や行

遺言書（遺贈）testament　61, 63, 64, 92, 130, 153
『ユートピア』　238
ユダヤ人　97
養老施設（養老院）bejaardenhuis　49, 57
四者会議　18

ら行

ラート・ファン・フランデレン（最高審理機関）Raad van Vlaanderen　97
癩（病）者　33, 37, 81, 82–89, 91–98, 241
──権 « het recht van laserien »　93
癩施療院 leprosarium / domus leprosorum / la maladrerie / het Rijke Gasthuis / De Madeleine / Hoge Zieken / Het Terbank　11, 33, 39, 69, 81–88, 91–97, 99, 163, 241, 242
──規約 statuten　85, 86
「野の癩者」campestes vero leprosi / akkerzieken / malade forain　87, 88, 91–93, 97, 242
礼拝堂付司祭　55, 62, 63, 161
癩病（レプラ）　81, 85, 86, 93
利子 pensioen　186–189
リヨン教会会議　82
ルター主義　202, 218
ルター派　202
『レビ記』（旧約聖書）　82
レプラ → 癩病・ハンセン病
煉獄　34
労働市場　17, 97
労働の義務　210, 217, 221, 231, 236, 237
禄 prebende　33, 36, 47–50, 64, 65, 124

著者紹介
1957 年　東京都に生まれる
1979 年　東京大学文学部西洋史学科卒業
1982 年　東京大学大学院人文科学研究科修士課程修了
1983–85 年　ヘント大学（ベルギー）に留学
1986 年　東京大学大学院人文科学研究科博士課程中退
1986 年　山梨大学教育学部講師，助教授を経て
1990 年　東京都立大学人文学部助教授
　　　　　現在に至る

〈主要著訳書〉
『進歩とユートピア』（E. R. ドッズ他著，共訳，平凡社，1987）
『異端の精神史』（A. モミリアーノ他著，共訳，平凡社，1987）
『現代歴史学の名著』（共著，中央公論社，1989）
『都市と共同体』（共著，名著出版社，1991）
『マルク・ブロック――歴史の中の生涯』（C. フィンク著，訳，平凡社，1994）
『中世ヨーロッパの都市世界』（山川出版社，1996）
『スイス・ベネルクス史』（共著，山川出版社，1998）
『ときの地域史』（共著，山川出版社，1999）
『巡礼と民衆信仰』（共著，青木書店，1999）

中世フランドルの都市と社会

2001 年 5 月 25 日　初版第 1 刷印刷
2001 年 5 月 30 日　初版第 1 刷発行

（検印廃止）

著　者　河原　温
発行者　辰川　弘敬
発行所　中央大学出版部
東京都八王子市東中野 742 番地 1
郵便番号 192–0393
電話 0426(74)2351　振替 00180–6–8154 番

© 2001　河原　温
印刷・研究社印刷 / 製本・千代田製本
ISBN4–8057–4134–1